世纪高等院校公共基础课系列规划教材·应用文写作课程优秀教材

大学实用写作

主　编◉张祥平　张鹏振

副主编◉金　敏　胡苗苗　冯梦琳　徐小婉

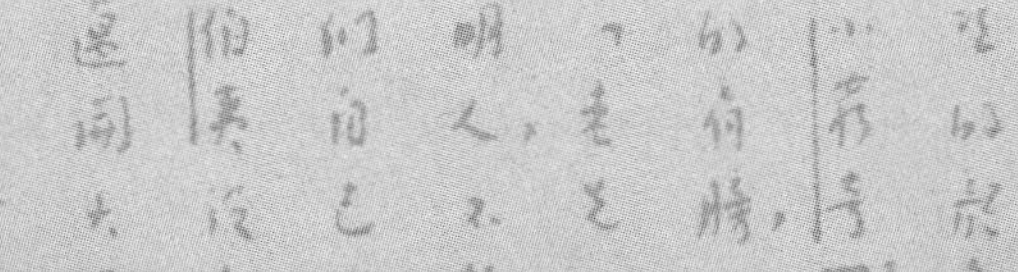

華中科技大學出版社

http://www.hustp.com

中国·武汉

内容简介

本书是为全国高等院校各类专业所编写的实用文体写作通用教材。

全书共分8章，依次介绍日用文书、传播文书、修业文书、职场文书、党政公文、事务文书、经贸文书、诉讼文书等类别60余种实用文体文写作基本知识。编选注重针对性、实用性、条理性和可读性。内容紧密联系教学对象的学习、生活及将来的工作实际，不求全而只求能用、够用，不求深而只求难易适度。章节的编排严谨有序，每节大体按"文体概述—行文格式—撰拟要求—实训练习"的思路行文，表述风格前后统一，有条理而不僵化，分层次而不琐碎。解说文字不尚理论上的泛泛而谈，而重相近文种的精要辨析和文案制作的详细解说，力求令读者学以致用，用而合矩。在理性剖析重于感性描述的同时，选例力求典型、新颖、精短，力避此类文本枯燥死板之弊。

此书也可作为社会上从业人员实用写作的参考书。

图书在版编目(CIP)数据

大学实用写作/张祥平，张鹏振主编. —武汉：华中科技大学出版社，2014.12（2020.12重印）
ISBN 978-7-5609-9881-7

Ⅰ.①大… Ⅱ.①张… ②张… Ⅲ.①汉语-写作-高等学校-教材 Ⅳ.①H15

中国版本图书馆CIP数据核字(2014)第290012号

大学实用写作 张祥平 张鹏振 主编

策划编辑：张 毅
责任编辑：张 毅
封面设计：龙文装帧
责任校对：李 琴
责任监印：张正林
出版发行：华中科技大学出版社（中国·武汉）
武昌喻家山 邮编：430074 电话：(027)81321915
录 排：禾木图文工作室
印 刷：武汉市籍缘印刷厂
开 本：787mm×1092mm 1/16
印 张：19.5
字 数：484千字
版 次：2020年12月第1版第6次印刷
定 价：45.00元

目　录

第一章　日用文书写作

第一节　条据 …… (1)
第二节　专用书信 …… (6)
第三节　启事 …… (19)
第四节　致辞 …… (24)

第二章　传播文书写作

第一节　消息 …… (29)
第二节　通讯 …… (36)
第三节　演讲稿 …… (42)
第四节　解说词 …… (50)
第五节　主持词 …… (55)
第六节　对联 …… (61)

第三章　修业文书写作

第一节　实验报告 …… (68)
第二节　科技小论文 …… (74)
第三节　实习报告 …… (80)
第四节　毕业论文 …… (88)

第四章　职场文书写作

第一节　职业规划 …… (104)
第二节　求职信 …… (113)
第三节　个人简历 …… (119)
第四节　竞聘报告 …… (124)
第五节　述职报告 …… (129)
第六节　辞职报告、请调报告 …… (134)

第五章　党政公文写作

第一节　党政公文概述 …… (139)
第二节　通知 …… (149)
第三节　通报 …… (155)

第四节 通告 …………………………………… (160)
第五节 报告 …………………………………… (165)
第六节 请示 …………………………………… (172)
第七节 批复 …………………………………… (177)
第八节 函 ……………………………………… (181)
第九节 纪要 …………………………………… (187)

第六章 事务文书写作

第一节 计划 …………………………………… (192)
第二节 总结 …………………………………… (197)
第三节 简报 …………………………………… (204)
第四节 典型材料 ……………………………… (210)
第五节 调查报告 ……………………………… (215)
第六节 领导讲话 ……………………………… (222)
第七节 开幕词、闭幕词………………………… (227)

第七章 经贸文书写作

第一节 经济合同 ……………………………… (233)
第二节 协议书、意向书………………………… (240)
第三节 招标书、投标书………………………… (247)
第四节 市场调查报告 ………………………… (257)
第五节 市场预测报告 ………………………… (263)
第六节 商务广告 ……………………………… (267)
第七节 商品说明书 …………………………… (274)
第八节 商务策划书 …………………………… (278)

第八章 诉讼文书写作

第一节 民事起诉状 …………………………… (287)
第二节 民事上诉状 …………………………… (291)
第三节 民事申诉状 …………………………… (296)
第四节 答辩状 ………………………………… (300)

参考文献……………………………………… (307)
编后小记……………………………………… (308)

第一章 日用文书写作

第一节 条 据

条据是“便条”和“单据”的合称，它是处理日常临时性事务的一种简单的应用文。按照性质的不同，条据可分为说明性条据（简称“条子”）和凭证性条据。

一、说明性条据

文体概述

说明性条据实际上就是最简便的书信，有人称之为“微型书信”。由于它行文简洁、使用方便，三言两语就能说清问题和要求，所以又称为“便条”。

说明性条据的格式与普通书信差不多，二者区别在于：①便条篇幅比较短小，一般只有三五句话，普通书信篇幅有长有短，长的可以几千上万字；②便条内容单一，普通书信则可以陈述若干事项，内容比较复杂；③便条正文上方往往要冠以表明性质的标题，如“请假条”、“留言条”、“托事条”等，普通书信则无标题；④便条还有一些具体的写作要求和注意事项。

便条一般由标题、称谓（收条人姓名或称呼）、正文（写出所要表达的意思、需对方办的事情）、结尾（另起一行或紧跟正文写“恳请批准”、“此致敬礼”、“谨此拜托”等敬语或祝颂语，写法根据用途和对象定）、落款（包括署名和日期）构成。便条写作要注意：中心突出，陈述清楚；语言简洁，准确无误；摆正身份，有礼有节；字迹工整，不草不涂。

行文格式

1. 请假条

因事因病不能上班、上学或参加会议，向领导或有关人员请假，为请假事宜而留的条子就是请假条。它一般由当事人自己书写，如有特殊情况（比如请假人在异地），也可以由别人或单位、组织代写（在请假条上应以第三人称出现，并应写上代请假人的姓名，有的还要写明与请假人的关系），通常要委托他人转交给请假人所在的单位或部门的直接负责人。

“请假条”三字作为标题写在便条上方居中的位置。下面第一行顶格写对方称呼，用冒号引出下文。第二行空两格写正文，要写清楚请假的原因和起讫时间（或请假天数）；正文末尾要写上“特此请假”、“恳请准假”、“敬祈批准”之类的结束语。正文结束之后，通常要另行空两格写上“此致”，再另行顶格写上“敬礼”字样，也有把开头的称呼写在“敬礼”位置上的。最后写请假人（或代请假人）姓名和请假日期。有的还有附件，如就医后请病假，需附上医生出具的诊断证明。写请假条，语言要简洁、得体。陈述请假原因不能啰嗦，提出准假希望不能强逼，切不可用“请一定批准”、“望速批准”之类的话语。

2. 留言条

在日常交往中，没有见到对方，有些话要向对方说，有些事要托对方办，只好写张条子留给对方，这种简明条子就是留言条。

留言条的格式与书信几乎相同。标题可以不用，其他部分不可少。称呼与写信一样，问候语要否视与对方交往程度而定，对未曾交往过或虽有交往而不是很密切者，最好加上问候语以示尊重。正文一般要写明留言事由、留言希望和要求，如果以前没有交往，写事由前还要作自我介绍。留言事由写明或特意来访而结果未遇，或邀请与事而对方不在，或替接电话不能当面转告，或有事告知而不便面谈等。留言希望和要求的主要内容是：或提出重访请求，或预约见面时间地点，或告知联系方式，或写明所托事项等。祝颂语写否与问候语同样处理。署名之后的日期，可以不写年、月，但时间要写得具体，如“即日上午9时半”、“10日下午3时”等。如果时间很紧迫，还要写上更精确的时间，如“上午×时×分”、“下午×时×分”等。

写留言条用语要看对象，若双方相熟且关系平等，用语可随意些；若属初次与对方打交道，用语则要慎重；若对方是自己的师长，用语要礼貌，且需用征询商量语气。

3. 托事条

委托他人代办某件事情时写的条子就是托事条，它有时需要托人转交代办人。

托事条的写法与留言条的写法类似，标题可以不用，由称呼、正文、致谢语、署名、日期等构成。正文写明请托事项，或托人送物，或托人取物，或托人购物。请托事项一定要交代清楚，何物以何方式送何地何人，何时往何地找何人取何物，往何处购作何用途的何物，数量、规格等都要一一写明白，以免给对方完成托办事宜造成麻烦。正文结束后还要表示谢意，通常要写上“谢谢”、“拜托了”或“××拜托”之类的字样。

例文1-1

请 假 条

李经理：

我昨晚一直腹疼难忍，今天上午经××医院××医师检查系胆囊炎发作，无法前来上班，特向您请假两天，敬祈批准。

此致

敬礼

附：××医院诊断书

请假人：×××

2014年×月×日

例文1-2

留 言 条

王教授：

您好！

上午十时特来您下榻的××宾馆拜望，不期未遇，甚憾。

大作《唐宋词讲演录》拜读再三，受益匪浅，不揣谫陋，已草就书评《别开生面的审美之旅》一稿，想请您过目并赐教。下午四时我拟再访,敬请稍候。下午见!

张××
即日

例文 1-3

小萌:

今天我跟爸爸去外婆家,晚上不回来了,但是放在门口晒太阳的四盆花,晚上必须放入屋内,以防霜冻。因为出门时走得急,忘了这事儿,只好在半路上托人带条子给你,烦请你代劳把花搬到你家屋内。谢谢了!

小春托
×月×日

二、凭证性条据

文体概述

凭证性条据实质上就是单位与个人之间,为了手续的清楚,在收到东西或借用钱物、出售商品时,写给对方作为凭证的单据。

单据与便条有四点不同。①两者性质不同。便条是说明性的;单据是凭证性的,具有会计凭证的法律效力。②书写格式不同。便条类同一般书信;单据有独特格式。③写作要求不同。便条一般较为随便,可涂改;单据对钱物数量的书写有特殊要求,不可涂改,具名且须盖章。④写作要素不同。便条一般包括五个要素:写给谁、什么事、谁写的、何时地、何结果等。单据一般有三个要素即可:什么人、什么事、什么时间。单据应该在双方互相信任的条件下进行,同时应妥善保存,有的即便在办完事情后仍需保存。事关重大的单据,如经手大笔款物,还要有担保人参与并签名,有的还需到公证处办理正式公证手续,使其具有法律效力。

行文格式

凭证性条据包括借条、收条、领条、欠条等。单据的格式一般包括标题、正文、落款(具名和日期)三个部分。打印稿的格式不变,但必须有签名、盖章。

1. 借条

借条也称借据,是个人或单位借用个人或公家的现金、财物时所写的凭据性应用文。

借条的标题可由两种方式构成:一种是直接由文种名构成,即在正文上方中间写上"借条"或"借据"字样;另一种是以"今借到"代替标题,正文的其他内容放在下一行顶格写。正文须写明下列内容:①借出方、所借钱物的数目及物品的品种、型号、式样、规格等,从单位借出的钱物要写上所为何用;②归还的具体日期或大致时间,情况较为复杂的,则要写明具体归还的方法。表示钱物的数字要使用汉字大写;数字前面注明币种,币种与数字之间不要留空白;数字无论多长都不能中断分行,后面要写上计量单位,然后写上"整"字(如有角、分可不写"整"字)。正文之后提行空两格写上"此据"二字。落款写上借者的单位名称和经手人姓名或借方个人的姓名。必要时须加盖公(私)章,以示负责。单位、个人名称前一般写上"立据人"或"借款人"字样。署名之下还要写上借钱物的具体时间,年、月、日要写全。借条写后不得涂改,如需改动,应在改动处加盖公章或私章，以免误会。

2. 收条

收条也称收据，是收到别人或单位送到的钱物时写给对方的凭据性应用文。

收条标题的写法与借条的一样，一种是直接由文种构成，即写上“收条”或“收据”字样；另一种是用“今收到”、“现收到”、“已收到”等代替标题。正文一般是在第二行空格处开始写，但以“今收到”等代替标题的收条是不空格的。正文一般要写明收到的钱物的数量、物品的种类和规格等情况。钱物数目、单位的写法同借条。落款一般要求写上收钱物的个人或单位的名称姓名，署上收到的具体日期（×年×月×日），一般还要加盖公章。若是某人经手的一般要在姓名前署上“经手人”的字样。是代别人收的，则居中写“代收到”作为标题，落款在姓名前加上“代收人”字样。由于代收条比收条多了一层关系，增加了一道手续，所以一定要交代清楚还方（人或团体）的名称，收方的名称，归还钱物的名称、种类以及数量。

如所收钱物本来是由甲方借给乙方的，那么甲方在收钱物时应出示乙方写的借条，还给对方或当面销毁，这时甲方不必写收条。

3. 领条

领条是领取钱物的单位或个人在领到钱物后，向发放物品的个人或单位所写的凭据性应用文。

领条在领取物款时经常使用，发放人据此报销账目，而领取者据此表示已如数领取。领条标题的写法同借条和收条，一种是直接由文种名组成，即写上“领条”字样；另一种是以“今领到”代替标题。正文一般从标题下一行空两格写起，但以“今领到”等代替标题的领条是不空格的。正文写明下列内容：从哪里领取，领取什么东西，数目有多少等。关于钱物数目、单位的写法同借条。有的领条还要写出所领物品的具体用途。若所领物品种类较多，则可单独列表表示。在正文右下方写上单位、经手人的姓名，个人领取的则写上个人的姓名。名下署上发文日期，落款处一般需加盖公章和私章。

4. 欠条

欠条是个人或单位在欠款、欠物时写给有关单位或个人的凭据性应用文。欠条也有人称为“白条”。

欠条与借条有四点区别。①借条适用于单纯的借款借物；欠条适用于因某事（如打工拖欠的工资，因买卖产生的欠款，因企业承包产生的欠款，因损害赔偿产生的欠款）造成的欠款欠物。②借条表明了债权关系形成的原因，即因为借贷而形成；欠条则无法从字面上表明债权关系形成的原因。③借条适用的诉讼时效是两年；欠条适用的诉讼时效应当依据欠条形成的原因来确定。④无还款日期的借条，诉讼期限最长为 20 年；无履行期限的欠条诉讼期限是自欠条出现起 2 年。

欠条标题的写法类同借条、收条、领条，一般由文种名称构成，即在正文上方中间写上“欠条”两字；也有的以“暂欠”或“今欠”字样代替标题，正文则从下一行顶格写。正文要写清原借什么人或什么单位什么东西、数量多少，已经归还多少，尚欠多少，关于钱物数目、单位的写法同借条。结尾一定要写明钱物偿还的期限。落款要署上欠方单位名称和经手人的亲笔签名，是个人出具的欠条则需署上欠方个人的姓名，并同时署上欠条的日期。单位出具的要盖公章，个人出具的要加盖私章。

撰拟要求

1. 当面签具

双方当面签具，如为打印稿，则要求当事人（尤其是借款人、欠款人）签章、按手印。事关重大的单据（经手大笔款物），须有担保人参与并签名，或需公证处办理公证手续。

2. 要素齐全

借条除借款（物）数额之外，要约定还款（物）期限，大额借款利息需要约定，利率合乎规定，民间借贷利率不得超过银行同类贷款利率的四倍（含利率本数）。欠条要写明欠款原因、欠款数额、偿还期限、违约责任（如偿付利息等），大额欠款还需担保人签字（写明担保期限、责任）。

3. 数字书写

借（欠）款金额前注明币种；钱款金额、物品数量必须大写；数字前面不留空白，以防加写；数字后面加量词和“整”，以防添改；数字必须一行写完，不能分两行书写；小写数字的后面，必须注明大写；小数点要写明确，且落位准确。

4. 注意细节

用钢笔、黑色水性笔或毛笔书写，使用碳素等不易消褪、更改的墨水，不可用红墨水、圆珠笔、铅笔、彩色笔书写。用字避免歧义，不要使用多音、多义字，当事人姓名要写全，与身份证一致。落款时间写全年、月、日，年份要写四位数。不能错写，不得潦草，不宜涂改。

例文 1-4

借　条

今借到××公司财务处人民币捌仟元整。借期六个月，利息按银行存款利息计算，到时本息一次还清。

此据

借款人：×××（签名盖章）

2014 年 5 月 6 日

例文 1-5

今　借　到

××学院学生会音响设备壹套（包括主机、功放机各壹台，音箱肆个），设备完好。借该音响设备用于新老生联谊会。9 月 20 日前送还。

此据

电子系：王强（签名盖章）

2014 年 9 月 17 日

例文 1-6

代　收　条

今收到××市精神文明办公室发送给学院党委宣传部的学习资料叁拾本。

此据

代收人：××学院门卫×××（签名盖章）

2014 年×月×日

例文 1-7

今 领 到

院行政处发放的学生实习工作服肆拾套，劳保鞋肆拾双，帆布手套捌拾双。

此据

自动化系 2010 级数控(1)班
班主任 戴××(签名盖章)
2014 年×月×日

例文 1-8

欠 条

原借刘××人民币贰万元(20000 元)整，已归还壹万元(10000 元)整，尚欠壹万元(10000 元)整，定于六个月内还清。

此据

欠款人:×××(签名盖章)
2014 年 9 月 20 日

实训练习

(1)2012 级英语(1)班徐明、高威两位同学今天清晨护送发高烧的李治同学去华夏医院看病，上午无法赶回上课，请以班长名义代写一张向辅导员×××老师请假的请假条。

(2)朱莉同学于 2014 年 10 月 5 日前往市艺术学校归还所借男女演出服装各 8 套，因经手人吴××老师不在，得改天再去，请替朱莉同学写一张留言条。

(3)林斌大学毕业，想开一家摄影工作室，但是缺乏资金，他打算向王东勇借 5 万元作为启动资金。请替林斌写一张借条，其他内容自拟。

(4)2014 年 9 月 20 日，华中科技大学教材科发给××商贸学院教务处《大学实用写作》2200本，是由行政楼保安熊××代收的，请根据上述内容写一张收条。

第二节 专用书信

专用书信是指专门用于联系、处理某种具体事务的书信。

它具有不同于一般书信的若干特点:①常用于公务往来，具有公开的性质;②大多要写明书信文种的标题;③收信人的称谓可写在开头一行，也有的在正文之后另起一行顶格写，还有的写在正文中;④内容一般比较单一，通常一事一信;⑤格式固定，规定严格;⑥由单位署名的在具名处还要加盖公章。

专用书信按内容和作用分主要有三类:第一类是提供凭证的，如介绍信、证明信等;第二类是致意表态的，如感谢信、慰问信等;第三类是用以呼告吁请的，如倡议书、申请书等。

一、申请书

文体概述

申请书是个人或集体向组织表达愿望，向机关、团体、单位领导提出请求时使用的一种文书。它是沟通个人与组织、个人与领导、下级与上级的一种手段。

请求性、单向性、程序性是申请书的基本特点。“申请”即申述理由有所请求，无论单位或个人的何种申请，均是一种请求满足要求的公用文书，请求的特性是申请书的根本特点；申请书采用的是个人向组织、下级向上级的行文方式，这是申请书的性质所决定的，申请书在措辞上需符合这种下对上的行文标准。人们在工作学习、日常生活方面遇到困难或问题，需要申请才可以被组织、集体、单位考察、照顾或给予解决，申请书是寻求问题解决的起点。

申请书可以分为三类：①参加某种组织的申请书，即个人或集体要求参加某一社会团体、党派而写的申请书，如入党申请书、入会申请书；②请求解决问题的申请书，即以个人、单位名义向有关领导或上级机关请求解决某一问题的申请书，如成立社团申请书、勤工助学申请书、助学贷款申请书等；③要求某种权利的申请书，即向主管机关、职能部门请求某种权利的申请书，如专利申请书、使用权申请书、领养子女申请书等。

行文格式

申请书一般包括标题、称谓、正文、结尾、落款五个部分。

1. 标题

在申请书第一行正中要写上申请书的名称。有的只写“申请书”字样，有的则根据申请书的内容，标明具体名称，如“入团申请书”等。标题的字体一般稍大，也可以与正文一样。

2. 称谓

在标题下空一、二行顶格处写出接受申请书的组织、机关、团体、单位的名称或有关负责人的姓名，也可以在党组织或领导人的称谓之前加“敬爱的”、“尊敬的”等词语，表示申请者的郑重。名称（或姓名）一般只有一个，后面要加冒号。

3. 正文

陈述所申请的事情和理由，从称谓下一行空两格处写起。正文一般包括三个部分。①申请事项，即直截了当地提出申请的具体内容，在写申请事项之前，往往有几句要言不烦的自我介绍。②申请理由，即为什么要写这份申请。此部分是正文的核心内容，要写得既充分又简练，既翔实可靠又详略得当，使对方能透彻地了解申请者的意愿、心情和当时的具体情况等，从而得到批准。③申请要求、决心及其他事宜。

4. 结尾

一般用惯用语“敬祈核准”、“请予批准”、“恳请解决”等，也可用礼貌语（“此致”、“敬礼”）、感谢语或祝颂语（“请接受我衷心的谢意”）。

5. 落款

在结尾下一行（若无结尾则在正文下一行）的后半行，写上申请人姓名或申请单位名称（要盖章），在署名后面或下面写上申请书的具体日期。

撰拟要求

写申请书首先必须考虑有无必要写申请和自己是否符合申请条件，当确认有必要申请并且自己也符合条件要求时，才写申请书。写作时须注意如下几个问题。

1. 申请事项明确

一事一申请，理由要写得明确充分，合情合理，使接受者能透彻地了解申请人或申请单位的意愿、要求和具体情况。不能含糊其辞、遮遮掩掩;不能故弄玄虚、言过其实。

2. 把握陈述重点

申请书重点要放在理由的申述上。对方已经了解的事情,可以少说或干脆不说;对方不太了解又有必要说明的地方,就要讲清楚。下次的申请不必重复上次的内容,或强调,或补充,或修正即可。

3. 语言简要诚恳

出语讲究分寸,做到有理有节;申述情理兼到,以示真诚恳切;交代简洁明了,切忌浮泛冗长。绝不使用生僻深奥的字眼,避免造成难解或误解。

例文 1-9

入会申请书

××省作家协会:

我是一名教师,1982 年大学毕业后即来××集团公司教书,现在该公司下辖的××技术学院工作。1993 年,在《××文艺》编辑老师的鼓励和指导下,开始尝试文学创作。几年来,先后在《光明日报》、《散文》等报刊发表习作 200 余篇,其中《××××》等 5 篇获全国征文奖,《××××》等 10 篇被编入多种选本,已出版散文自选集《××××》和《××××》。成绩确实不足挂齿,但我愿以此为起点继续努力。我也知道,"作家"的头衔对我来说并不是最重要的,最重要的是得拿出像样的文学作品,但我总得有一个同气相求、同心共命的"家",继续当"散兵游勇"会使我失去许多能够"玉我于成"的宝贵帮助,以致永难实现对自己现有创作水平的超越。因此,特申请加入××省作家协会,恳请贵会审议。

如获批准,我将恪守会员章程,加倍努力创作,为净化人心、升华人性尽毕生之力!

此致

敬礼

申请人:×××

1997 年 7 月 24 日

例文 1-10

成立文学社申请书

尊敬的学院宣传部领导:

为了丰富校园文化生活,确保校园文学的健康稳定发展,为创建校园文明贡献我们的微薄力量,我们几个有共同文学爱好的同学组织起来申请成立××文学社,以便更广泛地团结全院的文学爱好者,以笔会友。

我们的办社宗旨是:培养学生的人文素质,发挥学生的文学特长。发展目标是:打造校园经典,领军校园文化。我们将以文学社为核心开展丰富多彩的活动,如进行影视评论,举办文学讨论会、校园作文竞赛,组织文学社成员外出采风等,营造出具有浓厚文学气氛的校园文化环境,开拓同学们的知识视野,提高同学们的文化素养,锻炼同学们的写作能力。恳请领导批准我们的请求。

此致

敬礼

申请人:××系×××

××××年×月×日

例文 1-11

助学贷款申请书

中国××银行××分行:

我叫×××,是××大学 2013 级会计与审计专业学生,身份证号:420000×××××××××××××。

我出生于××山区农村，家庭经济十分拮据，全家六口的生活来源仅靠双亲微薄的农业收入。年过古稀的爷爷病重，常年卧床需要医治，家境更是雪上加霜。每年家中绝大部分收入都用来支付爷爷的医药费用，维持我和弟弟继续求学。父母的担子一天比一天沉重，身体状况已大不如从前，如今再无力量支付我兄弟俩的学杂费。平日里，我尽可能省吃俭用；假日里，我去建筑工地打工，但远远无法攒齐学费。为了继续求学，顺利完成学业，我不得不向贵行提出助学贷款申请。申贷2015—2016学年学费××××元，2016—2017学年学费××××元，2017—2018学年学费××××元，合计×××××元。

我承诺：本人愿意遵守与贵行所签贷款合同的所有条款并承担相应经济责任和法律责任；认真履行相应义务，到期一定还本付息，并保证在贷款未还清前每年最少和贵行联系×次，及时提供最新通信方式和有效地址。恳请贵行批准我的请求，助我圆大学之梦。

此致

敬礼

申请人：×××

2014年11月25日

附：1. 家庭经济困难证明

2. 助学贷款审批表

3. 学习成绩单

二、倡议书

文体概述

倡议书是某些个人或集体就当前迫切需要提高群众认识从而得到解决的问题，首先向社会或有关方面公开提出号召性建议，以推动某项活动的广泛开展的书信。倡议书对宣传真善美，改善社会风气，推动精神文明建设具有不可忽视的作用。

公开性、广泛性、群众性是倡议书的基本特点。倡议书的内容是提出开展于国于民有利而又可以做到的公益活动，以期造成壮大的声势，期待尽可能多的人参与，因此内容是公开的；其对象范围往往极为广泛，诉诸社会各阶层、各类别的团体及群落，但其引起响应和共鸣的人群又是不确定的；倡议书一般不是针对某一团体、某一单位发出的，而是面向一个地域甚至全国发出的，可以在较大的范围内调动群众的积极性。

倡议书从发文角度分，有个人倡议、集体倡议、社团倡议；从内容角度分，有针对某一具体生活事件问题的倡议或针对某种思想意识、精神状况的倡议。

行文格式

1. 标题

一般都只写“倡议书”三个字，也有的在前面加上倡议的对象范围或倡议内容，如“给全省林业青年科技工作者的倡议书”、“把遗体交给医学界利用的倡议书”。

2. 称谓

倡议对象是泛指名称的，如“全省大学生朋友们”、“全厂共青团员”等，在正文前顶格写，占一行。有的倡议书也可不用称呼，而在正文中指出。

3. 正文

一般有三方面内容：开头先合乎身份地写倡议的背景、条件、理由或目的，因发出倡议是要大家响应的，只有交代清楚倡议活动的目的意义，大家才能理解，才能变成自己的自觉行动。通常用“为此，我们倡议如下（我们提出如下倡议）”过渡，引出倡议的内容。这一部分是重点，因为只有了解了倡议的内容，只有明白了实行的具体措施，他人才知道如何去响应，如何去投入实际行动，否则将造成盲目的行动。倡议的内容一定要具体化，开展怎样的活动，都做哪些事情，具体要求是什么，它的价值和意义都有哪些均须一一写明。内容如果较多，可分条列项来写。最后写决心或希望或某种建议，一般不必写表示敬意或祝颂的礼节性结束语。

4. 落款

写倡议的发出者，即哪些人或哪个集体；最后写上发倡议的具体时间。

撰拟要求

1. 有针对性和合理性

既要考虑时代的发展和社会的需要，又要结合本地区或本单位实际情况，以期实事求是、合情合理地提出倡议。

2. 有先进性和可行性

倡议目标不能太低也不能太高，不切实可行的措施无从达到倡议的目的。

3. 有号召性和鼓动性

说理清楚，富于激情，语言简练，这样才能动员更多的群众来参加某项有益的社会事务与某些公益活动。

例文 1-12

捐款倡议书

这是一个美丽的世界，到处跳跃着动人的音符，到处回荡着优美的旋律。然而她，毛××——民盟四川农业大学总支盟员林×老师的女儿（现年24岁），一个青春美丽的姑娘，一个热情迸发的生命，却暂时丧失了享受这动人音符、美丽旋律的权利。今年7月，她突发脑溢血，已经做过两次手术，耗用了20余万元。

她是多么不幸，因为上天跟她开了这样一个玩笑；然而在不幸的同时她又是幸运的，因为专家说，如果经过科学的长期治疗还能康复。但是，摆在她的家庭面前的问题是巨额的医疗费用，前期治疗费已让这个普通的家庭背上沉重的债务。

授人玫瑰，手留余香。民盟四川农业大学总支期待您奉献爱心，收获希望。您的一份爱心，可以让青春更加美丽；您的一次善举，将换回更多心灵的快慰。只要人人都献出一点爱，世界将变成美好的人间。

让我们一起为这个年轻的生命祝福！

林老师中国银行卡号：60138231000××××××××

联系人：张××（行政一楼民主党派办公室）

李××（民盟川农大总支）138××××××××

民盟四川农业大学总支

2013年12月22日

三、邀请书

文体概述

邀请书又称为邀请函、邀请信。邀请书是行政机关、企事业单位、社会团体或个人邀请有关人士前往某地参加某种活动或事宜的专用书信。它是现实生活中常用的一种日常应用写作文种，在国际交往以及日常的各种社交活动中，这类书信使用广泛。

邀请书与请柬都属于邀请他人参加会议或活动的礼仪性文书，两者有共同之处，也有细微差别。①发出缘由有别。邀请书一般是为实质性工作、任务或事项发出的，如科研成果鉴定会、学术研讨会等；而请柬一般是为娱乐性、例行性、礼仪性活动发出的，如晚会、庆典等。②文案内容有别。邀请书是一种比较复杂的请柬，它除了起请柬的作用外，还有向被邀者交代有关需要做的事情的作用，内容相对复杂详尽；请柬只写明被邀对象、邀请事由、莅临时地、邀请人即可，内容比较单一简略。③文本形式有别。邀请书是短文式文本，篇幅相对较长，行文灵活，在语言上注重表意周全，敬语有度，语气得体；请柬是填空式文本，有的是分项填写(不求连成文句)，篇幅相对较短，结构简单，行文刻板。非填空式文本请柬在语言上除要求简洁、明确外，还要措词文雅、大方和热情。④文本载体有别。邀请书无论用纸、印刷均无特殊要求；请柬则用纸精良，设色考究，制作精美，富有艺术性。⑤致送对象、方式有别。邀请书既用于集体，也用于个人，称谓可不确指，多采用邮寄方式；请柬则多用于个人，多采用亲自送达方式，称谓需要确指。

行文格式

1. 标题

一般有两种方式：一种单独以文种名称组成，在首页上端居中写上“邀请书”或“邀请函”；一种由发文原因和文种名称组成，如“关于出席亚太经济发展会议的邀请书”、“××公司年终客户答谢会邀请函”。

2. 称谓

标题下空一行，顶格写被邀请单位的名称或个人姓名。邀请书的称谓使用统称，并在统称前加敬语。如“××大学”、“尊敬的××先生/女士”、“尊敬的××总经理(局长)”。

3. 正文

主要交代举办活动的缘由、目的、事项及要求，写明活动的日程安排、时间、地点，并对被邀请方发出得体、诚挚的邀请。正文结尾一般要写常用的邀请惯用语。如“敬请光临”、“恭候光临”。若相距较远，则应写明交通路线及来回接送方式等。其他差旅费与活动经费的开销来源及被邀请人所应准备的材料文件、节目发言等也应在正文中交代清楚。

4. 落款

在正文右下方，写明活动举办单位的全称或发文个人的姓名和成文日期。邀请单位还应加盖公章，以示慎重。

撰拟要求

1. 写前心中有数

对各方面的情况，如活动宗旨、食宿办法、报到时间、报到地点等，有全面详细的了解，这样写出来的邀请函才能准确、清楚、有条理。

2. 事项全面周详

邀请书是被邀请人进行必要准备的一个依据，所以各种事宜一定要在正文上显示出来，使邀请对象可以有备而来，使活动举办的个人或单位减少一些意想不到的麻烦。

3. 语言热情有礼

邀请书的主要内容类似于通知，但又有几分商量的意思，不能是行政命令式的态度，在用词上一定要礼貌。有些邀请书在开头还应解释自己不能亲自面邀的原因，以免引起不必要的误会。另外，若附有票、券等物应同邀请书一并送给被邀请者。

例文 1-13

博鳌 21 世纪房地产论坛 2010 届年会参会邀请函

尊敬的_________阁下：

由21世纪经济报道主办发起的博鳌21世纪房地产论坛，是中国目前规格最高、影响力最大的房地产专业论坛之一。

博鳌21世纪房地产论坛2010届年会举办在即，恰是论坛成立十周年之时。过去的十年，是中国房地产史上发展最为快速的十年，十年来，房地产行业亦成长为国民经济支柱性产业之一。历史不经意间赋予博鳌21世纪房地产论坛一种使命、一种责任：理性思考现状，丈量过往的足迹，明确前行的方向。而伴随着中国房地产业各种磨炼和历程，博鳌21世纪房地产论坛已成为行业风云人物的言论阵地和同行的交流平台，是名副其实的中国地产界"奥斯卡"。

作为房地产行业一年一度的顶级盛会，论坛的每次年会均汇集了地产界、金融界及学界最具话语权的权威人士，围绕当年中国地产最新动态设定主题，各界人士对行业内各相关层次的变化做深度交流与有效探讨，并达成对当前房地产发展的共识。博鳌21世纪房地产论坛每一届年会主题都凝聚了主办方的心血与智慧，更成为每年中国地产行业中最热门的话题，论坛也因此成为中国房地产市场的风向标。

每年博鳌21世纪房地产论坛的举办都是媒体聚焦的对象，全国超过80家以上的主流平面媒体以及国内一流的门户网站均有重点报道和广告宣传，而作为主办方的《21世纪经济报道》除了高频次的活动广告宣传外，活动结束后更会出版"地产特刊"对会议作全程深度报道，论坛的商业传播价值不可估量。

鉴于您在中国地产界的尊贵声誉和权威地位，博鳌21世纪房地产论坛组委会特邀您作为本次论坛的参会嘉宾参加本次盛会。

期待您的热情参与！

后附回执表一份，活动介绍一份。

21世纪经济报道

博鳌21世纪房地产论坛组委会

主 席：××

2010年3月

四、感谢信

文体概述

感谢信是一种礼仪文书，是集体单位或个人用于对关心、帮助、支持本单位或个人表示衷心感谢的函件。它广泛应用于个人与个人之间、个人与组织之间、组织与组织之间，对弘扬正气，树立良好的社会风尚，促进社会主义精神文明建设有着重要意义。

感情真挚、叙议结合、双重含意是感谢信的基本特点。写信人必然是被对方某一个行为或某一种精神所感动，情动于衷而形于言，仅说一声"谢谢"，不足以充分表达感激之情，于是使用感谢信这种方式，感动和致谢的色彩强烈鲜明，信的字里行间充满感激之情；感情的抒发建立在叙事的基础上，感谢信要把对方的感人事迹讲述清楚，完整清晰、要言不烦地将事情发生的时间地点、原因结果、基本过程一一写出，在此基础上，要通过议论来评价、赞扬对方美好的品德和高尚的精神，抒发致谢之情；感谢信以感谢为主，兼有表扬的意思，多数情况下，感谢信不只是写给对方看的，同时也是写给广大群众看的，意在更广泛的领域中宣传对方的事迹和精神，由此兼具了表彰特性。

根据寄送方式的不同，感谢信可以分为三种：直接寄送给感谢对象（单位、集体或个人）的感谢信，寄送对方所在单位有关部门或在其单位公开张贴的感谢信，寄送给广播电台、电视台、报社、杂志社等媒体公开播发的感谢信。根据感谢对象的不同，感谢信可以分为两种：写给集体的感谢信，一般是个人处于困境时，得到了集体的帮助，并在集体的关心和支持下，自己最终克服了困难，渡过了难关，摆脱了困境，所以要用感谢信的方式表达自己的感激之情；写给个人的感谢信，可以是个人、单位或集体为了感谢某个人曾经给予的帮助或照顾而写的。

行文格式

1. 标题

感谢信的标题通常有三种形式：①单独由文种名称组成，如“感谢信”；②由感谢对象和文种名称共同组成，如“致×××的感谢信”；③由感谢双方和文种名称组成，如“××街道致××剧院的感谢信”。有时也可以有所变化，如有一封致帮助人民群众抗洪救灾的感谢信的标题是“光荣的子弟兵，人民感谢你们”。

2. 称呼

在标题下隔行顶格写所感谢的单位名称或个人姓名（如不知名称和姓名，可写其特征或记号等），如是个人姓名，姓名后可写“同志”、“先生”等相应的尊称。如果感谢对象比较多，可以把感谢对象放在正文中间提出。根据情况可以在名称或姓名前加“尊敬的”、“亲爱的”、“光荣的”等修饰词语，以表敬重。

3. 正文

正文由开头语和主体构成。

（1）开头语。在称谓下面一行退后两格写起，概括说明对方感人的事迹和高尚的行为，表明致谢之意。

（2）主体。大致包括致谢原因、对方事迹、感激之情三项内容。①陈述致谢原因。详细叙述事情的经过，即在何时何地因何事得到对方的何种关心、支持和帮助，并阐述在关键时刻对方的关心、支持和帮助所产生的客观影响和社会效果，表达自己的感激之情。组织材料要突出重点，写好主要事迹；记叙要翔实，表扬要适度。②赞扬对方精神。在叙事的基础上指出对方的关心、支持和帮助对整个事情成功的重要性及体现出的可贵精神，深刻揭示对方关心、支持和帮助的意义。③表示感激之情。写明对方的感人事迹对自己的教育作用，将以何实际行动，来感谢对方对自己的关心、支持和帮助。如果感谢信是写给所感谢者的单位或新闻单位的，还可以写上给予对方表扬的建议。

4. 结尾

写上表敬语（“此致/敬礼”）和感谢语（“致以最诚挚的敬礼”、“再次表示诚挚的感谢”）。

5. 落款及时间

同其他专用书信的落款和时间写法一样。

撰拟要求

1. 内容要真实

感谢信的内容必须真实，确有其人，确有其事，要把被感谢的人物、事情、经过、结果叙述清楚，尤其重点叙述关键时刻对方给予的关心和支持。叙述中要加以议论，揭示精神的可贵和意义的重大。

2. 评价要恰当

向对方表示感谢的话语要符合双方的身份、实际，用语到位恰当，不要盲目拔高，不可过分雕饰，以免给人言过其实的印象。切忌抛弃感谢的内容，不着边际空发议论。

3. 感情要真诚

要怀着真挚、热烈的感激之情叙述和议论，做到以事表情，以情感人，既要感情充沛，讲究文辞，又避免过多堆砌感激话语。用语应符合双方身份和社会交往的习惯。表达谢意的行动要符合实际，说到做到，切实可行。

4. 行文要精短

感谢信的内容以主要事迹为主，以说明事实为主，篇幅不能太长，话不在多，点到为止，详略得当，精练简洁。

例文 1-14

感 谢 信

尊敬的××学院领导、全体师生：

我是贵校电子系电子技术应用专业 2012 级(2)班学生魏燕的家长，在此，我代表魏燕、代表我们全家，向你们致以诚挚的感谢！

今年 5 月份，魏燕被确诊患了白血病，急需治疗费 20 多万元，我们焦急万分。我们夫妻都是普通工人，家里积蓄有限，虽经千方百计筹集资金，但仍满足不了治疗的需求。

得知这一消息后，贵校领导、师生纷纷主动捐款，连 John 等外籍教师也都慷慨解囊。前天，贵校的金××校长代表全院师生将 6.85 万元交给了我们。你们的捐款，解了我们的燃眉之急，使魏燕得到了及时的治疗，更使我们深切地感受到你们的深情厚谊。你们的无私之举，给了魏燕第二次生命；你们崇高的思想境界，深深地感动了我们；你们的高尚品德，永远是我们学习的榜样。

在今后的学习、工作中，魏燕将以更加刻苦的学习、优异的成绩，用实际行动回报母校的救命之恩。

再次感谢你们，我们全家的恩人！向你们致以最诚挚的敬礼！祝你们好人一生平安！

魏×× 敬上

2013 年 10 月 10 日

五、表扬信

文体概述

表扬信是对集体或个人的先进事迹、先进思想表示赞扬、表彰的专用书信。

彰善树正、兼表谢意、广为传扬是表扬信的基本特点。表扬信要表扬的都是那些为社会做出贡献的单位或个人，以弘扬正气，褒奖善良；表扬信一般均有感谢的成分，尤其是表扬的事迹同写信人有关时，更要在表扬信中表达出自己的谢意；表扬信可以张贴、登报，也可以在电台、电视台上播放，以郑重嘉勉当事人，积极影响广大民众。

表扬信与感谢信有以下差异。①感谢信一般由当事人(单位)或相关者书写,使用第一人称;表扬信既可以由当事人(单位)或相关者书写,也可以由旁观者所写,既可用第一人称,也可用第三人称。②感谢信侧重于感谢,语言的感情色彩是崇敬;表扬信侧重于表彰,语言的感情色彩是嘉勉。

从表扬双方的关系来看,表扬信可分为上级对下级、团体对个人的表扬和群众之间的表扬。从被表扬者的身份来看,表扬信又可分为对集体的表扬和对个人的表扬两种。

行文格式

1. 标题

一般而言,单独由文种名称“表扬信”组成,位置在第一行正中。有时采用其他写法,如以“××同学见义勇为的先进事迹”作标题,可以取得引人注目的效果。

2. 称谓

在开头顶格写上被表扬的机关、单位、团体或个人的名称、姓名。如果是写给个人的,应在姓名之后加上“同志”、“先生”等字样,后面加冒号。若是直接张贴到某机关、单位、团体的表扬信,开头可不必再写受文单位。

3. 正文

另起一行,空两格写表扬内容。①交代表扬的缘由。用概括的语言,重点叙述人物事迹的发生、发展、结果。叙述要清楚,要突出最本质的方面,要让事实本身说话,少讲空话大道理。②议论行为的意义。在叙事的基础上,对被表扬者事迹的性质、意义、价值进行肯定和评价,赞颂该人所作所为的道德意义,如指出这种行为属于哪种好思想、好风尚、好品德。议论要准确恰当,恰如其分。

4. 结尾

表明态度或提出希望。如果是直接写给本人的,应适当谈些“深受感动”、“值得学习”等方面的内容,表明自己一方将如何向被表扬者学习。如果是写给被表扬者单位或领导的,可提出对方单位对被表扬者给予表扬的建议及该单位其他人员向被表扬者学习的希望。最后要写上表示祝愿的话。如“此致/敬礼”、“祝好”、“谨表谢意”、“向你学习”等,但“此致”、“谨表”、“向你”等字写在末尾,其余的字要另起一行,顶格写。

5. 署名

署上单位名称或个人名称。如果是以个人名义写的表扬信,应在后面详细写明发信人的地址,签上自己的姓名,并在下方注明年、月、日。

撰拟要求

1. 叙事真实客观

优秀事迹的动人力量来自于它的真实性,不能以空泛的大道理代替突出的动人事例。叙述事迹要客观真实,时间、地点、人物、事件、原因、结果等,都与实际发生的事实相吻合,尽量准确无误,不要以偏概全,不可过分雕饰。

2. 评价恰如其分

表扬信要见人、见事、见精神,要充分反映出对方的可贵品质。在表扬和赞颂时,要实事求是,既不刻意夸大,也不人为拔高,力求准确恰当,令人首肯信服。

3. 语句动情顺畅

表扬信一般均有感谢的成分，尤其是表扬的事迹同写信人有关时，更要在表扬信中表达出自己的谢意。语气要热情恳切，字句要打动人心，行文要朴实通畅。

例文 1-15

表 扬 信

今朝装饰公司：

今年8月13日—9月13日贵公司为我装修了近百平方米的房子，竣工后我的心情久久不能平静，装修中的许多事情给我留下了深刻的印象。

其一，优秀设计师木易。装修前我曾咨询过多家公司，正当我犹豫不决时，我来到了今朝公司，是木易设计师接待了我。他几次来我家与我讨论装修方案，为我精心设计，细心预算，尽量使我的钱花在最需要的地方。对于我提出的设计要求，他都一一记在心上，并完美地体现在了设计方案中。木易设计师高度负责的工作态度感动了我，于是我下定了决心与今朝公司签订合同。

其二，铁面无私的质检员。提起赵茂恒，从工人到工长都说他铁面无私，我半信半疑，然而在装修中发生的一件事，使我不但确信了这一点，而且对他产生了敬意。我的阳台是用文化砖贴的，完工时赵茂恒来检查，当他看到文化砖是用胶固定时，立即做出决定“拆掉，用水泥砌”，并诚恳地对我说：“用胶固定最多维持三五年，用水泥砌才是最坚固的方法。我有责任也有义务保证您的利益不受损失。”在赵质检的坚持下，工人们硬是把贴好的墙砖拆掉，重新用水泥砌好。老赵处处为客户着想，严把质量关的精神令我终生难忘。

其三，热心为客户服务的工长荣联合。装修中，从送料到施工，他都亲临现场，尽职尽责。在赵质检坚决要求拆掉胶贴文化砖时，荣工长没有多说半句话，是他把砖一块块拆下来，又让瓦工一块一块用水泥砌好的。在验收时，我提出梯脚砖不合格，仍是他把砖拆下，并自费买了损失的砖，毫无怨言。不仅如此，他还曾多次帮我挑选建材。当我们全家向他表示感谢时，他说：“把工程做好是我的本分，只要客户满意，我就满足了。以后工程有什么问题，一个电话我就到。”他的这些行为充分体现了今朝公司热心为客户服务的精神。

面对这样的公司，我们客户怎么能不欢迎呢！

以上虽然是几件小事，但显示出今朝公司在激烈的市场竞争中卓越的管理理念。我想今朝公司有了这样的设计师、质检员和工长，公司一定会有更辉煌的未来！

最后我代表我们全家向公司和以上三位同志表示感谢！

双桥东里温泉花园10号楼2门803号
王连树
2004年9月25日

六、慰问信

文体概述

慰问信是组织或个人对有关对象（集体或个人）表示安慰、关切、激励的专用信体。慰问的主要对象：或是革命和建设中的有功之臣，或是意外灾难中的受灾群众，或是各行各业的无名英雄。

精神抚慰、情感沟通、意志鼓励是慰问信的基本特点。慰问信是一种精神关怀的方式，人与人之间，最珍贵的就是相互的理解、同情和关怀，它可以使人摆脱孤独和无助，获得信心和力量；慰问信不是一般的礼仪寒暄，它渗透着发自内心的真情（同情、关切、崇敬），起着交流思想、融洽感情的作用，情感的沟通是支撑慰问信的一个深层基础；慰问信不仅表达关切和问候，也常常提出希望，发出号召，激励情绪，鼓舞斗志。

慰问信不同于感谢信。①致送对象不同。慰问信的对象多为群体，或是贡献突出者，或是遭受灾祸者，或是与特定节日相关者；感谢信的对象多为个体，或是见义勇为者，或是排难解忧者，或是拾金不昧者。②内容侧重点不同。慰问信重在表示慰问，多讲对对方的同情、关切或激励；感谢信则重在表示谢意，多讲对方对自己的关心、帮助和支持。③传播范围不同。慰问信既要表达对被慰问对象的关切、致意，同时又借以引起社会的关心、关注，除了张贴、登报，还在电台、电视上播放，传播范围广；感谢信在大多数情况下往往采用寄送（给单位或个人）和张贴方式（在被感谢人单位张贴），传播范围比慰问信小。

慰问信的适用范围较感谢信广，主要有三种情况。①彰励性慰问。这类慰问信主要针对那些在重大斗争中取得胜利、在重要工作中取得成就、在重大活动中获得成果的单位和个人，对他们取得的胜利、成就、成果和贡献给以充分肯定，对他们献身伟业、克难奋进、努力工作、不计名利的奉献精神给予热情表彰。②慰勉性慰问。这类慰问信常常是针对那些由于某种原因（如地震、风雪、暴雨、洪涝、亢旱、火灾、虫灾等自然灾害和各类车祸、工地事故、现代战争、飞机失事等），而遭遇重大困难或蒙受巨大损失的集体或个人，对他们表示同情和安慰，鼓励他们战胜暂时困难，走出灾祸阴影，尽早改变现状。③礼仪性慰问。在某些节日、纪念日之际，上级对下级、机关单位对员工群众或特定人员表达节日问候的慰问信。一般表示对他们以往工作的肯定和赞扬，并祝福他们在今后的工作、学习、生活中心情舒畅，做出更大的成绩。

行文格式

1. 标题

通常由以下三种方式构成：①单独由文种名称组成，如“慰问信”；②由慰问对象和文种名共同组成，如“致参加抗震救灾护士的慰问信”；③由慰问双方和文种名共同组成，如“教育部致海外留学人员的慰问信”。

2. 称呼

在标题下空一行，顶格写上慰问对象的单位名称或个人的姓名，后加冒号。如果是写给个人的，姓名之前可加“敬爱的”、“尊敬的”等字样，之后可加“同志”、“朋友”、“先生”等，以表示尊重。

3. 正文

内容包括两个方面。

（1）简介原因背景。用一段简明文字陈述目前形势，写明慰问的背景和原因（如工程完工、事故发生、节日来临等），交代清楚是代表何单位或何人向何集体群众表示慰问，以提起下文。这部分要篇幅短小，言简意赅。

（2）叙述慰问缘由。用于叙述主要事实，或具体叙述对方在工程建设中的重要劳绩、模范事迹与卓越贡献；或肯定对方在本职工作中舍己为人、默默奉献、不怕牺牲的品德风尚；或陈述对方在天灾人祸中损失惨重、处境艰危的既成事实和努力奋斗、共克时艰的感人事迹。要表现出发信方的钦佩或同情之情。这部分可以适当展开，但不要拖泥带水。

4. 结尾

结尾主要表示希望决心。先结合形势与任务提出殷切的希望，勉励慰问对象再接再厉，取得新成绩，或鼓励对方战胜困难等；接着表示共同的愿望与决心，最后用一句慰勉与祝愿的话作结。如“让我们携手并进，为早日实现四个现代化而共同奋斗”、“……困难是暂时的，最后的胜利一定属于我们”、“祝——你们取得更大的成绩”、“祝——节日愉快”。（“祝”字后面的话应另起一行，前空两格书写，不得连写在上文末尾。）

5. 落款

署上发文单位或发文个人的称呼，并在署名右下方署上成文日期。

根据慰问对象的不同，慰问信的内容、语气也有所不同。

慰问先进者，内容大都是对取得突出成就的先进集体或群体表示慰问，正文内容主要是简述其先进事迹及其意义，表示赞扬，并鼓励他们再接再厉，乘胜前进，争取更大的成绩。开头可用“欣闻……非常高兴，特表示祝贺并致以亲切的慰问”等语概述；中心段可以写成绩是如何取得的及有怎样的意义，表示赞扬；最后勉励他们再接再厉，继续前进。

慰问受灾者，大都是对遭受自然灾害的单位或群体表示慰问，正文内容主要是表示同情和安慰，鼓励他们克服困难，勇往直前，夺取胜利。开头可用“惊悉……深表同情，并致以深切的慰问”等语概述；中心段着重写克服困难，战胜灾害的有利因素，如有社会主义制度的优越性、有安定团结的大环境、有全国和全省人民的大力支持，鼓励他们努力奋斗，战胜眼前的困难；最后写自己（发信单位和个人）将怎样为他们作贡献的决心及行动（如捐款、捐物等），并表示良好的祝愿。

节日慰问，慰问信多是上级单位写给有关人员的，所以正文内容主要是强调节日的意义，赞扬有关人员所取得的成绩或作出的贡献，并提出今后的希望。开头概述节日意义及提出问候语；中心段赞扬有关人员所取得的成绩或所作的贡献；并联系当前形势阐述其责任和今后的任务；最后提出希望。

撰拟要求

1. 对象要明确

应根据不同的对象确定慰问的内容和重点，对在社会主义现代化建设中有突出贡献的集体和个人，应侧重于赞扬他们的巨大成绩；对遭到暂时困难的集体和个人，则应侧重于向他们表示关怀和支持。

2. 感情要真挚

应以高度的政治热情，赞颂、关怀或慰勉对方，字里行间要洋溢着同志间的深厚感情，要充分体现组织的关心和温暖，以乐观向上的语言减轻对方的烦恼与痛苦，并给对方以克服困难、走出困境的信心。

3. 语言要亲切

适当运用抒情的表达方式，行文要诚恳、真切，措词要恰当，切忌用公式化、概念化的词语，也不宜用刻板的公文语言。

例文 1-16

致全校教职员工的慰问信

全校教职工：

九月，金风送爽，丹桂飘香；九月，桃李满园，硕果累累。在这洋溢着喜庆的收获的季节，我们迎来了第三十个教师节。值此节日来临之际，学校工会谨向辛勤耕耘在教学、科研岗位和竭诚奉献在管理、服务岗位的广大教职工，向为学校的发展建设做出贡献的全体离退休老同志，致以节日的祝贺！

在过去的一年中，全校教职工团结进取、勤勉敬业、无私奉献、勇于创新，为学生成才、学校发展做出了重要贡献。正是因为每一位教职工的倾情投入，才会有一批又一批青年才俊从我校走出；也正是因为汇集了每一位教职工的力量，学校的事业才会蒸蒸日上、蓬勃繁盛。在哈工大精神的引领下，我校教职工传承文明、塑造灵魂、引导创新、造就未来，获得了社会各界的广泛赞誉。

今天在校的大学生就是未来实现中华民族伟大复兴的中国梦的主力军，教师就是打造这支中华民族“梦之队”的筑梦人。在学校加快创建世界一流大学的进程中，希望全校教职工自觉践行社会主义核心价值观，不断增强教书育人、立德树人的荣誉感和责任感，学为人师，行为世范，立足本职，敢于担当，做有理想信念、有道德情操、有扎实知识、有仁爱之心的好老师，以高尚的师德情操、丰富的学识理论做指引学生健康成长的航灯，为学校的各项事业发展做出更多更大的贡献。

最后，祝愿全校教职工节日快乐、身体健康、工作顺利、阖家幸福！

中国教育工会哈尔滨工业大学委员会

2014 年 9 月 10 日

实训练习

(1)××大学法学院 2014 级刑法学研究生王××，来自甘肃省贫穷落后的山区，一家七口人，爷爷奶奶有病，弟弟妹妹均在上学，仅靠父母耕种几亩薄地维持家人生活，家里已欠下几万元债务。请代王××向研究生院写一份困难补助申请书。

(2)9 月 9 日—9 月 15 日是全国第××届推广普通话宣传周，主题是“构建和谐语言生活，弘扬中华优秀文化”。请以学生会名义向全校师生发起倡议，倡议师生讲普通话、写规范字，为构建和谐校园、和谐社会，营造良好的语言环境做出贡献。

(3)为庆祝建校三十周年，××学院决定 2014 年 5 月 21 日为校庆日，将举行庆祝大会和文艺晚会、大型学术交流活动等；5 月为校庆月，集中开展学术、文化、体育等各项活动。请代周年校庆筹备委员会向历届校友写一封校庆邀请书。

(4)学生李××不幸身患尿毒症，每周透析需要花高额医疗费，得知此情，学校师生纷纷捐款献爱心，涌现出许多感人的事迹。请以该学生所在院系团总支、学生会的名义写一封感谢信。

(5)中秋节前夕，××副食品公司第二门市部从外地运回一批月饼、糖果等，因为卡车有急事，暂时将货物卸在马路边。下午五点左右突降大雨，××学院一群青年志愿者因事路过，便奋力帮助该门市部将货物抢搬进仓库。请代第二门市部向××学院写一封表扬信。

(6)根据下面的材料，在今年植树节到来的日子，请以一个居民的身份，写一封慰问信给园林工人。材料：园林工人们的工作是平凡的，又是伟大的。他们为绿化、美化和净化我们的城市付出了辛勤的劳动和汗水。烈日炎炎，常常看见他们为树木剪枝、松土和施肥；寒冬腊月，又常见他们为小树苗包扎。人们尊敬地称园林工人是“城市的绿色保护神”。

第三节　启　　事

文体概述

启事是机关、企事业单位、团体或个人，向社会公众陈述事宜、告知音讯、请求协助时所使用的告知性文书。启事的本意是公开陈述事情。“启”，即叙说、陈述之意；“事”即事情。

功能多样、期待回应、不作限制、表达简明、广而告之是启事的基本特点。启事已由原来仅限于“寻人”、“寻物”、“招领”等启事，发展到“征婚”、“招贤”、“招聘”、“征集”等几十种类型，可以用于公务中的多种事宜，涉及社会生活的各个方面。启事不同于只是向社会“告知”的声明，它要求通过告知得到社会上广泛的回应，以解决自己的某件公务事宜。启事面向大众告知事宜，它只具有知照性、鼓动性、刺激性，而不具备法令性和政策性，更没有强制性或约束力，启事的对象有参与的自主性，可以参与或不参与。启事要求篇幅短小精悍，除了为读者提供方便之外，同时也受篇幅版面限制，无论是登报、广播、电视或张贴，都不允许写得长，而应竭力做到一目了然。启事通过张贴、登报、广播、电视等各种手段、媒体公开传播消息，对社会公众来说，是广告性消息，具有新闻性质。

启事的种类很多，根据启事事项的不同，可以分为寻找、征招、周知、声明四大类，类别不同作用也不同。寻找类启事，是为了求得公众的响应和协助的启事。这类启事有寻人启事、寻物启事、招领启事等。征招类启事，是为了求得公众的配合与协作的启事。这类启事有招生启事、招考启事、招聘启事，征文启事、征订启事、征集设计启事等。周知类启事，是为了开展工作和业务，把某些事项公诸于众，以便让公众知晓的启事。这类启事有开业启事、迁址启事、变更启事、婚庆启事等。声明类启事，这类启事涉及行政变更，有法定的制度作为基础。它要求大众必须遵守、不得违反，虽然它以启事形式发布，却实际上为强制执行。如有时交通管理部门因工作需要，需在某时段、某范围实行交通管制，要求所有车辆行人绕行等。这类启事的发布，要经过有关部门批准，并由主管该事项的权威机关发布，个人无权发布。

行文格式

启事的种类虽然很多，但写法大同小异，行文一般包括启事的标题、正文、落款几部分。

1. 标题

标题要力争做到明白、醒目、简短。有的只标明“启事”二字，置正文上方适中处，以便引人注目；有的要写清启事的事项，如“寻人启事”、“更换商标启事”等，使公众一眼即可看清启事的事由；有的只写事项，把“启事”二字省略去，这样在报刊上登载可以节省字数。如“招领”、“招生”等；还有的写上机关名称，以示郑重，如“××公司招聘工程技术人员启事”、“××无线电厂启事”等。“启事”是名词，不能写成“启示”，“启示”是动词，是开导、启发的意思，与“启事”的意思大相径庭。

2. 正文

内容一般包括启事的目的、意义、具体办理方法、要求、条件等。

常用写法一般有两种：①直陈式写法，即直接陈述有关的事情和要求，可以分段说明，可以标序列述，还可以分层次列小标题分述；②总分式写法，即在文章的开头先简要概括地写明启事的缘由、目的和主要内容作为前言，然后在正文主体部分，分条列项地写明启事的具体事项，每一条的前面可加序码或提示性的小标题，小标题后面用冒号领起下文，一条用一段文字，以便读者逐条了解启事的各项具体内容，如“招聘启事”、“征文启事”、“征集启事”等往往采用此法。

正文要求写得具体、明确、简练。具体就是把应该写的都写出来，不能太笼统，更不能漏项；明确就是把该写的内容写明白，写确切，不能粗枝大叶，更不能造成歧解；简练就是在文字上尽量简洁一些，精练一些，务去陈言冗语。此外，还要恰当使用礼貌用语。

3. 落款

落款均写在正文的右下方，分行书写。以个人名义写的启事署个人姓名，以单位名义写的启事署单位名称。在标题和正文中已写明启事者，结尾中可省略，只写日期。有时还要在署名之后写上地址和电话号码，以便联系。下面一行用来注明年、月、日，如果在报上刊登，有的不写日期。

撰拟要求

1. 内容具体清楚

所启事项要完整，要求事件单一，如实写出，观点明确，使人易于理解和接受。启事内容若有多项，可标项分条列出。

2. 表达准确恰当

语言简练得体，庄重严肃，礼貌热情。避免拖沓冗长，含糊不清。有些启事希望获得他人协作、帮助，语言要诚挚恳切，使人能做出积极的反应。

3. 版面设计新颖

版面格式设计要新颖突出，吸引观众和读者注意。

例文 1-17

寻人启事

邱×，男，现年3岁，约60公分高，圆脸，大眼睛，双眼皮，平头，头上有两个旋（一个在脑门处，一个在脑门后），左耳根有一小小的黑记，陕西口音。走丢时，上身穿天蓝色间白道涤棉运动衣，下穿驼色条绒背带裤，脚穿白色旅游鞋。于2014年4月2日下午5时在本市××超市门口走失。有见到或知情者，请速与××旅游公司×××联系，电话：139××××××××。家人感激不尽，并愿重谢告知准确信息的好心朋友。

联系人：×××
2014年4月3日

例文 1-18

寻物启事

本人不慎于2014年10月29日下午在校门口丢失《牛津英汉双解小词典》一本，外语教学与研究出版社出版。书内夹有武汉××学院饭卡一张。如有拾到者请与×××联系，电话：189××××××××，郑重感谢！

×××
2014年10月30日

例文 1-19

招领启事

我市出租车司机林××于10月5日晚发现车内有乘客遗忘的黑色手提袋一个，内有钱物若干。望失主携带本人有效证件前来我所认领。

××区派出所
2014年10月6日

例文 1-20

2014 年中秋庄子祠“梦蝶诗会”征稿启事

“庄子故里，逍遥蒙城”。蒙城地处皖北六城市中心位置，历史悠久，文化厚重，为历史文化名城，安徽省弘扬君子文化、践行社会主义核心价值观试点县。该县高度重视社会主义精神文明建设，将君子文化融入城市精神之中，开展了“德润蒙城、善行漆园”系列活动，取得了良好的教育效果。

国家 3A 级风景区庄子祠“梦蝶诗会”致力于以诗歌创作和朗诵形式，搭建华语诗歌交流平台，传承和繁荣诗歌文化，诠释庄子故里蒙城丰厚的历史文化积淀，展现庄子“道法自然”博大精深的政治思想和艺术成就，表现在“中国梦”的引领下各族人民奋发图强的时代精神。蒙城作家协会、蒙城庄子祠管委会于 2013 年中秋、2014 年清明举办了两届庄子祠“梦蝶诗会”，在社会上收到了良好效果。为进一步弘扬庄子文化、君子文化，践行社会主义核心价值观，中共蒙城县委宣传部、蒙城县文联特举办 2014 年迎中秋庄子祠“梦蝶诗会”。

一、征稿对象

海内外作家、诗人和文学爱好者。

二、征稿时间

2014 年 7 月 20 日至 8 月 25 日。

三、征稿要求

征稿要求分述如下。

(1)应征作品为格律诗、词、联、赋、自由诗和散文诗。

(2)围绕庄子文化、君子文化，围绕庄子故里蒙城的旅游景点、风土民情创作的作品(相关资料可在网上搜寻)。

(3)诗会欢迎书法、美术、篆刻等艺术作品，参加者请寄作品原件，并附作者简历、照片。参会作品将由组委会统一装裱后，于诗会期间在庄子祠里展出，并作永久收藏，向作者颁发收藏证书。

(4)征文版权归主办单位和作者共同所有，主办单位有权使用作品。

优秀作品将陆续在《中国楹联报》、《亳州文艺》、《蒙城文艺》等媒体刊发。集结优秀作品出版《中国楹联报 2014 年迎中秋庄子祠“梦蝶诗会”专号》。所有参加者均赠《中国楹联报 2014 年迎中秋庄子祠“梦蝶诗会”专号》、《蒙城文艺》“梦蝶诗会”特辑。梦蝶诗会期间，遴选优秀作品举办专场诗歌朗诵会，邀请部分作者在庄子祠内参加朗诵，并统一组织参会者进行文艺采风(外地作者由组委会提供食宿方便，费用自理)。

四、投稿方式

来稿请注明“梦蝶诗会”字样，应征稿件以电子文档的形式发送至电子邮箱：××××××@163.com。注明真实姓名和联系方式。书画作品可寄往：安徽省蒙城庄子大道南段，蒙城博物馆东门南楼《中国楹联报》社。

联系人：邵俊强。电话：0558-×××××××，138××××××××。

中共蒙城县委宣传部
蒙城县文联
2014 年 7 月 20 日

例文 1-21

东沙湖学校诚聘优秀教师

苏州工业园区东沙湖学校是园区管委会直属的九年一贯制公立学校，学校地处苏州工业园区内，拥有优越的国际化和现代化的办学条件，有着精良的教育现代化设施及卓越的建校品质。学校南临轻轨一号线钟南街站，交通出行方便；北临东沙湖邻里中心，生活方便；位于两园(白塘生态植物园与沙湖生态园)之间，生态环境优越。学校总投资 1.77 亿(不含设备和土地等投入)，占地面积 83 400 平方米，建筑面积约 45 895 平方米，共72班，可容纳在校学生约3 300多人，核定学校教职工编制216名，已于2012年9月1日正式开学。学校以“成就优雅与智慧的人生”为核心理念，文化建校，品质立校，走国际化融合之路，办人民满意的教育。因事业发展需要，现招聘语文、数学、英语、音乐、科学学科教师若干。

一、招聘条件

(1)热爱教育事业，身体健康，师德高尚，有良好的专业基本功、奉献精神、创新意识和合作协调能力。

(2)在职教师：本科及以上学历，年龄不超过35周岁(1979年1月1日后出生)，县区级学科带头人年龄不超过38周岁(1976年1月1日后出生)，大市级学科带头人年龄不超过40周岁(1974年1月1日后出生)；具有博士研究生学历和学位、省特级教师或教授级中学高级教师专业技术职称资格的，年龄条件可适当放宽。

(3)应届优秀毕业生：具备相应教师资格证书；具有相关专业本科及以上学历(应届毕业生应具有与招聘专业要求相一致的全日制本二及以上学历)；硕士以上学历、学生干部、奖学金获得者优先。

(4)省名教师、省名校长、全国模范教师称号获得者；教授级中学高级教师、省特级教师、全国优秀教师、全国优秀班主任、全国优秀教育工作者称号获得者；苏州大市级名教师、名校长、学科带头人、省级劳动模范称号获得者享受园区教育局的奖励政策。

二、应聘办法

有意应聘者请将个人简历登记表、信息登记表(学校网站下载)、各项证明材料复印件(含学历证书、学位证书、资格证书、职称证书、各级各类获奖证书等)及近期照片(1张)邮寄至学校。同时将个人简历登记表、信息登记表发送至邮箱：×××××××××@qq. com。

三、联系方式

(1)详细地址：苏州工业园区东沙湖路99号(邮编：215021)。

(2)联系电话：0512-××××××××(联系人：缪老师、杨老师)。

2014年7月10日

例文1-22

中国地质大学出版社地学精品书店开业启事

中国地质大学出版社地学精品书店正式开业了！书店本着传播地学知识和为教职员工、学生及相关读者热忱服务的理念，经过精心筹备，将最丰富的地学精品图书呈现给读者。

地学精品书店经销中国地质大学出版社及地质出版社、石油工业出版社、石油大学出版社、中国矿业大学出版社、科学出版社等出版社的图书。书店经销图书类别主要有：地学基础、资源、水文、工程、环境及珠宝类教材和专著等。

博览地学图书精品，尽在地学精品书店！我们将以最优质的服务竭诚服务读者，服务项目包括现场售书、代订书、邮寄等，量大从优，欢迎广大读者光临惠顾！

书店地址：武汉市洪山区光谷鲁磨路388号(邮编：430074)。

电话：027-67883572，027-67883580(传真)

联系人：陈珏敏

中国地质大学出版社

2014年3月

例文1-23

××中学百年校庆启事

2014年×月×日，将是××中学的百年诞生日，届时将举行盛大的校庆活动。

为迎接百年校庆，学校已成立了百年校庆筹备委员会，恭请世界各地校友届时返回母校参加校庆活动。

同时学校拟编《校史资料集》、《优秀论文集》，请各届校友踊跃提供有关史料及省级以上获奖论文、著作。拟参加校庆或提供资料者，请函告或电告姓名、职务、毕业届次，或直接与校庆筹备办公室联系。热烈欢迎海内外校友为母校的发展做出贡献。

学校地址：××市××路××号（邮编：××××××）

联系电话：021-××××××××

××中学百年校庆筹备委员会

2014年×月×日

实训练习

（1）学校啄木鸟协会为了更好地宣传绿色环保，提高人们的环保意识，要举办一个环保图片展。特面向全校招募志愿者，协助宣传讲解。请拟写一份招募启事。

（2）××文学社为了深入开展"开卷有益"的读书活动，拟举行一次相关的征文比赛，检验大家的阅读成果，请据此写一则征文启事。

（3）李××是××学院大四毕业生，在××物流公司实习，为了工作方便，他想在公司附近租一间房子，请替他拟写一份求租启事。

（4）今年××学院迎接建校三十周年，届时将举行隆重的庆祝活动，请代表学院三十年校庆筹委会拟写一份校庆启事。

（5）小杰5月20日上午乘坐一辆红色夏利出租车从家里去往学校，不慎将笔记本电脑遗忘在出租车上，匆忙之中，小杰既没有向司机索要车票，也没有记住车牌号码。请代小杰写一份寻物启事。

（6）假设你毕业后自主创业，开一家经营高档服装的店铺，因经营需要欲招聘导购×名，请据此拟写一则招聘启事。

（7）假设你毕业后自主创业，经过三个月的精心筹备，××精品店准备于五月一日正式开业，请据此拟写一则开业启事。

第四节 致　　辞

文体概述

致辞也称致词，是指在各种会议、公共关系活动中，由代表性人员所作的欢迎、感谢、祝贺、勉励等性质的讲话。致辞一般出现在节日、纪念庆典、赞助会、宴会等场合中，目的是交流沟通感情，增进友谊。

短小精悍、讲究礼仪、程式固定、贴近口语是致辞的基本特点。致辞容量小，篇幅短，长则几百字，短则寥寥几十字；致辞一般出现在各种社交场合中，主要承担礼仪任务；致辞格式大致雷同，用语多为礼节性语言，以表示祝愿为主；致辞运用口语能拉近宾主关系，富于亲切感。

按照致辞使用场合，可大致分为欢迎词、欢送词、答谢词、祝贺词四种。欢迎词是在迎接宾客光临时的欢迎仪式上的讲话，现在也可指网页上欢迎网民浏览的文稿。欢送词是在来访的宾客临别时，接待方对其离去在送别仪式上表示友情的话。答谢词是宾客对主人的热情接待表示感谢的讲话。祝贺词用于对节日、喜事等表示庆贺，既有口头的，也有书面的，常见的有祝酒词、祝寿词、祝婚词。祝酒词是宴会开始前表示诚挚祝贺的讲话，祝寿词是在寿宴上表示祝福的讲话，祝婚词是在新婚典礼上表示良好祝愿的讲话。

行文格式

致辞由标题、称谓、正文三部分组成。

1. 标题

标题由致辞人姓名、职务、仪式场合、文种构成，如“周恩来总理在欢迎尼克松总统宴会上的讲话”、“贺天安门国庆集体婚礼”、“在××与××婚礼上的贺词”。

2. 称谓

称谓要热情、得体。要用尊称，称呼姓名时，要称全名，不能称小名、绰号。姓名前加头衔或表示尊敬的修饰词，如“尊敬的×××”、“敬爱的×××”、“××阁下”等，对重要人物要单独列出来，加以强调(按职位高低排列)，如“尊敬的××市长，女士们，先生们”。

3. 正文

总体上大致相同，但不同类别的致辞略有区别。

1)欢迎词

(1)开头。向出席者(来宾)表示热烈的欢迎、感谢和问候，如“请允许我代表本公司三千名员工对各界朋友的光临表示热烈的欢迎”。

(2)主体。说明宾客来临的背景，介绍和赞颂宾客的业绩和品格，回顾双方友好交往、愉快合作取得的成果，说明这些成果的意义。然后说明面临的任务，表示完成任务、增进交往、加强合作的信心，展望取得的成果。如果客人是初次到访，可简略介绍自己的情况。

(3)结尾。用简短的语句，向宾客表示热烈的欢迎或良好的祝愿。如“最后，让我们以热烈的掌声，向专家代表团表示欢迎!”

2)欢送词

(1)开头。直接表达欢送之情意，有时也可对被欢送者表示祝福。

(2)主体。或对来宾访问的成功、会谈的成功表示祝贺与感谢(如“我代表×××，对你们访问的圆满成功表示热烈的祝贺”)，概括对方访问的收获，评价来宾访问与会谈的意义和影响；或回顾友好的交往、合作的历史，评价被欢送者的工作、学习成绩和个人品格，表达惜别之情；或说明被欢送者所面临的新的工作、学习的意义等；还可以对招待不周表示歉意。

(3)结尾。表达欢送之情，期待再次合作，并发出邀请(如“欢迎你们在方便的时间再次来做客”、“愿我们友谊长存”)，对被欢送者表示祝愿(如“祝大家一路顺风”)。

3)答谢词

(1)开头。对东道主的接待表示感谢，如“我荣幸地代表我们访问团的全体成员，在这里答谢×××对我们的热情款待”。

(2)主体。回顾本次访问得到的主要收获、重要帮助和热情接待。

(3)结尾。表示美好的祝愿和希望，向对方发出邀请或再次表达谢意。如“我衷心地希望我们之间的业务往来在未来的岁月里继续下去”、“随时欢迎你们来做客”。

4)祝贺词

这部分写法较灵活，应根据不同的祝贺对象陈述内容。

(1)开头。说明向谁祝贺并表示祝贺。

(2)主体。说明祝贺的理由,指出对方取得的成绩及意义或对方的喜庆之事。

(3)结尾。进一步表示祝贺,通常为"让我们向×××表示祝贺!"或提出希望。祝酒词的结尾常用"让我们为×××干杯!"

4. 落款

在正文右下角署致辞单位名称、致辞者的身份和姓名,在署名下一行相应的位置写日期。如果是在报刊上发表,则将它们写在标题下面。

撰拟要求

1. 切合时地,用语礼貌

致辞多用于社交场合,要与场景气氛和谐融洽,措辞谨慎,妥贴适度。如大会致辞庄重典雅,宴会舞会致辞轻松幽默,答谢致辞亲切热烈。同时要注意尊重对方的风俗习惯,应避开对方的忌讳,以免发生误会。

2. 感情真挚,语气热情

注重以情动人,多采用带有感情色彩的词语。要坦诚相见,表达有针对性,不能泛泛而言;要自然适度,既不盛气凌人,又不谦恭过分。

3. 篇幅简短,语言精确

致辞受特定时空限制,不宜长篇铺叙,最长不超过2 000字。

例文 1-24

2013年高等教育国际论坛欢迎词

各位嘉宾:

木樨流香,香樟转绿。2013年高等教育国际论坛组委会欢迎您莅临甬城,品茶论剑,掌灯说道!

自2001年以来,中国高等教育学会与相关省市联合连续举办了十二届高等教育国际论坛。历届论坛主题是:经济全球化与中国高等教育、人文教育和科学教育的融合、加强教育科学研究 促进高等教育创新、特色·个性·人才强国战略、科学发展观与中国高等教育、建设创新型国家和中国高等教育的改革与发展、建设和谐文化与中国高等教育、改革开放与中国高等教育、遵循科学发展 建设高等教育强国、教育理念创新与建设高等教育强国、质量提升与建设高等教育强国、文化传承创新与建设高等教育强国。十二届国际论坛汇集了国内外高等教育研究的顶级专家学者,吸引了一大批高校领导和研究人员,实现了决策、科研、教学三支队伍的汇合。论坛为国内外专家学者搭建了高水平的交流平台,也为加深了解相互间高等教育改革与发展提供了一个学术窗口;论坛所形成的理论成果,对于我国高等教育的改革发展实践产生了积极的影响。十二年来,论坛对于促进中国高等教育的改革与发展,促进世界及区域间高等教育交流与合作发挥了积极的作用,已经成为高等教育研究领域的峰会。

经教育部国际司批准,今年继续举办高等教育国际论坛暨学会学术年会,同时举办高等教育学博士生论坛。本届论坛主题是"改革·质量·责任:高等教育现代化",由中国高等教育学会主办,宁波市教育局承办,宁波大学、厦门大学(博士生论坛)协办。

宁波是浙江省第二大城市、副省级城市、计划单列市。"书藏古今,港通天下",宁波不仅是有着七千年河姆渡文化和天一阁藏书文化传承的历史文化名城,也是长三角南翼经济中心、亚太地区重要的国际门户、现代化国际港口城市、全国文明城市。"宁波帮"、"宁波港"、"宁波装"、"宁波景"已经成为宁波靓丽的几张城市名片。

宁波素称"文教之邦","州学"肇始于唐,"书院"盛行于宋,教育源远流长,历代贤哲辈出。在中共中央《关于教育体制改革的决定》和中共中央、国务院《中国教育改革和发展纲要》颁发以后,在市委、市政府的领导和重视下,宁波各级各类教育事业发生了显著变化,步入了历史上的黄金时期。

宁波市高等教育全面贯彻落实国家、省、市教育工作会议及教育发展规划纲要精神,坚持"稳定规模、优化结构、提升内涵、强化服务”策略，深化高教改革发展，深化服务型教育体系建设，优化学科专业设置，创新人才培养模式，提升科研创新水平，促进教育与经济社会联动发展，为宁波推进“六个加快”，建设现代化国际港口城市提供有力的支撑。目前全市高校共有15所，其中全日制本科高校7所，高职高专院校6所。在甬全日制普通高校在校生14.6万人，本专科在校生比为60：40；在甬研究生达到6850人(含专业硕士学位)；全市每万人在校大学生数为252人。根据北京麦可思(Mycos)公司评价显示，2011届宁波市本科和高职高专毕业生就业竞争力指数在全国各副省级城市中分别排名第三和第二。宁波高等教育在短短十五年的时间内，迅速实现从精英化到大众化的跨越。

我有嘉宾，鼓瑟吹笙。我们真诚希望海内外嘉宾在论坛期间交流思想、奉献智慧，开拓视野、增进感情，共商高等教育改革发展大计，共谱中国高等教育改革发展新篇章！

祝各位嘉宾身体健康，在宁波度过愉快的时光！

2013年高等教育国际论坛组委会
2013年10月28日

例文1-25

欢 送 词

尊敬的××博士，尊敬的朋友们：

××博士结束了在我校为期三年的执教生活，近期就要回国了。今天我们备此薄餐，为××博士送行。

三年来，××博士以出众的才智和辛勤的工作，赢得了我校师生的信赖与尊敬。他所作的几次学术报告，开阔了我们的视野，对我校师生了解美国教学管理情况，并从中汲取经验，推动学校的教学改革是大有裨益的。对此，请允许我代表全体师生对××博士再次表示感谢！

在三年的教学工作和日常交往中，××博士与外语系的师生诚挚交流，以友相待，结下了深厚的友谊，这是中美两国人民友好关系的具体体现，我们为此而感到高兴。

中国有句古话：“海内存知己，天涯若比邻”。千山万水无阻于我们友谊的发展，隔不断彼此之间的联系。我们期望××博士在适当的时候再回来做客、讲学。

××博士将踏上归程，请带上我们全体师生的深情厚谊，也请给我们留下宝贵的意见和建议。

最后，祝××博士一路平安，万事如意！

××大学校长××
2014年11月20日

例文1-26

答 谢 词

尊敬的××校长先生，尊敬的中国朋友们：

我结束了贵校的美好生活，即将离开你们这所美丽的学校回国了。几年来，我在工作、生活等许多方面受到了热情的关照。今天贵校又备此盛宴为我送行，刚才校长先生还发表了热情洋溢的讲话。这些令我十分感激。在此，请允许我向校长先生和贵校全体师生表示衷心的感谢！

三年的生活，我亲眼目睹了贵国、贵校所发生的巨大变化，深切感受到了中国人民的勤劳、聪颖、好学和热诚，每一位教师和学生都给我留下了美好的印象，我为能在贵校执教三年而感到终生荣幸。

正如校长先生所言，我与贵校师生结下了深厚的友谊，我为之而自豪！今天我是怀着眷恋之情与朋友们惜别的。回国之后，我要向亲友介绍自己在贵国的见闻，介绍你们美好的一切，让他们进一步了解中国，热爱中国，为中美两国人民的友好尽微薄的力量。

我也非常希望与贵校保持联系，恭候着你们的佳音！

最后，请让我向校长先生、向在座各位朋友及贵校全体师生在此表示感谢！

美国××博士
2014年11月20日

例文1-27

在清华大学建校90周年庆祝大会上的贺词

教育部部长　陈至立

（2001年4月29日）

值此清华大学隆重举行建校九十周年盛典之际，谨向清华大学全体教职员工和海内外校友致以热烈的祝贺！

作为我国久负盛名的高等学府，清华大学在九十年的发展历程中秉承"自强不息、厚德载物"的校训，经过几代人的不断努力，形成了光荣的革命传统和良好的学风、校风。学校不断完善教学体系和育人环境，为国家培养出一大批杰出的科学家、文学家、工程师、教授、政治家和企业家，一代代德才兼备的清华人为实现民族独立，推动社会进步和科技发展做出重要贡献。

清华大学自建立以来，广延名师，博采中西文化之长，形成"中西文化荟萃一堂"的鲜明的办学特色，使学校迅速崛起成为我国近现代史上一座沟通中西文化教育的桥梁。清华大学开创的"古今贯通、中西融会"的学术范式，在中国近现代高等教育和学术文化的发展史上产生了深远的影响。清华大学有着光荣的革命传统，广大进步学生和先进知识分子积极寻求真理，探索救国道路，传播先进思想，在"一二·九"、抗日救亡运动和反饥饿反内战反迫害等爱国民主运动中起到重要的组织领导和先锋作用。新中国成立后不久，清华大学成为多科性工业大学，被誉为"红色工程师"的摇篮，这一时期培养的大批英才在社会主义建设各项事业中的奋斗和业绩使清华更加声誉远播、荣耀彰显。改革开放以来，清华大学进入了新的发展时期，自强不息、厚德载物的人文精神，严谨勤奋、求实创新的科学精神，实事求是、行胜于言的优良校风；又红又专、全面发展的育人目标，这些经过长久积淀的办学传统在继承中不断得以发展，使清华历久而常新。在党中央、国务院"科教兴国"战略的指引下，学校全面贯彻党的教育方针，勇于探索，不断创新，抓住机遇，大胆改革，在人才培养、学科建设、科学研究、科技成果转化诸方面积累了丰富的经验，取得杰出成绩，正在建设成为我国高层次人才培养和科学研究的重要中心；成为知识创新、科技创新，为国家和地区经济发展与社会进步提供智力支持的重要基地；成为推动社会主义物质文明和精神文明建设的重要力量。清华大学代表着国家高等教育和科技文化的先进水平，是我国高等教育发展的一个缩影并起着重要的示范作用。教育部将一如既往地支持清华大学的改革与发展。

面对新世纪的挑战与机遇，我们相信，在以江泽民同志为核心的党中央正确领导下，清华大学将继续发挥优良传统，贯彻、实施国家科教兴国战略和江泽民同志关于"三个代表"的重要思想，完成在发展祖国教育事业中所肩负的重要历史使命，努力把清华大学建设成世界一流大学，为国家发展和民族复兴做出新的卓越贡献。

实训练习

（1）母校举行建校50周年庆祝活动，你不能亲自参加庆祝活动，请撰写一封庆祝××母校建校50周年的贺信。

（2）陈健同学是××学院2008级优秀毕业生代表，现为上海××公司总经理，此次回校义务为毕业生作就业报告，请代表你所在的系部写一篇欢迎词。

（3）华老师是一名资深专业教师。她知识面广，讲课生动，爱护学生，深受学生欢迎。现在由于家中老人无人照顾，她已决定调回老家工作。请以班集体的名义拟写一篇欢送词。

（4）××学院院长带领酒店管理专业师生去广州华侨大酒店参观学习，受到酒店领导和员工的热情欢迎和款待，请为院长拟写一篇答谢词。

（5）假如在某一个假期，你母校高三（7）班的同学举行同学聚会，班长×××在聚会上要致祝酒词，请代拟这份祝酒词。

第二章 传播文书写作

第一节 消　　息

文体概述

消息，通常又称为新闻。广义的新闻是消息、通讯、特写等多种新闻体裁的总称；狭义的新闻则专指消息，是对新近已经发生和正在发生或早已发生却是新近发现的有价值的事实的及时报道。

消息一般包括六个要素：何时、何地、何人、何事、何因，加一个"怎样"等。国外新闻界称这些要素为"5W"加"1H"（即When，Where，Who，What，Why and How）。通常情况下，消息应该六要素俱全，但根据事实情况及报道的需要，也可适当省略其中部分要素。

消息的特点可以用"实"、"快"、"新"、"短"四个字来概括。真实是新闻的生命和灵魂，新闻的真实性非常微观、非常具体，报道的事件、人物、时间、地点、因由都要求绝对真实、准确，不容有虚构、夸张成分。消息强调时效性，力争在最短的时间内报道出来。"今天的消息是金子，昨天的消息是银子，前天的消息是垃圾"，时效性越强新闻价值越高。新闻的活力来自生活的不断运动，来自生生不息的事物的永恒运动，消息报道的都是新近发生的新鲜事实，消息必须有新意，能给人新的信息和新的启发。消息篇幅简短，主要用概述方式将最主要、最精彩的内容反映出来，字数多为几百字，内容简明扼要，表达干净利落。

消息不同于一般记叙文，消息所要报道的就是事实，而要想准确无误地写出客观存在的事实，当然要写出事物的形状、色彩、声音、动作等，但消息写事物的这些情形时却不是像一般记叙文那样多用描写和抒情，更不能乱用修辞格去写自己对事物的主观感受，而是纯客观地叙述。消息也不同于科学论文，消息报道事实确实是纯客观地叙述，但它又不像科学论文那样只用抽象的方法概括出事物的内在本质规律，而必须具体地写出事物的形状、色彩、声音、动作等，即把事物写得具体可感，而不只是抽象的概念。

根据写作特点的不同，消息可以分为如下几种：动态消息（指对新近发生的新事物、新情况、新成就、新现象的及时报道），综合消息（指综合反映一个带全局性的情况、动向、成就和问题的报道），经验消息（指对一些具体部门、具体地区的典型经验和成功做法的报道），人物消息（指对先进和优秀人物的事迹和精神风貌的简短报道），述评消息（指采用夹叙夹议、边叙边评的方式写成的消息）。

行文格式

消息包括：标题、消息头、导语、主体、背景和结尾六个部分。

1. 标题

标题揭示主要事实及其意义，具有向导作用和提示作用，要求用精辟警醒的语句对报道的内容和主题做高度的概括。标题本身就应该是一条独立的消息。消息的标题通常有以下几种形式。

1)单行标题

只有正题，简洁明了地反映消息内容的主旨，特点是简洁、醒目、上口、易记。如“部长，您吃转基因食品吗?”(《新华每日电讯》2014 年 3 月 5 日 3 版)。

2)双行标题

由引题和正题或正题和副题组合而成。正题为实题(概括最主要的事实)，引题、副题为虚题(阐发意义，渲染气氛)。A. 引题+正题，如“鲜花葬丽人　泪水送王妃//戴安娜魂归故里”(1997 年 9 月 7 日《环球时报》)。B. 正题+副题，如“海尔:过冬进行时//‘冬泳’而不是‘冬眠’”(2009 年 4 月 17 日《大河财富》)。

3)多行标题

这是新闻中最完整的标题形式:引题+正题+副题。多行标题含量丰富，声势浩大，读过标题以后就可以了解全文的主要内容。如“一代名将叱咤风云　千年古墓规模庞大//关中程咬金墓发掘出珍贵文物//长篇墓志披露史实，精美壁画再现初唐气象”(《光明日报》)。

制作消息标题的总的要求是:准确、新鲜、精练。所谓准确，就是要揭示出报道内容的本质;所谓新鲜，就是避免雷同，用别具一格的词句表现新闻的内容;所谓精练，就是言简意赅，用尽量少的行数和字数概括尽量全面的内容。

2. 消息头

消息正文之前要注明消息的来源，用于突出这种文体的报道性质，这部分称为消息头。消息来源一般有两种情况:一是选用新华社消息，注明新华社某地分社和时间，如“新华社北京×月×日电(记者王××);二是本报记者或通讯员采访的消息(本报讯　通讯员张××)。“讯”是指通过邮寄或书面递交方式向报社传递的新闻稿;“电”，是指通过电报、电传、电话等形式向本部传递的新闻稿。

3. 导语

导语是消息的开头部分，是消息的“眼睛”，有的是一句话，有的是一段话。导语是一则消息里面最有价值、最精辟的核心部分，一般由消息中最新鲜、最主要的事实或精辟的议论组成。导语的基本要求有两条:一是要抓住事情的核心;二是要吸引读者看下去。写导语常用如下几种方法。

1)直述式

直述式:用摘录或综合的方法，把消息中最新鲜、最主要的事实简明扼要地写出来。一些会议消息、领导指示、科技成果推广等消息都可以采用这种导语形式。如“一想到女儿马莉娅就要上大学了，美国总统奥巴马就禁不住黯然伤神。”(美联社华盛顿 2014 年 7 月 28 日电)

2)描写式

描写式:对消息的主要事实或某一有意义的侧面作简洁朴素而又有特色的描写，以酿成气氛。多见于报道大型会议、纪念活动、文艺比赛、体育盛会、突发性事件等。如“有一支中国军队到达布鲁塞尔。威武的士兵身穿紧身盔甲，随后行进的是军乐队和骑兵。……在所有中国艺术珍品中最吸引观众的正是这几件展品，它们是公元前五千年到公元九世纪的艺术珍品。”

(《国际先驱论坛报》,记者罗娜·多布林)

3)提问式

提问式:先揭露矛盾,鲜明地、尖锐地提出问题,再做简要的回答,引起读者的关注和思考。如“你知道怎样把黑夜变成白昼吗?一位科学家设想在月球上装反光镜,在夜间将太阳反射到地球上。估计要在月球上安装20万平方米的反光镜,就可以使地球永远摆脱黑暗。”(百度网《新闻报道培训材料》)

4)评论式

评论式:在叙述事实的同时,立即对事实做出评价或把事情的因果关系、现实意义明确揭示出来。评论式可以先叙述后评论,也可以先评论,可以是作者直接发议论,也可以是新闻中人物发议论。如“一位森林专家对本社记者说,用来同印度尼西亚全国每年发生的森林大火做斗争的主要武器应当是经济因素,而不应当是水。这些大火使这个国家和它的邻国笼罩在烟雾中,从而使环境受到严重污染。”(路透社新加坡1997年9月2日电)

5)结论式

结论式:把消息的结论放在开头,先下结论,然后再具体阐述。如“英国《独立报》今天在一篇题为《地球面临着最大威胁》的文章中指出,生态环境遭受破坏带来的灾难,将取代核战争的恐怖,而成为21世纪人类面临的最大危险。”(1988年9月14日《中国青年报》《生态灾难:地球面临的最大威胁》)

6)对比式

对比式:运用有关材料对照,突出消息报道的主要事实。如“就是在罗纳德·里根总统对全国说:‘美国正在走向经济复苏’之前几个小时,他的儿子普雷斯科特·里根却在这里同失业者一道领救济金。”(美联社1982年10月14日电)

7)比喻式

比喻式:给消息报道的事实打一个比方,形象地揭示主题思想。如“云南边防扫雷部队在建国45周年前夕,向祖国和人民放飞一只和平鸽:提前3个月完成云南边境大面积扫雷使命,将全部清除雷障的262平方公里和平土地移交给边疆人民。”(第5届中国新闻奖一等奖消息作品《六百勇士斗死神,雷场放飞和平鸽》)

8)拟人式

拟人式:把物当作有感情有生命的人来表达,赋予它以人的思想感情和形象,让它具有人的声情笑貌。如“当万里长城缓缓步入2644岁(从公元前657年有文字记载算起)高寿之时,一桩喜事降临她的脚下:中国长城学会25日在北京诞生了。”(《经济日报》1987年6月25日讯)

9)引语式

引语式:引用消息中人物的语言或名言谚语等来揭示或衬托主题,给人以强烈的印象。如“唱了几十年‘马儿啊,你慢些走’的晴隆县城至中营邮路,去年末已响起了汽车喇叭声。至此,全省告别了最后一条农村马班邮路。”(第3届中国新闻奖消息二等奖作品《贵州告别最后一条马班邮路》)

10)悬念式

悬念式:设置悬念,先不直说事情,吊起读者的胃口,富有魅力。如“据警察和目击者说,今天正当英国女王伊丽莎白二世在数百万臣民观看下骑马巡行伦敦中部时,一个不到二十岁的

失业青年突然跑上前去，朝着女王连打六响空炮弹。”（美联社 1981 年 6 月 13 日伦敦电）

上述只是导语的几种类型，不是固定的公式，往往根据所要报道的事实灵活安排导语写作方式。导语力求新颖自然，简明生动，具有吸引力。

4. 主体

主体紧接导语之后，是消息的主干。消息主体有双重功能：一是注释导语，使导语的事实更清楚、详细，满足读者深入了解新闻事件的要求；二是补充导语，使导语中没有提到的其他有关消息主题的事实得以补述，以保证新闻的完整性。

写消息的主体，在组织材料、安排层次上一般有三种方法。

1）时序结构

时序结构也称“编年体”式，指根据事实和情况发生、发展、结局的时间顺序从先到后、从头到尾一路写来。这类消息一般写某一人物的片段，或写某一事件的经过，时间顺序比较清楚。动态消息、体育报道、以时间变化为标志的消息常用这种形式。如：

北京奥运圣火采集仪式于当地时间 24 日中午在希腊奥林匹亚市古奥林匹亚遗址举行……

当地时间上午 11 点，主持人宣布取火仪式开始，奥林匹克会旗、中华人民共和国国旗和希腊共和国国旗被依次升起……

3 月 30 日下午 3 时圣火将抵达位于雅典市中心的 1896 年首届现代奥运会会场，希腊奥委会将在那里举行庆祝仪式，并将圣火传递给北京奥组委。

（2008 年 3 月 25 日《光明日报》）

2）空间结构

空间结构也称“分镜头”式，按空间位置的变换安排层次，写法如同电影中的蒙太奇手法，画出一个个画面，使消息形象有立体感，便于读者从不同角度看新闻事实。这种跳跃式的写法，特点在于大开大合，既放得开又收得拢。这种形式一般用于内容较多、地点较广的综合报道新闻。如：

英国政府 21 日证实，一只从南美进口至英国的鹦鹉在隔离检验期间死于禽流感。

罗马尼亚 21 日也宣布，在该国东部与摩尔多瓦共和国接壤的瓦斯卢伊县境内发现一只死于禽流感的苍鹭。

克罗地亚 21 日也首次发现禽流感疫情……

瑞士政府 21 日宣布，从本月 25 日到 12 月 15 日，所有家禽均不得在户外饲养……

非洲目前尚未出现禽流感疫情……

（2005 年 10 月 23 日《人民日报》）

3）逻辑结构

按照事物发展变化的内在联系分几个方面一一写来。这种方法，便于揭示事物的本质和意义，具有较强的说服力，所以更为常用。其逻辑关系又有很多种，主要有因果关系（先说原因后说结果或先说结果后说原因），点面关系（先说“面”——概括，后说“点”——典型事例），并列关系（不分主次横式排列）等。

春节期间，广州白天鹅宾馆的房价是 650 元/晚，东方宾馆的房价是 550 元/晚。而在三亚，文华东方，最便宜的酒店房价是18 400元/晚；万豪酒店海景房15 341元/晚；亚龙湾铂尔曼度假酒店泳池别墅价格是 15 985 元/晚……

今年春节，三亚的酒店房价不断在缔造和刷新国内酒店房价之最。出乎意料的是，如此之高的价格并没有吓退游客的步伐，往往上午不订房到下午打电话预订的时候已经被订满了。

原因 1：炒家不炒楼房炒酒店。

……

相比房地产，炒酒店房价收益极高，“估计今年春节这些‘炒房客’拿货的成本也就四五千元，现在前面随便加一个‘1’字就卖出去了，利润 300%！”广州一旅行社负责人这样说。根据旅行社的估计，春节期间海南三亚有 40%的房源都控制在“炒房客”手中。

原因 2：限公款出国“火”了三亚。

……

温前认为，春节去三亚的游客以北方公款消费的人居多，一是目前官员出国旅游卡得比较严，但对国内旅游限制并不多，作为内地最大的海岛，三亚是首选。再则现在是北方的严冬，三亚是全国唯一暖冬度假海岛，全国游客自然向三亚集中。

原因 3：众投资客趁春节考察

携程旅行网负责人说，在海南获批成为国际旅游岛后，不少国内的富商很想到三亚投资，但他们平日工作太忙，根本抽不出时间，于是纷纷选择在春节时去三亚实地调查，顺便带上家人前去度假。

（2010 年 2 月 7 日《广州日报》）

4）主次结构

主次结构分两种情况：一是先次后主、层层深入的写法，也称“金字塔”式。二是先主后次，逐层粗略的写法，也称“倒金字塔”式。“倒金字塔”式，把最重要、最精彩、最有吸引力的事实放在前面，次要的依次放在后面。这种结构可以做到主次分明，重点突出的效果，它比其他结构更适宜于报道严肃的新闻事实和突发性事件。“倒金字塔”式主体如：

肯尼迪遇刺丧命

【路透社达拉斯 1963 年 11 月 22 日电】急电：肯尼迪总统今天在这里遭到刺客枪击身死。

总统与夫人同乘一辆车中，刺客发三弹，命中总统头部。

总统被紧急送入医院，并经输血，但不久身亡。

官方消息说，总统下午 1 时逝世。

副总统约翰逊将继任新总统。

以上是消息主体的几种基本结构模式，无论采用哪种结构，都应注意：一是以叙述为主，用事实说话，力戒空话、套话，要使每个句子都有实际意义；二是要与导语相呼应，导语中的事实，在主体中要得到发展、补充，要力戒形式上的简单重复；三是层次分明，详略得当，过渡自然；四是写作手段要灵活多变，力求波澜起伏，生动活泼，切忌呆板老套。

5. 消息背景

背景是指与新闻事实有密切关系的历史情况、社会环境、政治局势、自然情况、个人简历、知识资料等。它说明事件发生的具体条件、性质和意义，是为充实内容，烘托和突出主题服务的。

按作用划分，背景材料有四类：①对比性背景，对报道事物的过去和现在、正面和反面、甲地和乙地等方面进行对比，以突出所报道事物的重要意义；②说明性背景，对消息事实的政治背景、历史演变、地理环境等进行说明，以强调事物产生的原因、环境、条件等；③注释性背景，对消息事实的有关问题（如科技成果、文史知识、风俗人情等）进行解释，以增强消息的知识性和趣味性；④补充性背景，对消息事实的有关问题进行补充，以帮助读者更全面、完整地理解消息事实。

背景材料在行文中要自然穿插，符合人们的思维逻辑，是否独立成段，不能强求一律。此外，语言要力求简洁，恰到好处，绝不能节外生枝，喧宾夺主。并不是每一篇消息都需要背景材料，如一般简讯或连续性报道等就可以不用背景材料。

6. 结尾

结尾又称“结语”，是消息的最后一句话或一段话，其作用是用来表现消息事实的完整性和逻辑的严密性。消息结尾的常见方式有小结式、评论式、展望式和引语式等。

1）小结式

概括消息事实的结果，进一步显示消息的价值，加深读者印象。如“西海固人民脚下的路依旧在不断延伸，西海固人民摆脱贫穷的脚步也在越迈越快。”（1999 年 10 月 16 日《人民日报》《刮目相看西海固》）

2）评论式

针对新闻的内容进行评论，画龙点睛，切中要害，发人深省。如“有专家指出，政府还应对重要农产品进行商业储备，在出现临时‘卖难’时可以先行收购，发挥储备的‘蓄水池’作用，有效调节市场。”（新华网 2010 年 2 月 5 日）

3）展望式

在新闻实时报道完毕后，对其发展方向及结果做出预测，或给人以鼓舞，或向人敲警钟。如“人与自然在洞庭湖开始和谐相处。随着治理的深入，烟波浩渺的八百里洞庭将再现人间。”（第 12 届中国新闻奖消息一等奖作品《洞庭湖长大五分之一》）

4）引语式

引用新闻人物的语言，道出消息的主题或中心意思，如“‘绿色是文化之根，文化是绿色之魂，绿色与文化相融合，才是人与自然最高层次的和谐。’云南省委书记令狐安这样说，建设绿色经济强省和建设民族文化大省，这是推动云南社会经济跨世纪发展的必然选择。”（光明新闻网）

消息的结尾形式多样，不拘一格。写作的基本原则是：紧扣主题，切忌漫无边际；增添信息，切忌重复絮叨；顺势而行，切忌节外生枝；遒劲有力，切忌拖泥带水。

撰拟要求

1. 确保客观真实

首先，对于构成消息要素的时间、地点、人物、事件的反映必须真实，对于事情发生的环境和条件、过程和细节、原因和结果都必须坚持客观陈述。其次，消息中所引用的各种资料，包括背景资料、数字、史实、引语，都必须认真核实，做到准确无误。再次，对消息事实的解释必须合乎事实本身的逻辑，要把握分寸，不把个别说成一般，不把偶然说成经常，不把局部说成全体，不把计划说成现实。

2. 必须迅速及时

新闻的时效性应以时机为前提条件，既要快速，又要适时。消息的作者既要具有敏锐的新闻嗅觉，又要具有高度的政治责任心，关心周围的人和事，做到脑勤、腿勤、手勤，不失时机地把高质信息传递出去。没有"新闻眼"，没有责任心，即使有各种有价值的材料近在咫尺，也往往会失之交臂，从指缝中漏掉。

3. 重视描写手段

在交代新闻事实同时，力求具体、生动、形象，有典型的情节或细节、感人的画面、精彩的对话、鲜活的语言，使之有声有色、有血有肉，给人以立体真实感。要注重新闻事实发展变化中的一些有典型意义的细节描写；注重典型现场描写；注重新闻事件中精彩的人物对话描写和人物肖像描写。当然，描写只能是辅助性手段，不能越俎代庖，本末倒置。

4. 力求短小精练

一要抓住要害问题，把问题真正搞清楚，写出来不拖泥带水。二要注意选择角度，要选择新闻事件中最有特色的东西来写，抓住事物特性来写，就会有新意和新闻价值。三要舍得删除芜杂，大胆删掉一切与主题无关或可有可无的内容，如不必要的引申和评价，不必要的事例和客套，不必要的修饰和渲染成分等。

例文 2-1

拉萨发生暴力事件

新华社拉萨3月14日电(易凌、陈瑶、叶辉)西藏拉萨14日发生暴力事件，商店遭洗劫，清真寺被烧，人员伤亡严重。

骚乱始于午后，一些人在小昭寺附近与执勤民警发生冲突，并向民警投掷石块。

14时左右，暴徒开始在小昭寺周边集结，纵火焚烧市区两条主要街道和大昭寺、小昭寺以及冲赛康市场附近的店铺。至少五处着火，现场浓烟密布。

目击者看到，一些商店、银行和旅馆被烧毁，电力、通讯中断。大昭寺和小昭寺附近的店铺被迫停业。

暴徒肆意打人

西藏自治区政府官员告诉记者，有足够证据证明，这次破坏活动是达赖集团有组织、有预谋、精心策划和指挥的。这些暴力犯罪活动扰乱了拉萨正常的社会秩序，危及无辜群众的人身和财产安全。

记者在拉萨城区看到许多暴徒身背装满石头的背包和汽油瓶，有些人手持铁棍、木棍和长刀，可见他们是有备而来。

目击者说，暴徒肆意殴打行人，连妇女和儿童也不放过。他们砸毁窗户、自动取款机和交通灯，抢劫服装店、餐馆和手机商店。街上散落着正在燃烧的自行车、摩托车和汽车。

15时左右，暴徒开始焚烧四方超市、兰盾商场和温州商城，火势不断蔓延。晚上，一家清真寺也被点燃。

目击者还看到有人被暴徒纵火焚烧。许多伤者被送往医院。死亡人数尚不清楚。

政府保持克制

警方说，民警不得对暴徒使用武力，但被迫动用了少量催泪弹，并鸣枪示警。许多民警被暴徒打成重伤。

警方尚未公布是否实施逮捕，但称暴徒乔装成普通居民，增加了追捕难度。

午夜，消防队员和民警仍在清除北京中路上燃烧着的车辆。警方加强了管制和巡逻，以防暴徒再度出击。

自治区政府已采取紧急措施营救被困群众，加强对学校、医院等机构的保护，要求机关和企业保证员工安全。当地政府还决定实施局部交通管制，并通过电视通报情况，提醒居民注意安全。

网民描述"骚乱"

当晚，一名叫韩敬山的当地居民在网上发布贴文《亲历拉萨"骚乱"四小时》，描述他亲眼目睹的暴力场面。

韩敬山下午途经市区时，突然发现小昭寺方向浓烟滚滚，救护车呼啸而过。接近小昭寺时只见满地都是一、两公斤重的石块，一辆出租车烧得仅剩骨架。

"我看见十几个暴徒正在焚烧百益超市前的汽车，两百多人围观。"他写道："17时56分，特警赶到，暴徒逃散，但前面不远处又有两辆出租车被点燃，随后一个满脸是血的汉族女子从我身边跑过。"

"2008 年 3 月 14 日，西藏乃至中国历史上会永远记住这一天。"他写道。

实训练习

(1)就本校的体育运动会(或某项体育竞赛、演讲比赛、歌咏比赛、书画比赛、征文比赛等)写一则动态消息，要求使用多行标题，使用倒金字塔结构形式，用上两个背景材料，全文不超过 600 字。

(2)根据下面所给材料压缩成一则消息，要拟写标题、导语、正文和结尾。

今年 7 月份，广东省邮电管理局副局长梁锋在夏威夷随团参观一文化设施时，美国导游要把这 20 多人的团分组，标准是"台湾人"、"懂英语的中国人"和"不懂英语的中国人"。当导游要求"是台湾人的举手"时，没有一人举手回应。他又连说了三遍，却反而激起了台湾同胞的气愤。有的说"我们是出生在台湾的中国人"；有的说"我们是海峡对岸的中国人"；有的更斩钉截铁地说"我们都是中国人"。梁锋见此深感两岸人民的确血浓于水，统一观念深入人心。

(3)根据下面提供的材料，用金字塔结构形式组织材料，写一篇消息报道。

时间：2009 年 6 月 22 日。地点：河南郑州。人物及事件对象：新密农民工张海超、振东公司、郑州市职业病防治所。事件：开胸验肺证实自己患上了职业病——尘肺，以获取赔偿、维护权益。结果：张海超开胸验肺证实了自己患上了尘肺，振东公司与郑州市职业病防治所被追究责任。背景信息：新密农民工张海超怀疑在工厂——振东公司干活期间得了尘肺，经过多方检查，张海超先后被郑州和北京多家权威医院诊断为尘肺，但在职业病法定诊断机构却被诊断为肺结核。在多方求助无门后，他做出了惊人之举——做开胸手术，以悲壮的方式证明自己确实患上了尘肺。张海超的经历真实暴露出职业病维权的艰难处境。

第二节　通　　讯

文体概述

通讯是具体、形象地反映近期出现的典型人物或典型事件的新闻体裁，也有人称之为通讯报道。

新闻性、文学性、评论性是通讯的三个特点。通讯属于新闻类文体，具备新闻的基本特征，要求报道新近发生的具有典型性、新颖性和时代性的新闻事实；要求报道内容客观真实，所写的人要真有其人，所写的事要确有其事，就连细节描写也必须是真实的，不允许虚构或想象。通讯具有纪实文学的性质，描写、抒情、议论、说明等表达方式无所不用；比喻、借代、排比、拟人等修辞手法时时可见；要讲究结构艺术，文笔生动流畅，感情色彩浓郁。通讯不仅要叙述描写，而且要表明作者的态度，可以运用夹叙夹议的方法，直接揭示事件的思想意义，表明作者强烈的思想倾向。即使没有评论性的语句，也应有作者的感情态度蕴含在叙述描写之中。

通讯与消息有诸多区别。①从内容上看，消息重在叙述事实，一事一报；通讯是消息的放大和延伸，容量要大些，报道也详细。②从形式上看，消息基本上采用"导语—主体—背景—结尾"的固定格式；通讯没有固定格式，比较灵活多变，可写成散文式通讯或杂文式通讯。③从表达上看，消息重在叙述，只偶有极少的议论或白描；通讯记叙、描写、议论、抒情往往综合运用。④从语言上看，消息要求真实准确，简洁明了，通俗易懂；通讯则要详细具体，生动形象，讲究文采。⑤从人称上看，消息只能是第三人称的客观报道；通讯则可以使用各种人称，主客观角度都可以。⑥从篇幅上看，消息往往简短，一两句话或一两百字都可以成为消息；通讯篇幅势必要比报道同一事件的消息长些。⑦从时间上看，消息是刻不容缓，遇事即报；而通讯一般要做较深入的采访，写作后见报的时间略晚于消息。

通讯从内容性质上分，有人物通讯、事件通讯、工作通讯、风貌通讯等。

人物通讯是以报道人物为主要内容的通讯。人物通讯所报道的人物具有特定性，以正面人物为主。根据基本结构形态的不同，人物通讯有三种类型。①传记式。其特征是较完整地写出人物一生的主要事迹，篇幅较长，内容丰富。②特写式。侧重于写人物的一时一事，或某一侧面。③群像式。特点是报道对像不止一个，而是一个集体中的若干人，或是同一时空范围内的几个同类人。

事件通讯就是以事件为中心的通讯。事件多是鼓舞人心或具有社会意义的事件，或完整地报道事件的来龙去脉，深入挖掘思想意义，反映时代风貌；或截取一两个横断面来写，让读者窥一斑而见全豹。事件通讯可以写正面的事件，也可以写反面的事件。

工作通讯是以报道工作成就或工作中的成功经验，揭示和讨论工作中存在问题的通讯类型。报纸上刊登的"记者来信"、"采访札记"、"工作札记"、"工作研究"等都可归入这一类。工作通讯指导性强，在介绍成就和经验的工作通讯中更为突出，理性认识寓于新闻事实之中。

风貌通讯也称概貌通讯，着重反映某地区、某单位的新形势、新气象、新面貌。风貌通讯涉及面非常宽广，举凡天文地理、自然风光、文化教育、社会生活、道德面貌、经济状况、历史遗迹、园林建筑、风土人情、地方特产等，都可以成为风貌通讯的报道对象。风貌通讯形式多样，可采用多种不同的名目："见闻"、"纪行"、"纪实"、"巡礼"、"散记"、"航讯"、"印象记"、"速写"等。

行文格式

通讯的基本构成包括"三大件"：事例、情节和细节。其中，事例是用于揭示或阐述通讯主题或反映事件、报道人物的实例或例证，必须具有思想性、典型性，可详可略，可以细写，可以概述，可以举一反三，也可以举三证一，但关键是对通讯主题要发挥出例证作用。情节是由人与人、人与事、事件与环境之间的联系、矛盾或冲突斗争构成的，有头有尾，必须生动、曲折、多有波澜起伏，对于集中揭示、映射通讯主题极其重要。细节是写在一个人物活动、或一个事件现场中的一个片断、一个镜头或一瞬间的细微末节，是通讯中能够直接描画人物个性、事件发展、社会环境或自然景物的最小组成单位。

通讯的基本结构包括标题、开头、主体、结尾等。

1. 标题

通讯的标题与消息的标题有明显的不同，从内容上来看，消息的标题必须反映出必要的新闻要素，而通讯的标题可以呈现事实，也可以抒情说理；在结构上来看，消息的标题语法关系完整，主要成分不缺乏，而通讯的标题更为随意、灵活；从事态上来看，消息的标题注重动态，而通讯的标题多为静态。

通讯的标题多数为单行式的，如"朱清时：最牛大学校长再出山"、"一位异国友人的苗山涅槃"。有的通讯有副标题，也只是交代报道的对象和新闻的来源，如"小天鹅何以高飞——无锡小天鹅股份有限公司发展纪实"、"八十三天的'打工梦'——向明春外出沈阳遇难获救备忘录"。

2. 开头

通讯的开头的关键在于截取人物或事件的一个部分或横断面，作为"切口"进行叙述。主要有三种方式。

1)直起式

直起式即落笔入题,单刀直入,或直接叙述通讯的故事,或交代通讯写作的缘由,或立即展开通讯的主题,给人概貌式的印象。如“今天清晨6时23分,中国首飞航天员杨利伟乘坐‘神舟’五号载人飞船从太空归来,平稳着陆于内蒙古中部草原。”(2004年10月16日《解放军报》《目击杨利伟飞天归来》)

2)侧起式

侧起式或推出环境描写,借以引出通讯的人和事;或抒发感情,渲染通讯将要描写的气氛;或叙述委婉故事,借以引出通讯的深刻含意;或引用诗歌、民谣、警句,为揭示通讯主旨预做铺垫。“舞台上,舞蹈《秦王点兵》正在表演,音乐尚未停止,剧场内已是掌声一片。当4位舞者做完动作最终谢幕时,坐在记者旁边的一位荷兰观众一跃而起,忘情地鼓掌……”(2005年10月23日《人民日报》《荷兰迎来“中国热”》)

3)评议式

媒体针对新闻事件或人物本身的价值、意义、影响等做出客观公正的评价,给受众以情绪上的感染和思想上的启迪,并为下文主体新闻事实的叙写定下基调。如“十运会赛事精彩,移动通信保障也别出心裁。由于十运会是2008年北京奥运会举办前最后的一次全国性运动会,因此可看成是对我国竞技体育水平和办赛能力的一次大检阅,同时也是通信服务的一次大演练。电信运营商在十运会上的实战经验,对服务奥运会将具有重要的借鉴意义。”(2005年10月27日《光明日报》《“数字十运”展风采》)

3. 主体

主体是通讯的主干部分,也是表现主题的重要部分。主体结构形式千姿百态,多种多样,一般可以划分为纵式结构、横式结构和纵横式结构三种。

1)纵式结构

纵式结构即按单纯的时间发展顺序、事物发展的顺序、作者对所报道事物认识发展的顺序、采访过程的先后顺序等来安排层次。在这种结构里,时间发展的顺序、情节展开的顺序、作者认识事物的顺序成为行文的线索。在采用这种结构时,要详略得当,布局巧妙,富有变化,避免平铺直叙。如2005年11月2日《人民日报》的通讯《面向未来世代友好——胡锦涛总书记会见中越青年代表》,从“当地时间15时30分左右”写起,行文既按照事件发展的顺序,又按照中越两位总书记会见两国青年代表这一中心事件的发展顺序展开,脉络清晰,重点突出。

2)横式结构

横式结构是指用空间变换或按照事物性质来安排材料。这种结构概括面广,要注意不同空间的变换,恰当地安排通讯所涉及的各方面的问题。采用空间变换的方法组织结构时,要用地点的变化组织段落;按事物性质安排结构时,要围绕主题,并列地写出不同的几个侧面。横式结构常见模式有三种。①空间并列式。围绕一个新闻事件所体现的不同空间、不同领域内所发生的动态事实或人物的行为活动来安排材料。如新华社记者采写的《今夜是除夕》即属此类。文章开篇之后,分别写了五个地方的人们做着日常工作的情况——在中央电视台,不笑的人们;在长途电话大楼,传递信息和问候;在红十字急救站,救护车紧急出动;在北线阁清洁管理站,“城市美容师”的话;在妇产医院,新的生命诞生了。②性质并列式。围绕一个新闻主题,选择性质上互不隶属的事实材料，即按新闻事实各个侧面之间的关系来安排材料。如《突破“围墙”的撞击与变革——莱州市成人中专办学特色探析》，主体分三个部分来采写：“撞击与变革之一：工学交替、异地教学，从‘普教模式’到‘职教模式’的蜕变”，“撞击与变革之二：教给学生‘点金术’，从‘就业教育’到‘创业教育’的跨越”，“撞击与变革之三：办学也要调‘结构’，从‘校园围墙’到‘市场围墙’的思辨”。③群相并列式。抓住新闻的主题，通过不同人物及其事迹来组织材料、再现其新闻价值。如 2005 年 10 月 27 日《光明日报》的通讯《党支部——科技创新的旗舰——记北京化工大学科研团队党支部的先锋作用》，紧紧围绕科研团队党支部的先锋模范作用这样一个主题，通过谭天伟、杨万泰、张立群等党员干部在科技创新中的先锋模范作用，体现了科研团队凝聚人心的无穷的精神力量。

3)纵横式结构

纵横式结构是指以时间顺序为经，以空间变化为纬，把两者结合起来运用。此结构多用于事件复杂而时间、空间跨度广的通讯。如 2005 年 11 月 14 日《人民日报》发表的通讯《为了人民的健康与安全——写在防控禽流感关键时刻》，就是以时间为经、空间为纬来组织主体结构的，其中，主体中的前半部分主要按时间顺序，从“11 月 2 日”写到“11 月 8 日”，主体的后一部分主要是以空间为序，从辽宁的黑山、北宁到湖北的京山等地，作者通过对空间材料的组织，使“疫情严峻，不容懈怠”的抗击禽流感形势在主体内容中得以进一步强化。

4. 结尾

通讯的结尾应该是言简意赅的收束之笔、耐人寻味的点睛之笔。常见结尾方式如下。

1)评论式

评论式结尾通常以总结性的句式点明新闻事件的主题思想，即所谓的卒章显志，这种写法符合人们认识事物时从感性到理性、从现象到本质的思维规律。如“从一名普通地方大学生，成长为空军试飞专家和国际试飞员，经历了 18 年的生死考验，李中华把自己锻造成了真正的思想技术过硬的高素质试飞员，在蓝天之上、白云之巅书写了一部荡气回肠的中华传奇。”(《人民日报》2007 年 1 月 15 日)

2)引用式

引用式结尾即在通讯结尾引经据典或引用新闻当事人的言辞观点结束全文。如“‘呼声固然重要，可是办不了实事。祝愿固然重要，可是也办不了实事。南方科技大学将是深圳、珠江三角洲，甚至全国的一件大事，需要社会与政府群策群力同创大业，才能办好。’吴家玮说。”(《南方都市报》2009 年 12 月 23 日)

3)展望式

展望式结尾是在通讯写作中，针对一些新闻事件的动态特点或是发展变化的不固定性，依据主体内容的现实基础所做出的富有前瞻性的预测、憧憬和展望。如“离开唐玉瑚，我们久久回味着这位老兵语重心长的谈话，似乎感受到了我们军队从六十年代进入八十年代，以至迈向 2000 年的雄伟步伐，那是一个不可阻挡的潮流。”(《解放军报》通讯《唐玉瑚话别训练场》)

4)补充式

补充式结尾是在通讯写作的过程中，有时根据内容表达的需要，把那些与主要事实材料相关、但又不需浓墨重彩的材料有意放在结尾，做必要的补充交代；有时为了使新闻事实的动态性得以突出，有意将一些新闻事实留到最后显现出来，表面上是补上一笔，实是为了强化人们对新闻事实的进一步关注。如“九时十分,炸弹爆炸了,把地面炸开了一个大弹坑。伊万斯连尸骨也没有留下。”(1940 年 9 月 17 日美国《芝加哥每日新闻报》)

撰拟要求

通讯的总体写作要求是:主题要明确,材料要精当,角度要新颖。不同类别的通讯又有不同的要求。

1. 写人物要形神兼备

人物通讯“以事写人,以事托人”。写人要“见人、见物、见精神”。要体现当今的时代特征,报道的人物要有时代感,能反映时代的精神和面貌;要写出人物的特点,注意精选典型的情节和细节,表现人物性格的特点;在矛盾冲突中(人和自然界的矛盾、人与人之间的矛盾、人物自己思想上的矛盾)描写人,用人物的行为表现人(揭示人物的思想),借他人之口刻画人,使人物形象血肉丰满。

2. 写事件要具体典型

事件通讯“以人记事,以事带人”。选题要突出事件的新闻性和典型性,这是最关键的。要处理好人与事的关系,写事当然不能不写人,事因人生,人因事显,不孤立写事,但这里的“人”只是事件中的人,是为写事而写人,是“人绕事写”而不是“事绕人写”,是“一事多人(群像)”,而不是“一人(单个的人)多事”。叙事线索要清晰,叙事重点要突出,叙事安排要曲折。

3. 写工作要高屋建瓴

写工作以问题为中心,所抓的问题必须是有现实意义的、敏锐及时的,对当前工作有指导和借鉴价值的。要有强烈的针对性和指导性,要反映工作中一些具有普遍意义的问题,从中总结出带有规律性的东西。要钻进去,跳出来,写出思想深度,提出解决问题的方法。必须从全局出发,对全部材料进行科学综合、加工分析,挖掘其思想意义。叙述以逻辑结构为主,生动活泼可读性强。

4. 写风貌要逼真生动

写风貌要抓住特点写出特色,既要放眼全局,又要写出写作对象的特点;运用对比烘托手法着力写“变”,反映报道对象的新面貌、新变化;要富有知识性,风貌通讯的一个重大功能就是传播科学文化知识,它同时也是吸引读者的魅力来源之一。风貌通讯中的描写抒情讲究文采,描写主要是写景状物,要把景色、事物写活。抒情则是缘景生情、借景抒情,努力做到情景交融。文字要生动活泼,明快流畅,富有感情和文采。

例文 2-2

◆ 她是个外国人,却有一个浪漫的中文名字;
◆ 她金发碧眼,却经常一袭苗装走山崖;
◆ 她只有一个女儿,却有 5000 个苗娃叫她“妈妈”;
◆ 她在中国苗乡离世,长眠在助学 10 年的木屋里。

一位异国友人的苗山涅槃

本报记者　周仕兴

一位以毕生精力扶助 5775 名苗山贫困儿童的异国友人,在圣诞节前写就了一曲令人惋惜的生命绝唱。

2008 年 12 月 20 日。融水苗族自治县大年乡。

以苗山风俗举行葬礼,以国际礼仪召开追悼会——这是苗山人给予一位拥有中国名字的外国友人方芳的至高敬仰。

“如果有一天我离去，我希望长眠于此”，方芳生前在书中透露的遗愿，亦是苗山人对她最由衷的挽留与怀念。

曾留下无数欢乐的木屋，此时弥漫着无尽的悲怆。

方芳资助过的孩子来了，十里八乡的群众来了，生前亲友来了，甚至全国各地的网友也千里迢迢赶来了……人们怀着沉痛的心情，送她走完最后一程。

泪雨寄相思，哀乐送友人……

1997 年，方芳不远万里，从地球的另一端，来到融水苗乡。第一次踏上这片土地，这里的山水人情，便像一块磁石般深深吸引着她，“我终于找到了童年梦境中的神秘家园”。

1998 年，结束随“无国界医生组织”在桂北的工作后，方芳前往北京工作。但大苗山和苗族贫困女童在她心里烙下的印记，令她的思绪无数次回到大年。

是年夏，方芳重返大年。她用一周时间，走访了全乡 10 多个贫困村，带走了 132 个贫困女童的档案，随后给当地教育主管部门寄来 1 万多元。秋季开学后不久，再返大年的方芳得知，这些女童已全部走进课堂。

那一刻，方芳脸上绽放出灿烂的笑容。

那一刻，开启了方芳长达 10 年的助学长征。

泪雨寄相思，哀乐送友人……

2001 年，正值方芳的助学工作取得较大进展的时候，她做了一个令很多人不解的决定——建一栋木楼，在大年乡定居下来，与当地群众长久地生活在一起。

她选择在深山苗乡长住，不是为了“巴黎式的浪漫”，而是为了尽最大可能帮助当地苗、侗族群众；不是为了享受乡村田园生活的恬静，而是割舍不下那一双双渴望求知的眼神。

在乡村的日子里，她脚穿解放鞋、身着苗衣裳，俨然一位地道的苗家人。10 年里，她徒步走遍了融水、三江及相邻贵州从江县，走进每一个贫困家庭，为一个个贫困女童拍照留影。

这些女童的相片通过她的手，飞向大洋彼岸的千家万户。很快，一笔笔善款雪片飞来，一个个贫困女童走进课堂，一座座新校舍拔地而起。

事实上，慷慨的方芳并不富有。她专事贫困儿童帮扶工作后，惟一的经济来源只有法国一间房子的房租。

为能给苗山孩子多一些资助，她节衣缩食，省吃俭用；为争取更多人对苗山孩子的支持，她把自己苦心经营的“色彩协会”变为“贫困女童资助网”。

于是，她费尽心思，动员自己在法国的亲朋好友及同事加入资助队伍。

于是，隔三岔五，一批批异国友人在她的带领下，跋山涉水前来苗山考察。

年复一年，方芳的事迹逐渐被人们所知并为之感动。10 年间，先后有 2500 多位国际友人加入她扶助贫困儿童的工作中来，5775 名贫困女童得到帮助，援建了 68 栋教学楼及宿舍，资助款达 1564 万元。而今，有的学子已学成归乡建家园。

泪雨寄相思，哀乐送友人……

转眼 10 年过去了，方芳对这片土地依然爱得深沉。

3600 多个日夜，为融入苗家生活，方芳走遍苗村侗寨，去寻找苗族的风俗文化，去研究令她心醉的苗歌、苗服，去探访民间蜡染、刺绣及古老的生产工艺。

在爱的寻找与付出中，她已把自己当作大山里的一员。不论在苗乡，还是在国外，她总是一袭苗装；不论在吊脚楼里，还是在田间地头，她习惯和乡亲们共进简陋的午餐，用惯刀叉的手学会了“手抓饭”；一口流利的中文和苗语，甚至让人忘记了她的国籍。

她说：“中国的苗族有近千万人，相当于一个小国，我穿他们的服装，说他们的语言，代表对他们的尊重。”

在她的感召下，越来越多的法国人、比利时人、美国人开始走进这片大山，开始了解这里的民族文化。

在她的努力下，侗族文化的象征——村寨中破旧的鼓楼得到修缮；苗家的背扇，侗家的刺绣，瑶家的草药，走进了国际友人的家里,民间竹篮、扁挑、土布等越过了五湖四海……

一个人做一件好事不难,难在一辈子做好事。而方芳10年奉献,不知疲倦。

当地群众动情地说:“方芳,你就是我们苗家人”。是啊!你不但穿的是苗家服装,待苗家的孩子也像自家孩子一样亲——你资助贫困苗娃上学读书,为她们戴上从国外捎来的鲜花,还在自家的柱子上刻下孩子的身高记录……

孩子们都亲切称她——“法国妈妈”。

为表彰方芳为苗山所做的突出贡献,柳州市政府曾奖励她一辆汽车,并为其颁发“柳州荣誉市民”证书。

一个人是有国籍的,而爱无国界。

如一位天使,她从遥远的异国他乡,跋涉万里,用足迹把爱洒遍苗山。

如一道彩虹,她将民族文化之桥架在苗山与世界之间,完成使命后悄然离去。

方——芳——

一个铭刻在苗乡人民心坎上的名字,一个纯粹而无私的异国友人,她在大苗山得到永生。

方芳,女,1949年12月生,法国巴黎人,硕士研究生。1997年,方芳因工作关系来到融水苗族自治县大年乡,多年来一直从事资助少数民族地区贫困儿童读书和援建校舍的工作。

2008年12月9日晚,方芳在融水所居住的木楼发生火灾,她本人在火灾中不幸遇难,享年59岁。

火灾事件发生后,当地公安、消防、外事等有关部门积极开展相关善后工作。经调查确认,火灾为一起意外事故。“法国-中国色彩协会”及法国驻广州总领事馆派出专门人员赶赴大年乡,已妥善处理善后工作。

(2008年12月24日《广西日报》)

实训练习

(1)三月份来临,院团委、院学生会发起组织雷锋学习月活动,开展“人人学雷锋、人人做贡献”的活动,将学雷锋活动落到实处。我们组织了校内外实践活动团队,经济系青年志愿者去省荣军医院,对住院治疗者进行慰问,机电系和计算机系组织专业技能过硬的同学,在街边和校内通道边提供电器或电脑义修服务;管理系团总支组织了三次美化校园、清除垃圾的活动,对学校蘑菇亭、图书馆旁边的卫生死角进行了清扫;艺术系开展了“雷锋在身边,温暖春天行”的爱心捐助活动,捐献图书给社区幼儿园,并向区残联捐款××元。请据此材料写一篇事件通讯。

(2)请利用周末时间在校内做一番调查,看身边有没有令自己感动的同学,比如身残志坚、刻苦求学,或坚持练摊、自攒学费,或乐于奉献、助人为乐,或勤学苦练、技能高超,或爱好文学、佳作不断,或见义勇为、品德高尚……将令自己感动的同学的动人事迹,写一篇给校广播台的人物通讯。

第三节 演 讲 稿

文体概述

演讲稿是在群众集会上或各种会议上口头或书面发表的讲话文稿,它是一种带有宣传鼓动作用的应用文体。演讲稿不是书面发表后给读者阅读,而是口头表达后让听众接受,因此,演讲稿的内容、语言必须体现演讲的特点和要求。

针对性、可讲性、鼓动性和时限性是演讲稿的四个特点。作者提出的问题是听众所关心的问题,评论和论辩要有雄辩的逻辑力量,要能为听众所接受并心悦诚服;听众有不同的对象和不同的层次,写作时要根据不同场合和不同对象,为听众设计不同的演讲内容。由于演讲要诉诸口头,拟稿时必须以易说能讲为前提,要求“上口入耳”,对演讲者来说要可讲,对听讲者来说应好听。没有鼓动性，就不称其为演讲，鼓动性主要表现在情感共鸣和理性说服两个方面。演讲稿思想内容要丰富、深刻，见解要精辟，有独到之处，发人深思，语言形象生动，富有感染力。演讲有时限要求，非讲学的演讲，最好是短而精，10 分钟左右，一气呵成为最好；事迹演讲不要超过 16 分钟；即使是演讲家的专题演讲也最好不要超过一个半小时。一般演讲稿以 1500 字为宜。

演讲从内容上分类主要有政治演讲、生活演讲、学术演讲、法庭演讲和宗教演讲等。凡是为了一定的政治目的，出于某种政治动机，就某个政治问题以及与政治有关的问题而发表的演讲均属政治演讲。生活演讲指演讲者就社会生活中存在的各种问题、风俗、现象而做的演讲，它表达了演讲者对这些问题的看法、见解和观点。学术演讲指演讲者就某些系统、专门的知识和学问而发表的演讲。法庭演讲指公诉人、辩护代理人在法庭上所做的演讲，以及律师的辩护演讲。宗教演讲是指宗教神职人员在教堂宣传宗教教义、教规，讲授宗教故事或一切与宗教仪式、宗教宣传有关的激发宗教热情的演讲。

演讲从表达形式上分类主要有命题演讲、即兴演讲和论辩演讲等。命题演讲由别人拟定题目或演讲范围，并经过一定时间的准备后所做的演讲。即兴演讲指演讲者在事先无准备的情况下就眼前场面、情境、事物、人物等临时起兴发表的演讲。论辩演讲指由两方或两方以上的人们因对某个问题产生不同意见而展开面对面的语言交锋。

按主要表达方式，演讲稿可以分成三类：议论型演讲稿、抒情型演讲稿和叙事型演讲稿。议论型演讲稿，多从正面阐述事理或反驳某种观点，通过立论或驳论的方式，针对正面或反面论点，进行逻辑论证，语言运用要求简洁明快。抒情型演讲稿，主要借助对人、事、景、物的描述来抒发自身情感，也可直抒胸臆，直接倾述内心思想感情，语言运用更近散文的要求。叙事型演讲稿，指依托对某事（如自身经历、重大事件等）的叙述介绍来阐述观点或抒发情感的演讲稿。这类稿件多用第一人称，以便于充分表达情感，又使听众感到亲切可信。

行文程式

演讲稿无严格固定的格式，其结构一般分为标题、称谓、开场白、主体、结束语等五部分。

1. 标题

演讲的标题是一篇演讲稿有机的组成部分。成功的标题有三个特性：概括性、指向性和吸引力。它把演讲的主题、内容、目的全面地反映出来，题目一亮听众就知道要讲的是哪方面问题，不仅当时能激发听众急欲一听的愿望，事后也给人留下永久的记忆。

标题的确定大体原则是：文题相符，大小适度，遣词得体，合乎身份。

标题有两种形式。一种是文章式标题，用于概括演讲稿的主旨，或阐明内容，如“谈谈德与才”、“大学生，请补上交际这一课”；或揭示主题，如“理想、开拓、献身”、“走出困惑，接受大潮的洗礼”；或提出问题，如“人生的价值在哪里”、“失败，意味着什么”；或划定范围，如“大学生的任务”、“青年的选择与祖国的未来”；或形象比喻，如“走进历史这条古巷”、“扬起生命的风帆”。另一种是“在……上的演讲”式的标题，以发表时间、地点或会议名称而定。这类演讲都是有特殊意义的，且演讲者都是某段历史时期著名政治家、社会活动家和知名人士，如“在马克思墓前的讲话”。

2. 称谓

得体的称呼使人感到亲切，会唤起听众的注意，拉近演说者与听众的感情距离。称谓写在讲话稿的开头、顶格,单列一行,如"各位来宾"、"朋友们"等。除开头称呼外,在演说过程中还要适当地穿插使用。凡长篇演讲,在层次过渡或转换论点时用在有关段首,起提示听众注意的作用。

3. 开场白

开场白应能迅速创造一种气氛,镇定纷乱的会场,集中听众的注意力,控制听众的情绪,为演讲的主体打下基础。开场白有多种方式。

(1)开门见山,道出题旨。它的好处是能让听众一开始就明白演讲的主题,符合生活在快节奏时代中的人们的心理需求。如刘翔在奥林匹克运动会成果报告会上的演讲《中国有我,亚洲有我》的开头:"我从来都不认为自己今天的成功仅仅是个人的荣耀,北京时间 2004 年 8 月 28 日凌晨那 12 秒 91,毫无疑问将成为我生命中为之自豪的瞬间,但我更愿意把那一刻的辉煌献给我亲爱的祖国,献给全亚洲。"

(2)介绍情况,说明根由。这种开头可以迅速缩短与听众的距离,使听众急于了解下文。如恩格斯《在燕妮·马克思墓前的讲话》:"我们现在安葬的这位品德崇高的女性,在 1814 年生于萨尔茨维德尔。她的父亲冯·威斯特华伦男爵在特利尔城时和马克思一家很亲近;两家人的孩子在一块长大。当马克思进大学的时候,他和自己未来的妻子已经知道他们的生命将永远地连接在一起了。"

(3)讲述故事,巧妙过渡。这种开头,由于故事具有情节生动、内容新奇等特征,容易赢得听众的关注,并能造成悬念,激起听众的兴趣。如某大学生演讲《我的渴望》的开头:"我听说过这样一个故事,有一位日本小姑娘,身患绝症,濒临死亡,但她毫不悲伤。因为她相信这样一个传说:从前有一个小孩得了重病,但她每天坚持着折纸鹤,就在折到一千只纸鹤的时候,她的病突然好起来了……"

(4)巧借场景,营造氛围。以眼前人、事、景为话题,引申开去,把听众不知不觉地引入演讲之中。可以谈会场布置,谈当时天气,谈此时心情,谈某个与会者形象……如埃弗雷特 1863 年在美国葛底斯堡国家烈士公墓峻工典礼上的演讲:"站在明净的长天之下,从这片经过人们终年耕耘而今已安静憩息的辽阔田野放眼望去,那雄伟的阿勒格尼山隐隐约约地耸立在我们的前方,兄弟们的坟墓就在我们脚下,我真不敢用我这微不足道的声音打破上帝和大自然所安排的这意味无穷的平静。但是我必须完成你们交给我的责任,我祈求你们,祈求你们的宽容和同情……"

(5)欲擒故纵,引发思考。如石旭初的演讲《土壤的色彩》首先提出问题:"北京的中山公园里有个社稷坛,是明清帝王们祭祀土地神和五谷神的地方。在坛的正中筑有五色土台,它的东面是青土,南面是红土,西面是白土,北面是黑土,中央是黄土,正中一石柱即'社主石',以示'普天之下,莫非王土'和江山永固。""如果你打开中国土壤图就会惊奇地发现,五色土的配置,与我国土壤的分布情况大致相同,这是偶然的巧合吗?"

(6)制造悬念,激发兴趣。如任士奎的演讲《让爱永驻人间》开场白:"世界上有这么一种东西,它能使你在浩瀚无垠的戈壁沙漠中看见希望的绿洲;它能使你在千年不化的冰山雪岭中领略温暖的春意;它能使你在雾海苍茫的人生旅途中拨正偏离的航向;它能使你在荒凉凄冷的孤寂心里收获快乐的果实……它是无形的,却有着巨大而有形的力量;它是无声的,却鸣着神奇如春雷一般的回响!……"

(7)幽默风趣,活跃气氛。自嘲用在开场白里,目的是用诙谐的语言巧妙地自我介绍,这样会使听众倍感亲切，无形中缩短了与听众间的距离。如美国黑人领袖约翰·罗克在面对白人听众关于解放黑人奴隶的演说开场白：“女士们，先生们——我来这里，与其说是发表讲话，还不如说是给这一场合增添了一点‘颜色’。”

开场白要新颖别致，言简意赅；要新鲜活泼，让人耳目一新；要有容量，内涵丰富；要有气势，先声夺人。以下几种开场白方式要尽量避免：一是多余客套，故作谦虚；二是缺乏自信，预留退路；三是心中无数，离题万里；四是故弄玄虚，哗众取宠。

4. 主体

主体部分应以充实的材料充分展开，深入挖掘主题，广泛阐述道理，保持开端造成的声势，环环相接、扣人心弦。主体的基本要求是：内容紧扣主题，条理层次分明，结构富于变化，高潮适时迭起。在行文的过程中，要处理好重点、层次、节奏和衔接等几个问题。

1)重点突出

演讲稿的重点，是指那些能体现演讲中心和目的，蕴含着极深刻的思想与充满感情的段落和语句。重点在开头的很少，绝大部分在主体中。如马丁·路德金《我有一个梦想》中“我梦想有一天……”不断反复；也有的在结束部分，如帕特里克·亨利的演讲《不自由，毋宁死》，主题句在最后点出(“我不知道别人会如何行事；至于我，不自由，毋宁死！”)

2)层次清晰

演讲稿应该确立合理的层次，层次的安排要视演讲的体式而定。

(1)并列式，即把所要演讲的几个主要问题排列起来，一个一个地阐述。可以以时间为序，也可以以空间为序，还可以以问题的逻辑结构顺序为序。其结构形态呈放射状四面展开，每一侧面都直接面向中心论点，证明中心论点。这种方式眉目清楚、形式整齐，便于听众理解与记忆。如权红在《世界也有我们的一半》的即兴演讲中，谈了三个问题：一是女人没有获得自己的“一半”；二是女人本应有自己的“一半”；三是女人应争得自己的“一半”。

(2)递进式，即一层深入一层地阐明问题，逐步把道理讲清楚。它可以由表入里、由浅入深，也可以由小及大、由少及多，要求既符合客观事物的发展规律，又符合听众的认识规律。这种方式，往往思维严谨、结构缜密，具有较强的逻辑力量。如沈萍的演讲《为了我们的父亲》就是采用从“油画中的父亲”—“一位大学生的父亲”—“我们的父亲”—“中华民族的父亲”层层递进的结构，使演讲的思想内容不断充实，逐步深化，加强了演讲的逻辑力量。

(3)对比式，即将对立的两个观点并立在一起，形成强烈的反差，从而深刻揭示演讲的主题。它可以是正反对比或新旧对比，也可以是时间对比或空间对比，还可以是问题的性质与类型对比，等等。如俞敏洪的一次励志即兴演讲《人要像树一样活着》，即通过“树”与“小草”的对比来揭示“我们该怎样活着，或怎样让自己活得有意义”这样一个主题。

(4)串联式，即以时间先后为序，或以事情的发生、发展或变化过程为序将材料组织起来。这种结构层次比较单一，事情的来龙去脉很清楚。如徐良的《血染的风采》，就是以自己的成长经历为线索，按时间的先后顺序来安排：1982 年考入西安音乐学院(编织着一个艺术家的梦)，1985 年底申请入伍(说明为什么投笔从戎)，最初的军旅生活(找到了大学生与战士的差距)，血与火的考验(认识到军人的天职在于无私的奉献)，负伤之后(感激党、人民和战友的关怀)军人亲属们的伟大贡献。

(5)交叉式。有些内容丰富、容量大、时间长的演讲，常常用交叉式结构。它以时间顺序为主线，穿插横向组合材料；或者以横向组合为主，其间穿插纵向组合材料。先按纵向组合容易看出事物发展的全过程，先按横向组合容易分析出事物各部分之间的联系和区别。李燕杰的《爱情与美》采用的就是交叉式结构，先讲恋爱的真谛——爱情关系到理想、事业和人生；然后讲爱情的格调——心灵美是爱情的基石；最后讲爱情的哲理——爱情应当是专一的、纯洁的。

以上方式，最好是综合使用；或以一种方式为主、其他为辅；或总体上使用某一种，局部使用另外几种。结构的安排要视演讲的体式而定：议论式演讲以"理结"为重心，结构顺序一般是问题在前，分析论证在中，做出结论在后，多采用并列式、总分式、递进式、对比式结构。叙述式演讲以"事结"为重心，多采用并列式、串联式、交叉式结构。每番夹叙夹议都可以构成一个段落，一篇演讲稿可能由几个段落组成。抒情式演讲以"情结"为重心，演讲内容按演讲者感情的自然发展顺序来表述，结构手法与散文类似，不拘一格。

3)张弛有致

张弛有致即讲究节奏。演讲稿结构的节奏，主要是通过演讲内容的变换来实现的。演讲内容的变换，是在一个主题思想所统领的内容中，适当地插入幽默话语、优美诗文、趣闻轶事等内容，以便听众的注意力既保持高度集中，又不因为高度集中而产生兴奋性抑制。但内容变换过于频繁，也会造成听众注意力涣散。插入的内容应该为实现演讲意图服务，节奏的频率也应该根据听众的心理特征来确定。

4)衔接自然

演讲稿的内容要想一气呵成，成为一个有机的整体，还必须重视衔接。衔接是指把演讲中的各个内容层次联结起来，使之具有浑然一体的整体感。由于演讲稿需要从不同的角度讲道理，需要适时地变换演讲内容，所以容易导致结构零散。衔接是对结构松紧、疏密的一种弥补，它使各个内容层次的变换更为巧妙和自然，使演讲稿富于整体感，有助于演讲主题的深入人心。演讲稿结构衔接的方法主要是运用同两段内容、两个层次有联系的过渡段或过渡句。

5)设计高潮

高潮即演讲者与听众感情上产生强烈共鸣的时刻。有了高潮，演讲方可最充分地表现其审美价值，从而产生最大的感染力和说服力。一般说来，宣传鼓动性内容的演讲都有一到几次高潮(学术性、学理性内容的演讲则不必硬性设计)。构筑演讲高潮常见的方法有排比、反复、反问、设问等。高潮安排在结束前最为得体，如丘吉尔在第二次世界大战著名演说的结尾。

5. 结束语

演讲稿的结尾，应是全篇演讲的高潮和顶峰。结束语设计至关重要，因为它既体现演讲稿的完整性，又密切关联着演讲的气氛和效果。演讲结尾的要求是：深化主题，言简意赅，果断收煞。常见的结尾方式如下。

1)画龙点睛，卒章显志

演讲结束时，用凝练的语言，进行画龙点睛的归纳，点明或深化主题，这就是白居易极力推崇的"卒章显其志"的方法。这种方法，能够突出演讲的主题，给听众留下深刻的印象。例如《一个青年军人的思考》的结尾："世上没有靠编制谎言而成名的诗人，也绝没有靠纸上谈兵而赢得胜利的将军，而只有靠自身的素质、实力和价值，靠学、靠干、靠拼，才能真正成为强者。一个国家，也只有自强才能跻身于世界强国之林。"

2)充满激情,与众共勉

以真挚激越的感情,以诚恳信任的态度,以诗一般的语言,热情洋溢地提出努力方向,既是自勉,也是对他人的鼓舞和期望。这种结尾方向明确,态度谦逊,富有感召力。如一位演讲者在《时代的流行色》中讲道:“是千里马,就应该嘶风长鸣;是龙种,就应该冲腾飞舞。我们要争当出头鸟,争做弄潮儿,把我们的大智大勇,自觉投入到新时代的大熔炉里去,为中华的再一次腾飞发出光和热!”

3)自问自答,深化主题

1940 年 5 月,英国在德国强大攻势下面临生死存亡的关头,邱吉尔受命组织新一届政府,他在发表的首次演讲中说:“你们问,我们的策略是什么？我说:我们的策略就是用上帝所能给予我们的全部能量和全部气力在海上、陆上和空中进行战争……你们问,我们的目的是什么？我可以用两个字来回答——胜利,不惜一切代价去争取胜利,无论多么恐怖也要去争取胜利,无论道路多么遥远艰难也要去争取胜利,因为没有胜利就没有生存。”这种结尾与号召鼓动性结尾有异性曲同工之妙,比后者更含蓄,更深沉,更能引发人们长时间的思考,更具鼓动性。

4)引用名言,发人深思

用名言结尾,能给演讲者的思想提供有力的证明,增加演讲的可信度,显得更加优美、含蓄、睿智大气,具有较强的说服力和鼓舞作用。如演讲稿《谈毅力》的结尾:“毅力是攀登智慧高峰的手杖,毅力是漂越苦海的舟楫,毅力是理想的春雨催出的鲜花。朋友,或许你正在向成功努力,那么,运用你的毅力吧。这法宝可以推动你不断地前进,可以扶持你度过一切苦难。记住:‘顽强的毅力可以征服世界上任何一座高峰!’”用狄更斯名言结束演讲,不仅使语言表达得精练生动,还使演讲内容丰富充实,进一步深化了主题,并把演讲推向高潮。

5)幽默造势,出人意料

除了某些较为庄重的演讲场合外,利用幽默结束演讲可为演讲添加欢声笑语,使演讲更富有趣味,令人在笑声中深思,并给听者留下一个愉快的印象。老舍先生在某市的一次演讲中,开头即说“我今天给大家谈六个问题”,接着,他第一、第二、第三、第四、第五,井井有条地谈下去。谈完第五个问题,他发现离散会的时间不多了,于是他提高嗓门,一本正经地说:“第六,散会。”听众起初一愣,不久就欢快地鼓起掌来。

6)展望未来,鼓舞斗志

充分发挥自己的想象力,对经过切实努力后将达到的美好境界做出展望和揭示。一位年轻的厂长向工人们演讲,阐述了工厂目前的困境之后,最后充满信心地说:“面包会有的,工资会有的,奖金会有的！如果不能兑现,我就是拍卖我家的房子也给大家发工资！你们都是我的姐妹兄弟,相信我,有我吃的饭,就有大伙吃的饭！人心齐,泰山移。一年后,我们一定会走出低谷!”

结束演讲的方法多种多样,只要能够驾驭情境,选择得当话语,就可产生余韵犹存、感人至深的效果。结尾力戒:虎头蛇尾,草草收兵;画蛇添足,节外生枝;冗长拖拉,漫无边际;千篇一律,废话连篇。

撰拟要求

1. 关注现实,选准讲题

选题必须遵循两个原则:一是需要性原则;二是适合性原则。所谓需要性原则,就是要选择现实需要亟待回答的论题。每准备一次演讲，都要从客观实际出发，要认真考虑一下自己所选择的讲题是否符合现实需要（现实社会矛盾的“焦点”），是否属于听众所亟待得到解答而又有意义的问题（人民群众关心的“热点”）。所谓适合性原则，就是要选择那些适合演讲听众、演讲时间、演讲场合和演讲者实际的讲题。

2. 主题突出，观点鲜明

主题是整个演讲的“灵魂”和“统帅”，它应是演讲者的真知灼见，是从比较新的角度切入生活的实质，挖掘出的人生哲理和客观规律。正确、深刻的主题在演讲中应该得到集中鲜明的体现，要调动一切演讲手段紧紧地围绕主题把问题讲清讲透。鲜明的主题——一个判断句，在演讲中需要反复强调，才能使听众产生亲切感和参与感，留下深刻的印象。

3. 充满激情，强化氛围

激情来自内心，发自肺腑。演讲中内心的激情主要是通过充满感情的语言表露出来，无论是引用史例、联系现实，还是举出实例，加以议论，都要情真意切，寓理于情，把叙事、说理和抒情紧密结合起来，既有冷静的分析，又有热情的鼓动。要多用气势磅礴的排比句、情绪饱满的设问句、直抒胸臆的感叹句等，使语言铿锵有力、气势逼人，把听众拉入语言所塑造的氛围中。

4. 材料充实，新颖感人

材料选择求实不求虚，求精不求细，求新不求旧。材料要真实可信，这些材料包括事实、故事、名言警句、数字统计等，无论哪一类材料，都离不开真实。在真实的基础上还要充实，材料要多准备几套，写起演讲稿来才能底气十足，同时有备无患，以便临场应变，留有增减的余地。注意旧事新议赋予人们所熟悉的事物以新意，或从一个新的角度来议论一个旧话题。

5. 行文有序，波澜起伏

演讲要集中听众的注意力，引起他们的兴趣，收到好的效果，必须注意内容安排的富于变化和行文结构的起伏跌宕。文似看山不喜平，演讲稿更是如此。演讲稿要写得有波澜，主要不是靠声调的高低，而是靠内容的有起有伏，有张有弛，有强调，有反复，有比较，有照应。演讲结构必须以掀起听众的情感波澜为宗旨，巧妙地安排论点材料，以便做到层次清晰、循序渐进，自始至终吸引住听众。

6. 通俗流畅，上口入耳

演讲的语言要深入浅出，把抽象的事物具体化，把深奥的道理浅显化，把概念的东西形象化；要善于运用通俗生动的口语、简明活泼的句式（多用短句）和丰富多彩的修辞方法（比喻、排比、设问、反问、反复）来增强演讲的启发性、引导性和鼓动性。在此基础上，还要讲究抑扬顿挫的节奏感和琅琅上口的韵律美。

例文 2-3

人格是最高的学位

白岩松

很多很多年前，有一位学大提琴的年轻人去向本世纪最伟大的大提琴家卡萨尔斯讨教：我怎样才能成为一名优秀的大提琴家？

卡萨尔斯面对雄心勃勃的年轻人，意味深长地回答：先成为优秀而大写的人，然后成为一名优秀和大写的音乐人，最后就会成为一名优秀的大提琴家。

听到这个故事的时候我还年少，老人回答时所透露出的含义我还理解不多，然而随着采访中接触的人越来越多，这个回答就在我脑海中越印越深。

在采访北京大学(后简称北大)教授季羡林的时候,我听到一个关于他的真实故事。有一个秋天,北大新学期开始了,一个外地来的学子背着大包小包走进了校园,实在太累了,就把包放在路边。这时正好一位老人走来,年轻学子就拜托老人替自己看一下包,而自己则轻装去办入学手续。老人爽快地答应。近一个小时过去,学子归来,老人还在尽职尽责地看守。谢过老人,两人分别!

几日后是北大的开学典礼,这位年轻的学子惊讶地发现,主席台上就坐的北大副校长季羡林正是那一天替自己看行李的老人。

我不知道这位学子当时是一种怎样的心情,但在我听过这个故事之后却强烈地感觉到:人格才是最高的学位。

这之后我又在医院采访了世纪老人冰心。我问先生,您现在最关心的是什么?老人的回答简单而感人:是年老病人的状况。

当时的冰心已接近人生的终点,而这位在"五四"爆发那一天开始走上文学创作之路的老人心中对芸芸众生的关爱之情历经近80年的岁月而依然未老。这又该是怎样的一种传统!

冰心的身躯并不强壮,即使年轻时也少有飒爽英姿的模样,然而她这一生却用自己当笔,拿岁月当稿纸,写下了一篇篇关于爱是一种力量的文章,然后在离去之后给我们留下了一个伟大的背影。

今天我们纪念"五四",80年前那场运动中的呐喊、呼号、血泪都已变成一种文字留在典籍中,每当我们这些后人翻阅的时候,历史都是平静地看着我们,这个时候,我们觉得80年前的事已经距今太久了。

然而,当你有机会和经过"五四"或受过"五四"影响的老人接触后,你就知道,历史和传统其实一直离我们很近。

世纪老人在陆续地离去,他们留下的爱国心和高深的学问却一直在我们心中不老。但在今天,我还想加上一条,这些世纪老人所独具的人格魅力是不是也该作为一种传统被我们向后代延续?

前几天我在北大听到一个新故事,清新而感人。一批刚刚走进校园的年轻人,相约去看季羡林先生,走到门口,却开始犹豫,他们怕冒失地打扰了先生。最后决定,每人用竹子在季老家门口的土地上留下问候的话语。然后才满意地离去。

这该是怎样美丽的一幅画面!在季老家不远,是北大的博雅塔在未名湖中留下的投影,而在季老家门口的问候语中,是不是也有先生的人格魅力在学子心中留下的投影呢?只是在生活中,这样的人格投影在我们的心中还是太少。

听多了这样的故事,便常常觉得自己是只气球,仿佛飞得很高,仔细一看却是被浮云拖着;外表看上去也还饱满,肚子里却是空空。这样想着就有些担心了,怎么能走更长的路呢?

于是,"渴望年老"四个字对于我就不再是幻想中的白发苍苍或身份证上改成60岁,而是如何在自己还年轻的时候,便能吸取优秀老人身上所具有的种种优秀品质。

于是,我也更加知道了卡萨尔斯回答中所具有的深意。怎样才能成为一个优秀的主持人呢?心中有个声音在回答:先成为一个优秀的人,然后成为一个优秀的新闻人,再然后是自然地成为一名优秀的节目主持人。

我知道,这条路很长,但我将执着地前行。

例文 2-4

年轻人能为世界做什么

北京大学法学院　刘媛媛

我是一名法学院的学生,我的每一门课的教授都曾经在他的课堂上讲过这么一句话,他们常常说"法律是这么规定的,但是现实生活中……"现实生活是一种很神奇的生活,在现实生活中那些尊重规则的老实人往往一辈子都默默无闻,反倒是那些弄虚作假的人到最后会名利双收,于是乎,像我这样的年轻人就经常会遇到那些看着很有经验的前辈过来拍拍你的肩膀跟你说"年轻人你还不懂"。我想问的是,我们年轻人,你能为这个世界做什么,总有一天银行行长会是九零后,企业家会是九零后,甚至国家主席都会是九零后,当全社会都被九零后占领的时候,我想问你们九零后们,大家想把这个社会变成什么样。

我知道不是每一个人他都能够成为那种站在风口浪尖上去把握国家命运的人物，你我都是再普通不过的升斗小民，是这个庞大的社会机器上一颗小小的螺丝钉，读书的时候每天都被父母耳提面命说你干啥你都不要给我耽误学习；毕业的时候到处投简历，凄凄惶惶地等一家企业收留自己；逢年过节被逼婚，结婚买了房子要花自己年轻的时候的最好的二十年来偿还贷款，让每一个年轻人都忙着生存，而没有梦想，没有时间关心政治，没有时间关心环境，没有时间关心国家的命运，还哪有什么精力去为这社会做什么，但是后来我发现还是有一件事情你跟我都可以做到，这件事情就是我们这一代人在我们老去的路上，一定一定不要变坏，不要变成你年轻的时候最痛恨、最厌恶的那种成年人。如果将来你去路边摆摊，你就不要卖地沟油小吃，你不要缺斤短两；你将来开了工厂当了老板，你不要偷工减料，生产一些次品。每一个普通人他在自己普通的岗位上做一个好人是有非常非常严重的意义的，因为我们每一个人生下来都注定会改变世界。

我是一个学法律的，如果我将来是一个公正严明的法官，那么这个社会就因为多了一个好法官而变好了一点点，我希望大家都记住即使给了你十万个理由让你去作恶，你都要保持自己的操守和底线，仅仅就因为一个理由，这个理由就是你不是一个禽兽，你是一个人。我更希望我们所有的九零后们，你们都能成为那种难能可贵的年轻人，一辈子都嫉恶如仇，绝不随波逐流，你绝不摧眉折腰，你绝不放弃自己的原则，你绝不绝不绝不失望于人性。所以我亲爱的九零后们，如果将来再是有那些人跟你说“年轻人你不要看不惯，你要适应这个社会”。这时候你就应该像一个真正的勇士一样直面他，你告诉他“我跟你不一样，我不是来适应社会的，我是来改变社会的”。

实训练习

请从下面的题目中，任选一题，写一篇800字左右的演讲稿。要求中心明确，材料真实感人，结构完整，层次清晰。

学着做一个好人。我的未来不是梦。学会为自己喝彩。莫让年华付水流。每个人身后有父母的目光。请注意自己的形象。我相信，我能行。把握现在，放飞梦想。给快乐找个理由。永远不说放弃。让我们都来承担责任。美德永远不会老。自信——我成长的明灯。面对挫折抬起你的头来。

第四节　解　说　词

文体概述

解说词是对人物、画面、展品或旅游景观进行讲解、说明、介绍的一种应用性文体，采用口头或书面解释的形式，或介绍人物的经历、身份、所做出的贡献（成绩）、社会对他（她）的评价等，或就事物的性质、特征、形状、成因、关系、功用等进行说明。它多用于陈列、展览及新闻、科教电影的画面讲述，例如，产品展销、文物陈列、书画展览、标本说明、园林介绍、影剧解说、人物介绍等，都要运用解说词。随着社会生活的发展以及人们审美意识的不断增强，特别是影视、旅游及商品展示会的普及，解说词已经渗透到社会生活的各个领域。

解说词根据被解释的对象可分为文学性解说词和平实性解说词两种，前者如参观游览解说词，影视风光片解说词；后者如生产成就展览解说词，科普、新闻片解说词。

指要性、扩引性、顺序性和文艺性是解说词的四个特点。解说词要根据解说对象的特点，有明确的主题和说明对象，要突出事物的主要方面。因为观众、游客驻足展品、画面、景点前的时间极为有限，所以解说词不可能面面俱到，它必须抓住事物的关键，体现事物的本质特征，以极精练的言词、极节省的笔墨描绘出最丰富多彩的画面，以满足观众、游客的多种需求。解说词的使命在于补充视听，说明客观物时，在内容上做必要的增补与扩充（知识的拓展和情理的拓展），使其在观众观看实物和形象的过程中发挥视觉作用的同时，也发挥听觉的作用。解说词信手拈来，随物赋意，尽情描述，补充或增加解说对象的相关信息，使观众和游客接受到画面和实物本身无法传递和难以表达的涵义，在丰富知识、开拓视野的同时获得审美享受。解说词是按照实物陈列的顺序或画面推移的顺序编写的，陈列的各实物或各画面有相对的独立性，反映在解说词里，应该节段分明，每一件实物或一个画面有一节或一段文字说明。在书面形式上，或用标题标明，或用空行表示。措词明晰准确，条理清晰。解说词通过对事物的准确描叙、词语的渲染，来感染观众或听众，使其了解事物的来龙去脉和意义，收到宣传的效果。解说词是供群众听的，是通过语言的表达来宣传和教育群众的，为此要求读起来上口、听起来顺耳。另外，解说词是对实物和形象的解说，以实物和形象为写作依据，它起着启承和转合的作用。这种文体不是干巴巴的说明和说教，而是通过形象的语言对实物和形象进行描绘，文情并茂，文艺性很强。从某种角度上看，它是说明和诗词的结合。一篇好的解说词，就是一首感人的诗词。

解说词的拟制有以下几个环节。

1. 研究解说对象

解说对象一般为实物、画面、图片、景致，要写好解说词就要求对所要解说的事物和形象了如指掌，否则就写不真切，写不准确。要对所要解说的事物和形象了如指掌，必须认真观察、研究被解说的事物，准确把握被介绍对象的主要特征及诸多对象之间的特殊关系，只有这样，才能如实地把它反映出来，介绍给读者。

2. 明确解说重心

解说不能细大不捐，漫无中心，而要有明确的主题指向和说明重点，任何一个解说对象的说明都存在着不同的方向和重点，这个方向和重点，在客观上取决于被解说对象本身最本质的特征，在主观上又受解说词的主题所决定和制约（撰写者往往根据一定的写作宗旨目的来确定解说内容的重点和要点）。

3. 确定解说结构

解说词要准确地表现被解说对象的种种关系（如并列关系、先后关系、总分关系、主次关系等）。这些关系有分有合，分则相对独立，合则相互联系，在一定的范围组成一个有机的统一体。尽管解说词全篇结构不苛求严谨，段落之间不苛求紧扣，但是一定要把握事物的条理。如：解说并列关系的事物，要注意方位顺序；解说有先后关系的事物，要注意时间顺序；解说事物的功用之类，要注意主次关系。一般有由总到分、由上而下、由下而上、由远及近、由浅入深、由表及里等安排方法。先说什么，后说什么，怎样说才便于理解，要通盘考虑。只有按照条理撰文，才不至于杂乱无章。

4. 选择解说方式

解说词写作的形式多样，散文形式亦可，韵文形式亦可，散文诗形式亦可，还可采用故事形式。解说词的主要表现方法是叙述和说明，有时是叙述、说明、描写、抒情、议论相结合。优秀的解说词，往往是夹叙夹议兼抒情的散文或散文诗。表述方式要符合内容表达的需要，内容本身较为“实”者（如工农业展览解说词、科教电影解说词等），采用平实性的写法；内容较为“动人”者（如革命斗争事迹展览解说词、人物传记影片、名胜古迹导游性解说词等），采用文学性的写法。要注意突出典型、运用对比、点面结合，由表及里地揭示事物的本质特征。

5. 注意填补空白

在某种意义上说，写解说词的艺术是一门“填补空白的艺术”，即要针对被解说对象的缺失信息，进行必要的补充和增加，从而使读者接受到画面和实物本身无法传递和难以表达的涵义。填补说明对象链条中的空白，填补链条本身的想象空白，或是被解说对象的背景材料，或是其潜在的深层思想文化内涵。这一填补工作，能使松散的说明对象结为一个严密完美的艺术整体，能使实在的说明对象引起观众想象力的腾飞。

行文格式

解说词由前言、主体与结尾三部分构成。

1. 前言

前言即开头部分，是在解说对象的主体正式展现之前的话。作用在于对观众进行必要的提示，并吸引观众的注意力。可以写成客观说明式，也可使用散文笔调。写法上可做情况介绍，可以交代背景，可以谈价值、意义，可以提出问题、形成悬念等。

2. 主体

主体是主题的展开，是对解说对象具体内容的呈现和解释，是解说词的核心部分。由于解说的对象本身比较复杂，主体所涉及的内容较多。为了帮助观众较好地了解对象，达到预期的目的，主体结构的安排应尽量顾及顺序的自然和层次的清晰。一般有两种方法：一是按时间或空间顺序来安排结构，做到自然贴切、条理分明，例如，企业的宣传片，其主体就可以按照“昨天”、“今天”和“明天”的时间顺序来展开，而景点、图片的解说，则适合以空间为顺序来介绍；二是按照人们认识问题的逻辑顺序来组织结构，做到重点突出、主次鲜明，如企业的宣传片按照逻辑顺序可以分为“基本情况介绍”、“特色与成绩”、“未来前景”等几个部分来展开说明。

主体的写法比较灵活，可以综合运用多种表现手法和修辞手段来进行写作。内容可详可略，语言可长可短，允许适当的跳跃和穿插，以增强解说词的针对性和生动性。

3. 结尾

好的结尾，往往令人回味无穷，还应该起到点明、深化、升华主题的作用，常见的结尾有补充说明、照应开头、总结概括、提出希望号召、抒情等作用。

撰拟要求

1. 眉目要清楚

解说词多是向不了解某一事物的人进行解说的，因此，必须眉目清楚。解说词按照实物陈列的顺序或画面推移的顺序编写，陈列各种实物或各画面的相对独立性决定了解说词的“跳跃性”，切记在“跳跃”中注意“勾连”，使之对实物的形象起着起承转合的作用。解说词应该节段分明，每一件实物或每一个画面有一节或一段文字说明。在书面形式上，或用标题标明，或用空行表示。分节分段，有助于讲解员对准实物解说，也有助于观众领会每个实物或画面的意思。

2. 解说要精练

解说词不能面面俱到，要突出事物的精粹和关键，提纲挈领，要言不烦。解说词是配合实物或图画的文字说明，文字说明必须紧扣实物或图片本身，所有话语必须由实物或图片生发，这是一个基本原则。叙事必须干净利落，不可拖泥带水，要使有限的文字负载尽可能多的信息，最佳地延伸实物和图片的直观表达效果，使参观者对实物或图画获得深刻的认识。

3. 语言要晓畅

解说词既要便于讲解，读来琅琅上口，又要便于接受，观之一目了然，听之顺耳入心。要达到以上目的，就要求语言平易晓畅，词句短小简洁，力求口语化、形象化。解说词还要求有一定的感染力，要引起参观者强烈的共鸣，因此，在口语化、形象性的基础上，要恰当运用排比、对偶、反复等修辞手段以造情，还要注意语言的音韵与节奏(多选用响亮的字眼、平声字、双音节词)。当然，不同的解说词语言风格又各不相同，文学性解说词感情浓郁，绚丽多彩；平实性解说词朴实无华，明白如话。

好的解说词是报告事实与文艺创作的融洽，是说明和诗词的结合，兼具报告的真实性、说明的准确性，以及文艺创作的趣味性、艺术性。要写出令人满意的解说词，解说者必须具有渊博的知识、真挚的感情、较深的文学艺术修养。

例文 2-5

野荞神韵

万里长江之南，“江南古陆”之北，有一片面积约40平方公里的重峦叠嶂，那就是孕育野荞神韵的鄂南大幕山区。

这里日照充足，雨量充沛，气候温和，土壤肥沃，自古就是各类植物竞相繁衍的“绿色王国”。

世传隋末乱世，李靖之母携子隐居大幕山，她教当地山民种植野荞(学名苦荞)，野荞在深山境内的沟渠边、野地里、山坡上到处生长。早在300多年前，一种价廉物美的白酒——苦荞酒——被勤劳智慧的山民酿造出来，幽壑大谷中，阵阵山风吹送着荞酒的清香。

眼前这座地处大幕山东北麓的现代化酒厂——湖北野荞酒业有限公司，始建于1998年，其酿酒历史可以上溯到300多年前。清康熙年间，一家苦荞酒坊在通山落地生根，酿酒技法父子相传，绵延数代。新中国成立不久，苦荞酒坊由私营企业变为集体企业，通山县苦荞酒厂挂牌运营，半个世纪，未尝歇业。

改革开放以后，苦荞酒厂实行股份制改造，2008年，广东优秀民营企业家钟××斥资8000万元，组建湖北野荞酒业有限公司。这位东莞市最具影响力优秀共产党员敢为人先，永不言败，因带领村民脱贫致富，建成收入超亿元经济强村，曾受到李鹏总理的接见。钟××董事长雄心勃勃，雷厉风行，征地扩建，添购设备，罗致人才，立志把野荞公司打造为中国荞酒顶尖企业。

经过6年悉心经营，公司拥有现代化的厂房设施，标准化的窖池群，常年恒温的藏酒库，先进科学的酿造、过滤、检测设备，完善健全的管理体系，年产基酒2000吨以上，已成为中国原浆苦荞生态白酒的中坚生产商。

作为国内首批专以野荞酿酒的企业，公司以“尊重生命，呵护健康，回归天然”为核心理念，以“让更多的人体验养生乐趣，让更多的人享受健康生活”为终极追求，始终如一地坚持以苦荞为酿酒原料，坚持以山泉为酿酒水源，坚持酿制纯浆白酒，绝无杂粮代用，绝无可疑制剂，绝无酒精勾兑。

苦荞是我国药食同源的典型代表，被誉为“五谷之王”。秦始皇称苦荞具有“仙丹之灵气，老参之功力”。《本草纲目》言苦荞“性平寒，能实肠胃，益气力，续精神，利耳目，炼五脏滓秽”。

现代药理研究表明，苦荞中含有丰富的维生素、氨基酸、膳食纤维、黄酮芦丁以及微量元素硒、亚油酸等，具有“三降”“四抗”“五利”奇效。“三降”即降血压，降血脂，降血糖；“四抗”即抗氧化，抗衰老，抗结石，抗癌变；“五利”即改善记忆，保胆护肾，杀菌抑菌，清肠瘦身，祛斑美容。海外称苦荞为“长生不老的保健食品”“神仙的粮食”“灵丹妙药”“东方神草”。

野荞神酒以野荞为酒之本，为保证原料的上乘质量，苦荞除少数产自本地无公害的荞麦种植场外，绝大部分来自千里之外的云贵高原和四川大凉山区，无虫害，无污染，其纯净天然品质和养生保健功效非其他酿酒原料可比。

有极品好水，才能酿出极品好酒。野荞神酒以山泉为酒之魂，酿造用水取自大幕山脉深处泉眼中直接流出的泉水，山泉经过砂石自然过滤，更显晶莹剔透，清冽甘甜。经相关部门检测，其硬度为0.5度，低于普通纯净水，是得天独厚的酿造美酒的绝好水源。

野荞神酒的酒曲，承继300多年古传制曲秘方，融合传统工艺和现代科技，采用优质小麦、大麦和大幕山中的名贵中草药精制而成。"山顶有花山脚香，桥下有水桥上凉。百味仙草酿为酒，龙肝凤髓做成浆"，这首鄂南《酒歌》道出了野荞神酒曲的独特和珍贵。

野荞神酒酿造工艺流程分为五步。①泡料，80度高温泡料12小时，软化荞麦坚硬外壳。②熟料，首先敞蒸，去异杂味，然后焖蒸，原料熟化。③加曲，迅速冷却热料至25度左右，加入大曲拌匀。④发酵，拌好的熟料入发酵池密封，发酵周期30天。⑤蒸酒，蒸出酒头，酒精度60度以上，再回蒸酒尾。

整个酿酒过程有八大严格要求。①人必得其精：从业思想专一，操作技能专精。②粮必得其实：均匀饱满结实，耐泡耐蒸耐酵。③水必得其甘：天然纯净无染，透明清冽甘甜。④曲必得其时：挑选三至八月，高温精制伏曲。⑤池必得其湿：有效控制湿度，确保发酵齐一。⑥器必得其洁：干爽光洁无尘，戒除杂菌粘附。⑦质必得其纯：绝无酒精勾兑，绝无杂粮代用。⑧出必得其期：常年恒温窖藏，五年方可出厂。

野荞神酒先后出品"苦荞泉""大幕春""野荞神"三个系列数十款白酒，将野荞神韵发挥得淋漓尽致。2010年，中国酒业协会白酒分会会长、湖北酒业协会会长俞赋广欣然为公司题字："野荞神酒创新路，绿色家族添精品。"

野荞神酒业紧紧把住野荞酿酒的命脉，竭尽全力打"健康牌"，在6年创业之旅中获得了骄人的经营业绩，树立了良好的企业形象。

2008年，通过ISO9001：2000国际质量体系认证；北京奥运会体操个人全能冠军杨威为野荞神酒当形象代言人。

2009年，野荞神白酒被湘鄂赣酒业协会评为"首届湘鄂赣白酒质量检评优秀产品"。

2010年，被湖北省广播电视总台授予"湖北城市名牌名品"称号；野荞神白酒被武汉市"3·15"精品博览会评为"首选推荐产品"；野荞神白酒被湖北省商品质量管理协会授予"质量信得过品牌"。

2011年，成为国际绿色产业发展促进会会员单位；野荞神白酒被中国国际名牌发展协会、中国品牌企业发展联合促进会评为"中国著名品牌"；被湖北省消费者委员会授予"消费者满意单位"称号。

2012年，"野荞神"获湖北省工商行政管理局颁发的"湖北省著名商标"。

2013年，野荞神白酒被湖北省消费委员会评为"消费者满意商品"；被湖北省产品质量协会授予"用户满意产品诚信企业"。

野荞神酒业在名牌酒业如林、市场竞争激烈的情势下，用"以质量求生存，以特色赢市场"的信条，潜心酿造"绿色、健康、时尚"的生态白酒，野荞神系列美酒带着野荞特有的芳香和韵味，走出咸宁，走出湖北，走向安徽、江苏、浙江、福建、广东、广西、贵州、河南、北京等地，成为广大饮者的新宠。

2013年元月，野荞神酒业为做强做大绿色健康饮品、食品产业，实现企业大转型，实现历史大跨越，在江城武汉注册湖北神荞生物科技有限公司。公司面向全国招贤纳士，从北京、武汉、广州等地聘请精通现代企业管理和白酒市场营销的高端人才，组成精英团队开拓全国大市场。湖北神荞生物科技有限公司与湖北野荞酒业有限公司、东莞野荞神酒业有限公司形成野荞神"铁血三角"，野荞神集团走向辉煌、腾飞长空已成定势。新公司立足宝地，顺应天时，凝聚众志，竭诚推介健康生活理念，拼力光大野荞神品牌，更加美好的未来指日可待！

神荞公司谨遵钟董事长的英明决策，着意挖掘大幕山酒文化内涵，潜心打造野荞神酒系列精品，相继推出太母液、竹堂春、天王窖、天池白、钟山醇、神女酿、大幕红、龙泉醉、观音滴、灵泉玉。一款款野荞神原浆白酒荞香芳冽清新，汁液净爽绵甜，入口遍体生春，赢得广大消费者青睐。

为了成功地自我超越，更好地惠及民生，神荞公司在研发生产上实施强强联合、产业延伸的战略，最近与××大学××医学院博导、心脏学专家郭××教授签约，拟运用高新技术进一步提高白酒中的芦丁、硒等宝贵元素含量，开发治疗高血压和心血管疾病的野荞神保健新品，使野荞神酒由常规白酒向保健酒转变，最大限度地发挥其保健养生功能。与此同时，与西昌航飞苦荞公司联合研发新一代苦荞茶、苦荞粉、苦荞羹、苦荞米和苦荞面产品，使苦荞系列饮品、食品以强大阵容进入消费市场。

神荞公司在产品营销上实施城乡并举、以点带面的战略，一方面组织精兵强将在咸宁地区走村串户，设点铺货，以销售散装白酒为龙头，带动瓶装白酒的销售，全面覆盖咸宁城乡市场；另一方面在武汉三镇招商加盟，建立野荞神系列酒专卖店、野荞神全系列产品特产连锁店，尽快实现野荞神白酒、饮品、食品在武汉市场顺利登陆，随后向全国市场辐射挺进。

在当今重污染、含毒素、转基因制品泛滥成灾的情势下，纯天然、零污染的苦荞饮品、食品以其特有的营养价值、药用价值深受珍爱健康者热捧。从大幕深山走出的野荞神，必将风行天下，福泽华夏。野荞神，让生命更精神！

实训练习

(1)参观你校所在城市的某一旅游景点，并写一份导游词。

(2)观看你感兴趣的中央电视台某一节目的某一片段，写一份解说词。

(3)假如你校举行学生书画展(或摄影作品展、陶艺作品展、服装设计作品展)，请写展厅解说词。

(4)为学院即将举办的教学成果展览或校史展览写一篇解说词。

第五节　主　持　词

文体概述

主持词俗称“串词”，是以活动的主题为线索，贯穿整场活动或过程的语言，属于介绍、解释、说明人物和事件的一种文娱性的应用文体。主持词是主持人素养的综合反映，也是主持人能力的集中表现。

主持词的作用就在于把节目上串下联，有机地结合起来，使之浑然一体，完美无缺。在节目中穿针引线，承上启下，前呼后应，寥寥数语画龙点睛，突出节目宗旨，把握节目基调，增强信息量，调动观众的情绪，使节目更吸引人，进而取得最佳的观赏效果。

主持词最基本的特点是临场应变性和自然衔接性。主持词是节目主持人的语言载体。通常由节目编辑组稿，节目主持人口语表达，但随着台上台下的情况突变，不可能照搬原稿，需要主持人顺应变化，临场发挥，及时调整，即“兴”组词，随“意”联句。主持词是节目必不可少的内容，但不是主角和主题，而是服务、服从于主题的配角，其主要任务是串联节目，使节目自然衔接，水到渠成，不能脱离活动或晚会自由发挥。

主持词的语言大有讲究。一要简洁。由于节目时间、内容等的限制，主持词应力求言简意赅，精练为上，过长，就会冲淡主题，过短，如走过场，因此必须掌握好分寸。二要真切。求真务实，以真为本，真人真话，真情真意，以情动人，才能引起观众的共鸣，取得最佳的主持效果。三要亲切。由于观众文化层次、生活阅历、欣赏水平不尽相同，主持词的语言必须雅俗共赏。四要有风格。或明快或含蓄，或平实或华丽，或直白或谐趣，或庄重或幽默，或简洁或繁细，必须与节目的主旨格调和谐一致。五要有个性。主持人要用自己的语言、表情、动作来传情达意，成功的节目主持人都具有自己独特的语言风格。

主持词大体可以分为三种类型：一是竞赛会务类的活动主持词，它包括比赛、演讲、辩论、会议等活动，编写时要注意大气、完整、议程安排合理恰当。二是广播、电视类主持词，它包括新闻评论类节目、综艺娱乐类节目、生活服务类节目、社会科教类节目等，编写时要注意语言口语化、简短化，贴近生活与百姓，体现电视节目的服务性。三是文艺庆典类节目主持词，它包括节庆晚会、行业晚会、联欢会、典礼等，编写时要注意符合晚会主题的需要，热情真诚，尽量做到与现场观众的交流与互动。

行文格式

主持词无固定的写作形式，通常由标题、称谓、主体组成。

1. 标题

标题要较好地揭示活动的主题与性质，一般不分正副标题，单标题简洁明了，直截了当地用相应的晚会或活动命名即可。

2. 称谓

主持人在活动正式开始前，一般要向与会者介绍到场的嘉宾及领导。应视不同嘉宾、不同场合，选用不同的称谓。如“尊敬的各位领导”、“尊敬的各位来宾”、“敬爱的老师们”、“亲爱的同学们”等。

3. 主体

主持词主体即正文，分开场白、串联词和结束语三部分。

1）开场白——引人入胜

良好的开场白，是主持人一场节目的关键，它可以确定基调、营造气氛、表明主旨、沟通感情，使全场人人情绪高涨起来，注意力集中起来，造成一种全场和鸣共振的态势，从而保证活动的顺利开展。开场白必须依据节目的性质、宗旨和主题来设计，根据表达形式的需要来安排。常见的方式有：即景抒情式、简要介绍式、煽情鼓动式、借题发挥式、热情问候式、相互对白式等。主持人可因人而异，因事而异，选择灵活多样、引人入胜的开场白。

开场白部分多选择开门见山、直奔主题。首先可以简单介绍活动或演出的背景、目的与意义。接着介绍参加或出席的领导和与会人员，欢迎领导或嘉宾上台致辞。介绍嘉宾时要注意先上级后下级，先嘉宾后主人，同时对嘉宾的到来表示热烈的欢迎和衷心的感谢。然后，尽量以最自然的方式引出下文。

2）串联词——承上启下

这是主持词的核心部分，不仅要介绍正常活动或演出的主要程序，更要用相应的文字语言把不同的内容与节目合理巧妙地串联在一起。串联词既要关照先前，画龙点睛，又要引导其后，渲染蓄势。这样承上启下，过渡照应，层层推进，把整个活动连接成一个有机的整体，既不让人感到生硬呆板，又不让人感到随意拼凑、杂乱无章，从而调动观众感官，控制现场气氛，给观众创造一种观看节目的心境。节目不同，介绍过渡的方法也各有千秋，下面择要介绍几种。

（1）诗化抒情式。语言的意象美、形式美、音乐美使得众多的串联词呈现出诗化的韵味。如“每一颗星星都是你温柔的眼睛，每一座高山都是你挺立的身影，每一片云朵都牵动着游子的心灵，每一缕春风都飘逸而清新。请听男声独唱《祖国，慈祥的母亲》。”这样的串联就是一首抒情诗，与演唱辉映，表达了共同的主题。

(2)节目嵌入式。将节目名称自然嵌入在串联语言里,含而不露,一语双关。如"三月的南方早已是春暖花开,春的脚步正匆匆走过北方的大地。春天是播种的季节,也是生长的季节,在春天里不仅可以找到生命,而且可以找到理想和希望。让我们一起去拥抱春天!"嵌在串联语中的"拥抱春天"既是下面演唱的歌名的暗示,又表达出主持人的深情期望。这种过渡方式自然而贴切。

(3)镜头切换式。如"美妙的歌声令人陶醉,而诙谐的小品更令人欢笑。欣赏了刚才的歌曲,下面再让我们换换口味,看一个小品《车站上》。"这是不同格调、不同气氛节目之间的串联词,相反相成,使观众的心理张弛有度。"刚才,委婉悠扬的琴声把我们带到了秀丽如画的江南水乡,现在,再让我们到'天苍苍,野茫茫,风吹草低见牛羊'的大草原上领略草原风光,看小牧民们翩翩起舞。"这是空间联想式的过渡,为观众创设了新的情境。

(4)悬念启发式。如"有一种艺术,不用唱歌,不用说话,不用弹琴,甚至没有道具,却能给人展示一个生动完整的故事。不信,请看——"这个串联借节目的表演形式(哑剧),巧设悬念,像给观众一个谜语,平添了几分雅趣。"生活是一个五味瓶,有甜有苦也有酸。一个农家女孩,因家庭贫困,不得不中途辍学,来到城里,为一个富裕之家的一个正上学的孩子当保姆。她将遇到什么样的难题呢?小品《同在蓝天下》将给我们带来深刻的思考。"这是启迪节目情节内容的悬念,可以使观众了解一点剧情或背景,激起探求结果的欲望。

(5)介绍演员式。"朋友们,看过《大决战》、《毛泽东和他的儿子》、《你好!太平洋》这几部影片的观众,可能会对演员把领袖人物说话学得活灵活现而感到惊奇。然而,很多人可能并不知道,在这几部影片中为毛泽东、周恩来、邓小平等演员配音的竟是同一人。他,就是空军政治部话剧团演员周贵元!"这段串联词采用了烘托、蓄势、铺垫的手法,将周贵元推到观众面前,使观众未看节目就对演员充满了敬意和期待。

(6)托物起兴式。"街头,栽满了鲜花,她象征祖国的兴盛;商店,摆满了花束,她象征市场的繁荣;校园里,盛开着桃花、梨花,她象征青少年在园丁哺育下茁壮成长。请看舞蹈《花儿与少年》。"这个串词托物(借"花")起兴,引出节目。"有的人,是心灵的黑暗;有的人,是眼睛的黑暗。这是一个眼睛失明的歌者,却用心灵唱出了属于自己的一片天空。"这个串词对比起兴,引出演唱者。

3)结束语——画龙点睛

主持词的结束语应该画龙点睛,卒章显志,点明主题。俗话说:"编筐织篓,最难收口。"内容进入尾声,虽然就要结束,但仍要讲究主持技巧,切忌草率急躁,匆匆收场,要收放自如巧于终结,再展高潮。结束语往往采用如下方式。

(1)继往开来式。如"昨天,我们到黄河口来,看到的是经济建设的春潮澎湃;今天,我们到黄河口来,看到的是日新月异的腾飞世界;明天,我们还会到黄河口来,期待着石油新城更美的风采……"这当中既包含了对以往取得成就的赞美称颂,又寄托着对美好明天的良好祝愿,这样的结尾,使人心潮起伏,豪情倍增。

(2)深情赞美式。如"有位著名的作家这样说过:在所有的称呼中,有两个最闪光、最动听的称呼——一个是母亲,一个是教师。……他们一根教鞭,两袖清风,三尺讲台,四季耕耘,执着从教几十年痴情不改,忠诚于党的教育事业这一神圣使命,无愧于这一伟大闪光而动听的美名——"这段串联词从人们最为崇尚的教师的职业特点讲起,字里行间,充溢着赞美颂扬。

(3)希冀憧憬式结尾。如“催征的战鼓已经响起,眼前是一片崭新的天地;时代在召唤,未来在昭示;面对挑战,跨越世纪;时不我待,只争朝夕;让我们投身建功立业的大舞台,让壮丽的凯歌奏响在鲁豫大地!”这样的结尾,似催征,如号角,很能鼓舞士气,激发力量。

撰拟要求

1. 主题明确

一台没有鲜明主题的文艺演出除了热闹之外,不会给观众留下深刻的印象。同样,一套不从演出主题出发、七拼八凑、乱侃乱嚼的主持词,既不能引导观众把握演出的精神内涵,又会影响主持人的形象、演出的效果。所以,主持人主持节目时要有明确的主题意识,主持词的主题应像一根红线贯穿于演出的始终,与节目相辉映。

2. 简短扼要

主持词写作具有极强的现场感,简短的句子、大众化的语言,既使听众易于接受,又感到亲切生动。主持词必须突出“串”的动能,以串为己任,切忌喧宾夺主,越俎代庖。由于节目时间、内容等的限制,主持词应力求言简意赅,精练为上,掌握分寸。

3. 衔接自然

主持词前后过渡衔接要妙合无痕,天衣无缝。衔接要巧妙:善于发现前后的衔接点,或内容上的相关,或是形式上的一致。衔接要自然:不生硬做作,不牵强附会,不生拉硬拽,不画蛇添足。要力求语言精辟有力,内涵深刻,上下贯通,通篇浑然一体。

4. 和谐得体

一是注意幽默诙谐,活跃气氛,调动情绪。二是要善于抓特点、抓特色,用名人轶事、民间传说、神话故事、诗词歌赋、丰富想象、修辞手法等来增加文采,提高文化品位。由于节目内容不同,宗旨不一,形式有别,风格各异,主持词的语言风格也应随机而变。

5. 雅俗共赏

串台词的语言必须雅俗共赏。过于华丽造作,失去了亲切感和亲和力,从而影响了观众的情绪;过于口语化,显得不够严肃庄重,粗制滥造,又会影响节目的质量。主持词应是经过加工、斟酌、提炼出来的富有形象化的亲切语言,切不可用高深莫测的警句和过于华丽的词藻使主持人居高临下,丧失了亲切感。

例文 2-6

2014 华南农业大学迎新晚会主持词

A:尊敬的各位领导!

B:各位来宾!

C:亲爱的老师同学们!

D:大家,(合)晚上好!

A:欢迎大家来到“2014 年华南农业大学迎新生文艺晚会”的现场!我是主持人×××。

B:我是主持人×××。

C:我是主持人×××。

D:我是主持人×××。

A:今晚,鲜花簇拥,群星璀璨,我们举杯相庆,欢迎来自五洲四海、祖国八方的莘莘学子。

B:华农人是幸运的,不仅仅因为如愿以偿地迈进了大学的校门,更因为幸运的我们将亲眼见证华南农业大学即将到来的百年华诞!

C:闪光的校训,朗照的明灯,让我们继续秉承这份光荣前行:修德、博学、求实、创新!

D:古老的华农,年轻的华农,将因为你,因为我,因为每一个朝气蓬勃的华农学子而生生不息、华年永驻!

A:嘹亮的号角在耳边回响,求学的钟声已经敲响,青春!让我们想梦想的方向——飞翔!

B:在晚会开始之前,请允许我介绍今晚到场的各位领导及嘉宾。他们分别是校长×××老师、教务长××老师、学工处长×××老师……

让我们再次以热烈的掌声欢迎他们的到来!

节目一

A:华农美丽的校园中常常飘扬着乐声,黄昏里轻柔悠扬的管弦乐,这就是校管乐团每天的训练带来的人文气息。校管乐团建团以来,成绩不俗,如今更拥有华农人的规模。

B:下面就让我们共同欣赏由校管乐团带来的管乐合奏《赛马》、《山丹丹花开红艳艳》,由赵凤老师指挥,领唱:庄俨,掌声有请!

节目二

C:花香鸟语,这是华农的季节!

D:欢欣雀跃,这是相聚的喜悦!

C:我们欢迎五湖四海的新同学来到美丽的华农,我们的热情和祝福借歌舞来表达!

D:下面请欣赏由艺术学院服装表演班的同学们带来舞蹈《雀舞花开》!

节目三

B:×××,师兄师姐们带来了节目,我们的14级的新同学是不是也要有所表示呢?

A:×××,不要着急,我们的新生当然不甘示弱,这个节目绝对能让你震撼!因为它充分体现了龙的传人秉承和发扬民族的精神的豪迈和活力!

B:这么了不起!马上有请工程学院给我们带来新生节目《龙腾狮跃》!

节目四

C:菁菁校园,琅琅书声,这里是圣洁的象牙塔。

D:声声笑语,纯纯年华,我们是理想的白鸽。

C:在人生最值得珍惜的大学时光,但愿每一个同学都能以充沛的活力享受每分每秒。

D:现在,校艺术团健美操队和校健美操队的同学们将共同为我们表演《活力啦啦操》!掌声有请!

节目五

D:我们共同领略了管乐团典雅恢弘的演奏,下面马上给大家带来热辣动感的电声乐表演!让我们跟着校艺术团电声乐队的节奏,一起将不可阻挡的潮流和快乐进行到底!有请电声乐队!

节目六

B:汗水蒸腾,化作绚丽霓虹;绿色戎装,连成大地玫瑰。

A:顶头立地,我自巍峨不倒、百炼成钢,尽显英雄本色!军训的经历成为大学不可或缺的记忆,陪伴我们的有汗水和坚持,也有爱护我们的教官。

B:是的,下面用热烈的掌声请出我们心中的英雄——军训团的教官们给我们带来合唱《遍地英雄》!掌声有请!

节目七

C:接下来的节目,校民乐团的乐手们将引领我们体味古典,进入篝火和歌舞的欢乐世界。掌声有请林翰老师与校民乐团的同学们为我们带来琵琶合奏《彝族舞曲》。请欣赏!

节目八

D:有句歌词说:当你孤单你会想起谁?大学了,我们都要学会独立,但是我们也不要忘记身边还有许多人给我们支持和力量!

C:希望每个同学都能寻找到自己的理想和伙伴,愿每一个人都能像校园里承接阳光和雨露的小树那样茁壮成长！

D:请一起欣赏由校艺术团话剧队和社联义工协会带来的小品《一棵树》。有请！

节目九

A:我们艺术团各支队伍可以说都是人才辈出、成绩斐然。下面，来自校艺术团歌队的同学也将为我们带来表演。掌声有请张馨月带来独唱《回家》。

节目十

B:动感的音乐最能激发大家的热情，还有同学们最爱的街舞，一定要让你跟着我们的旋律动起来！校艺术团流行舞队的同学们就要上场，现在，你准备好了吗？有请流行舞队带来《here we come》！

节目十一

D:在我们华农美丽的校园里，有一群靓丽的"高人"，经常出没在校内外各大晚会中，而且在全国比赛中屡屡获奖，已经成为校园里一道独特的风景线。他们就是艺术学院服装设计与表演班的同学们。下面，就让我们一起领略他们的T台风采！请欣赏时装表演《霓裳羽衣》！

节目十二

B:刚才精彩的时装表演带给我们不同的风情，其实舞蹈也可以将我们带向远方。

C:××，你知不知道，有一种神秘的舞蹈，起源于人们对神无比虔诚洁净的爱，甚至人们只表演给神看？

B:我还知道，舞者可以借由身体表达七情六欲甚至宇宙万物。这种美丽的舞蹈就是印度舞。

C:下面，校艺术团民族舞队要将最圣洁的赞歌，最虔诚的喜悦送给你，请欣赏他们演绎的舞蹈《圣河》！

节目十三

A:×××，晚会前面我们已经欣赏了一个精彩的军训团节目。我可是真是意犹未尽啊！

D:是的，现在正是军训最后的紧张时刻，大家说，我们再让教官来一个好不好啊？

A:掌声有请军训教官带来格斗术表演！

节目十四

A:我想问大家一个问题：这个世界上谁最爱你？×××，我听到一个声音：妈妈！没错，是母亲给了我们生命，给了我们家——世界上没有比母爱更深的海，也没有比母亲的牵挂更长的路！

B:是的，但我也想问问大家：你最爱的人是谁？也许有的答案就不是妈妈。母亲永远是这么无私地养育我们，同学们，现在我们上大学了，不要忘了妈妈的牵挂，别忘了要常常打个电话，问一声，"妈妈，您好吗？"

A:今天，就让我们一起来为妈妈唱一首赞歌。掌声有请艺术学院方晓青老师倾情演绎歌曲《母亲》！

节目十五

C:我们同学共同经历了军训，都体验过这个火热季节的汗水和欢乐。可是大家知不知道，学校有××位老师为了以更好地方式迎接新生，也经历了一场训练？

D:这是负责学生工作的××位女老师，她们在辛勤的工作之余，抓紧时间，盛夏的舞蹈室留下了她们几个月来的辛劳汗水。

C:下面，就让我们用热烈的掌声请出这群美丽的老师带来舞蹈《赶太阳》！由××老师领舞！

节目十六

B:我们来自东西南北，我们心贴心，情暖情；我们是中国新时代的儿女，是建设祖国的预备兵。

A:我们怀着时代的豪情和激扬的理想走到一起，让我们为着更美好的明天共同奋斗！

B:也让我们以歌舞《东西南北兵》，向敬爱的军训部队教官致以深深的谢意！教官，你们辛苦了！

A:请欣赏由艺术学院杨媚老师，校艺术团民族舞队以及信息学院新生共同演绎的歌舞《东西南北兵》！

结束语

D:今夜，我们欢聚一堂，共度这美好的夜晚；

C:今夜，我们热情奔放，共享这启航的时刻；

B:今夜，打开你心中的枷锁，尽情去燃烧所有的梦想；

A:今夜,展露你年轻的翅膀,自由在文化的国度中翱翔!

B:相聚的时间总是欢乐而短暂,我们的晚会已经接近尾声,很高兴能与你们——新一届华农人欢聚一堂,度过这个难忘的夜晚!

C:在这里要衷心感谢大家对本台晚会的大力支持,感谢莅临晚会的各位嘉宾和领导!同时也感谢今晚所有台前幕后的工作人员!

A:现在,我宣布:2014 年迎新晚会到此结束!祝大家(合)晚安!

D:恭请各位领导嘉宾上台与演员、工作人员合影留念。

实训练习

(1)请为以下活动撰写相应的开场白:①××学院建校 20 周年大型文艺晚会;②××学院 2014 届金融专业毕业晚会;③××艺术传媒学院元旦晚会;④××学院服装设计优秀作品汇演。

(2)请为下列节目编写节目串联词:①歌舞《开门红》;②歌曲《爱我中华》;③诗朗诵《乡音乡情》;④相声《趣说成语》。

(3)学校举办"愉快学习·自主成长"演讲比赛,请撰写比赛的主持词。

第六节 对 联

文体概述

对联是以对偶句形式组成的上下两句联语,又称楹联、楹贴或门联、对子。它利用汉字的特点,构成上下对举、字数相等、词性相同、平仄相对、辞法相应、节律对拍、形对义联的形式,言简意赅,短小精悍,富有表现力,与中国书法结合起来,有很高的实用价值和审美价值,是我国独有的具有文学意蕴和民族文化特色的应用文体。

对联可谓中国国粹。正如当代学者白启寰先生一副联语所言:"对非小道,情真意切,可讽可歌,媲美诗词、曲赋、文章,恰似明珠映宝玉;联本大观,源远流长,亦庄亦趣,增辉堂室、山川、人物,犹如老树灿新花。"因为对联能托物言志,寓意寄情,蕴含哲理,点染世情,精练爽口,风趣易记,故而历久不衰。其用途非常广泛,辞旧迎新,美化环境,婚丧寿喜,勉人自励,赞贬祝讽,工商百事……几乎都可以用对联来反映。所以为人们喜闻乐见,有着广泛的群众基础。

对联的种类繁多。从内容上看,可分为时令联、装饰联、专用联、交际联等。

1. 时令联

在传统节日时使用,增添节日气氛。如"天增岁月人增寿,春满乾坤福满门"(春联);"火树银花合,星桥铁锁开"(元宵灯节联);"三五良宵秋澄银汉,大千世界光满玉轮"(中秋节联)。时令联主旨针对性强,不同行业、不同场合应用不同内容以切合实际。

2. 装饰联

装饰、美化环境的对联,用于名胜古迹、亭台楼阁、书斋卧室、器物古董等。如"四面荷花三面柳,一城山色半城湖"(济南大明湖小沧浪园联);"四面湖山归眼底,万家忧乐到心头"(岳阳楼联);"剪一片白云补纳,留半窗明月读经"(蕲春资教寺联);"万卷古今消永日,一窗昏晓送流年"(书斋联)等。装饰联无特定的使用时间,用的时间较长,故其内容要有概括性和哲理性。装饰联比较注重艺术性和趣味性,故此类对联的表现手法尤其多样。

3. 专用联

为某一事项而题写的对联,包括婚联、寿联、挽联、喜联、广告联、座右铭联等。专用联要求内容有针对性,感情真挚,符合交际双方的身份与关系。婚联要注意内容健康,避免庸俗低级,如"琴瑟和鸣共奏同心曲,夫妻恩爱齐唱幸福歌"。寿联的主要内容是赞扬对方并祝愿长寿,如"室有芝兰春自韵,人如松柏岁长青"。挽联的主要内容是颂扬死者和表示哀悼、纪念的心情,如"想见音容云万里,深思教训月三更"(挽父母联)。广告联如"经纶天下,衣被苍生"(纺织业广告)。座右铭联如"海纳百川,有容乃大;壁立千仞,无欲则刚"(林则徐自勉联)。

4. 交际联

用于人们交往的对联,或褒或贬,或颂或讽,或迎来送往,或试才斗智。它与其他对联的不同在于:它一般不须贴挂,实际上是用于交际的两句短诗,这类对联多反映世态人情。赞颂联如"英名盖世三岔口,杰作惊人十字坡"(田汉赠盖叫天)。讽刺联如"宰相合肥天下瘦,司农常熟世间荒"(讽李鸿章、翁同龢联)。斗智联如"四水江第一,四时夏第二,先生居江夏,谁是第一?谁是第二?三教儒在前,三才人在后,小子本儒人,何敢在前!何敢在后"(梁启超对张之洞)。

主要特点

对联是诗词形式的演变,它的形式与诗词有相似之处,其主要特点是要求对仗工整,即两联字数相等,语言结构对称,声调平仄协调。

1. 字数相等,内容相关

对联由上下两联组成,可分别称为出句和对句。所谓字数相等,是指上联有多少字,下联则对以相同的字数。对联的长短可以灵活掌握,以辞达意到为准。不论字多字少,一副对联的上联和下联必须是字数相等;在多句对联中,上下联相对位置上的语句字数也相等。上下联内容要相互关联、相互衬托或相互衔接,构成一个有机的整体。或正对(从不同的角度或者侧面去写同一事理、景象等,内容上互相关联、补充),如"藕入池中,玉管通地理;荷出水面,朱笔点天文";或反对(从事物矛盾的两个方面去说明一种意思,内容上相反相成,形成对比),如"青山有幸埋忠骨,白铁无辜铸佞臣"(杭州西湖岳王坟联);或串对(把一个意思分成两联来说,出句和对句在意义上有着连贯、条件、因果、假设、转折或问答等关系),如"直登云麓三千丈,来看长沙百万家"(长沙岳麓山联)。如果两句各说一件不相关的事物,即使字数相等也不能算对联,如"一劳永逸长生乐,万象回春大地新"。

2. 词性相当,结构相称

所谓词性相当,指上下联相同的位置上,所用的字词(包括短语)必须具有相同的词性,即实对实,虚对虚。具体来讲就是上下联要名词对名词(包括人名、地名),动词对动词,形容词对形容词,数词对数词,代词对代词,连词对连词,副词对副词,介词对介词。此外,联绵词也必须相对,如"鸳鸯"对"鹦鹉"(名词),"踌躇"对"踊跃"(动词);"磅礴"对"逶迤"(形容词)。对联最本质的艺术特征是其对称性。所谓结构相称,指上下联语句的语法结构(或者说其词组和句式之结构)应当尽可能相同,也即主谓结构对主谓结构("荷尽"对"菊残"),动宾结构对动宾结构("摇红"对"滴翠"),偏正结构对偏正结构("闲云"对"野鹤"),并列结构对并列结构("红白"对"青黄"),述补结构对述补结构。联句结构之优劣,决定对联的成败,所以,完整地组织联句,有利于突出主题,使对联富有艺术感染力,是撰写对联首先要考虑的问题。

3. 节奏相应，平仄相谐

节奏感在对联中是重要的，上下联的节奏必须一致，通常是以两个字或一个字作为音节，煞尾的字可以是一个字或者一个词，不论是几字联都需节拍谐调，长短强弱不能乱，如上联为“上二下三”，则下联也应“上二下三”，有节奏感念起来顺口，听起来悦耳。长对联是由许多短句组成的，其节拍可根据短句的要求而要求。“莫放春秋佳日过，最难风雨故人来”这是一副七字短联，上下联节奏完全相同，都是“二二三”。“平仄相谐”就是声调和谐，读起来琅琅上口，有音韵感，除了上下联单边的和谐，还包括上下联的相互协调。平仄相对，是指上下联之间相同位置上的字平仄应该是相对的，或上仄下平，或上平下仄。平仄交替，是指一联之内，不能只用平声或仄声字，应当有规律地交替使用。词组末字或者节奏点上的字应平仄相反，长联中上下联每个分句的尾字（句脚）应平仄相反。除了在规则允许范围内的变通（如可平可仄）而外，不能违反。要遵守“上仄下平”的规则，即上句最末一字要用仄声字，下句最末一字要用平声字。仄声字具有短促有力的特点，平声字具有舒缓悠长的特点，故平仄的交替安排，往往可以抑扬顿挫，富有节奏，产生轻重、抑扬、回旋的音乐美。

4. 气势相当，文字精练

气势相当，即下联的气势要比得上上联，并最好能比上联气势更大一些。如“斗酒纵观廿四史，炉香静对十三经”，“水能性淡为吾友，竹解虚心是我师”，再如“有志者、事竟成，破釜沉舟，百二秦关终属楚；苦心人、天不负，卧薪尝胆，三千越甲可吞吴”（蒲松龄自勉联）。而“听铁马声声关山入梦，看银钩笔笔书画萦心”，“万仞惊峰承日月，一株柔柳伴花枝”等，就显得上重下轻。讲求气势是对联的独到之处，也是比律诗的对仗要求更严格的地方。对联之所以从古至今千年不衰，一个很重要的原因就是它文字精练。对联有极强的表现力，这不仅与中国的语言文字特点有关，更主要的是在于作者对联句进行高度的浓缩和提炼，使其成为比赋、骈文更精练，比诗、词、曲更灵活的特殊文体。

撰写技法

1. 用字技巧

1）析字法

在楹联创作中，将楹联中的汉字的形体分拆或合并，巧妙地制作联语的一种方法称为析字法。析字包括拆字和合字两种形式。制得好的析字楹联，能使语言曲折有致，而又耐人咀嚼，有如用拆拼法所制作的谜语一样，富于趣味性。如“日在东，月在西，天上生成明字；女居左，子居右，世间配成好人”，联语自然舒展，不牵强，不做作，字面和现实十分贴切，耐人品味。

2）复字法

为了加强楹联的语气，以突出联意，加深联语的深度和广度，把所要叙述的事物表达得更加形象生动，将同样一个或几个字在楹联中间隔地运用或者重复地运用，使之既紧相连结而意义不尽相同的一种作联方法。如“赤面秉赤心，骑赤兔追风，驰骋时毋忘赤帝；青灯观青史，仗青龙偃月，隐微处不愧青天”（湖北当阳玉泉山关帝庙联）。

3）叠字法

叠字法即一联之中一个字接连使用。用叠字法作楹联，可以生动地表现楹联的意境，语音上和谐悦耳，节奏明朗，韵律协调，具有表情达意的形象性，因而可以增强楹联的艺术魅力，获得特定的表达效果。在楹联创作中，叠字法的运用是非常广泛的，几乎随处可见。如“重重叠叠山，曲曲环环路；高高下下树，叮叮咚咚泉”（俞樾所撰杭州九洞十八溪联）。

4）谐音法

谐音法是将几个字形、字义不同而读音相同的字用于同一副楹联之中，从而使联语具有组合精巧、构思奇特、风趣别致的艺术魅力。如“天心阁，阁落鸽，鸽飞阁未飞；水陆洲，洲停舟，舟行洲不行”。“阁”与“鸽”，“洲”与“舟”同音异字相间使用，使楹联产生回环反复的妙趣。

5）异音法

它与同音、谐音等方法利用汉字同音异字不同，是利用汉字一字多音多义、词义通假的特点，造成同一个字在联中的音调变化，给人以奇诡绝妙之感。如“海水朝朝朝朝朝朝朝落；浮云长长长长长长长消”（河北山海关孟姜女庙联）。这副联语上联连用七个“朝”字，下联连用七个“长”字，如果熟谙汉字一字多音多义的特征，则深觉此联妙趣无穷。

6）同旁法

同旁法指联中采用相同偏旁部首。如“烟锁池塘柳，炮镇海城楼”（广东东莞虎门联）。又如“沧海汪洋，浪滚潮落，波涛澎湃；崇山峻岭，峰巍崖崛，峦巘嵯峨”。

7）加减法

由于某种需要，将某副楹联的上下联增加或减少一些字词或笔划，使联意发生变化，造成新的意境，组成新的楹联，这种制联方法称为加减法。“醉翁之意不在，君子之交淡如”，上联减去“酒”，下联减去“水”，成为绝妙的歇后语酒对联。“君恩深似海，臣节重如山”，上联末添“矣”，下联末添“乎”，便生妙不可言的讽刺效果。

8）两兼法

让一个字既属前词，又可同后面的字直接组词。如“李东阳气暖；柳下惠风和。”这副对联中，“李东阳”是人名，用他的“阳”字同后面的“气”组成“阳气”（春光），上联意思是：李树东边春光温暖。“柳下惠”也是人名，用他的“惠”字同后面的“风”字组成“惠风”（和风），下联意思变成：柳树下面微风和煦。

2. 遣词技巧

1）借对法

借对法就是在用某个词的甲义的同时，又借用乙义来与另一个词相对，上下联形式上（字面）对仗工整，而内容上（意义）却不相关，从而造成一种特殊的效果。借对分借上（借上联的词语以适应下联）与借下（借下联的词语以适应上联）两种。如“红白相兼，醉后怎分南北；青黄不接，贫来尽卖东西”。这副联中，下联的“青黄”分别指未成熟的庄稼和已成熟的庄稼，借其意思来对上联的“红白”（分别指两种酒）；下联的“东西”是在表示物件意思的同时，借其意思来对上联的“南北”。

2）嵌名法

嵌名法即把人名、地名、物名等专用名词镶嵌在联句中，暗寓褒贬。嵌名法格式很多，可以嵌在句首（鹤顶格），如“虞兮奈何，自古红颜多薄命；姬耶安在，独留青冢向黄昏”（灵璧县虞姬墓联）；可以嵌在句中（蜂腰格），如“其地之凤毛麟角，其人如仙露明珠”（蔡锷赠小凤仙联）；可以嵌在句尾（凤尾格），如“月照窗纱，个个孔明诸葛亮；风送幽香，郁郁畹华梅兰芳”（梅兰芳字“畹华”）；也可拆开分嵌于首尾（拆嵌格），如“史鉴流传真可法，洪恩未报反成仇”（“成仇”谐“承畴”）。

3)藏典法

藏典法即在对联中使用历史掌故、趣闻轶事、寓言故事、传说人物、民间习俗、格言诗句等来表情达意。如“观瞻气象耀民魂,喜今朝祠宇重开,老柏千年抬望眼;收拾山河酬壮志,看此日神州奋起,新程万里驾长车”(赵朴初为岳飞庙题联)。此联“老柏”指岳飞墓前精忠柏,传为岳飞忠魂所化,“抬望眼”、“收拾山河”、“壮志”、“驾长车”都出自岳飞的《满江红》。

4)换位法

换位法就是把句中词语的位置加以对换,从而适应某种需要。如“过苦年,苦年过,过年苦,苦过年,年去年来今变古;读好书,好书读,读书好,好读书,书田书舍子而孙”(钟耘舫所题)。反复换位,每换位一次,就出一层新意。

5)串组法

串组法就是将一些本来没有联系的事物的名称按一定的规律串联起来,从而使之表示出某种意思。常见的有组串人名、地名、书名、药名、植物名、茶名、酒名、词牌名等。如“水仙子持碧玉簪,风前吹出声声慢;虞美人穿红绣鞋,月下行来步步娇”。联中串出六个词、曲牌名《水仙子》、《碧玉簪》、《声声慢》、《虞美人》、《红绣鞋》、《步步娇》,描绘出了一幅美人轻移莲步,观月赏景的美丽画卷。

6)借代法

借代法就是不直接说出某事物,而借相关的事物去代替它。如“红拂有灵应惜我,青山何幸此埋香”(湖南醴陵红拂墓联)。红拂,原为隋朝宰相杨素侍姬,钟情于李靖,随李靖于军中,后病逝于醴陵。下联的“香”在古时多喻妇女所用饰品,故古诗文中常借称为妇女。此处代称红拂,此是以物代人。

3. 组句技巧

1)集句法

集句法就是把别人的诗词、文章中符合对联特点、意思连贯的现成句子,组成一副对联。集句也是一种创造性的劳动。如“长笛一声,此曲只应天上有;大江千古,今朝都到眼前来。”(周锦澜题武汉黄鹤楼联)上联后一分句引自杜甫七绝《赠花卿》,下联后一分句引自元稹七律《遣悲怀》。

2)翻新法

翻新法就是根据自己的需要,将有关诗词文章或楹联中的句子,做某些必要的改动,表达出新的主题,而作成新对联。如“不明才主弃,多故病人疏”翻新自孟浩然《岁暮归南山》“不才明主弃,多病故人疏”;“铁肩担道义,妙手著文章”翻新自“铁肩担道义,辣手著文章”。

3)回文法

回文法指的是使用恰当的词语构成上下联,使之既能顺读,又能倒读。常见的有两种格式。一是上下联是中间为界,两边用字相同,这样不论倒读正读,联意都是一样的,这种联一般称为对称回文,如“客上天然居,居然天上客”。二是上下联使用不同的字,但顺读倒读均能读通,有点类似于回文诗,此种联称为反复回文,如“迢迢绿树江天晓,霭霭红霞海日晴”(佚名题武汉龟山联)。

4)排比法

排比法即用三个或三个以上结构相似、字数相等的平行短句,组合在一起,表示相关的意思。这种方法多用于长联。如“鹄比翼，花颦眉，柳拂裙，画意更兼诗意；林蕴幽，水凝碧，山环翠，东湖不让西湖”（武汉东湖风景区联）。

5）顶针法

顶针法指用前一句结尾之字作为后一句开头之字，使相邻分句蝉联。这是一种比较常见的对联手法，也很能体现汉字的特色。如“看我非我，我看我，我也非我；装谁像谁，谁装谁，谁就像谁”（戏台联）。仅用了十几个字，就把戏剧演员忘掉自我、逼真肖人的精彩表演描述出来，精巧风趣，联意隽永。

6）问答法

问答法指用“问”与“答”的形式作联，更能引起人们的注意和思考，便于表达联意和创作主旨。设问法或上联提出问题，下联做答；或上下联均为设问，不予回答，便于把抽象的事理具体形象地表达出来。反问法是为强调某一观念或结论的正确，故意以反问的形式把本意托出，引人注意，使读者从句中找到答案，如“经忏可超生，难道阎王怕和尚？纸钱能赎命，分明菩萨是赃官”。

7）分总法

分总法指对联中对某些事物既有分述，又有总述，这种方法叫“分总法”。或先总后分，如“三代夏商周；四诗风雅颂”。或先分后总，如“雪月梅花三白夜，酒灯人面一红时”，上联“雪”、“月”、“梅花”是分述，“三白”是总述；下联“酒”、“灯”、“人面”是分述，“一红”是总述。

8）双关法

双关法是利用汉字的特点，巧用汉字的字、音、义的同异而组成字面与字音，形成言此而及彼的语言效果，两者在形式上虽然平行，但在意义上却有主次之分。双关的形式主要有谐音、借义两种。用好双关，可增加对联的趣味和深度。“龙井泉多奇味，武夷茶发异香”，这是一副茶叶店联，其中的“龙井”、“武夷”既是地名又是茶名，既描绘了龙井、武夷两地的特点，又指明了店中名茶，使人见而思饮。

9）倒装法

倒装法主要是为了韵律和平仄。如“二十年前此读书，记古寺夕阳，常看青枫红叶临绝顶；一千里外更穷目，数今朝风物，只有月色滩声似旧时”（长沙岳麓山云麓宫联）。“常看青枫红叶临绝顶”是“常临绝顶看青枫红叶”的倒装，之所以这么倒装，是为了与下句“只有月色滩声似旧时”的句式相合。

撰拟要求

1. 工——工整精练

工整，是写对联最基本的要求。一副对联，应做到字数相等，词性相同，平仄相谐，句式相仿。就是说，要完全合乎或基本合乎对联的特点和规律。工，还有精巧凝练的意思。它以有限的数字，表达无穷的、丰富的思想、感情和意象，在构思、布局、用字、遣词、造句等方面，达到精巧和凝练。

2. 稳——平稳安定

循规蹈矩，能求得安稳；标新立异，也同样能求得安稳。如同建筑，无论样式如何，都必须基础稳固，形象端正。选择句式时，多将短句置于前，长句置于后。比如，十言联中，前四后六句式就比前六后四句式显得稳重。

3. 切——妥当贴切

联语要切合季节，切合人物身份、地位、情操、业绩，甚至此时此地的思想感情，要切合事物与场合。如写喜联、寿联、挽联时，对所写对象的情况及与自己的关系必须写对，否则就会出笑话。如“皓月描来双燕影，寒霜映出并头梅”这副婚联，就婚姻本身来讲，可以通用于不同人的婚姻，但就时间意义来说，只能用于冬日结婚的情景，如用于春、夏、秋就不行。

4. 新——新鲜别致

有独创性，不因循守旧，对联要立意新，这是最主要的。语言要清新、典雅、自然、新鲜、活泼。用新的语言表现新的意境，才能创造出佳作。如“绣阁灯明，鸳鸯并立齐欢笑；妆台镜照，鸾凤和鸣共谈心”，这样的婚联在当今时代是不合时宜的。

对联拟制有一些禁忌。

就内容而言，一忌“合掌”，即上下句意思雷同，既不能互相补充，又不能互相映衬，如“旭日”对“朝阳”，“史册”对“汗青”，“震乾坤”对“惊世界”，“发祥光”对“腾瑞气”，“神州千古秀”对“赤县万年春”，“五湖传喜讯”对“四海送佳音”等，就属合掌；二忌“包孕”，即两句是包含与被包含的关系，而不是轻重相当，如“几番春雨百花艳，一轮秋月桂枝香”；三忌“强对”，即片面追求形式上的对称，因文以害意，或违背事实，或拆散词语，如“门前绿水流将去，屋里青山跳出来”。

就形式而言，一忌同位重字和异位重字。同位重字就是以同一个字在上下联同一个位置相对，如“且咏清风寻皓月，不教清风问浮云”，“清风”为同位重字。异位重字就是同一个字出现在上下联不同的位置，如“百鸟鸣春歌盛世，一龙降世兆丰年”，“世”为异位重字。二忌同声落脚。每边二至三个分句者，要求各分句不能全是同声落脚；每边四个以上分句者，要求各分句不能连续三句(上下联起句及中间分语段时可以例外)或三句以上同声落脚。三忌同声收尾。一副对联不管长短如何、分句多少，都要求上联仄声收尾，即上联最后一字应是仄声，下联则要求平声收尾，一般不能上联平声收尾，下联仄声收尾，上下联收尾不能同是仄声或同是平声。如“九州迎圣火，百载圆一梦”，上下联同为仄声收尾；“清风入座吟新诗，明月敲窗叙旧情”，上下联同为平声收尾。四忌三平尾或三仄尾。一个句子的最末三个字，应尽可能避免都是平声或都是仄声。如“爆竹声声辞旧岁，梅花朵朵迎新春”中“迎新春”为三平尾，“依法修行能入道”，若将“能”改为“可”就变成了三仄尾。五忌孤平或孤仄。在五言或六言的句子中，应尽可能避免全句只有一个平声字或只有一个仄声字，如“无言乃入门”若改为“无言而入门”，就是“孤仄”；“大日心光遍照”若改为“大日智光遍照”，就是“孤平”。

一副对联的好与不好，主要还看构思、寓意和语言，如果构思巧妙，寓意新奇，得着好句，即使有的地方对仗不工也是允许的。

实训练习

(1)请根据下面提供的情况拟对联：①为自己撰一副座右联激励自己发奋求学；②为学校迎接新生和××校庆各拟一副对联；③班级要在教室开元旦晚会，请拟一副联贴在教室门上。④快过春节了，请为自己家的大门拟一副春联。

(2)试根据出句对出下句：①浪起涛声古；②雪掩梅千树；③青山留鸟影；④把酒邀君坐；⑤鱼吹池面絮；⑥拉丁舞踢踏舞舞舞都能修心；⑦同宿舍之中心无芥蒂；⑧诗歌小说戏剧百花斗艳。

第三章 修业文书写作

第一节　实 验 报 告

文体概述

实验报告是在科学研究中描述、记录某一课题的实验过程和结果的报告。也就是说，在学习和科研活动中，为了检验某种科学理论或假设，往往要进行实验。人们通过实验、观察、分析、综合、判断，如实地将实验过程和结果记录下来，经过整理而写成书面报告。

实验报告是实验工作的全面总结和系统概括，是实验工作不可或缺的重要组成部分，它具有情报交流作用和资料保存作用。对于大学生来说，撰写实验报告是一项重要的基本功训练。通过撰写实验报告，能够加深对所学理论知识的理解，使理论与实践紧密结合；能够培养和提高观察、分析实验现象和独立进行科学研究的能力；能够养成严谨的治学习惯和实事求是的科学态度，从而提高科技写作水平。

实验报告具有科学性、确证性和简洁性。由于实验报告是在科学实验的基础上得出的，任何臆想和猜测都不能写入报告中，实事求是的科学性是保证实验报告质量的重要条件。实验报告要求忠实、客观地反映实验的方法和结果，要不带任何偏见地去报道实验的过程，因此，要求所用的数据真实，结果要准确可靠，具有确证性。实验报告要将实验的过程、方法、结果准确完整明白地描述清楚，因此在语言上要求简洁清晰，不宜长篇大论，不能含糊不清，切忌带个人色彩。

实验报告写作的基本类型有验证型实验报告和创新型实验报告两种。验证型实验报告，是对已有实验进行重复实验，或同类实验进行移植，以验证某些结论所做出的报告。创新型实验报告，是对研究领域尚属空白或认识贫乏所进行的开发性实验所做出的实验报告。

行文格式

1. 验证型实验报告

验证型实验报告一般由实验名称、实验目的、实验用的仪器和材料、实验步骤、实验结果、实验小结等构成。

1）实验名称

要明确、醒目，用最简练的语言概括实验的大致内容，单一式如“低温灭菌实验”、“水的硬度测定的实验报告”，复合式如“大豆化学品质检验——蛋白质测定”。如验证某程序、定律、算法，可写成“验证×××”、“分析×××”。

2)实验目的

验证型实验一般是通过验证定理、公式、算法,使实验者掌握使用实验设备的技巧和程序的调试方法,并使其获得深刻和系统的理解。所以要用简洁的话语说明实验的目的、任务和意义。

3)实验用的仪器和材料

实验用的仪器和材料是实验过程中需要使用的相关仪器和材料,是实验的硬件环境,一定要准备齐全。

4)实验步骤

实验步骤是实验报告及其重要的内容,要简明扼要地写出主要操作步骤。如有必要,应画出实验流程图(实验装置的结构示意图),再配以相应的文字说明。

5)实验结果

实验结果是根据实验过程中所见到的现象和测得的数据,做出的结论。对于实验结果的表述,一般由三种方法。①文字叙述:根据实验目的将原始资料系统化、条理化,用准确的专业术语客观地描述实验现象和结果,要有时间顺序以及各项指标在时间上的关系。②图表:用表格或坐标图的方式使实验结果突出、清晰,便于相互比较,尤其适合于分组较多,且各组观察指标一致的实验,使组间异同一目了然,每一图表应有表目和计量单位,应说明一定的中心问题。③曲线图:应用记录仪器描记出的曲线图,这些指标的变化趋势形象生动、直观明了。在实验报告中,可选择其中一种或几种方法并用,以获得最佳效果。

6)实验小结

结论不是具体实验结果的再次罗列,也不是对今后研究的展望,而是针对这一实验所能验证的概念、原则或理论的简明总结,是从实验结果中归纳出的一般性、概括性的判断,要简练、准确、严谨、客观。

2. 创新型实验报告

创新型实验报告通常由标题、署名、摘要、引言、主体、结尾等内容构成。

1)标题

标题是实验内容的高度概括,拟写标题的要求是简洁、醒目、准确,冗长而辞不达意的名称应力求避免。如果实验的内容高深复杂,拟写标题时应首先把意思表达清楚再考虑字数。

2)署名

实验报告的署名包括作者姓名、单位名称、合作者、实验日期和地点。

3)摘要

摘要一般写在标题下面,其内容是全篇报告结论的浓缩。它要求高度概括,且不加任何说明和解释。一般可独立成段。摘要能使读者一看就了解全文内容。

4)引言

这是实验报告的开端,主要包括实验研究的对象,实验名称,实验目的、作用和意义、该实验项目的发展状况及存在的问题,实验的预期结果和目标等。这部分不宜太长,应用概括性的语言叙述,交代清楚即可。

5)主体

这是实验报告的主体部分,主要包括如下内容。

(1)实验原理。实验原理是进行实验的理论依据,主要介绍实验所涉及的重要概念、重要定理、定律、公式及由此而推算的重要结果等。有的实验要给出计算公式以及公式的推导，电学实验要给出线路图，光学实验要给出光路图，化学实验要给出反应方程式。如果不是比较复杂的实验，这一部分可省略。

(2)实验装置。这是实验报告的重要部分，应详细介绍实验所使用的装置的名称、原理、结构、型号及性能；如果是自己设计制造的实验器具，应详细说明如何制作、如何使用及使用效果。画出仪器的轮廓实物图，如烧杯、烧瓶、试管、漏斗、坩埚、砝码、托盘、天平等。实验所需的原材料，应写明名称、化学成分、性质、特征、产地等。化学实验中的试剂，应标明形态、浓度、成分等。还要介绍实验时的条件及实验的具体要求。实验要求同实验目的一样要简练、明确，可分条列出。

(3)实验步骤和方式。这部分重点介绍自己设计的实验方法或特殊方法，简要介绍实验的过程，必要时还要附上实验原理图、电路图、流程图(实验装置的结构示意图)等，再配以相应的文字说明，常用的表达句式有"如图所示"、"参见表(1)、(2)"等。这样既可节省许多文字说明，又能使实验报告简明扼要、清楚明白。实验步骤就是实验进行的程序，通常都是按操作时间先后划分成几步进行，并在前面标注上序号"(一)①②；(二)①②……"。操作过程的说明，要简单、明了、清晰。

(4)实验结果。这是实验报告最主要的部分，从实验中得出数据，计算有关结果，是整个实验价值的反映和体现。要求如实记录实验的所有结果，包括出现的图像、现象、数据等。实验结果必须真实、准确、可靠。实验结果可先记录在实验记录上，整理加工后，按问题的性质分好类，按一定的顺序进行排列，再写在实验报告上，并做出必要的说明。这是对整个实验记录的处理，数据记录要求是实验中的原始数据。从仪器表中读取数据时，要根据仪器表的最小刻度单位或准确度所决定实验数据的有效数字位数。数据都要列表加以整理，如发现异常数字，则应及时复试，及时纠正。列表表示时，表格一定要精心设计，使其易于显示数据的变化规律及参数之间的相互关系。项目栏要列出测物理量的名称、代号及量纲单位，说明栏中的小数点要上下对齐。

(5)讨论。这部分是在写出实验报告的结果的同时，分析结果得出的原因及规律。它是实验者的创造性发挥和独到见解，是实验结果从感性认识上升到理性认识阶段。主要包括：实验时观察到哪些现象、得出了哪些规律、如何解释这些现象和规律，说明实验的结果与已知结果或理论推算结果间的对比情况，测量误差及分析。还有影响实验的根本原因是什么等。不能用已知的理论或生活经验硬套在实验结果上，更不能因为实验结果与预期结果或理论不符而随意取舍甚至修改实验结果，这时应该分析其异常的可能原因。如果本次试验失败了，应该找出失败的原因及以后试验应该注意的事项。另外，也可以写一些实验的心得，提出一些问题或建议。如果实验结果无需讨论，这一部分可省略不写。

6)结尾

这部分主要包括实验的结论(如评价、体会、建议等)和参考文献。

(1)实验结论。结论不是对实验结果的再次罗列，也不是对今后研究的展望。它是实验报告的精髓，是对实验结果进行分析后得出的规律或对实验结果加以肯定，并进行高度概括所得出的简明总结。结论是根据实验结果所做出的最后判断，从实验结果中归纳出的一般性、概括性的判断，叙述时应该采用肯定的语言，可以引用关键性数据，一般不应再列出图和表格。如在实验中受到他人的帮助，在报告中应以简单的语言表示感谢。

（2）参考文献。将写实验报告所参考的文献材料一一列出。参考别人的文章、论著或引用别人的研究成果和结论，无论引用多少或作用大小，都应按作者姓名、书名（篇目）、出版日期、出版单位为顺序列写在报告的末尾。

实验报告的构成，并非千篇一律，不同学科的实验，其报告的写法也有所差异。

撰拟要求

写好实验报告的前提是做好实验，因此在实验前必须做好各种准备工作，掌握实验步骤和方法，并按要求进行操作。在实验过程中，要细心观察现象，认真分析原因，正确测取数据，详尽做好记录。实验报告基本上是一种说明性文体，作者除了要有一定的语文基础和写作能力之外，还必须注意掌握以下五条写作原则。

1. 客观性原则

客观性是指写作者要有严肃认真、实事求是的科学态度客观地观察实验过程并忠实地报告实验结果，不可夸大、缩小或随意杜撰。尽量避免写个人感觉、主观感受。

2. 正确性原则

正确性是指实验报告的实验原理、方法、结论必须正确无误，在表述范围、程度时应恰如其分，特别是数据、图表要确凿可靠。

3. 公正性原则

公正性是指撰写实验报告要始终保持不偏不倚的公正态度，彻底排除偏见和个人因素。

4. 确证性原则

确证性是指实验结果是能被反复证实的，即任何人重复进行实验都一定能观察到同样的现象，得出同样的结论。

5. 可读性原则

可读性是指实验报告要遵循一定的格式和写作要求，在叙述过程时要条理清楚而有连贯性，文字表达要简洁、鲜明，避免似是而非或产生歧义，使读者能够准确地领会报告的内容。

例文 3-1

Micro-CT 检测肿瘤小鼠模型实验报告

概述：4 月 20 日在中山大学肿瘤医院对肝脏接种肝癌细胞的小鼠进行 micro-CT 造影以观察肿瘤模型制备的情况。实验结果表明中科恺盛的 ZKKS-MCT-Ⅲ型 micro-CT 系统可以清楚地在体、无创、连续动态地观测到肿瘤在小鼠体内的分布，所占体积的大小和肿瘤的生长变化的情况；实验结果达到了预期目的。

实验日期：2010. 04. 20。

实验目的：检测原位接种肝肿瘤细胞的 C57 小鼠的肿瘤模型制备情况以及肿瘤的生长情况；利用普通的昆明小鼠尝试普通造影剂对脏器的造影效果。

实验仪器和试剂：

ZKKS-MCT-Ⅲ micro-CT 系统，ZKKS-MCT-Ⅲ micro-CT 系统软件；

造影剂：Fenestra VC (ART Advanced Research Technologies Inc. , QC, Canada)

临床用碘海醇(GE, Omnipaque 350 mg I/mL)；

实验中必须的注射器等耗材。

实验对象：

表 1　用于实验的小鼠情况

小鼠名称	体重/g	造模情况	接种周期
C57 编号为 M	21.0	肝原位接种	4～5 周
C57 编号为 N	19.6	肝原位接种	4～5 周
KM 编号为 P	22.0	Null	Null

实验人员：梁艺、刘俊廷、刘延群、冉茂洁、陈晓峰

实验步骤：

1. M 小鼠(C57 小鼠 21.0 g)

(1)成像前的准备

11:02 M 小鼠进行麻醉；

11:08 尾静脉注射小动物造影剂 Fenestra VC

(ART Advanced Research Technologies Inc.，QC，Canada)

(2)micro-CT 数据采集

14:38 开始扫描，参数设置如下：

X 光管电压：50KVp；功率：60W；

Micro-CT 扫描结果如图 1 所示。

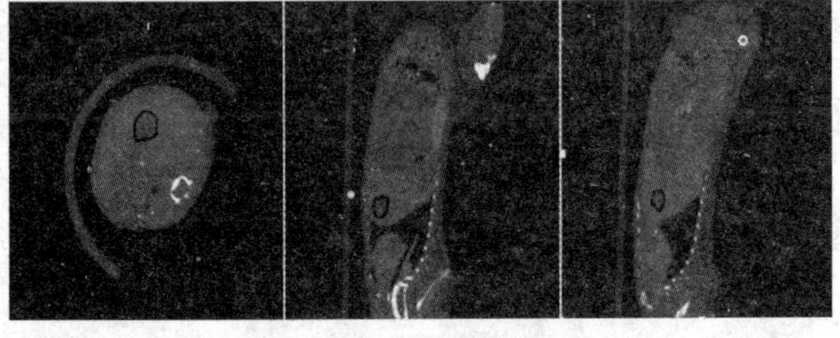

图 1　编号为 M 的 C57 小鼠的横截面、矢状面、冠状面视图

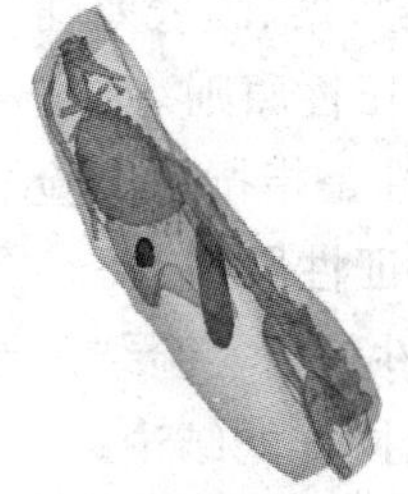

图 2

图 2 通过 micro-CT 重建后并对切片进行分割所得到的肿瘤组织的三维显示结果(图中棕色的组织为肿瘤组织，红色为心脏组织，紫色为肺，绿色为肝，蓝色为脾，金黄色为骨骼，肉红色为脂肪和肌肉)

(左侧为 4 倍镜下观测结果，右侧为 20 倍镜下观测结果)

该小鼠分别在 11:36 分，12:22 分，12:38 分，14:38 分在同样的参数下采集数据，数据显示类似的结果，从切片上可以明显发现有直径大约 3 mm 多的近似球形的肿瘤组织，软件测定的体积为 13.0107 mm^3。

实验结束后第三天中山肿瘤医院梁艺博士解剖后没有发现任何肉眼可辨的肿瘤肿块，进行病理切片化验后，发现肝部有肿瘤病灶(见图 3)，切片结果与 CT 测量结果完全一致。

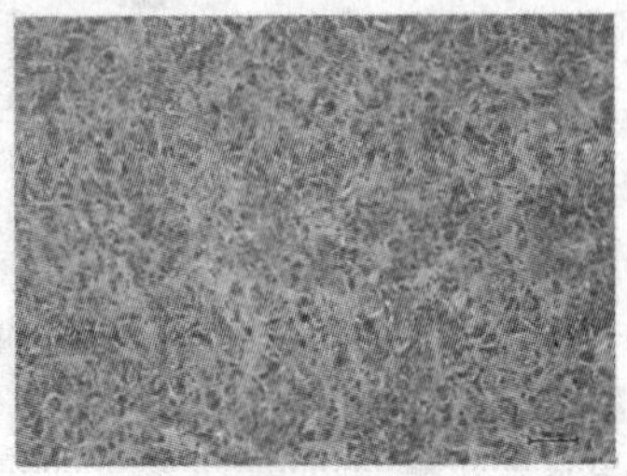

图 3　小鼠肝部肿瘤组织病理切片

实验(一)总结:实验中成功注射了 Fenestra VC 小动物造影剂,该造影剂的最大优点是可以在体内持续保持长时间造影效果。实验结果完全满足了本次模型制备情况监测的目的,发现了直径大约 3 mm,总体积为 13.0107 mm^3 的肿瘤。

2. N 小鼠(C57 小鼠 19.6 g)

(1)成像前的准备

11:46 对编号为 N 的小鼠进行麻醉;

12:20 尾静脉注射 Fenestra VC

(ART Advanced Research Technologies Inc.,QC,Canada)

(2)micro-CT 数据采集

14:15 开始扫描,参数设置如下:

X 光管电压:50 KVp;功率:60 W;

Micro-CT 扫描结果如图 1 所示。

扫描结束取出后发现小鼠死亡。

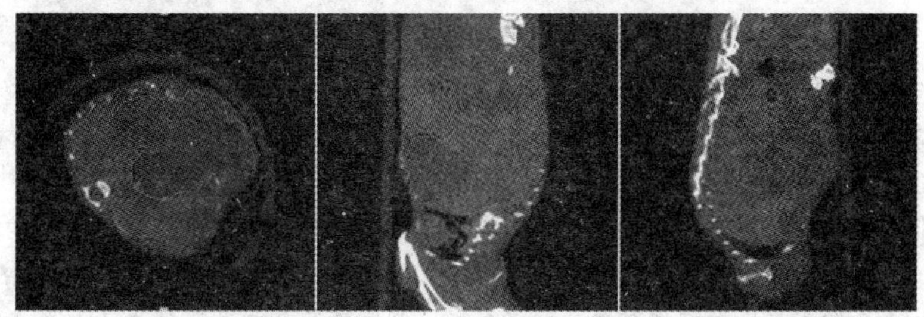

图 4 编号为 N 的 C57 小鼠的横截面、矢状面、冠状面视图

(其中红线内所表示的区域为肿瘤组织)

图 5 通过 micro-CT 重建后并对切片进行分割所得到的肿瘤组织的三维显示结果(图中金黄色为骨骼,棕色的为肿瘤的肿块,肉红色的透明组织为脂肪组织)。

为了进一步证实 micro-CT 扫描检测到的确实是肿瘤组织,我们对小鼠进行了解剖,解剖出来的肿瘤组织可以发现肿瘤经过大约 5 周的生长已经形成了很大的肿块,如图 6 所示。通过 micro-CT 系统配套软件可以计算出肿瘤所占的体积为 1.063 1 cm^3。

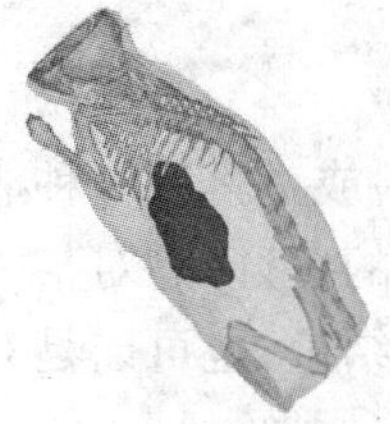

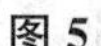

图 5

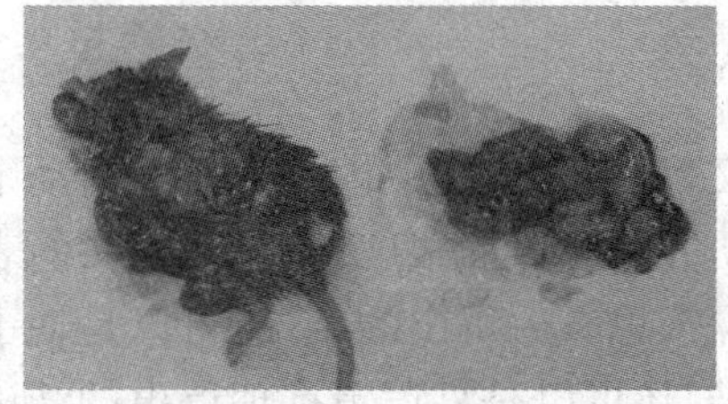

图 6 将编号为 N 的 C57 小鼠解剖后发现肿瘤的肿块组织

(左图为开胸后的 C57 编号为 N 的小鼠,右图为肝及白色的肿瘤肿块组织)

实验(二)总结:实验中成功注射了 Fenestra VC 小动物造影剂,造影剂注入后 2 小时小鼠死亡,造影剂没有在小鼠脏器中得到充分的代谢。死亡的原因分析认为是肿瘤小鼠身体过于虚弱。另外,在 micro-CT 重建时采用略大于小鼠身体宽度的尺寸重建会使得图像的分辨率更清晰一些。

3. P 小鼠(昆明小鼠 22 g)

为进一步采用临床的碘海醇(GE,Omnipaque 350 mg I/mL)对小鼠脏器组织对比度的造影效果进行验证，我们结合前期利用碘海醇造影剂总结的经验，对普通的昆明小鼠进行了脏器的造影成像。

实验步骤：

4 月 21 日 预先对实验小鼠进行造影；

4 月 22 日 14:30 麻醉小鼠；

4 月 22 日 15:00 开始扫描小鼠；

X 光管电压 55kV，功率 60W；

Micro-CT 扫描结果如图 5 所示。

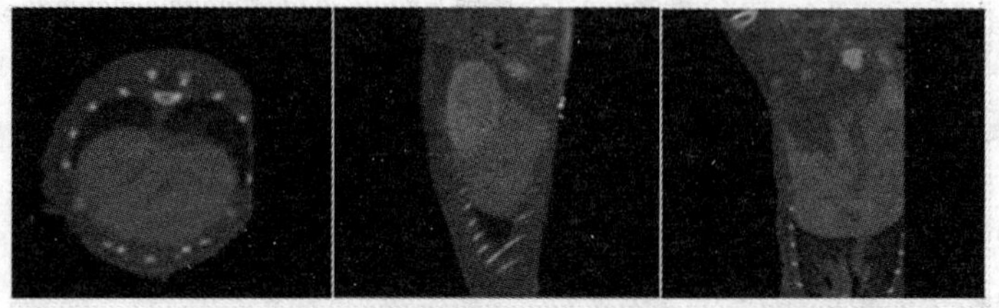

图 7 利用临床碘海醇造影剂造影脏器组织对比度结果

实验（三）总结：实验中采用临床用的碘海醇造影剂，也可以很好的对脏器进行造影；这种造影方法可以大大节约小动物造影剂昂贵的试剂费用。在后续的肿瘤研究中建议采用这种价格低廉的碘海醇造影剂，同样可以达到比较好的造影效果。

结论：利用 ZKKS-MCT-Ⅲ micro-CT 系统可以在体、非侵入、连续动态观测肿瘤细胞在小鼠体内的生长及体积变化情况。本次实验数据表明不但利用该仪器可以监测造模情况，还可以在将来的肿瘤模型构建成功后，利用该 micro-CT 系统也可以准确地对给药治疗过程中肿瘤体积和形状等情况进行观测。本次实验圆满地达到了预期的效果。

实训练习

根据科技实验报告的写作要求，结合本专业的实验，写一篇实验报告。

第二节 科技小论文

文体概述

所谓科技小论文，是指学生在课内外学科学活动中进行科学观察、实验或考察后一种成果的书面总结。科技研究的涵盖面很广，科技小论文的表现形式是多种多样的，可以是对某一事物进行细致观察和深入思考后得出的结论，可以是动手实验后分析得出的结论，也可以是对某地进行考察后的总结，还可以是靠逻辑推理得出的结论。

科技小论文具有科学性、创造性和实践性等特点。科学性是科学小论文有别于其他各类体裁文章的重要特点之一，是科学小论文的生命，它要求选题科学，研究方法正确，论据确凿，论证合理且符合逻辑，文字简洁准确。小论文的选题和主要观点要有新的发现和独特的见解，而且对人们的生产生活等有一定的实际意义，如果在别人研究的基础上进一步研究，提出新颖、独到而又论据充分、言之有理的见解不失创造性。论文选题必须是作者本人在科学探索活动中发现的；支持主要观点的论据必须是作者通过观察、考察、实验等研究手段亲自获得的，有实践依据；论文必须是作者本人撰写的，不能有凭空捏造、猜测或他人包办代替的迹象。

科技小论文最常见的形式有科技观察小论文、科技实验小论文、科技考察小论文和科技说明小论文。①科技观察小论文，是指作者对某事物或自然现象通过周密细致的观察，并对取得的材料和数据进行认真的分析、综合研究后得出结论，做出科学的解释和描述。需要注意的是，科技观察小论文中研究的对象是客观存在的自然事物或现象，所观察的对象、过程和它产生的条件、各种现象，不能附加人为的任何条件或个人偏见。另外，观察是一项长期的、系统的、反复进行的活动，需要作者耐心、细致，有锲而不舍的精神。②科技实验小论文，有时也称为实验报告，是学生对研究的对象创设特定的条件，经过反复实验，对获取的材料和数据进行分析、综合得出结论而写出的文章。它着眼于对实验过程的客观叙述以及实验现象的科学解释。③科技考察小论文，也称为科学考察报告或科学调查报告。例如，要想研究某一与人们生活息息相关的水域污染程度、某地的空气污染源，弄清某奇石奇山的演化过程、某范围动植物资源及分布情况等，就得实地考察。通过调查、访问、实地勘探等考察方式为主要研究手段写出的小论文称为科技考察小论文。④科技说明小论文，是指作者通过利用翔实可靠的资料对某一自然现象或自然事物进行解释和说明的一类小论文。一般来说，它并不直接采用观察、实验、考察等研究手段，而主要是从书刊资料、师长等处获取丰富的第二手材料，并经过自己的综合分析、逻辑推理，用自己所理解的语言阐明某一观点。

拟制环节

1. 选题

撰写科技小论文，首先要考虑写什么，也就是课题的选择。

选准课题是写好科技小论文的关键。选择课题要注意以下原则：①价值原则，即选题的理论价值和实用价值；要对其他人有启发、指导和参考的意义；②可行原则，指主观和客观条件（即撰稿者个人的专业知识、理论修养、知识面、手头资料、实验条件、周围环境）的可能性，不可贪大求深，应该量力而行；③新颖原则，指课题应是他人未曾研究或研究过但未解决或未完全解决的。

选题的方法很多：①偶然发现法，这种选题没有事先考虑，只是对偶然发现的一瞬即逝的现象产生了兴趣，从而抓住不放，追根求源；②课堂延伸法，即老师的课堂讲授涉及某一问题，但并未展开描述或阐释，给学生留下思考探究的空间，选题可从此入手；③问题探究法，在已有的研究成果和见解中，发现矛盾，发现问题，从而寻找解决这些问题的方法和途径；④教师指导法，即借助老师的帮助，在老师的指导下，逐步缩小选题范围，确定研究方向，找准研究角度。

2. 取材

取材的方法主要有以下四种。

（1）直接观察。就是用眼睛仔细去看，它是人们对自然现象在自然发生条件下进行考察的一种方法。观察时要认真仔细，不放过任何细微末节。同时，观察时要做好详细记载，否则就不可能得到真实的第一手材料。

（2）动手实验。实验方法是人为地干预、控制所研究的对象，它比观察更利于发挥学生的能动性去揭示隐藏的自然奥秘。

（3）实地考察。包括调查、访问、实地勘探等方式。考察前，必须明确考察目的，准备好必需的工具、仪器、药品、生活用具等。考察过程中，一定要把时间、地点、过程及考察的结果随时随地详细地记录清楚，有时还要采回必要的标本、样品，对比较重要的现象拍照，这些都是很有用的第一手材料。

(4)查阅资料。有些材料由于时间、空间或客观条件的限制，不可能亲自去观察、实验、考察，这就得查阅书刊或请教师长等，这种间接地获取的材料称为第二手材料。有些问题是自己的知识水平、能力和条件所不能解决的，而这个问题又是选题中必须解决的问题，就得去查资料，把它弄清楚。

3. 分析

取得材料后，就要进行分析研究，从中选出可以作为论据的材料，还要根据论点进行去粗去精，去伪存真，按照科学的态度进行整理分析，并得出自己的论点和看法。首先，应审核各种材料的真伪虚实，有些查阅到的材料是早已过时的观点，有些解释只适合某范围内，有些材料没有普遍性，有些材料在记录时有错误或本身就是自己虚构的，这样的材料应坚决不用。其次，要注意材料的典型性，也就是选择的材料要能说明问题，不要多，而要精，与论点无关或关系不大的材料应舍弃。再次，将选择的材料进行归类，研究他们之间的共同点与不同点，以及相互联系，然后概括得出结论即论点。论文论点是从对材料的分析、研究中产生的，不能先定论点，后找适合证明论点的材料。

行文格式

对材料的整理分析完成后，就可以开始撰写了。写作虽没有固定的格式，但一般应按提出问题、作出假设、研究分析、得出结论的步骤进行。一般来说，科技小论文应包括以下几个部分。

1. 标题

科技小论文的标题，即是这篇文章要阐述的中心问题。标题要避免过大或抽象，要尽可能揭示出所写的具体内容。好的科技小论文题目要讲求准、小、简、新。准，指的是题目要用精练的文字将论文内容确切的揭示出来，标题必须概括文章的中心内容，使人一目了然，不能离题或扣题不紧，更不能用夸大的字眼。小，指的是题目的角度小，角度小，就具有较好的指向性，文章的思路随之明朗，容易写得集中、紧凑。简，是指标题要精练，既要概括全面，又能突出主题，做到言简意赅。新，指的是力求在题目中透露出新鲜的立意，选题新鲜，才有阅读价值。没有独特的见解，没有新的发现，即使表达再好，论证再有力，也是瞎子点灯——白费蜡。注意科技小论文的题目不用文艺性加工。

2. 引言

相当于论说文的提出问题，提出讨论的问题和研究这个问题的起因，其目的在于引出正文。古人云："若起不得法，则杂乱浮泛"。开头部分虽短，却是全篇的有机组成部分，提示作者的思绪和对众多材料的截取，因此落笔之前必须对全篇有总体把握。科技小论文的开头，不一而足，并无固定的格式，但却有章法可循，这就需要对各种开头的技法细加领悟，根据写作实际灵活运用。

(1)例题引路法，开篇引题，显示了研究问题的实在性，激发读者顺藤摸瓜的愿望。如《一道容易解错的力学题》一文开头就摆出了一道同学们很熟悉而又容易出错的力学题，引起读者的强烈的兴趣。

(2)揭示背景法，将研究的问题放置到当前社会经济发展的大环境和大背景下，让读者在较高的层次体味其研究的意义。如《乡镇工业环境污染防治对策》一文开头指出伴随着乡镇企业的迅速发展，乡镇工业对环境的污染和对生态的破坏影响日益突出。

(3)指出危害法，许多争鸣、纠错的小论文，常常指出某些弊端，让人们骤然心惊，知晓解决问题的紧迫性。

(4)概述论点法，作者在前言部分将主要观点集中呈现给读者，给人一种整体感，这无异于交给读者一串开门的钥匙。

(5)设置疑问法，设置疑问主要是给读者留下悬念，让其在好奇心的驱使下迫不及待地关注研讨的问题。以上各种方法常常是有机结合，渗透并用。

以上是写好科技小论文引言的五种方法，值得说明的是，开头的方法不胜枚举，且各种方法常常是有机结合，渗透并用。

3. 主体

相当于论说文的分析问题，是运用材料论证观点(结论)的部分。主体的内容是作者学识水平和创造才能的集中体现，它决定着论文的成败和质量的高低。它包括对提出问题做出假设、观察、实验、考察过程、发现现象、判断、推理得出结论等。

经验材料繁多复杂，怎样使它们井井有条地统一于中心论点呢？在小论文的主体部分，采用分条论述的方法，往往得心应手。这种写法的好处是条理性强，层次清楚，给人全面深刻的立体感。根据类型的不同，科技小论文主体部分的结构略有差异。理论型小论文可采取三种结构方式，即证明式、剖析式、运用式。证明式先提出定理、定义，然后逐一证明；剖析式将定理或理论分析分解为若干项，然后逐一加以论述；运用式先提出公式或原理，然后进行计算推导，最后运用实例进行测定。描述型小论文主体部分结构比较固定，一般由描述和讨论两个部分组成，要具体地描述研究对象的形态、特征、颜色、亮度、声音、动作等；讨论要突出重点。实验型小论文一般由材料(实验原材料及其制备方法实验设施的说明)、方法(实验方法的说明和实验过程的介绍)、结果和讨论(讨论同结果不同，是理论升华，是理性认识；而结果则是具体的现象，属感性认识)三部分组成。

科技小论文常用归纳、演绎、类比三种推理形式，其中多采用归纳推理形式，通过多次的观察、实验、分析，然后归纳出结论。研究步骤要写得详略得当，实验过程、数据的来历、现象要写清楚，叙述时应有一定的顺序。数据材料要准确，可设计成能说明问题的表格、图解，必要时可附上拍摄的照片、采集的标本等，以增强说服力。获得的结论要有自己独特的见解，并且和论据保持一致性，论据要有严密的逻辑性。文字要简洁生动，层次清晰，条理分明。科技小论文不是简单地将手头材料罗列成文，深透的说理、规律的导引是其本质特征。观点和材料是相辅相成的，论文的价值体现在论题的价值，论题的价值又通过材料的论证体现，二者的有机融合，就会形成一篇很好的科技小论文。初学写科技小论文，最容易犯的毛病便是论点和论据不统一，论据不能说明观点，或论据不充分，不足以证明观点。避免这种毛病的办法是对所论述的对象进行认真的调查，深入的分析，充分掌握第一手资料。

4. 结尾

相当于论说文的解决问题，应写得出的结论和对某一问题的建议。以得出结论作为结尾，同开头提出问题相呼应，收到良好效果。它是论文最终的总体结论，不是主体中各小段的简单重复，而是以结果和讨论为前提，经过严密逻辑分析得出的有创造性、指导性和经验性的结果或结论。结论的内容通常包括:①概括而简要地说明本文解决了什么问题,有何理论意义和使用价值,得出了什么规律,建立了什么方法;②对前人或他人的相关研究作了哪些检验,与自己的研究结果相比,哪些一致,哪些不一致,自己作了哪些修改、补充、发展、证实或否定;③自己的研究还有哪些不足,哪些未解决的问题,以及解决这些问题的设想等。结论要准确、完整、明确、简练。

撰拟要求

科技小论文由于篇幅短、容量小,一般只有千字左右,写这种文章必须注意以下要求。

1. 范围要适中

文章的论述范围不要太大,对于初学者来说,了解和掌握的科学知识较少,也不全面、深透,多选小题目,多写小文章,就比较容易掌握材料,分析观点,把文章写好。

2. 见解要新颖

不要人云亦云,老调重弹,要尽量"发前人之未发",即发现前人没有发现的客观事物和客观规律,即使写别人谈过的论题,自己要有独特的感受、独特的见解,要从新的角度补充新的理由,丰富别人的观点。

3. 内容要集中

一般说来,在一篇文章中应该集中谈一个问题,涉及面不要太宽,更不要节外生枝,谈这个问题时又引申到另外的问题。

4. 表述要规范

科技小论文的语言,应该尽量做到确切,具体,不要使用模糊语言。除成语、古文和引用文献的数字外,一般数字用阿拉伯数字。公元的世纪、年、月、日、时、分、秒均用阿拉伯数字。年份不能简写(如"2014 年"不能简写成"14 年")。五位以上的数字可用"亿"、"万"作单位。四位以上的数字连写,不用分节点。外文字母、化学符号等要写得端正清楚。化学结构式中各个线条位置的排列必须准确;数学公式和化学方程式应另行居中书写,并使用规范字体。使用规范的标点和其他的符号。文稿中涉及的计量单位应使用法定计量单位,文字叙述中用法定汉语名称。文稿中的表格应填写清楚。表号和表名一般在表前,说明在表后。同一表格另页再写时,前面应注明"续表"字样。表内文字末尾不加标点符号,回行顶格;文字能叙述清楚的内容,一般不用插图。使用插图必须起到图文并茂的作用。要注意文字与插图的衔接搭配,插图均应按序编号。

例文 3-2

什么是低碳生活

所谓"低碳生活(low-carbon life)",就是指生活作息时所耗用的能量要尽力减少,从而减低二氧化碳的排放量。低碳生活,对于我们普通人来说是一种态度,而不是能力,我们应该积极提倡并去实践低碳生活,注意节电、节油、节气,从点滴做起。除了种树,还有人买运输里程很短的商品,有人坚持爬楼梯,形形色色,有的很有趣,有的不免有些麻烦。但关心全球气候变暖的人们却把减少二氧化碳实实在在地带入了生活。

"低碳经济"的理想形态是充分发展"阳光经济"、"风能经济"、"氢能经济"、"生物质能经济"。但现阶段太阳能发电的成本是煤电水电的 5～10 倍,一些地区风能发电价格高于煤电水电;作为二次能源的氢能,目前离利用风能、太阳能等清洁能源提取的商业化目标还很远;以大量消耗粮食和油料作物为代价的生物燃料开发,一定程度上引发了粮食、肉类、食用油价格的上涨。从世界范围看,预计到 2030 年太阳能发电也只达到世界电力供应的10%，而全球已探明的石油、天然气和煤炭储量将分别在今后40年、60年和100年左右耗尽。因此，在"碳素燃料文明时代"向"太阳能文明时代"（风能、生物质能都是太阳能的转换形态）过渡的未来几十年里，"低碳经济"、"低碳生活"的重要含义之一，就是节约化石能源的消耗，为新能源的普及利用提供时间保障。特别从中国能源结构看，低碳意味节能，低碳经济就是以低能耗低污染为基础的经济。

"戒除嗜好！面向低碳经济"的环境日主题提示人们，"低碳经济"不仅意味着制造业要加快淘汰高能耗、高污染的落后生产能力，推进节能减排的科技创新，而且意味着引导公众反思哪些习以为常的消费模式和生活方式是浪费能源、增排污染的不良嗜好，从而充分发掘服务业和消费生活领域节能减排的巨大潜力。转向低碳经济、低碳生活方式的重要途径之一，是戒除以高耗能源为代价的"便利消费"嗜好。"便利"是现代商业营销和消费生活中流行的价值观。不少便利消费方式在人们不经意中浪费着巨大的能源。比如，据制冷技术专家估算，超市电耗70%用于冷柜，而敞开式冷柜电耗比玻璃门冰柜高出20%。由此推算，一家中型超市敞开式冷柜一年多耗约4.8万度电，相当于多耗约19吨标煤，多排放约48吨二氧化碳，多耗约19万升净水。上海约有大中型超市近800家，超市便利店6000家。如果大中型超市普遍采用玻璃门冰柜，顾客购物时只需举手之劳，一年可节电约4521万度，相当于节省约1.8万吨标煤，减排约4.5万吨二氧化碳。在中国，年人均二氧化碳排放量2.7吨，但一个城市白领即便只有40平方米居住面积，开1.6 L车上下班，一年乘飞机12次，碳排放量也会在2611千克。由此看来，节能减排势在必行。如果说保护环境、保护动物、节约能源这些环保理念已成行为准则，低碳生活则更是我们急需建立的绿色生活方式。

"低碳生活"虽然是个新概念，提出的却是世界可持续发展的老问题，它反映了人类因气候变化而对未来产生的担忧，世界对此问题的共识日益增多。全球变暖等气候问题致使人类不得不考量目前的生态环境。人类意识到生产和消费过程中出现的过量碳排放是形成气候问题的重要因素之一，因而要减少碳排放就要相应优化和约束某些消费和生产活动。尽管仍有学者对气候变化原因有不同的看法，但由于"低碳生活"理念至少顺应了人类"未雨绸缪"的谨慎原则和追求完美的心理与理想，因此"宁可信其有，不愿信其无"，"低碳生活"理念也就渐渐被世界各国所接受。低碳生活的出现不仅告诉人们，你可以为减碳做些什么，还告诉人们，你可以怎么做。在这种生活方式逐渐兴起的时候，大家开始关心，我今天有没有为减碳做些什么呢？在北京的八达岭，一个碳汇林林场已经成形。如果你想抵消掉自己的碳排放，可以来这里购买碳汇林或种树。林业碳汇是通过实施造林和森林经营管理、植被恢复等活动，吸收固定大气中的二氧化碳，释放氧气，从而起到减少空气中二氧化碳的作用。比起少开车、少开空调，购买碳汇林的主意，受到更多人的欢迎。目前，减缓气候变暖的主要措施是减排和增汇。与减排手段相比，林业碳汇措施因其低成本、多效益、易操作，成为减缓气候变暖的重要手段。

什么样的人可以算是"低碳族"，"低碳"又代表什么呢？简单来说，"低碳"是一种生活习惯，是一种自然而然的去节约身边各种资源的习惯，只要你愿意主动去约束自己，改善自己的生活习惯，你就可以加入进来。当然，低碳并不意味着就要刻意去节俭，刻意去放弃一些生活的享受，只要你能从生活的点点滴滴做到多节约、不浪费，同样能过上舒适的"低碳生活"。哥本哈根气候变化峰会自12月7日开幕以来，就被冠以"有史以来最重要的会议"、"改变地球命运的会议"等各种重量级头衔。这次会议试图建立一个温室气体排放的全球框架，也让很多人对人类当前的生产和生活方式开始了深刻的反思。

温室气体让地球发烧。200多年来，随着工业化进程的深入，大量温室气体，主要是二氧化碳的排出，使全球气温升高、气候发生变化，这已是不争的事实。12月8日，世界气象组织提前公布的"2009年全球气候状况"报告指出，近10年是有记录以来全球最热的10年。此外，全球变暖也使得南极冰川开始融化，进而导致海平面升高。芬兰和德国学者公布的最新一项调查显示，本世纪末海平面可能升高1.9米，远远超出此前的预期。如果照此发展下去，南太平洋岛国图瓦卢将可能是第一个消失在汪洋中的岛国。美国媒体12月5日发表的一项研究指出，地球发烧也给人类的健康造成了巨大的危机。第一，过敏加重，研究显示，随着二氧化碳水平和温度的逐渐升高，花期提前来临，让花粉生成量增加，使春季过敏加重。第二，物种正在变得越来越"袖珍"，随着全球气温上升，生物形体在变小，这从苏格兰羊身上已现端倪。第三，肾结石增加，由于气温升高、脱水现象增多,研究人员预测,到2050年,将新增泌尿系统结石患者220万人。第四,外来传染病暴发,水环境温度升高会使蚊子和浮游生物大量繁殖,使登革热、疟疾和脑炎等时有暴发。第五,夏季肺部感染加重,温度升高,凉风减少会加剧臭氧污染,极易引发肺部感染。第六,藻类泛滥引发疾病,水温升高导致蓝藻迅猛繁衍,从市政供水体系到天然湖泊都会受到污染,从而引发消化系统、神经系统、肝脏和皮肤疾病。

实训练习

将下面给出的材料,经过整理加工组合,写成一则科技小论文,加上标题。

①预计到2020年实用化实施时,垃圾地下处理系统的规模约300亿日元。②但是,垃圾的实用化将对电力和燃气产业形成竞争。③垃圾处理实用化,是当前亟待解决的一个社会问题。④垃圾地下处理系统的实用化,将给供热产业以及焚烧炉生产厂的发展注入活力;还会给空调设备生产业、建筑产业、管道生产业和运输产业带来有利影响。⑤未来的垃圾处理将从地面转入地下,利用地下空间,建立垃圾输送管线网,用压力密封输送的方法,把垃圾送到地下焚烧装置中进行处理。⑥利用焚烧垃圾的热量,获得热水,再通过地下管道网络向千家万户提供热能。提示:组合材料论点要置于短文之首,并注意层次的安排。

第三节 实习报告

文体概述

毕业实习是学生在毕业前的最后一个重要的教学环节,是修完全部课程及相应的课程设计、实际技能训练后的一次教学与生产相结合的综合训练,是促使毕业生接触职业实际,提高综合职业素质,增强分析问题和解决问题能力的重要途径。实习报告是学生在毕业实习活动中,把实习目的、实习时间、实习地点、实习部门或岗位、实习内容和过程、实习体会和收获等,根据专业理论学习的知识,用简洁的语言写成的书面报告。

实习报告具有作者的特定性、内容的专业性和表述的总结性三个特点。实习报告的作者群与其他的应用文书作者不一样,首先,他们只能是在校或临近毕业的大、中专学生;其次,他们必须是亲历过实习教学环节的大、中专学生。实习报告中包含的内容一定要真实,不能有一丝一毫的主观臆断和虚构。实习报告特别是毕业实习报告要体现个人所学专业的特点,它要求学生以实习过程中所收集的业务素材为依据,就实习期间所遇到或解决的与学科专业相关的问题进行报告,行文离不开专业理论和专业实践,内容具有较强的专业色彩。实习报告在本质上是一种专题性总结,要求学生以客观的态度如实地回顾实习情况,在检点实习期间得与失的基础上,提炼出具有规律性的东西,这对自身实践而言是理性升华,对相关同学而言是有益借鉴,对学校教改而言是参考依据。

与实习报告关系最近的是毕业论文,但两者不能相互替代。①表述内容不同。实习报告是对实习过程中理论如何联系实际的回顾总结,全部内容都必须从实习体验中来,也不能超出实习工作的范围;毕业论文是对本专业某一课题研究探讨的见解或结果的系统阐释,内容来源不仅仅拘限于实践,其深广度和丰富性超过实习报告。②文本特性不同。实习是学生走向工作岗位的尝试,实习报告是叙述性文体和论述性文体的结合,带有较强的事务性和实践性;撰写论文是学生独立从事专业研究的尝试,毕业论文纯然是论述性文体,带有较强的创新性和理论性。③文体功能不同。实习报告是评定学生实习成绩及毕业资格审核的重要依据材料;毕业论文除了作为毕业资格审核的重要依据外，还是学位资格审核的唯一依据。

实习报告的作用重点表现在教和学两个方面，它能检验学校教育和教学的成效，反映学生掌握和运用知识的情况，能给教育管理和课堂教学反馈信息，为学校不断优化人才培养方案准备丰富的第一手资料；学生通过写作实习报告可以更加清晰地认识到自己所学专业的社会需求状况，自己的知识结构和工作能力有哪些优势和不足，为今后从事实际工作做好知识上、能力上和心理上的准备。

从内容上来分，实习报告可分为教学实习报告、顶岗实习报告、课程实习报告和毕业实习报告等。

实习报告的写作作为一次大型的作业，与毕业论文的写作有相似之处，所以要按照步骤来进行。

首先，准备素材。准备素材的工作不是从报告行文时开始的，而是在实习过程中甚至实习之前就开始了。实习是与所学专业对口进行的，实习单位是事先确定的，在确定了实习单位、了解了岗位特点、工作性质之后，就应该着手准备报告的写作。实习者要对实习的全过程、各环节进行深入细致的观察，并做好必要的记录（将每天的工作内容和感受及时记下来，等实习结束的时候再整体梳理一遍，对写好实习报告非常有利），认真汇集所有资料，包括数据、图表、观察、记录、照片及搜集的其他资料或说明。这些素材要经过整理才能用于报告的写作。

其次，设计框架。所谓设计框架，也称为谋篇布局，就是事先安排好文章的结构，这是素材准备好之后必须做好的工作。假如材料准备很充分，但行文时没有一个很好的结构，其结果是材料杂乱堆积，没有逻辑顺序，前言不搭后语，主旨体现不明，使人看后不知所云。要力避这种情况的发生，就要认真推敲素材，决定叙述的顺序和层次，考虑报告的结构和论点，从平易性和可读性考虑，明确报告的用词和语气。对报告全文应有一个明朗的轮廓和清晰的思路，然后列出大纲和目录。

再次，写作初稿。报告提纲确定后，可以动手撰写实践报告的初稿。在起草时应尽量做到纲举目张，顺理成章，详略得当，井然有序。初稿的写作可粗可细，能细则尽量细。写作初稿应注意：题目恰当，论述集中，能准确反映实习岗位或从事的工作特征；广泛参考和运用文献资料，很好地消化和吸收；材料要为内容服务，论点和论据要统一；组织结构清楚，层次分明，逻辑性强；语气统一，表达明确、平易；标题的引用要醒目和简洁；利用图表要简明易懂，有效果。

最后，修改定稿。实习报告一次成功定稿的情况不多见，一般都要反复修改，几易其稿。要修改时，反复阅读草稿，一字一句推敲，或补充材料，或调整结构，或删除冗余，或理顺语言，或修正观点，一切根据需要进行。经过修改打磨，使报告实现四个统一：题文两相统一，论述形式统一，名词术语统一，图表公式统一。

行文格式

和所有的报告一样，实习报告的格式包括标题、正文、落款三部分。

1. 标题

标题应该体现实习的基本内容（用最简练的语言反映实习的内容），题目字数要适当，一般不宜超过 20 个字。如果有些细节必须放进标题，为避免冗长，可以设副标题，把细节放在副标题里。实习报告的标题有两种类型，即公文式标题和观点式标题。

1)公文式标题

公文式标题由一个短语或一句话构成,它又分为两要素标题和三要素标题。①两要素标题,即事由和文种组成,如“钳工实习报告”。这种标题最为简略,实习单位名称、岗位性质或工作内容全部省略,其优点是直陈其事,言简意赅。②三要素标题,即实习单位(或岗位)名称、事由和文种组成,如“迅达商业物流中心实习报告”。这种标题要素俱全,把实习单位名称、岗位性质和内容等一并写出,其优点是给人一种具体全面的感觉,使读者能从标题上获取更多的信息。③两行式标题,由正题和副题组成,正题在上,副题在下,正题从略,只写明事由和文种,副题概括报告的主旨,并对正题做诠释性说明,如“实习报告——对天行物流公司经营管理现状的思考”这个标题的正题较为简略,只写明事由和文种;副题写明实习单位以及对该单位经营管理状况的研究和分析,是对正题的诠释性说明。

2)观点式标题

观点式标题由能够反映实习报告主要观点或主题思想的短语构成,必要时加上副标题,诠释主标题。如“走进社会大课堂,勤于实践得真知——接力广告公司实习报告”。以上两例前者用字数相等的两个对称性短语来表现观点(主旨),即在实习过程中的深刻体会;后者加上一个副标题,对正题做必要的诠释。

2. 正文

正文是实习报告的核心,可根据实习内容和性质来安排。

1)引言

引言是介绍正文的重要部分和关键问题的前导性文字,主要介绍实习者本人在什么时间对什么单位进行了认识实习,对企业的哪些情况进行了必要的了解,通过这次实习使自己在哪些方面得到了提高和锻炼,取得了哪些认识等等。常以“为总结实习经验,做好今后的实际工作,特作如下报告”一句结尾。引言应力求言简意赅,引人入胜。

2)概述

运用简明的文字概括说明毕业实习的一般情况,由实习目的、实习时间、实习单位、实习岗位等内容构成。

(1)实习目的。点明此次实习在整个大学生涯中的地位和作用,与就业岗位的关系如何,应以怎样的态度去面对和进行实习等。如“本次实习的目的在于通过理论与实际的结合、个人与社会的沟通,进一步培养自己的业务水平、与人相处的技巧、团队协作精神、待人处事的能力等,尤其是观察、分析和解决问题的实际工作能力,以便提高自己的实践能力和综合素质,希望能帮助自己以后更加顺利地融入社会,投入到未来的工作中”。实习目的写作要求任务明确,抓住重点,言简意赅,主题鲜明。

(2)实习时间。时间起止准确、清晰,符合实习执行计划。

(3)实习单位。实习单位名称要准确,介绍要详略得当,重点突出。单位概况介绍中应包括单位性质、创办时间、地理位置、设施设备、经营范围、产品概况、人员结构、管理概况、企业文化、行业地位、发展目标、总体趋势、人才需求等情况(实习单位总体概况总共篇幅不宜超过两页)。

(4)实习岗位。主要写自己的岗位和任务,有多个岗位要按从事时间的先后顺序分别写出,重点写出岗位的任务及所学的技能和知识(岗位名称要准确无误,实习岗位和任务总共篇幅不宜超过两页)。

3)主体

主体主要包括以下四个方面的内容。

(1)实习内容及过程。本部分为实习报告的核心部分,可按照学校毕业生实习指导意见中“实习内容”的基本要求,有针对性地对实习单位进行考察,通过对记录资料的整理而撰写,写明实习经历的内容和过程。这一部分的表达方式主要是叙述,以记叙文、散文形式写,分阶段、较详细地介绍实习的情况。如从事了哪些工作、这些工作有什么特点、有什么性质、在整个工作流程中的地位是什么、有什么重要性、需要的专业知识和技能有哪些,这些工作自己是怎么做的、完成得怎么样、有没有达到领导的要求,等等。这些内容要结合自己在实习单位的实际工作情况来写,表述上要有起伏,如刚开始怎么样、后来怎么样,最后怎么样,真实反映出用书本理论指导实践行为的过程。要求内容详实,层次清楚;侧重陈述实际动手能力和技能的锻炼和提高,切忌记日记或记账式的简单罗列。

(2)实习成绩与收获。这一部分的表达方式也是叙述,主要谈从实习过程中学到了哪些书本上没有学到的知识和技能,按主次顺序分条列项地写出来。重点叙述在指导教师和实习单位人员帮助下,独立完成的1～2项工作任务的情况。如下情况应下功夫撰写:为实习单位创造了一定的经济效益或社会效果;运用所学的基本理论和专业知识,提出的解决技术难题或工作难点的办法与意见被采纳;调查和了解到的新技术、新工艺、新材料、新设备以及新经验。力求详细具体,有数据,有记录,有图表。图纸或照片等可作为附件加以说明或提示。

(3)实习经验与体会。这是理论总结的部分,主要总结成绩取得的原因和最深刻的认识,表达方式是夹叙夹议,把成绩的取得和具体的做法结合起来分析。经验体会一般要写三条以上,按主次顺序分条列项地写出来。可以从各个层面写,根据工作中所遇到的某件事情有感而发:如书本理论知识是否能运用于实际工作并解决实际问题,本人掌握和运用知识的程度、能力及与实践的差距,如何才能适应岗位需求实现知识和技能的综合提高,如何将书本理论知识在实际应用过程中发挥到最佳程度,如何进一步弥补不足和拓宽知识面,此次实习对自己今后的学习以及将来走向工作岗位会产生哪些影响……这是精华部分,篇幅不少于500字。

(4)实习结论与建议。给自己所实习的单位恰当“定性”,即根据自己的观察总结出实习单位值得推广的做法,分析实习单位工作管理中存在的问题,有针对性地提出切实可行的改进建议;同时,可以提出对本专业的专业知识、课程结构的建议和想法。能提出一两个颇有价值的问题,则更能体现出实习报告的价值。这部分还可以谈自己实习过程中所存在的不足之处,谈自己所掌握的理论知识在实践检验面前还有哪些欠缺,自身还存在哪些与实习岗位不相适应的毛病,实习中遇到了哪些尚未找到解决办法的问题,等等。

4)结尾

结尾以简略的语言、真诚的态度对母校、老师、实习单位表达谢意,或陈述自己今后的努力方向或对未来前景的展望。

3. 落款

落款包括两点,一是作者署名,二是成文日期。如果报告是实习小组成员共同完成的,署名应该是若干人。在报告正文结尾段的右下角空两行,写“报告人:××系××专业××年级

×××”，再在报告人的正下方写上年月日。

毕业实习报告的构成，还有一些类同于毕业论文的构件。主体部分之前有前置部分，即封面、摘要、目录。封面写明系别、专业、班级、姓名、指导教师、实习报告题目等；摘要是实习报告的中心思想，字数一般为150字；目录是实习报告的纲领和脉络，应列出章节后的小标题，也就是列出章、节、款、细目，并用数字编号，数字后注上标题。主体部分之后有参考文献和附件部分。参考文献是实习过程中查阅过的，对实习过程和实习报告有直接作用或有影响的书籍与论文。附件部分包括实习鉴定等，由实习单位签章，作为附件放在后面。实习报告不仅注重内容及质量，也讲究外在形式，封面设计、排版形式、数据运用、图标设计等都有相应的规范要求。

撰拟要求

1. 联系实际，选题得当

在报告写作的过程中，应结合实习课题将所学专业知识和技能运用于实际，在理论和实际结合过程中进一步消化、加深和巩固所学的专业知识，并将其转化为分析和解决问题的能力。实习报告的选题一般不宜过大过深，内容不宜过于复杂、过于偏僻，能够较好地结合企业实际情况，分析或解决专业领域中的某一具体问题即可。

2. 诚信治学，杜绝抄袭

报告必须是通过自己的组织加工写出来的，必须写自己的实习经历（实习报告一般采用第一人称，便于表述实习经过和体会收获）。在写作过程中，应克服不以实践和研究为基础的错误倾向，切勿照抄书本，切忌东凑西拼，严禁抄袭他人成果。如有引用或从别处摘录的内容要以“脚注”表明出处。

3. 精拟标题，条贯统序

标题起画龙点睛作用，应反复推敲，通盘考虑，寻找最佳用语。章的标题要与报告的总标题呼应，紧密联系，格调一致，并能概括本章的内容；节的标题，要与本章的标题相联系，并能把本节的内容明确地表达出来；款以下的小标题，要用具体的词句或文章中的重要名词术语表达。毕业实习报告内容广泛，每一部分都可独立成篇，综合性较强，应根据内容变换各部分表达形式，但又应互相联系和达到内在统一。

4. 高度概括，不拘末节

报告切忌写成流水账，一是要点化，即应善于抓住要点选用典型的材料来写，无关或关系不大的材料不写；二是条理化，就是对材料、数据、事例等分层次、依顺序、按类别地加以归纳提炼，避免杂乱无章保证条理清晰；三是理论化，即在对实习活动材料进行分析、归纳、思考的基础上导出自己的体会、见解、评价或结论从理论上加以概括。对工作日记的素材要概括和归纳，不可拘泥于细枝末节，避免将实习报告写成某一天的工作日记或某一件事的记述。全文字数一般控制在3000字左右。

例文 3-3

广州凤凰城酒店实习报告

2007年7月中旬至10月底，我在广州凤凰城酒店前厅礼宾部实习，担任酒店代表一职。三个半月的实习，使我受益匪浅。在实践中，我不仅对酒店的经营运作有了一定的了解，而且学会了沟通、交际、销售等诸多技巧，巩固了专业理论基础知识，掌握了酒店管理的专业技能，锻炼了自己独立生活的能力，为以后的职业生涯奠定比较坚实的基础。为总结实习经验，做好今后的实际工作，特作如下报告。

一、基本情况

(一)实习目的

通过酒店实习，了解和认识酒店行业的基本景况，熟悉酒店经营管理架构和管理过程，把握从事酒店职业所需的基本技能。在实践中寻找理论知识与实际操作的契合点，全面巩固在学校所学的专业理论基础知识，提高自己的管理能力和职业素质。

(二)实习时间

2007年7月14日—2007年10月31日。

(三)实习单位

广州凤凰城酒店——位于广园东路新塘路段，是南中国首家以白金五星级标准建造、南中国最广阔的山水主题式酒店。酒店背倚郁郁葱葱的凤凰五环山，面朝仪态万方的翠湖。整体占地面积达20万平方米，建筑面积7.8万平方米，是广州面积最大、楼层最低的山水酒店。富丽典雅的欧陆式建筑风格，使宾客感受到西方古典文化独特的神秘雅致。此外，酒店还特别引进了国外主题式酒店的独特意念，创造出超凡的品味。

凤凰城酒店由碧桂园集团斥资约4.5亿元重金兴建，碧桂园酒店管理公司管理，充分发挥"商务、度假、会议"的功能优势，在完善广园东碧桂园的楼盘配套的同时从容开展商务和度假活动，推动碧桂园"给你一个五星级的家"的品牌品质的持续提升。

(四)实习部门

前厅部包括接待处、礼宾部、总机、商务中心、订房部共五个分部门，酒店实行部门经理负责制，由前厅经理统筹安排，各分部主任或分部经理管理本部门事务，与其他部门密切配合，合作完成工作。礼宾部作为宾客迎来送往在最重要的部门之一，分设行李生和酒店代表两个部分，由礼宾经理总体负责，下设行李生领班(3人)、行李生(11人)、酒店代表主管(1人)、资深酒店代表(1人)和酒店代表(4人)。

(五)实习职位

酒店代表是代表酒店在机场、火车站等出入境口岸迎送客人，及时向客人推销酒店和宣传酒店的形象，影响着客人对酒店的印象。酒店代表的主要任务是提供快捷妥当的服务，将客人接回酒店入住或送机送车，作为最早和最后接触客人的酒店员工，把握每一个机会不失时机地为酒店作宣传，争取更多的客源，负责保护客人的行李和人身安全，为客人提供酒店内外设施、环境咨询，为客人提供尊贵的礼宾服务。

二、实习内容

(一)酒店代表日常工作

(1)利用凤凰城酒店的"千里马酒店管理系统"查阅每天的接机接车报表，详细登记当天的服务需求情况并按中文、英文、日文用A3纸打印成signboard，在纸后面写上接机(车)日期、航班号、始发地、预计到达时间、人数、是否收费等信息。

(2)查询航班信息，确定时间和到达情况，报告主管进行车辆和人员安排。

(3)带齐所需物品出车，在机场(车站)最后确认航班到达时间和出口，提前到达出口处准备迎接客人。

(4)接到客人，确认其身份，核对无误之后带其乘车回酒店，安排登记和入住事宜。

(5)在礼宾部柜台为客人提供咨询、寄存等礼宾服务。

(二)酒店代表的VIP/大客户接待工作

(1)与销售部相关人员核对当天预计抵达的VIP人数和姓名。

(2)准备相关物品，检查是否有遗漏。

(3)向有关部门了解客人信息，准备接待事宜。

(4)视客人要求和酒店安排，与订房部、销售部、接待处等部门共同安排客人到站活动和酒店活动。

(三)酒店代表交易会期间的工作

(1)打印接机接车报表和预抵报表，核对接机接车报表和signboard。

(2)带齐所需物品，与机场(车站)工作人员联系协商接站事宜。

(3)安排客人休息区域，为客人提供酒店信息咨询等服务。

(4)与酒店密切联系，负责机场与酒店之间的穿梭巴士的调度工作。

三、收获体会

(一)实习收获

(1)服务意识的提高。对于酒店等服务行业来讲，服务质量无疑是企业的核心竞争力之一，是企业的生命线，高水平的服务质量不仅能够为顾客留下深刻的印象，为其再次光临打下基础，而且能够使顾客倍感尊荣，为企业树立良好的品牌和形象。通过酒店组织的培训和平时部门的强化练习，锻炼了我的服务意识，养成了面对客人泛出微笑的好习惯；学会了用标准的礼仪礼貌待客；明白了学好外语的重要性。

(2)服务水平的提高。经过了三个多月的酒店实习，使我对酒店的基本业务和操作有了一定的了解，礼貌是一个人综合素质的集中反映，酒店更加如此，要敢于开口向人问好，在向人问好的过程中还要做到三到，即口到、眼到、神到，并且一项都不能少。对于客人的要求，要尽全力去满足，尽管有些不是自己职责范围的事情，也要尽力帮其转达；有些要求不合理的不能办到，要用委婉的语气拒绝，帮他寻求其他解决方法。印象最深的是为酒店的日本客人(大多数是来自酒店大客户——本田公司的)服务，他们通常不太会说英语，所以，要从他们的动作和片言只句中猜测他想要做什么并快速帮他办好。例如，当客人用蹩脚的英语说到 airport 时，就要猜到他是想到机场，要我们安排免费的送机服务。接下来就要为他们提供乘车预约表，并接受他的信息，再交由主管派车。

(3)英语水平的提高。在五星级的涉外饭店中，英语的实际应用能力包括听、说、写的能力是特别重要的。在接触来自世界各国的客人的过程中，英语作为国际通用语言发挥了它的重要性，没有它，我和客人就没法沟通，更提不上为他(她)服务。交易会期间，客人们从世界各地赶过来，对广州对凤凰城酒店都不熟悉，就要我们用英语为他们介绍，接受他们对会馆、天气、地理、购物等信息的咨询，及时向客人推销广州和宣传酒店的形象。

(二)实习体会

(1)实习是角色转换的宝贵体验。实习占用了我们大学里的最后一个暑假的时间，和以往打暑期工不同，在酒店实习过程中，我们不是单纯地出卖自己的劳动力去换取报酬，而是把自己当成酒店的一员，和各部门同事密切合作，共同维护酒店形象和创造最大的利益。实习期间，我们不会因为还是本科在读生而受到特别的礼遇，而是和其他新员工一样，从酒店最基础的本职工作开始做起，偶尔做错事，也不会有人偏袒。

(2)实习是建立人脉的良好契机。通过这次实习，我比较全面地了解了酒店的组织架构和经营业务，接触了形形色色的客人，同时还结识了很多很好的同事和朋友，他们让我更深刻地了解了社会，拓宽了我的视野，也教会了我如何去适应社会，融入社会。

(3)实习是素质提升的有效途径。作为酒店的一员，穿上了制服，一种职业人的责任感无形中在心头升起，自觉地处处维护凤凰城酒店的权益，把自己和酒店紧密联系起来，竭尽全力熟悉酒店的信息，令自己的一言一行都要代表酒店的利益，时刻为酒店做宣传，提高酒店和自己的形象。

(4)实习是顺利从业的提前演练。实习让我提前接触了社会，认识到了当今的就业形势，并为自己不久后的就业计划做了一次提前策划。通过这次实习，我发现了自己与酒店的契合点，为我就业方向的选择产生了极大影响。另外，凤凰城酒店的人才培养制度为我们提供了良好的学习机会和就业机会。实习实际上就是一次就业前的演练。

四、结论建议

(一)实习结论

(1)员工素质偏低。初步接触了酒店业和凤凰城酒店，发现人员流动量大是整个行业的问题。酒店业的从业者素质参差不齐，从中学文化到研究生甚至更高文化的都有；同时，员工的年龄跨度很大，小的刚满 18 岁，但是有的部门普通员工已经年过半百了。年龄和文化程度的差异，决定了酒店在服务效率上的差异，如客房服务员的英语水平普遍不高,在客人需要某些客房服务时,他们往往听不懂其要求而要前台或者服务中心同事的帮助,将电话转来转去耽误了时间,往往会引起客人的不满。

(2)沟通协作不够。酒店业是一个很需要团队精神的行业,任何一位客人需要的服务都不可能由一个人帮他完成。从客人订房的那一刻开始,我们就开始为他服务,从预订到接待到入住到餐饮康乐到退房离开,哪一项都离不开各部门的沟通和合作。凤凰城酒店是一个新生的涉外五星级酒店,只有两年多的历史,或多或少存在一些管理上的弊病。酒店内部职权不清,管理混乱,容易引起部门纠纷。例如管家部和礼宾部都可以为客人提供送洗衣物的归还工作,客人在预计时间内没收到衣物时打电话来询问或投诉时,经常因为追究责任而引起争吵,破坏部门间的关系又影响了效率。沟通不灵,团队凝聚力不够。酒店一些部门不是24小时工作的,诸如订房部、销售部与各部门之间恰好又没有一定的默契和相适应的应变机制,以至造成了客人资料没有及时更新,耽误了接车接机服务、行李运输等等事件的发生。

(3)新人培训不力。酒店资料不统一,没有完善的培训制度。由于人手紧缺,我上班第一天就开始正式的工作,但是当时我对凤凰城酒店几乎一无所知,只能从部门提供的一些资料开始了解,至于酒店的建筑结构和其他部门的营业情况等等,则是在工作中向身边的同事请教慢慢弄清的。由于酒店的资料都是各部门自行整理出来的,难免在一些内容上有些出入,比如酒店到机场的空港快线的运行时间,礼宾部和管家部的资料显示的时间就有不同。我们在入职一个多月之后才进行人力资源部的入职培训,当时培训酒店仍然没有为我们提供统一的培训资料,培训没有针对性,在礼仪礼貌方面花费了相当多的时间。人力资源部组织培训的时间正当各部门任务繁重的时期,4天培训时间里,天天有新同事请假工作而不能参加培训,培训效果大打折扣。

(4)制度落实不严。凤凰城酒店的管理制度百密一疏,在考勤制度上不够严谨,经常有领导、同事迟到早退或者帮人打上下班卡的事情出现。

我在这次酒店实习中也存在不足,比如,突发事件应变能力还不够强,不能随时变通并快速为客人提供准确的信息。粗心大意的毛病时有显露,在酒店工作最重要的就是细心耐心,所以这是很致命的缺点。自己的英语水平仍需要提高,对其他外语和外国文化也非常有必要了解,以便更好地和客人沟通交流。

(二)几点建议

(1)提高入职门槛,优化员工结构。碧桂园集团已经有了很完善的储备干部制度,只有继续落实该制度,提高酒店的入职门槛,才可能引进有能力、有素质的员工,使原本良莠不齐的人力资源状况得到改善。整体素质提高了,员工积极性提高了,工作效率才可能提高,酒店效益才可能最大化。

(2)重视资料整理,提高服务效能。酒店的人力资源部可以统一收集各部门的营业资料,制作完整的培训资料和酒店信息介绍,在员工培训时派发并及时更新。酒店各部门多交流,在酒店信息和资料上尽量统一并及时送达,以免造成信息不通或信息迟到的情况出现,这是提高酒店服务质量和工作效率、化解部门纠纷和营造酒店形象的必要措施。

(3)发挥人才优势,加大培训力度。在培训方面,针对员工流动性大的问题,希望人力资源部根据每月新入职的员工情况和当月酒店的营业状况安排培训时间,安排专人进行培训工作,并在员工上岗后实时跟踪,掌握新员工的工作生活情况,强化新员工的业务素质。酒店有很多英语、日语、礼仪方面的专家,希望酒店能定期安排员工参加相关的应用英语、日常日语和国际礼仪强化培训,提高员工服务水平,为客人们提供更周到的服务。

最后,感谢凤凰城酒店给了我这次实习的机会,感谢前厅经理吴晓东先生的培养,感谢礼宾经理张伟文先生的教导,感谢礼宾部所有领导和同事给我的帮助,感谢在凤凰城酒店照顾和帮助过我的所有人,感谢他们使我在学会职业技能的同时,还获得良好的人缘,让我学会做人做事。

××大学03级旅游管理本科2班李×
2006年11月15日

实训练习

(1)根据自己曾经的兼职经验,写一份兼职的实习报告。

(2)根据自己在校内实训基地或校外公司实习的经历,写一份实习报告。

第四节 毕业论文

文体概述

毕业论文属于学术论文的一种形式。它是高等院校各专业应届毕业生在毕业前提交给学校的总结性的独立作业,是对学生在校期间所学知识和所获能力的综合检查和授予学位的主要依据。毕业论文就其内容来讲,第一种是解决学科中某一问题的,用自己的研究成果加以回答;第二种是只提出学科中某一问题,综合别人已有的结论,指明进一步探讨的方向;第三种是对所提出的学科中某一问题,用自己的成果,给予部分的回答。毕业论文注重对客观事物作理性分析,指出其本质,提出个人的学术见解和解决某一问题的方法和意见。就其形式来讲,具有议论文所共有的一般属性特征,即论点、论据、论证,这是文章的三大要素。文章主要以逻辑思维的方式作为展开的依据,强调在事实的基础上,展示严谨的推理过程,得出令人信服的科学结论。

毕业论文必须具有科学性、理论性和独创性。毕业论文本身是一种学术探究活动,科学性是其根本。要求撰写者态度严肃认真,客观审慎,尊重科学事实,不能主观臆造,材料确凿可靠,不能弄虚作假,论述系统完整,不能前后矛盾。毕业论文不能停留于仅仅罗列现象或数据,而必须探究事物的本质及规律,往往具有很强的说理性,要将一般的现象升华到一定的理论高度,这种理论性最能反映出作者的学识和理论水平。毕业论文作为学术论文的一种,也就具有独创的特点,它不能重复或抄袭别人的观点,也不能简单重复已有的知识,必须在前人探索研究的基础上有所创新,有所发展,有独特的专业见解和理论建树。

毕业论文的写作有三大原则。①独立从事原则。毕业论文写作过程中,在指导老师的提示指导下,发挥自己的主动性、独创性。从确定选题、搜集材料、拟定提纲、撰写初稿到修改定稿,必须独立完成。②量力而行原则。要从自己的理论水平、知识水平、能力水平的实际情况出发思考问题,制定目标。选题不宜过大,内容不必求全。③勇攀高峰原则。要敢于站在前人成果的基础上思考、探索,对自己研究的课题提出新的学说、新的构想,对某些通说、前说的错误、疏漏之处进行必要的补充和修正。

撰写程序

1. 选择论题

选题就是确立毕业论文所研究的对象、目标,选准所要研究的某一问题,能否选好题目与毕业论文的成败优劣直接相关。确立选题要考虑两个方面:一是看该选题是否具有学术价值(或填补空白,或纠正通说,或补充前说;有否开拓性理论价值,有否指导性实用价值);二是看该选题是否具有可行性(在规定的时间内查找资料的条件是否具备,选题的大小度、难易度是否切合自己的实际能力)。选题应从自己的实际出发,选择自己平素有积累、有体会、有兴趣的题目来写。选题力避过大、陈旧、平淡、过难。论题大致有这样几种形式:①专论评析式,即对某一学术现象、学术思想和理论进行系统性思考，或对某一专著作品和特定人物进行分析评论；②商榷探讨式，针对有代表性的思潮、倾向、观点进行反驳性讨论；③比较、边缘式，对内容或方法上有相似、相承关系的作家作品作比较分析，或采用糅合其他学科的理论方法进行研究；④综合、资料式，对某个专题的研究现状和历史发展过程进行描述评析，或对某著作、作品相关的研究资料进行综述和评析。

2. 搜集材料

确定选题后就应该搜集材料，材料是形成观点的基础，也是证明观点的论据，因此它是一篇论文成败的关键。应该收集的资料包括：前人对所研究课题的研究成果，相关学科的发展为研究课题所提供的信息，所研究课题的有关国内外最新资料。材料搜集的有三个来源：科学实验、文献资料（包括网络文献）、实地调查。搜集资料越具体、越细致越好，最好把想要搜集资料的文献目录、详细计划都列出来。在搜集过程中要注意储存、记录资料，做好摘录笔记（摘录重要段落和语句）、提要笔记（对文献内容作全面概括，写成简短纲要）、提纲笔记（依次记录某文献的总观点、子观点及主要材料）、心得笔记（阅读过程中的体会收获或质疑意见）、索引笔记（记录书名、篇名、作者出版者或出处）等。材料的搜集有如下要求：一要全面客观，二要围绕选题，三要真实可靠。处理材料的一般程序是：阅读（或通读，或选读，或研读）—整理（或按时间分类，或按单位分类，或按不同阶段性分类）—排列（将全文的总观点、分观点及每个层次的观点，主要的说明材料依次排列出来）。

3. 拟写提纲

毕业论文因为篇幅较长，内容丰富，总论点、分论点和诸多材料之间层次关系比较复杂，为动笔撰写时便于操作，做到有条不紊，避免表述重复、意义遗漏或随意跑题，必须拟定提纲。拟定提纲的过程实际上是一个统筹全局，理清思路，调配材料，为初稿搭起骨架，描出雏型的过程。提纲有简要提纲和详细提纲的分别，作者可根据自己的具体情况选用一种。简要提纲，一般只有两个层次。总题目和中心论点是第一层，包含几个大的部分和各部分的分论点是第二层；详细提纲不仅列出纲目，还要列出每一部分中的几个问题要点和论据材料，甚至规定每一部分的论证方法与篇幅。提纲的表现形式有三种：标题提纲（用词语概括内容，用标题的形式标出）、句子提纲（用完整的句子概括内容，为各段落层次的主题句）和段落提纲（句子提纲的扩充，文章粗线条的描述）。拟写提纲有三点要求：一是项目要齐全，二是结构要严谨，三是文字要精练（提纲挈领地把内容表达出来）。

4. 写成初稿

常见的执笔顺序有两种。一是自然顺序，即按照基本格式从绪论（前言）写起，然后写本论（正文），最后写结论。这比较符合人们惯常的“提出问题—分析问题—解决问题”的思维顺序，所以比较常见。二是反常顺序，即从本论入手，写好本论、结论之后再回头来写绪论，这样写的好处是比较容易起笔，以免开头就卡壳，导致文章的难产。初稿的写作是很艰苦的工作阶段，在执笔时应注意下面几点要求：一要完整行文（尽可能地把自己事先想到的内容写进去），二要深入开掘（深入材料本质，从多方面把它说透），三要顺利表达（不要在枝节上纠缠不清，更不能十步九回头），四要合乎文体（有论文的语言特点：逻辑性、概括性、严肃性与生动性）。

5. 修改定稿

通过这一环节，可以看出写作意图是否表达清楚，基本论点和分论点是否准确、明确，材料用得是否恰当、有说服力，材料的安排与论证是否有逻辑效果，大小段落的结构是否完整、衔接自然，句子词语是否正确妥当，文章是否合乎规范。修改的范围在内容上包括修改观点（注意观点是否统一，是否片面、主观、空泛、偏激，加以订正或深化）、修改材料（看材料是否必要、真实、合适，加以增、删、改、换）；在形式上包括修改结构（看层次是否清楚，结构是否完整，结构是否严密。把混乱的层次划分清楚，把不合理的段落安排妥当，把上下不衔接的改得连贯，把前后不照应的改得呼应，把详略不得体的改得相宜）、修改语言（把不准确的改为准确的；把罗嗦、重复的改为精练、简洁的；把生涩的改为通俗的；把平庸的改为生动的；把粗俗的俚语改为学术用语）。另外，再次核对引文和参考文献，检查引用是否有误，注释是否清楚规范，参考文献的列举是否确凿，有无遗漏。

行文格式

一篇完整的毕业论文包括以下几个部分：标题、作者署名、目录（较长的论文应该编制一个目录）、摘要、关键词、绪论、本论、结论、注释、致谢、参考文献、附录。

1. 理论性论文

1）标题

标题有总标题、副标题和分标题。总标题是论文的画龙点睛之处，是表达论文的特定内容，反映研究范围和深度的最恰当、最简明的逻辑组合。拟制要求有三：①精准，即准确地反映论文的主旨，体现作者的写作意图，既不能流于空泛，也不宜过于烦琐；②简洁，即以最少的文字概括尽可能多的内容，用英语不超出 12 个单词，用汉语不超过 20 个字；③新颖，即显示研究工作的独到之处，力求重点突出、新颖醒目。副标题，添加副标题旨在更明确地表达论文的主要内容、研究目的或研究对象，但并非每篇必有不可。分标题，旨在清楚地显示文章的层次，设置分标题时，要注意上下文联系的紧密性。

2）署名

封面署名包括作者姓名、所在学校、所学专业、班级编号、学籍编号，还包括指导老师姓名和论文提交日期。署名的意义不仅在于成绩录入、记录成果、资料存档、便于检索，而且体现着知识产权、文责自负等意义。

3）目录

篇幅长的毕业论文要写出目录，使人一看就了解论文的大致内容。目录要求独立成页；至少应将章、节名按先后次序写上；章、节名的右侧注上页码号。篇幅不长的无须列目录。

4）摘要

摘要是对原文简短且准确的概括表达，对论文主要内容不加注释、不作评论的简短介绍。摘要包含与论文等量的主要信息。①目的，研究工作的前提、目的和任务、重要性和特点、研究的内容、所涉及的主题范围。②方法，所用的理论、条件、材料、手段、装备、程序等。③结果，观察、实验的结果，数据，得到的效果，性能等。④结论及其意义，结果的分析、比较、评价、应用，提出的问题，今后的课题，假设，启发，建议，预测等。摘要可大致分为报道性摘要、指示性摘要、报道—指示性摘要三种类型。写摘要的要求是：①精练，用高度概括的语言说明研究本课题的目的、实验方法、实验结果和最终结论；②完整，它是一篇结构严谨、内容实在、逻辑性强、独立成篇的短文；③简短，行文简明扼要，字数一般限定在 200～300 字以内；④重点突出，成果和结论性意见是摘要的重点内容，在文字上应用笔较多，借以加深读者的印象。摘要不能用图表、化学结构式和不规则的符号和术语；不以第一人称的口吻写，不能出现自我评价性的语言，不能出现“我”、“笔者”、“本文”等词语。

5）关键词

关键词是为了适应计算机检索的需要而提出来的。关键词应从论文的题名、摘要和正文中选取，是对表述论文的中心内容有实质意义的词汇。每篇论文一般选取3～5个关键词。关键词不必具有文法上的结构，不一定表达一个完整的意思，仅仅是将若干个词简单地排列起来（之间要空格或使用分号），置于摘要的左下方。

6）绪论

绪论又称引言、导言。绪论的内容为介绍研究背景，提出研究问题，阐述研究目的，指明论文创新点。绪论和摘要所述内容大体相同，区别在于：摘要一般要写得高度概括简略，绪论则可以稍微具体些；摘要的某些内容，如结论意见，可以作笼统的表达，而绪论则应对所有内容明确地予以表述；摘要不写选题的缘由，绪论则应明确反映；在文字量上，一般情况是绪论多而摘要少。绪论的常见写法有：交代式（缘起意义）、提问式（所论问题）、点题式（基本观点）、提示式（论述范围）、阐释式（基本概念）等。绪论的写作要开门见山，迅速入题，提纲挈领，简明扼要，一般不要超过500字。

7）本论

本论又称正文，是毕业论文的主体，即表达作者的研究成果，主要阐述自己的观点及其论据。内容包括：研究工作的基本前提，假设和条件；模型的建立，实验方案的拟定；基本概念和理论基础；计算时所使用的主要方法；实验方法，内容及其结果；理论论证；理论在实际中的应用等。这部分写作要求是：观点正确，论点明确，论据充分，选材新颖；结构严谨，条理清楚，层次分明，逻辑严密；观点材料有机结合，以观点统帅材料，以材料证明观点；量、单位、名词术语的使用要统一、规范。

本论的论证结构的基本结构类型有并列式、进层式、交叉式。

（1）并列式结构，即各层次之间是并列关系，各分论点从不同角度、侧面论证中心论点。比如，要写作一篇探讨影响大学生心理健康因素的论文，正文就可以采用并列式结构。第一层，论述社会环境因素：拜金主义盛行，价值观念扭曲；贫富悬殊拉大，加剧心理反差；网络传播快捷，造成心理自闭；社会竞争激烈，导致就业忧虑。第二层，论述校园环境因素：角色转换过程的适应障碍；所学并非所好的失望苦恼；人际沟通不遂的困惑迷惘；恋爱失败之后的心理变异。第三层，论述家庭环境因素：父母婚姻状况的影响；父母文化程度的影响；父母教育方式的影响；家庭经济状况的影响。第四层，论述自身主客因素：早期经历的影响；遗传因素的影响；生理发育的影响；心理断乳的影响；个性缺陷的影响。并列式结构的优点是概括面广，条理性强。

（2）进层式结构，即层层推进，逐步深入，分论点之间按逻辑直线移动（提出问题—分析问题—解决问题）。例如，要写作一篇关于水环境污染治理的论文，正文就可采用层进式结构。第一层，说明中国水环境污染的严峻形势：江河的污染；湖泊的污染；海域的污染；地下水的污染。第二层，分析中国水环境污染的主要原因：城市迅速扩大对水环境的污染；大小企业排污对水环境的污染；农业施用化肥对水环境的污染；水利过度开发对江河生态的破坏。第三层，论述水环境污染治理的基本思路：调整产业结构，控制污源；建立税费制度，遏制排污；实行化整为零，分散治理；提倡防治结合，多法并举。层进式结构的优点是层次环环相扣，论证深刻透辟，结论水到渠成。

(3)交叉式结构，是将并列式与层进式和在一起的结构形式。它可以整体呈层进式，局部呈并列式；也可以整体呈并列式，局部呈层进式。例如，要写作一篇关于对大学生诚信问题思考的论文，正文就可以采用整体层进式、局部并列式的交叉式结构。第一层，论述大学生恪守诚信的意义：诚信是大学生理想奠基的根本前提；诚信是大学生人格建构的重要内容；诚信是大学生完善自我的基本保证；诚信是大学生步入社会的光明正道。第二层，分析大学生诚信缺失的现状：学业方面的诚信缺失；经济方面的诚信缺失；求职就业的诚信缺失；与人交往的诚信缺失。第三层，分析大学生诚信缺失的原因：社会环境的影响；教育体制的弊端；家庭教育的误区；自我约束的放松。第四层，论述大学生诚信教育的对策：营造良好社会诚信环境；完善高校诚信教育体系；开辟崭新诚信教育途径；学校家庭社会良性互动。混合式结构融合了前两种方式之长，内容涵盖深广，逻辑联系紧密。

完全以抽象理论问题为研究对象的理论性论文，其正文有如下常见的结构形式。①证明式，即给出定理、定义然后逐一证明。如数学论文大多是这种结构形式。它的正文一般由两大部分构成，先提出定义或结论，再进行证明。根据内容需要，有时在定义、定理后加进引例部分，有时在证明后加进验证运算部分。②剖析式，即将定理分解为几个方面逐项论述。③模型式，这是当代对复杂的客观事物和现象进行定量测定和研究时经常运用的论文结构式。它的正文格式比较稳定，一般有两部分：第一，给出原理和计算模型；第二，进行实例测定。根据内容的需要，又是将参数的推导、修正等内容单列为一个或几个部分，放在第一部分后。

以自然现象的观测资料和有关文献资料为研究对象的理论性论文，其正文有如下常见的结构形式。①时间式，即以时间先后和事物发展过程为顺序的结构式。这种结构式有时并不标明时间，而是按发生、发展、结果的顺序来写，这也是一种时间结构。②空间式，即以实物的方位和构成部分为顺序的结构式。时间结构和空间结构有时交并使用，形成一种时空结构式。③现象本质式，即先摆出观测的现象和有关资料，然后经过理论推导，找出本质和规律。它的正文有两大部分：第一，概述资料和基本情况；第二，分析讨论。医学学科中有一种论文的正文有两个部分："资料分析"(或称"病例摘要")；"讨论"，按其性质也属这类论文。除以上几种外，还有因果式、性质特征式、组分功能式、目的意义式等各种结构形式。

本论的标题结构：论文结构层次一般分成若干个自然段，或是用若干个小标题来论述。每层的小标题均用阿拉伯数字连续编码。一个编码的两个数字之间用圆点(.)分开，末位数字后面不加圆点。例如："1(一级标题)""1.2(二级标题)""1.2.3(三级标题)""1.3.4.1(四级标题)"，所有的编码均左顶格书写。每一层次一般不超过四级。本论的结构层次不论是采用自然段还是小标题的形式，都要注意各层次之间要紧密衔接、环环相扣、富有逻辑，达到无懈可击；层次与层次之间还应协调一致，各部分的先后次序、篇幅的长短，都应根据逻辑顺序和表现主题的需要当详则详，当略则略。

8)结论

结论部分是整个课题研究结果的总判断、总评价。内容包括三个方面：本文解决了什么问题；对前人相关研究的论述作了哪些修正；本文写作的局限性或不足之处或仍待解决的问题。这部分内容是经过推理、判断、归纳等过程而得到的新观点的总结，应是绪论中提出的、本论中分析论证后水到渠成的结论。要求写得概括准确，结构严谨；明确具体，简短精练；客观公正，实事求是；分寸适当，留有余地。

9)注释与参考文献

注释是对文中引文出处的交代说明，引文是指在论文写作过程中，由于论证的需要，引用别人的观点或材料，用来证明巩固深化自己观点的文字。凡论文中引用前人的文章、数据、结论等资料时，均应按文中出现的先后顺序注明其出处。这既是对别人研究成果的尊重，也体现了自己严谨的治学态度。参考文献是一篇完整的毕业论文中不可或缺的一部分，是论文内容的某种缘起及延伸，它反映论文的取材来源、材料的广博程度和材料的可靠程度，表达对同行的尊重，体现尊重前人劳动，严谨治学的态度。文献引证应以原始文献和第一手资料为基本依据，并注意突出有权威性、时新性、公开性的文献。专著的著录格式是“作者(译者)、书名、版本、出版地、出版者、出版年、起始页”；连续出版物(如杂志、学报等)的著录格式是“作者、文章名、期刊名、出刊年、出刊卷(期)、起始页”。

10)谢辞与附录

在谢辞中，主要表达对本课题的指导老师，作过指导的科学工作者，协助工作或提供各种便利条件的组织和个人，给研究工作提供或准予引用与转摘其资料、图片、文献的所有者等的感谢之意。附录包括与正文内容密切相关，但因篇幅所限未能放入正文的重要材料；能为观点提供佐证，但不便编入正文的重要材料；某些重要的原始数据、数学推导、计算程序、结构图、统计表等。附录并不是毕业论文的必要组成部分，是否添加附录应视具体情况而定。

2. 实验性论文

实验性论文主要是通过实验和实验结果的分析来认识客观规律。就行文基本格式而言，实验性论文除正文外，其余部分从标题到参考文献等同理论性论文没有多大区别。实验性论文的正文是由实验报告演化而来的，并已形成约定俗成的格式，一般由材料和方法、结果、讨论三部分构成。

1)材料和方法

要写清楚考察和观察的对象，实验的材料、材料的来源、研究方法以及所用的仪器设备等，目的在于证明实验结果的科学性和结论的正确性，并使同行能够按照作者提供的条件重复实验，核对结果。“材料”的表达主要指材料的性质、质量、来源、材料的选用和处理。对材料的描述应清楚、准确，对于实验材料的名称，应采用国际同行所熟悉的通用名。凡是标准产品，只需列出规格和型号；如属非标准产品，还应说明化学成分、物理性能和制备方法。“方法”的表达主要指实验的仪器、设备、条件及其数据的获得过程和方法。凡属通用设备、仪器，要注明型号、规格；如果用自己设计的仪器或设备进行实验，则要详细说明并附上该装置图或照片。

这部分论述的要点是：①实验对象；②实验目的；③实验材料的性质和特性；④选取的方法和处理的方法；⑤使用的仪器、设备和器材；⑥实验及测定的方法和过程；⑦出现的问题和采取的措施。在叙述实验过程中，要注意选取最能体现本课题特点的、有代表性的材料、设备及其操作进行介绍。切忌把实验过程一一罗列，写成实验报告。叙述方法，一般按照实验进行的先后顺序来写，亦可按照作者的认识过程，从感性认识到理性认识的逻辑顺序来安排。对于方法的描述要详略得当、重点突出，在“方法”的描述中应给出足够的细节信息以便让同行能够重复实验，避免混入有关结果或发现方面的内容。必要时应该完整地描述选择某种特定方法的理由。如果方法新颖、且不曾发表过，应提供所有必需的细节；如果所采用的方法已经公开报道过，则引用相关的文献即可。

2）结果

这部分陈述的是，在实验过程中所观测到的现象和数据，实验仪器记录的图像和数据，对上述现象和数据进行初步统计及加工形成的资料。这部分是实验性论文的核心内容。“结果”部分的写作，集中在一个“精”字，即精确、精选、精当、精粹。精确是对每一个现象乃至一切细节都不能有所疏忽，这样才能做出准确的描述。精选是不可照抄实验所得的全部资料和数据，必须运用统计学的方法对数据加以整理，选出能说明结论依据的那些必要的、关键性的、有代表意义的、准确可靠的资料和数据。精当是“结果”要按一定的逻辑顺序编排，条理清楚，恰倒好处。精粹是用简洁明确的语言表述出来（如果只有一个或很少的测定结果，在正文中用文字描述即可），必要时可以采用图表、照片代替罗列大量数字和资料的文字表述。图表和照片要精心制作，具有科学性和典型性，生动地揭示出事物的变化规律。凡是图表已清楚表明的问题，不要再用语言文字重复，只要扼要归纳即可。结果部分适当说明原始数据，以便让读者能清楚地了解作者此次研究结果的意义或重要性。

3）讨论

这部分是对上述两个部分进行综合分析和研究。目的是通过分析和讨论，获得对“结果”的规律性认识，并借以指导一般。讨论与结果不同，是理论升华，是理性认识；而结果则是具体的现象，属感性认识。因此“讨论”是对“结果”认识的质的飞跃。作者创造性的发现和见解，主要是通过这部分表现出来的。讨论可从以下几个方面进行：①本实验理论上的解释，阐明符合什么原理；②将本实验的结果与前人的研究进行比较，指出异同之处，分析原因；③指出实验中存在的问题以及今后的研究方向的设想等；④若在实验中观察到预期以外的现象，可作假定说明。

讨论部分写作要求有三：①对结果的解释要重点突出，简洁清楚，讨论的重点要集中于作者的主要论点，尽量给出研究结果所能反映的原理、关系和普遍意义；②推论要符合逻辑，避免实验数据不足以支持的观点和结论，根据结果进行推理时要适度，论证时一定要注意结论和推论的逻辑性；③观点或结论的表述要清楚、明确，尽可能清楚地指出作者的观点或结论，并解释其支持还是反对已有的认识。

实验性论文的结构虽然比较稳定，但根据内容的需要也有很多变化，常见的变化有下列几种情况。①只有实验部分。②没有“材料和方法”部分，只有“结果”、“讨论”两部分。这种情况往往是因为实验手段简单，没有必要专门用一个部分介绍，或者因为作者是利用别人做过的实验，观察到了别人未观察到的结果，这时“材料和方法”便可省略，只需要在引言或结果中作简略的说明。③没有“结果”部分，只有“材料和方法”、“讨论”两部分。出现这种情况的原因，一是结果比较简明、单一，没有必要独立为一个部分；二是几项实验相对独立，将结果放在实验后及时加以说明，这比集中起来说明更简捷、清楚，且能节约篇幅。④没有“讨论”部分，或者将“讨论”与“结果”合为一个部分，称为“结果分析”。出现这种情况是由于论文不注重讨论或讨论的内容单薄，而实验的几项结果独立性大，内容又多，因此便在每项结果的述说中进行一些分析，省去了讨论部分。实验性论文的正文虽然可以作这样或那样的省略与变更，但它的核心内容必须是对实验的说明和分析，这一点是不变的。

正文结束之后，后面还有一个结论。结论是将实验中观察到的数据、结果，通过分析、判断、推理的出来的对事物本质和规律的认识，其中包括最重要的结果、结果的重要内涵、对结果的说明或认识等。总结性地阐述本研究结果可能的应用前景、研究的局限性及需要进一步深入的研究方向。结论是整篇论文的总论点，读者通过它可以了解论文的主要内容和价值所在，结论也是读者和文献工作者做摘要的依据。结论要完整明确，对成果的评价要公允。撰写结论时不应涉及前文不曾指出的新事实，也不能在结论中简单地重复摘要、引言、结果或讨论等章节中的句子。

实验性论文（其他科技论文也如此）还有一些表述细节要注意，如表格和插图的选取以及量和单位的使用。

表格和插图的选取原则：表格和插图是论文的重要组成部分，表格的优点是可以很方便地列举大量精确数据或资料，图形则可以直观、有效地表达复杂数据。因此，对于表格或插图的选择，应视数据表达的需要而定：如果强调展示给读者精确的数值，就采用表格形式；如果要强调展示数据的分布特征或变化趋势，则采用图示方法。表格的编排要求如下。①表注。表注内容包括解释说明获得数据的实验、统计方法、缩写或简写等。②栏头。栏头包括列头和行头，栏头的内容通常是相对独立的变量。③数据（或资料）。除非要列举一定数量的精确数据，否则就不要使用表格。④表格的形式。表格的形式一般采取三线表（三条水平线，没有垂直线）。插图的制作要求如下：①对于可以用较短的文字清楚表述的数据，就不要以图形的方式来表达；②所选用的字母和符号应清楚、易读，尽量使图的大小接近作者所希望印刷出版后的尺寸；③坐标图中标值应尽量取 0.1～1000 之间的数值；④避免提供需缩小 50％以上的原照片，地图或显微照片中要以图示法表示比例尺，以免印刷时缩放而造成比例尺失真。

量和单位的使用：我国从 1985 年 9 月开始推行国际单位制，并从 1991 年 1 月起，不再允许使用非法定计量单位（法定计量单位是指国际制单位和国家选定的其他计量单位）。

3. 设计性论文

设计性论文又称为毕业设计或毕业设计报告，它是工科院校学生针对某一具体课题，综合运用自己所学的专业知识、理论知识、基本技能表述其专业设计情况的一种应用文书。设计性论文行文格式的其他细节如标题、目录、关键词、谢辞、参考文献、附录等，其要求与理论性论文大体相似，但在摘要、正文表述上有些区别。

1）摘要

毕业设计的摘要应说明毕业设计的目的、方法、结果和结论，主要包括四个内容：①毕业设计的目的与重要性；②毕业设计的主要内容，指明完成了哪些主要工作；③设计的结果或结论，突出设计的新思想、新方法、新见解；④结果或结论的意义。摘要独立成段，结构要谨严，表达要简明，语义要确切，不超过 300 个字。

2）正文

正文是毕业设计的核心内容，包括前言、主体、结论三大部分。字数一般不少于 6000 个字。

（1）前言。前言主要介绍论文的选题，一般说明毕业设计选题的依据，设计的目的、意义、范围、设计思想、方法等内容，概括地写出作者的工作。前言要紧扣主题，简洁明确，不要与摘要雷同，也不要写成摘要的注释。前言还应该有综述性内容（选题背景），综述前人的工作，并对现状进行分析，在此基础上说明本人将有哪些补充、纠正或发展，并简要介绍创新思想与实现方法。任何一个课题的研究或开发都是有学科基础或技术基础的。综述主要阐述选题在相应学科领域中的发展进程和研究方向，特别是近年来的发展趋势和最新成果。通过与中外研究成果的比较和评论，说明自己的选题符合当前的研究方向并有所进展，或采用了当前的最新技术并有所改进，目的是使读者进一步了解选题的意义。综述能反映出毕业设计学生多方面的能力。首先，反映中外文献的阅读能力。通过查阅文献资料，了解同行的研究水平，在工作中和论文中有效地运用文献，这不仅能避免简单的重复研究，而且也能使研究开发工作有一个高起点。其次，还能反映出综合分析的能力。从大量的文献中找到可以借鉴和参考的，这不仅要有一定的专业知识水平，还要有一定的综合能力。对同行研究成果是否能抓住要点，优缺点的评述是否符合实际，恰到好处，这和一个人的分析理解能力是有关的。

(2)主体。主体主要陈述设计目标、方案论证、技术手段、设计过程、结果分析、性能测试等内容。

①设计目标。明确用户需求，确定设计目标。阐述本课题的设计应为用户提供的主要功能，相应需解决的主要问题，及最终要实现的目标。

②方案论证。提出设计思路，选择设计方案。在写作方法上，一是要通过比较显示自己方案的价值，二是让读者了解方案的创新之处或有新意的思路、算法和关键技术。在与文献资料中的方案进行比较时，首先要阐述自己的设计方案，说明为什么要选择或设计这样的方案，前面评述的优点在此方案中如何体现，不足之处又是如何得到了克服，最后完成的工作能达到什么性能水平，有什么创新之处(或有新意)。如果自己的题目是总方案的一部分，要明确说明自己承担的部分，及对整个任务的贡献。

③技术手段。根据设计方案，选取技术手段。包括选择、确定设计的软硬件环境、开发工具、核心技术和主要算法，采用的新技术、新方法、新工艺、新材料及其他创新的内容。

④设计过程。详述设计步骤，论证设计思路。通过对设计步骤与过程的详细描述，对设计方案与原理、实现方法与手段、技术性能与流程详尽准确地说明，借以表明自己对本课题了解、研究的程度，所掌握的基础理论知识深度和专业实践技能的高低，以及综合分析、解决实际问题的能力，同时反映自己在本课题的设计过程中付出的劳动。

⑤结果分析。总结设计结果，分析技术性能。在总结、归纳设计过程的基础上，说明设计的最终结果是否达到预期的设计目标，并对设计过程中所获得的主要数据、现象进行定性或定量分析，同时对设计成果所达到的技术指标与技术性能进行必要的阐述、分析，从而得出相应的结论或推论。在写作时，应对研究成果精心筛选，把那些必要而充分的数据、现象、样品、认识等挑选出来，写进去作为分析的依据，尽量避免事无巨细地和盘托出。在对结果作定量分析时，应说明数据的处理方法以及误差分析，说明现象出现的条件及其可证性，交代理论推导中认识的由来和发展，以便别人以此为根据进行核实、验证。对结果进行分析后，写出得到的结论和推论，此时，还应说明其适用的条件与范围。

⑥性能测试。对工程技术专业的毕业设计论文，测试数据是不可缺少的。通过测试数据，论文工作的成效就可一目了然。根据课题的要求，可以在实验室环境下测试，也可以在工作现场测试。在论文中，要将测试时的环境和条件列出，因为任何测试数据都与测试环境和条件相关，不说明测试条件的数据是不可比的，因此也是无意义的。测试一般包括功能测试和性能测

试。功能测试是将课题完成的计算机软硬件系统(子系统)或应用系统所要求达到的功能逐一进行测试。性能测试一般是在系统(子系统)的运行状态下,记录实例运行的数据,然后,归纳和计算这些数据,以此来分析系统运行的性能。测试实例可以自己设计编写,也可以选择学科领域内公认的、有一定权威性的测试实例或测试集。原则是通过所选择(设计)的实例的运行,既能准确反映系统运行的功能和性能,与同类系统又有可比性。只有这样,论文最后为自己工作所做的结论才有说服力。

毕业设计主体部分的内容一般要分成几个章节来描述。在写作上,做到实事求是,客观真实,准确完备,重点突出,结构严谨,层次分明,合乎逻辑,简练通顺。理论分析部分应以简练的文字概略地表述,主要写明所作的假设及其合理性,所用的分析方法、计算方法、实验方法等哪些是他人用过的、哪些是自己改进的、哪些是自己创造的即可,篇幅不宜过多。对实验过程及操作方法,力求叙述简明扼要,对人所共知的内容或细节内容不必详述。对于经理论推导达到研究目的的课题,内容要精心组织,做到概念准确,判断推理符合客观事物的发展规律,符合人们对客观事物的认识习惯。科学技术名词术语尽量采用全国自然科学名词审定委员会公布的规范词或国家标准、部标准中规定的名称,尚未统一规定或叫法有争议的名称术语,可采用惯用的名称。使用外文缩写代替某一名词术语时,首次出现时应在括号内注明其含义。外国人名一般采用英文原名,按名前姓后的原则书写;一般很熟知的外国人名可按通常标准译法写译名。

除了用文字描述外,还要善于利用各种原理图、流程图、表格、曲线等来说明问题,一篇条理清晰,图文并茂的论文才是一篇好的论文。设计中的用语、图形、图片、表格等应规范准确,符合国家标准。图应具有"自明性",即不阅读正文,就可理解图意。注意图文关系,先文后图,图与文字采用四周环绕格式。正文中出现的符号、记号、缩略词和首字母缩写字,应采用本专业学科的权威机构或学术团体公布的,否则必须在第一次出现时一一加以说明,给予明确的定义。使用各种量、单位的符号,必须符合国家标准,单位名称和符号的书写方式一律采用国际通用符号。非物理量的单位,如件、台、人、元等,可用汉字与符号构成组合形式的单位,例如,件/台、元/km。测量统计数据一律用阿拉伯数字;但在叙述不很大的数目的,一般不用阿拉伯数字,大约的数字可以用中文数字,也可以用阿拉伯数字。

3)结论

结论是对整个毕业设计主要成果的归纳和评价,要突出设计的创新点,做到首尾对应;结论部分一般还应对设计过程中尚存在的问题以及需要进一步探讨的问题,作必要的阐述,并提出相应的见解、建议和设想,为更深入的研究打下基础。这一节篇幅不大,首先对整个毕业设计工作做一个简单小结,然后将自己在研究开发工作中所做的贡献,或独立研究的成果列举出来,再对自己工作的进展、水平做一个实事求是的评价。但在用"首次提出"、"重大突破"、"重要价值"等自我评语时要慎重。另外,如果结论部分内容很多,可设置结论作为标题,否则不必要,这部分可用空行与主体部分文字分开。

撰拟要求

1. 立论科学,观点新颖

文章的基本观点和内容能够反映事物发展的客观规律,必须是从对具体材料的分析研究中产生出来，而不是主观臆想出来的。判断一篇论文有无价值或价值之大小，文章观点和内容的科学性如何是首要标准。文章不能简单地重复前人的观点，而必须有自己的独立见解。研究和写作过程本身是一种创造性活动，从这个意义上说，毕业论文如果毫无创造性，就不成其为科学研究。

2. 思路清晰，提纲挈领

思路必须具有清晰性、连贯性、周密性、条理性和规律性，这样才能构建起严谨、和谐的逻辑结构。首先要提纲挈领，既要有中心论点来统帅各分论点，又要有一个确定的思路贯穿各个层次；其次要注意中心论点和分论点的呼应、协调关系，清楚地分出个各分论点并列或从属关系，用分论点来佐证和烘托中心论点；再则，所引用的材料必须与观点相配合，能切实起到论证和佐证作用。

3. 层次分明，有条不紊

一般来说，论文行文的层次和顺序要符合事物发展的顺序和规律，符合人们认识事物的程序和规律，如前提与结论、原因与结果、主体与从属、现象与本质等各种关系的顺序，要依次安排、逐项阐述。一篇论文的行文顺序，根据需要虽有倒叙、插叙等变化或调整等形式的变化，但只要按照事物本身的层次和规律来展开论述，不管有什么变化，其条理、层次就一定是清楚、分明的。

4. 充分论证，说理透彻

论文最常用的方法是归纳论证，即用对事实的科学分析和叙述来证明观点，或用基本的史实、科学的调查、精确的数据来证明观点。它体现的主要是客观逻辑的力量。充分论证是建立在占有大量的、可靠的、令人信服的事实材料的基础之上的，加上科学的归纳而得出正确的结论，这样，论文的观点就能令人信服，为人所认同；另外，要使论证逻辑上有力，就要把那些对导致结论有重大关系的论据之间的关系和联系讲清楚说明白。

5. 前后连贯，互无矛盾

论文的行文要注意思维和论述的前后连贯性，做到前有问题，后有答案；前有伏笔，后有展开。甲子论点经过论证和阐释，必与乙、丙子论点联系、照应。毕业论文主要是运用逻辑思维来论证说明问题的，一定不能简单地抽掉其中复杂的判断和推理关系，使读者感到突兀和不知所云。另外，要善于运用结尾来发挥作用，或综合归纳，重申要点；或回扣开头，强调意义；或概括篇意，点明主题；或引出新见，启发思考。这种首尾的相连续，其实质也是保持中心论点的一贯性和确定性。

例文 3-4

明清清言小品的审美价值

摘要：明清清言小品是一种特殊的散文体式，其审美价值体现在三个方面，即意蕴之美、结体之美和笔墨之美。其中意蕴之美体现于人生哲理、生存智慧、生活情趣和人格追求诸方面；结体之美表现为结构的齐一美、对称美、分合美和连环美；笔墨之美体现于无以复加的精粹美、超凡脱俗的清雅美和自然流贯的诗意美。清言小品凭借体制精短、表达明快、文辞雅洁的优势，最大限度地缩短了作品与民众的距离，从而实现了由案头文学到口头文学的转化，成为一代代人喜闻乐见的精神宝典。

关键词：清言小品；审美价值；意蕴；结体；笔墨

晚明清初，社会背景有些特殊。一方面专制统治日趋血腥，宦官当政党祸迭起，异族入侵战乱频仍；另一方面资本主义开始萌芽，市隐阶层悄然诞生，启蒙主义思想流行。在这种特殊的背景下，一些高蹈遗世的文人，寄意于诗书禅道和山水林泉，他们的治学心得、生命感悟或世相识见，往往以一种格言式的、随感录式的精短文字出之。这种小巧玲珑的散文小品，有人称之为“杂语”，有人称之为“小语”，有人称之为“清语”，现在学界一般取屠隆《娑罗馆清言》之名而称它们为“清言”。明清清言小品，数百年来一直拥有广大的读者群，可见它们有着很高的审美价值。本文试图通过对一些有代表性的清言小品的审视，以考察其审美价值的真正所在。

一、意蕴之美

不可否认，作为旧时代的产物，清言小品不可能没有封建性糟粕的成分，但总体说来，它们的思想情调基本是健康的，它们所标举的某些价值取向即使在今天也没有完全过时。其中的优秀作品，美就美在所要表达的意蕴——人生哲理、生存智慧、生活情趣和人格追求——的美好。

清言小品作家，往往善于运用辩证思维来考量世间情事，因而能透过纷纭的表象，发现深潜的本质。对人生的贵与贱、荣与辱、福与祸，为人的真与伪、善与恶，物欲的满与缺、廉与贪，处事的巧与拙、闲与忙，天机的浅与深，世情的熟与疏，相貌的美与丑，心地的虚与实，以及出世与入世，好名与好利，责己与尤人，节俭与悭吝、忍让与足恭……他们都作出了独到的诠释。试举几则：

贫贱非辱，贫贱而谄求于人者为辱；富贵非荣，富贵而利济于世者为荣。（王永彬《围炉夜话》）

为恶而畏人知，恶中犹有善路；为善而急人知，善虚即是恶根。（洪应明《菜根谭》）

真廉无廉名，立名者正所以为贪；大巧无巧术，用术者乃所以为拙。（《菜根谭》）

能闲世人之所忙者，方能忙世人之所闲。（张潮《幽梦影》）

世情熟，则人情易流；世情疏，则交情易阻。（吴从先《小窗自纪》）

心不可不虚，虚则义理来居；心不可不实，实则物欲不入。（《菜根谭》）

必出世者方能入世，不则世缘易堕；必入世者方能出世，不则空趣难持。（《小窗自纪》）

从上述所列清言可见，作家们的辩证思维已达到了相当高的水平，这样一些人生课题，即令让今人来思考和阐释也难出其右。笔者在接触到这些用整饬优美的语言表述的人生哲理时，真如醍醐灌顶，心空豁然朗澈。

关于生存智慧，清言小品谈得更多。如谈如何处事应世，则曰“存心有意无意之妙：微云淡河汉；应世不即不离之法：疏雨滴梧桐”（《小窗自纪》）；谈面对谎言逆施，则曰“点破无稽不根之论，只须冷言半语；看透阴阳颠倒之行，惟此冷眼一只”（《小窗自纪》）；谈对待人生顺逆，则曰“居逆境中，周身皆针砭药石，砥节砺行而不觉；处顺境中，眼前尽兵刃戈矛，销膏靡骨而不知”（《菜根谭》）；谈困窘中须自强，则曰“贫贱时少一攀援，他日少一掣肘；患难时少一请乞，他日少一疚心”（朱锡绶《幽梦续影》）；谈人生各段境界，则曰“少年处不得顺境，老年处不得逆境，中年处不得闲境”（《幽梦影》）；谈服人要看对象，则曰“耻之一字，所以治君子；痛之一字，所以治小人”（《幽梦影》）；谈警惕曲意逢迎，则曰“足恭者必中薄，面谀者必背非”（申涵光《荆园小语》）；谈识别卑劣人性，则曰“闻人之善而疑，闻人之恶而信，其人生平必有恶而无善”（《荆园小语》）；谈善处人生成败，则曰“热闹中着一冷眼，便省许多苦心思；冷落处存一热心，便得许多真趣味”（《菜根谭》）；谈自制能力重要，则曰“嗜欲正浓时，能斩断；怒气正盛时，能按纳；皆学问得力处”（《荆园小语》）；谈调节精神心态，则曰“事稍拂逆，便思不如我的人，则怨尤自消；心稍怠荒，便思胜似我的人，则精神自奋”（《菜根谭》）；谈交流切磋学问，则曰“无根器者，不可与谈道；无灵心者，不可与论文”（《小窗自纪》）；谈交游相处经验，则曰“交友须带三分侠气”（《菜根谭》）、“好便宜者不可与共财，多狐疑者不可与共事”（《荆园小语》）。这些清言是作家们人生经验和生活教训的结晶，至今仍然有其现实指导意义。它们无耳提面命之神气，有促膝交谈之风致，见解独到而出语湛然，平易亲切而发人深省。

“宠辱不惊，闲看庭前花开花落；去留无意，漫随天外云卷云舒”（《菜根谭》），这句话代表了清言小品作家的生活态度。他们的生活情趣归纳起来有三个方面。其一，雅趣，或窗下读书，或雨窗作画，或晓窗读易，或评赏书画，或抄校古书，或雪夜吟哦，或午案谈经，或插花品茶……“竹几当窗，拥万卷，列百城，南面王不与易此”（李鼎《偶谈》）；“雨窗作画，笔端便染烟云；雪夜哦诗，纸上如洒冰霰。是谓善得天趣”（《幽梦续影》）。仅从这两则文字，就可窥见一代才人心遗万物的胸襟和风雅自赏的意态。其二，静趣，或中庭听蛙，或静夜闻钟，或枕书高卧，或花旁兀坐，或坐看云起，或雨后观山，或临池独照……“茅檐外忽闻犬吠鸡鸣，恍似云中世界；竹窗下雅有蝉吟鸦噪，方知静里乾坤”（《偶谈》）；“林间松韵，石上泉声，静里听来，识天地自然鸣佩；草际风光，水心云影，闲中观去，见乾坤最上文章”（《菜根谭》）。这些小品，实乃名联“乾坤容我静，名利任人忙”的最好注脚。其三，闲趣，或与僧谈禅，或听人谈鬼，或携杖闲行，或栽花种竹，或山林徜徉，或湖桥独往，或登高舒啸，或玩鹤观鱼，或弈棋垂钓……“杏花疏雨，杨柳轻风，兴到欣然独往；村落浮烟，沙汀印月，歌残倏尔言旋”（《偶谈》），“阶前草色时邀客，宁愁踏碎落花；庭下松阴自著书，但喜坐残明月”（《小窗自纪》）。这种悠闲自得的心境和任情适性的生存，真令现代人羡慕。诚然，这些表现雅趣、静趣和闲趣的小品，带有明显的隐逸情调，我们却不能视之为消极遁世，而应看到其中的积极因素，即以高蹈的姿态拒绝与当政者的合作，从而保护人性的自由和人格的尊严。

作家们的人格追求也在清言小品中得到了反映。“肝胆相照，欲与天下共分明月；意气相许，欲与天下共坐春风”（《小窗自纪》），是他们崇尚的精神境界。“宁为小人之所骂，毋为君子之所鄙”（《幽梦影》），是他们做人的基本原则。“瘦到梅花应有骨，幽同明月且留痕”（《小窗自纪》），是他们理想人格的诗意概括。论修身自砺，他们说：“律己宜带秋气，处世宜带春气。”（《幽梦影》）“宠利毋居人前，德业毋落人后；受享无逾分外，修为毋减分中”（《菜根谭》）。用一句现代流行话来说，作家们对自己可谓“高标准，严要求”了，他们的修身标准是古仁人君子！论淡泊名利，他们说：“人品之不高，总为一利字看不破。”（《围炉夜话》）“宁谢纷华而甘淡泊，遗个清名在乾坤。”（《菜根谭》）要达到古仁人君子的标准，必须挣脱名枷利锁。清言小品作家中，有罢官归田的（如屠隆），有筑室山林的（如陈继儒），有绝意仕进的（如申涵光）……他们都不同程度地疏远了名利场。论宽厚处世，洪应明体会最深：“处世让一步为高，退步即进步的张本；待人宽一分是福，利人实利己的根基。”“遇欺诈之人，以诚心感动之；遇暴戾之人，以和气熏蒸之；遇倾邪私曲之人，以名义气节激励之；天下无人不入我陶冶中矣。”（《菜根谭》）待人“宽厚”在这里已具体化为“利人”和“陶冶”（“感动”、“熏蒸”、“激励”），不仅更具施为的针对性，而且已上升到了精神的层面。

以上从四个方面考察了清言小品的思想内蕴，不难看出，这些人生哲理、生存智慧、生活情趣和人格追求，均凝结着中华民族的生命智慧和传统美德，作为永不过时的思想财富，它本身就是美丽的，而这正是清言小品美学价值的根本所在。

二、结体之美

这一部分，将分析清言小品的形式美。清言小品都是缩龙成寸式的文字，给人最深刻的印象是精短而整饬，尽管作家们是意到笔随、率性而谈，但绝不放纵笔墨，膨胀体制。不过，它们的体貌并不因为空间体积的限制而流于狭促死板，而是精短中有层次，整饬中有错综，匀称中有变化。其结体之美最常见的范型是：齐一、对称、分合、连环。

在美学上，齐一，是最简单的形式美。就文章而言，齐一之美建筑在文章众多个体单元简单朴素的组合上，这些个体单元多项依次排列，体现出较强的秩序感和节奏感，风格单纯明朗。说得更简截些，就是把排比这一修辞手法直接应用于文章结构组织。这种结构类型，要求个体单元具有相同体式特征，亦即句子的语法结构相同。张潮精于此道，《幽梦影》中体现齐一美的篇章最多。试看几例：

A. 花不可以无蝶，山不可以无泉，石不可以无苔，水不可以无藻，乔木不可以无藤萝，人不可以无癖。

B. 赏景宜对佳人，醉月宜对韵人，映雪宜对高人。

C. 因雪想高士，因花想美人，因酒想侠客，因月想好友，因山水想得意诗文。

D. 凡事不宜刻，若读书则不可不刻；凡事不宜贪，若读书则不可不贪；凡事不宜痴，若行善则不可不痴。

A 和 B 的组合构件皆为主谓句，前者的主语为名词，后者的主语为动宾词组；C 的组合构件皆为动宾句；D 的组合构件皆为复句。这几类小品的构件，不仅语言结构是相同的，而且每一构件在词语使用上均带有或多或少的重复性（A 为“不可以”，B 为“对”，C 为“想”，D 为“不宜……则不可不”），这种重复既增强了构件之间联系的紧密性，也形成了整个作品建筑空间的节奏感。这样的作品，信息密度大，组织干净利落，有锦屏乍开之妙。

与齐一相比，对称没有那样众多相同的个体单元，组织也不像齐一那样单纯。清言小品的对称性结构有三种类型。其一为平列式，如“欲做精金美玉的人品，定从烈火中炼来；思立掀天揭地的事功，须向薄冰上履过”（《菜根谭》），“钱能福人，亦能祸人，有钱人不可不知；药能生人，亦能杀人，用药者不可不慎”（《围炉夜话》）。“以看世之青白眼，转而看书，则圣人之真见识；以论人之雌黄口，转而论史，则左狐之真是非”（《小窗自纪》）。平列式由两个内容上并非对立的个体单元组合而成，前后单元在形式上是对称的。其二为对比式，如“盖世功劳，当不得一个矜字；弥天罪过，当不得一个悔字”，“心旷则万钟如瓦缶，心隘则一发如车轮”（《菜根谭》）。“胸中小不平，可以酒消之；世间大不平，非剑不能消也”（《幽梦影》）。对比式由两个内容上对立的个体单元组合而成，前后单元在形式上为对称。其三为双重对出式，如“傲骨不可无，傲心不可有。无傲骨则近于鄙夫，有傲心不得为君子。”（《幽梦影》），“木削方可造庐，玉琢才能成器。高明性多疏脱，须学精严；狷性常苦拘时，当思圆转”（屠隆《续娑罗馆清言》），这种结构由两组对称性句子构成，实为平列式、对比式的彼此相加或各自相加，前后对称板块多为解证关系。对称型结构呈现出稳定、雄健、庄重的风格，有双峰并峙之妙，为清言小品作家所乐于采用，洪应明的《菜根谭》多为此种结构。

分合型结构又比对称自由灵活，殆同精短的散文，其组合形式也有三类。其一，先合后分，如“仙人好楼居，余亦好楼居。读书宜楼，其快有五：无剥啄之惊，一快也；可远眺，二快也；无湿气侵床，三快也；木末竹颠与鸟交语，四快也；云霞宿高檐，五快也”（《小窗自纪》）。“读书宜楼，其快有五”是“合”，后面历叙“五快”的5个个体单元是“分”。其二，先分后合，如“少年读书，如隙中窥月；中年读书，如庭中望月；老年读书，如台上玩月。皆以阅历之浅深，为所得之浅深耳”（《幽梦影》）。又如“人有一字不识而多诗意，一偈不参而多禅意，一勺不濡而多酒意，一石不晓而多画意，淡宕故也”（陈继儒《岩栖幽事》）。前面平行的个体单元是“分”，后面由总结性话语构成的个体单元是“合”。其三，综合式，如“山居胜于城市，盖有八德：不责苛礼，不见生客，不混酒肉，不竞田宅，不问炎凉，不闹曲直，不征文逋，不谈仕籍。如此反者，是饭侩牛店，贩马驿也”（陈继儒《岩栖幽事》）。另如“幽人清事总在自适，故酒以不劝为欢，棋以不争为胜，笛以无腔为适，琴以无弦为高，会以不期约为真率，客以不迎送为坦夷。若一牵文泥迹，便落尘世苦海矣”（《菜根谭》）。首尾个体单元均为“合”，中间平列的个体单元是“分”。分合型结构，“合”（首或尾）多为散句，“分”则一律为排句，实为齐一型结构的扩展和变异，有九流归宗之妙。在清言小品作家中，陈继儒文多散句，善采用这种非对称性结构。

连环性结构是一种饶有意味的组合关系形式，它是修辞中的回环、顶针以及设问手法在文章组织中的运用。明清清言小品中，有按回环规则结构的，如张潮关于文章的有名清言：“文章是案头之山水，山水是地上之文章”；关于庄周梦蝶的清言：“庄周梦为蝴蝶，庄周之幸也；蝴蝶梦为庄周，蝴蝶之不幸也”。前者采用机械式回环，后者采用变式回环，这种结构的个体单元若前后一致，就又具有了对称美的特征。清言小品也有按顶针规则结构的，如张潮关于读书的心得：“藏书不难，能看为难；看书不难，能读为难；读书不难，能用为难；能用不难，能记为难”。再如洪应明对品德、度量和见识的看法：“德随量进，量由识长。故欲厚其德，不可不弘其量；欲弘其量，不可不大其识”。前者因为个体单元的语法结构完全相同，同时具有了齐一美的特征，后者的板块结构殆同对称的双重对出式，同时具有了对称美的特征。清言小品还有设主客问答（其实就是设问）来结构的，吴从先《小窗自纪》多次用到这种结构法式，不过都比较单一，最典型的是陈继儒一篇小品，全文如下：“客过草堂，叩余岩栖之事，余倦于酬答，但拈古人诗句以应之。问：是何感慨而甘栖遁？曰：得闲多事外，知足少年中。问：是何功课而能遣日？曰：种花春扫雪，看箓夜焚香。问：是何利养而获终老？曰：砚田无恶岁，酒国有长春。问：是何往还而破寂寥？曰：有客来相访，通名是伏羲。”一问一答，上递下接，环环相扣，构成“彩练”，直有吴带当风之妙。

以上四种结构，前两种融进了整饬匀称的质素，后两种杂有错综灵动的质素。无论哪种结体范型，都完美地负载了美的意蕴。

三、笔墨之美

与意蕴之美、结体之美相应的是笔墨之美。清言小品属于微型文学，是诗的散文，散文的诗，较之于普通意义的散文作品，它的语言更具美的特质和韵味。

清言小品的笔墨之美首先体现于它们无以复加的精粹。这些作品篇无多句，句无多字（形容词、修饰语极少），可以说“精钢百炼，渣滓净尽”。有些作品精粹到成为今天仍活在人们口中的格言。不妨欣赏如下精粹的隽语：

情必近于痴而始真，才必兼乎趣而始化。

人须求可入诗，物须求可入画。（以上《幽梦影》）

畏友胜于严师，群游不如独坐。

人皆狎我，必我无骨；人皆畏我，必我无养。

经一番挫折，长一番见识；多一分享用，减一分志气。（以上《荆园小语》）

有天外之片心，然后有惊人之奇句。

真英雄炼性摄心，假豪杰任才使气。

买笑易，买心难。（以上《小窗自纪》）

英雄割爱，奸雄割恩。

善贾无市井气，善文无迂腐气。（以上《幽梦续影》）

人无意，意便无穷。（《岩栖幽事》）

须使人不忍欺我，勿使人不敢欺我。

清贫，乃读书人顺境。节俭，即种田人丰年。（以上《围炉夜话》）

另外，还有相当多的篇中精警妙句，如“读书可以医俗，作诗可以遣怀”，“无竹令人俗，多竹令人野”，“无欲者其言清，无累者其言达”（《小窗自纪》），“真源无味，真水无香”（《岩栖幽事》）……林语堂曾说，“‘简练’是中文的最大特色，也就是中国文人的最大束缚”（《论文》），清言小品的精炼应该说是达于极致了，有的篇章仅有几字，但思想的表达和情感的抒发并没有受到束缚，纯真自然的意味也并没有失却，堪称微言大义。

清雅也是清言小品笔墨之美的构成元素。这一特点与作家们的为人风度和文化修养很有关系，在清言中，清鲜的生活气息和雅洁的书卷色彩达到了完美的统一。写景，寥寥数笔就勾勒出清丽的画面，如“楼前桐叶，散为一院清阴；枕上鸟声，唤起半窗红日”（《娑罗馆清言》），这是静景，画面色彩对比鲜明，近景与远景相映，实景与虚景互补。再如“清斋幽闭，时时暮雨掩梨花；冷句忽来，字字秋风吹木叶”（《小窗自纪》），这是动景，画面色调清淡，内景与外景相衬，动景与静景相生。叙事，字字准确传神，清气扑面，如“清宵独坐，邀月言愁；良夜孤眠，呼蛩语恨”（《幽梦影》），写独宿况味，仅16字，有景物，有氛围，有人物，有声响，见动态，见静态，见神色，见心情，惜墨如金而清谧境界全出。再如“茶熟香清，有客到门可喜；鸟啼花落，无人亦是悠然”（屠隆《娑罗馆清言》），写村居情事，诉诸人的听觉、视觉和嗅觉，真正写实的只有8字，其余活画出人物随缘自适的心态。抒情，句句逼真而蕴藉，不落言荃，如“万壑疏风清两耳……九天凉月净初心”（《偶谈》，写静修情怀，空间如此博大，但只闻“疏风”，只见“凉月”，耳为之“清”，心为之“净”。气度之非凡、意境之清雄足可与左思的“振衣千仞冈，濯足万里流”两句相颉颃。再如“胸中即无半点物欲，已如雪消炉焰冰消日；眼前自有一段空明，时见月在青天影在波”（《菜根谭》），写淡泊情怀，“雪消炉焰冰消日”，物欲之去何其干净，“月在青天影在波”，心无挂碍何其轻松。这样一些优美不俗的文句，我们读之真感觉到齿颊留芳。

清言小品每篇笔墨无多，但却良有韵味。这韵味里包含着妙理、奇情和异趣。如“少年人须有老成之识见，老成人须有少年之胸怀”，“貌有丑而可观者，有虽不丑而不足观者；文有不通而可爱者，有虽通而极可厌者”（《幽梦影》），“花看半开，酒饮微醉”（《菜根谭》），“字须熟后生，画须熟外熟”（《岩栖幽事》）等，乍看这些句子，你觉得是“怪论”，并因觉其“怪”而笑，但细嚼过后又不由为其理妙而击节赞赏。再读，“花不可见其落，月不可见其沉，美人不可见其夭”（《幽梦影》）。美人夭折不忍见，不奇；而花儿凋落、月亮西沉不忍见，就奇了，不奇就难见作者对美的敏感、关情和至爱。又如“对渊博友，如读异书；对风雅友，如读名人诗文；对谨饬友，如读圣贤经传；对滑稽友，如读传奇小说”（《幽梦影》）。把朋友当成他物看，不奇；但当成各种不同的书来品读，就奇了，不奇就不足以显示作家对各类朋友的理解、敬重和怀爱。没有奇情异禀，何能写出这样的文字？再往下读,“春雨如恩诏,夏雨如赦书,秋雨如挽歌”,“痛可忍,而痒不可忍;苦可耐,而酸不可耐”(《幽梦影》),“任你极有见识,着得假,认不得真;随你极有聪明,卖得巧,藏不得拙”(《小窗自纪》)。这都是些极有趣又极有意味的话,俏皮幽默而入骨三分,有如神指点穴,说得准确而到位,又如软毛挠痒,说得轻松而诙谐,看得你点头称是,看得你忍俊不禁。不说别的,你读到“夏雨如赦书”一句,不捧腹骂张潮一声“野狐精”才怪。

清言小品笔墨之美最后一个重要元素就是充满诗意,下面分三点谈这个问题。第一点,诗句的植入,有些清言小品本就是诗和曲,更多的则是在有限的篇幅中有机地植入诗句,这样一来,诗的意味就自然流贯于整个作品。最喜欢在散句中融进诗词的作家是陈继儒,《岩栖幽事》74 篇小品,就有 15 篇杂有诗句。第二点,意象的美好,这里所说的意象主要是用来刻划主体形象的比兴意象,如“村树宜诗,山树宜画,园树宜词”(《幽梦续影》),这里恐怕不是说村树宜于作诗,山树宜于画画,园树宜于填词,“诗”、“画”和“词”在这里是比兴意象,作者试图借这三个美的意象来形容村树、山树和园树不同风格的美。又如“所谓美人者,以花为貌,以鸟为声,以月为神,以柳为态,以玉为骨,以冰雪为肤,以秋水为姿,以诗词为心,吾无间然矣”(《幽梦影》)。这是作者理想中的美人,她从姿容到气质,从风神到内心,都美得无可挑剔,美得巧夺天工,作者发挥诗意的想像,借“花”、“鸟”、“柳”、“玉”、“冰雪”、“秋水”、“诗词”这些美、秀、洁、雅的比兴意象来形容,惟其如此,他的美人理想才表达得够味儿。第三点,意境的优美,清言小品作家都有著笔成绘的本事,三笔两笔就营构出一片或幽静或清远或淡爽或明净的诗意境界,如“红润凝脂,花上才过微雨;翠匀浅黛,柳边乍拂春风”(《娑罗馆清言》),微雨过后,满目清新,红艳翠碧,生机无限,置身其境何等心旷神怡。“篷窗夜起,月白于霜,渔火沙汀,寒星如聚”(《小窗自纪》),这与上面的烂漫春光截然不同,长河霜冷,星月空寒,孤舟夜泊,凄清如许,几同张继《枫桥夜泊》的境界。

行文至此,想起旧时流行的《增广贤文》,它在语言的整饬上颇类清言小品,但整饬中缺少变化,且只有训诫人的议论,而无感染人的描述,其笔墨的文学性远远不及清言小品。

对清言小品的美学特质,《明清清言小品》一书的编者有一个诗意化的说法,即“快若并州之剪,爽若哀家之梨,雅若钧天之奏,旷若空谷之音”,其评价不可谓不高。的确,作为一种特殊的散文体式,清言小品凭借体制精短、表达明快、文辞雅洁的优势,最大限度地缩短了作品与民众的距离,从而实现了由案头文学到口头文学的转化,成为一代代人喜闻乐见的精神宝典。后世有些作家取法清言小品,写过一些题为“随感录”的作品,其中发扬清言小品美学风范最力的莫过于台湾作家罗兰,《罗兰小语》在青少年学生中深受欢迎不是没有道理的。在散文越写越长,长得人没有信心读下去的今天,认真研究并继承明清清言小品这笔文化遗产,对每一个当代散文家而言尤为必要。

参考文献:

[1] 余培杰. 论艺术形式美[M]. 上海:华东师范大学出版社,1990.
[2] 程不识. 明清清言小品[M]. 武汉:湖北辞书出版社,1993.

谢辞(略)

实训练习

(1)留意生活,关注社会,请以时下最为热点的大学校园问题为题,拟写一篇论文,要求格式正确,论点正确,论据充分,条理清晰,层次分明。

(2)结合自己的专业,运用所学知识,选择一个较小的问题,写一篇 3000 字左右的学年论文。具体要求如下:符合写作规范,具有一定创意,文字流利简洁。

(3)积极参加学校组织的寒暑假社会调查、文化下乡、科技扶贫等实践活动,了解当前乡镇中学教育改革和实施素质教育现状。根据调查了解到的情况,确定一个课题,坚持理论联系实际的原则,写一篇关于实施素质教育、深化中小学教学改革的教育论文。

第四章 职场文书写作

第一节 职业规划

文体概述

职业规划是职业生涯规划的简称，是指个人和组织相结合，在对一个人职业生涯的主客观条件进行测定、分析、总结研究的基础上，对自己的兴趣、爱好、能力、特长、经历及不足等各方面进行综合分析与权衡，结合时代特点，根据自己的职业倾向，确定其最佳的职业奋斗目标，并为实现这一目标所做出的行之有效的安排。

职业规划书是个人进行职业规划的行动指南，要求结合自己的实际情况与社会需求，从专业、就业、职业等方面，按照“自我认知、职业认知、职业规划设计”三大步骤来进行职业生涯规划设计(包括职业规划备选方案)，应该具有可行性、客观性、预见性和个性化特征。可行性:只有在实际中可操作的职业规划书才具有价值，因此要求在制作前期，对相关领域做尽可能多的收集信息，多做现实调查，加深对实际状况的了解和理解。客观性:职业规划的内容必须是实事求是，毫无虚构的，其中不仅要包含对自身优势的分析，对不足之处也要有透彻剖析。预见性:对目标行业未来的发展趋势要有自己的理解和预判。个性化:职业规划一定是根据自身实际状况而量身定做出来的，别人的成功路径和模式，并不适合于自己。

一份可行的职业规划，要考虑以下五方面因素:①职业方向，职业规划的重中之重，直接决定了一个人今后的职业轨迹;②个人能力，结合自己的专业、兴趣、擅长的技能，可以推断自己适合哪个行业;③生计问题，不只要考虑从事一份工作所能得到的薪酬和相关的福利，同样要注意这一工作的升值潜力;④行业状态，选择一份工作，就是在绑定自己的未来职业生涯，所以，了解行业状态势在必行;⑤幸福指数，一个人幸福指数的高低，取决于很多因素，职业是其中的重要部分。

职业生涯规划的基本过程如下。

(1)自我评估。一个有效的职业生涯设计必须是在充分且正确认识自身条件与相关环境的基础上进行的。要审视自己、认识自己、了解自己，做好自我评估，包括自己的兴趣、特长、性格、学识、技能、智商、情商、思维方式等。即要弄清我想干什么、我能干什么、我应该干什么、在众多的职业面前我会选择什么等问题。

(2)确立目标。确立目标是制定职业生涯规划的关键，目标有短期目标、中期目标、长期目标和人生目标之分。长远目标需要个人经过长期艰苦努力、不懈奋斗才有可能实现，确立长远目标时要立足现实、慎重选择、全面考虑，使之既有现实性又有前瞻性。短期目标更具体，对人的影响也更直接，也是长远目标的组成部分。

（3）环境评价。职业规划还要充分认识与了解相关的环境，评估环境因素对自己职业生涯发展的影响，分析环境条件的特点、发展变化情况，把握环境因素的优势与限制。了解本专业、本行业的地位、形势以及发展趋势。

（4）职业定位。良好的职业定位是以自己的最佳才能、最优性格、最大兴趣、最有利的环境等信息为依据的。职业定位过程中要考虑性格与职业的匹配、兴趣与职业的匹配、特长与职业的匹配、专业与职业的匹配等。职业定位应注意：①依据客观现实，考虑个人与社会、单位的关系；②比较鉴别，比较职业的条件、要求、性质与自身条件的匹配情况，选择条件更合适、更符合自己特长、更感兴趣、经过努力能很快胜任、有发展前途的职业；③扬长避短，看主要方面，不要追求十全十美的职业；④审时度势，及时调整，要根据情况的变化及时调整择业目标，不能固执己见，一成不变。

（5）实施策略。就是要制定实现职业生涯目标的行动方案，要有具体的行为措施来保证。没有行动，职业目标只能是一种梦想。要制定周详的行动方案，更要注意去落实这一行动方案。

（6）评估与反馈。整个职业生涯规划要在实施中去检验，看效果如何，及时诊断生涯规划各个环节出现的问题，找出相应对策，对规划进行调整与完善。

行文格式

1. 卷首部分

1）封面

标题一般写“职业生涯规划书”。

2）扉页

扉页填写学生的真实姓名、笔名、性别、学院、班级、联系电话、E-mail、撰写时间等相关信息。

3）目录

编制目录。

4）前言

前言主要是概括说明规划人目前的基本情况，规划的原因、依据、目的和方法。

2. 正文部分

1）自我分析或自我剖析

自我分析主要是指在依据心理学的测评系统对自己的心理素质、人格特征等进行测评的基础上，结合自己的兴趣、爱好及以往的经历等加以综合评价，给自己“画像”。自我分析包括以下四方面内容。

（1）客观分析，主要依据现存的心理测评系统和软件，对自己一下各方面（智力、职业兴趣、人格特质、职业倾向和能力、职业价值观）进行测评，形成分析报告。

（2）主观分析，主要包括个人兴趣爱好、个人性格特点、个人各方面能力和潜质及特殊才能、个人价值观念和追求的自我分析。另外还包括其他人对自己的评价内容。

（3）以往的经历和目前处境分析，包括以往的学习与工作经历，尤其是取得引以为荣的成绩以及自己认识到的对自己影响特别重大的事件；目前的处境比如处在人生的那个阶段正在做什么等;与自己职业生涯发展有密切关系的一些环境因素分析,比如家庭情况、对自己有帮助的人和事等。

(4)根据自我分析结果,进行自我分析小结,职业兴趣、性格特征、职业价值观、学习风格和技能的优劣势,所对应的岗位特质,适宜和不适宜的工作等。

2)外部环境分析

在进行职业规划时,必须全面、客观、正确的分析和了解自己所处的环境和将要面临的环境,即在"知己"的基础上还要"知彼",这样才能无往不胜。外部环境包括:家庭环境分析(如经济状况、家人期望、家族文化等以及对本人的影响)、学校环境分析(如学校特色、专业学习、实践经验等)、社会环境分析(社会经济环境、文化环境、人们的价值观念、就业环境和社会政治制度)、行业环境分析(职业的特点和要求、现有从业人员的情况、所在行业的发展情况、前景与趋势及其对从业人员的要求、未来有哪些行业可能会对你的目标职业有需求)。然后是环境分析小结。

3)职业定位

职业目标的设定是指在自我剖析及对外部环境进行分析的基础上,确立自己明确的职业定位。综合自我分析和职业分析的主要内容,得出本人职业定位的 SWOT 分析。内部环境因素即 strength(优势因素)和 weakness(弱势因素);外部环境因素即 opportunity(机会因素)和 threat(威胁因素)。

职业认知小结过后,要拟一份职业定位一览表,项目包括:职业目标、职业发展策略、职业发展路径、具体路径等。

4)行动计划及目标实现策略

目标实现策略即行动计划,即通过各种积极的具体措施与行动去争取职业生涯目标的实现,也就是说,在职业生涯规划书中,对如何实现自己的职业生涯发展目标制定一个比较详细而又切实可行的行动计划和策略方案。

(1)制定行动计划一览表。项目包括:短期目标、中期目标、长期目标、人生目标等。短期目标通常是指时间在一至两年内的目标,是中期目标和长期目标的具体化、现实化和可操作化,是最清楚的目标。中期目标一般为三到五年,它相对长期目标要具体一些,如参加一些旨在提高技术水平的培训并获得等级证书等。长期目标时间为五年以上的目标,它通常比较粗、不具体,可能随着企业内外部形势的变化而变化,在设计时以画轮廓为主。人生目标是指整个人生的发展目标,时间长至 40 年左右。一般说来,短期目标服从于中期目标,中期目标服从于长期目标,长期目标又服从于人生目标。具体实施目标,通常是从具体的、短期的目标开始的。

(2)制订详细的执行计划。要分清职业生涯规划的各个阶段的目标,并以发展目标为准绳,确定行动策略,平衡各个目标,使其协调发展。

5)评估调整

职业生涯规划是个动态的过程,在职业生涯规划过程中要根据实际情况自觉的总结经验和教训,修正对自我的认知和对最终职业生涯目标的界定。评估与反馈过程是个人对自己的不断认识过程,也是对社会的不断认识过程,是使职业生涯规划更加有效的有力手段。此过程包括以下几个方面。

(1)评估内容。自我认知的评估(是否存在误区)、职业目标评估(是否需要重新选择职业）、职业路径评估（是否需要调整发展方向）、实施策略评估（是否需要改变行动策略）、其他因素评估（身体、家庭、经济状况以及机遇、意外情况的及时评估）。

（2）评估时间。根据实际情况设好评估时间（或半年或一年，当出现特殊情况时，应随时评估并进行相应的调整）。

（3）评估调整。评估出现或可能出现的危险因素的调整修正及备选方案。由于社会环境、家庭环境、组织环境、个人成长曲线等变化以及各种不可预测因素的影响，一个人的职业生涯发展往往不是一帆风顺的。为了更好地主动把握人生，适应千变万化的职场世界，拟定一份备选的职业生涯规划方案是十分必要的。

6）结束语

表达实现职业生涯规划的热望和信心。

撰拟要求

1. 写作原则

过去、现在和未来统一；自我发展与社会、组织发展的统一；理想与现实的统一；目标选择与职业发展要素统一；目标的一致性与目标再选择的统一；版面设计与职业生涯目标的统一。

2. 写作要求

①自我分析要深入、清晰，个人素质测评结果要客观真实地反映在规划书中，并与职业生涯发展目标选择紧密联系；②对目标职业及其所处行业的认识要到位，分析要透彻；③行动策略和职业发展路线描述恰当，计划和实施策略要详细具体，不能草草了事；④要充分重视反馈与修正部分，要在实践的过程中认真评估与调整，避免虎头蛇尾；⑤内容完整，格式清晰，版面美观大方，创意新颖，能充分体现个性而不落俗套，杜绝千篇一律。

例文 4-1

破茧成蝶——我的职业规划

温州大学教师教育学院　陈含熠

蝴蝶把自己紧紧地包裹在茧里，在接下来的每一天都将自己身上厚厚的皮蜕去，而每一次蜕皮，那撕心裂肺的痛都令它生不如死。它剧烈地颤动着，每动一下都要忍受巨大的痛楚，痛得死去活来。这是化蝶的代价。终于，七七四十九天到了，最后一次蜕皮了，它蜕出尾巴后面的皮，轻试一下翅膀，梦寐以求的绚丽的翅膀！喜悦让它沸腾，冲出这囚禁四十九天的厚茧，在外面明亮的阳光下舞动它的彩翅！

挑战命运会让人承受痛楚，而痛楚会化成不屈的力量，激励着人不断前进。这是我从一条毛毛虫破茧成蝶的经历得到的启示。我希望自己像那只坚强的“毛毛虫”，经受生命的阵痛，成长为梦想中的美蝶。

第一篇章：自我认知

在古希腊帕特农神庙的一块石碑上刻着这样一句话：“认识你自己。”如果一个人对自我有一个全面、正确的认识和评价，就能扬长避短，取长补短，从而改变自己和完善自己。我们好好地剖析一下自己，对规划自己的职业大有裨益。

一、成长的我

1. 家庭影响

我出生在一个极其普通的农民家庭，父亲是一个地道的渔民，从事水产养殖；母亲是一个典型的家庭主妇，凭兴趣开了个小店。值得庆幸的是，父母特别尊重我的选择，希望我做自己喜欢做的事。他们虽然不喜欢我学的这个专业，但还是义无反顾地支持我就读。

除了父母，对我影响最大的就是叔叔——一位让我钦佩的共产党员。他豁达大度、不拘小节、对工作充满热情，使我受到莫大影响。正因为他，我从小就怀着成为中共党员的梦想。在大一的时候，我就已如愿成为正式党员。

2. 个人经验影响

“干部”身份几乎伴随着我的整个求学历程，从小组长到班长，从班级干部到学校干部，一直到党支部干部。小到收作业、组织班级活动，大到策划校庆、主持院外联部工作，这些大大小小的工作经验，都成为我成长过程中不可缺少的部分，它们让我变得开朗，善于交际，乐于奉献。

与此同时，我还积极参加社会实践活动：参加“红心献爱心——帮助孤寡老人”的活动，长达两年；参加“金宝贝——宝宝奥运会”的义工帮忙；参加青少年宫组织的“共度端午”活动；参加党支部推出的“党员义工家教”的活动，长达一学期；大一暑假去家乡××区中心幼儿园实习一个月。

3. 小结

家庭教育、学习环境以及社会实践，造就了我开朗的性格和积极向上的生活态度；培养了我较强的工作能力、领导能力和活动能力；练就了我良好的口才和讲故事的特长。所以在制定职业规划的时候，我选择了早教这个行业。

二、别人眼中的我

古语云，“当局者迷，旁观者清”，自己究竟是怎样一个人，旁人也许看得更清楚。以下我试图通过他人的评价，更全面地认识自己。

1. 家人的评价

性格温柔开朗，关心家人，很顾家，常帮家里做事；爱清洁，讲卫生；有时比较敏感，用我妈妈的话说就是“想得太多了”。

2. 老师的评价

性格开朗，有较好的人际关系和良好的群众基础；有较强的组织能力和合作意识。有时做事过于自主，虽然重视合作，但喜欢按自己的既定想法办事。

3. 亲朋密友的评价

有较强的组织能力，在同学中的威信很高；对朋友讲义气，能真心对待朋友；性格直爽，能坦率地指出别人的错误，但是有时难免不慎伤人。

4. 同学的评价

有领导能力，做事大气，不做作；为人和善，助人为乐，能起党员的先锋模范作用；成绩优异；但性子比较急，有洁癖。

5. 其他社会阶层的评价

暑期打工时老板的评价：比较大胆，敢于推销自己；为人热情，工作负责；但不太善于处理意外事故，社会经验尚不足。

6. 小结

不同对象对我的评价，归纳起来有如下几点。①性格：开朗直爽，大胆热情，责任感强，乐于助人。但较性急，偶尔做事过于自主。②能力：有多年干部经验，有一定组织能力，能起模范带头作用。但社会经验尚欠缺。③情商：能敏锐地察知他人的情绪，实现顺利沟通；富于同情心，讲义气，喜欢和他人相处。但有时情绪难免失控。

三、剖析自我

1. 性格的探索

职业心理学的研究表明，性格影响着一个人对职业的适应性，因为无论哪种职业都会对人们的性格提出特定要求，要适应这一职业就必须具有这一职业要求的性格要求。因此探索自己的性格是不可缺少的一步。根据多次的 MBTI 人格测试显示，我的性格偏向于 ESFJ 型，这种类型的人热心肠、受欢迎、负责，是天生的合作者、积极的参与者。喜欢和谐，性子较直，说话大胆；需要别人的赞赏和鼓励。对抽象思考或技术主题不太感兴趣;喜欢直接影响人的生活的事物。一般比较适合的职业有:推销员、教师、秘书、办公室接待员等。

2. 价值观的探索

价值观是人们衡量社会上某种职业的优劣和重要性的内心尺度。它是个人对待职业的一种信念,并为其职业选择、努力实现工作目标提供充分的理由。根据多次测评,我的职业价值观显示如下表:

能力类型	优　势	弱　势
志愿取向	富有同情心,喜欢帮助他人	偶尔会情绪化,易受周围环境的影响
经营取向	做事较主动,独立性较强	有时不能客观地去分析工作条件,太过主观化
自尊取向	有强烈的责任感,严格要求自己,喜欢带着目标做事	自尊心较强,对于他人言行比较敏感

3. 职业兴趣的探索

兴趣是指个体力求认识某种事物和从事某项活动的心理倾向,而当这种兴趣指向与职业有关的活动时,就表现为职业兴趣。职业兴趣是职业的多样性、复杂性与就业人员自身个性的多样性相对应下反映出来的一种特殊的心理特点,是个体选择职业的重要依据。

根据美国职业指导专家约翰·霍兰德编制的职业兴趣量表及人格类型——职业类型匹配理论,有现实型(R)、研究型(I)、艺术型(A)、社会型(S)、管理型(E)和常规型(C)六种人格类型。经过多次的霍兰德的职业兴趣的测评显示,我的职业兴趣趋向于社会型(S),这种人格类型的人易与人合作,喜欢交往,责任感强,有说服能力,愿为别人服务,关心社会问题,对教育与社会福利等事业有兴趣。但往往缺乏动手操作能力。

适合的职业类型:为社会及他人办事或服务,从事与他人打交道的、说服、教育、治疗及与社会福利事业方面有关的职业。如教师、咨询师、辅导人员等。

4. 能力倾向的探索

能力是直接影响活动效率,使活动顺利完成所具备的个性心理特征。根据各种对能力倾向的测评系统的测试显示,我的能力倾向主要表现如下。①语言表达能力:书面表达和口头表达能力均较好,能流畅地表达自己的思想,顺利地进行人际沟通。②组织领导能力:有足够的工作经验,具备了较强的组织领导能力,但处理突发事件的能力有待提高。③专业技能能力:良好,接受了完整的、系统的学科教育,顺利通过了英语四级、计算机二级等。④基础技能能力:一般,专业技能方面还有待加强。

5. 职业发展测评系统结果

我在工作中的优势:①热情慷慨,忠诚于对自己很关心的人和组织;②注重细节,尤其是那些有关他人的细节;③虑事周到,具备事前缜密筹划的能力;④乐群敬业,有主动支持组织目标的意愿;⑤头脑清醒,有准确判断所处情势的能力;⑥勇于进取,有冲劲和闯劲,不患得患失。

我在工作中的劣势:①自尊敏感,有对他人批评作出消极反馈的倾向;②流于忙乱,不能妥善处理工作与学习的矛盾;③偏于自主,不喜欢过多的规则和过于复杂的人事;④韧性不强,在压力和挫折面前不够坚持;⑤偶尔陷入决断的困境,难以作出符合逻辑的决定;⑥任务繁多、负荷过重时,易于产生疲惫感。

我的岗位特质:①在活跃的、合作的环境中工作,同事与同事之间的关系和谐;②忠诚集体,乐于合作,在彼此配合默契的气氛中工作;③踏实,肯干,有效,能够快速处理问题,为人提供实际帮助;④没有太多的规则、结构、僵化的程序;⑤符合自己的价值观和审美情趣;⑥有独处、思考的自由和空间。

6. 小结

综合以上分析,我对自己有了较全面的认识:性格外向开朗,为人和善,乐于助人;说话直爽,不拘小节,敢于指出别人的错误;善于交际,群众基础良好,关心社会和公益事业,在集体活动中较积极;有较强的组织能力和足够的工作经验。但情绪偶尔不稳定,说话有时过于直接;作决定易受周围环境影响,动手和创新能力不强。

适合的职业:教师、培训师、推销员、文秘等。

第二篇章:职业认识

要进行有效的职业生涯规划,就必须在规划过程中对环境因素加以系统的分析和研究,以初步确定自己今后的职业发展方向。瞬息万变是今日世界的基本特征,也使我们把握外部环境更加困难。在了解外部环境时,一定要运用宏观视角,对各种影响因素加以衡量、评估,进而更好地规划职业生涯。

所谓社会环境分析,就是通过对社会大环境的分析,了解所在国家或地区的政治、经济、文化、职业等方面的发展方向,寻求各种发展机会。社会环境对我们的职业生涯乃至人生发展都有重大影响。

一、学校环境分析

学前教育专业特色:温州大学学前教育学院成立于2001年1月,其前身是成立于1984年的温州幼儿师范学校,是浙南唯一一所以培养学前教师的学院。十几年来,学院为全省培养了2000余名合格的学前教师,是浙江省教育厅授予的幼儿园园长培训基地,1998年开始,总共举办七期园长岗位培训,受训学员700多人次。学院重视学生全面素质的提高,在艺术技能培养方面独具特色,在历年的省、市大中专文艺汇演中,均荣获一等奖或特等奖。1997年参加挪威"瓦尔德莱斯"国际艺术节演出,获得国际声誉。学前教育专业设有各种技能课程,拥有齐全、先进的教学设备,为学生提供了优越的学习环境和条件,使所有学生都有发挥自己特长的舞台。

实践经验:为了增强学生的实践能力,适应当今社会的就业趋势,学院实施了贯穿四年的实践学习制度,从大一开始就安排学生下幼儿园见习,并将其作为我们专业发展的一项考核内容。①大一上学期,我们到院办"宏德实验幼儿园"见习,在这一周的见习里,我对学前教育专业有了深度了解。②大一下学期,我参加了党支部组织的"党员义工家教"活动,此外还兼有两份课外家教,使我感受到家教的甘苦和肩负的责任。③大一暑假,我去区幼儿园帮忙,做班主任助教,偶尔尝试上课,使我初步掌握了学前教育的基本规律。

二、社会环境分析

择业观是人们对于择业的目的、意义比较稳定的看法和态度,是一个人生观、价值观、世界观在择业问题上的综合反映。正确择业观的确立,在一定程度上受制于国家政策以及就业环境的影响,另一方面也受制于毕业生能否正确地认识自我,适应社会。正确择业观的确立,直接影响着毕业生能否顺利就业、成功立业。

就业形势:随着高校年年扩招,学子们走向大学的不再是独木桥,而是宽阔的大马路。但当几十万甚至上百万大学生喊出"我们从毕业那一天开始失业"的时候,天之骄子的光环早已从大学生的身上褪去了。在人才市场中奔波,在招聘会上流连,严峻的就业现状成为大学生们面临的人生第二次严峻挑战。大学生就业越来越困难,往后大学生就业竞争将更加激烈,毕业即失业的大学生人数将逐年增加。

学前教育的就业前景:相反,在大学生就业市场风云变幻的今天,幼师毕业生却十分"抢手",就业市场十分宽松。其原因如下。

(1)政府的政策导向激活了社会办学的热情,诱发众多家庭对早期教育日益增长的需求。教育部《关于幼儿教育改革与发展的指导意见》明确指出:"今后5年(2003—2007)幼儿教育改革的总目标是:形成以公办幼儿园为骨干和示范,以社会力量兴办幼儿园为主体,公办与民办、正规与非正规教育相结合的发展格局。"随着社会前进,经济发展,家庭收入增加,个人素质提高,人们对高水平教育期望越来越强烈,经济承受力越来越高,形成了民办学前教育的社会基础,民办幼儿教育蓬勃兴起,在多元办园体制并存的格局下,诱发了广大家长对早期教育的需求。

(2)学前教育专业毕业生在总量上难以满足用人需求,在层次上缺少高学历师资。幼儿教师是一种专业化的职业,它是一种"要求教师具备经过严格而持续不断地研究才能获得并维持专业知识和专门技能的公共业务"(联合国教科文组织《关于教师地位的建议》)。高校学前教育专业在幼教师资培养方面发挥着主体作用,尽管近年来全国各地一些院校增建了学前教育专业来培养幼儿教师,但是与私立、民营幼儿园数量急剧增长之间还是存在着供求上的矛盾,仍然不能满足整个社会的需求。社会在对幼儿教师需求量增加的同时,也对幼儿教师的整体质量提出了更高要求。

(3)社会对幼师毕业生的需求已从数量的补充逐步过渡到质量的竞争。由于对幼教市场普遍看好,师范院校的学前教育在不断扩招，非师范院校也在增设学前教育专业，幼师毕业生将逐年增加，幼教师资数量的补充在一定的时间内必将完成；当数量达到饱和之后随之而来的将是激烈的质量竞争，用人单位优中选优的大趋势将日益明显。质量就是毕业生就业的生命线，着眼全方位专业人才的培养模式，是适应日益激烈的市场竞争的有效途径。

三、小结

根据以上学习条件和就业环境的分析，我发现自己择业存在的优势：①学校对于这个专业的重视为我创造了良好的学习环境，提供了足够的实践机会让我得到锻炼；②竞争激烈的就业形势和早教的光明就业前景，使我坚定了毕生从事学前教育事业的决心。

目标职业：一线幼师、儿童情商培训师、教育机构人员

第三篇章：职业决策

洛克菲勒说过，人生最伟大的目标在于行动。行动方案是把职业目标转变为相应行动的工具。缺少行动方案，职业目标将失去意义和价值，更不会出现美丽、快乐的职业人生。就如每一只蛹都不甘于丑陋，幻想着自己变成美丽的彩蝶，然而只有那些付诸行动的蛹才有可能获得成功。

决策是一连串的决定，任何一个决定会影响其后的决定，亦会受先前决定的影响，因此决策是一个发展的过程而非单一的事件。我们可以借助一些权威的决策理论来验证我们的决策。

一、SWOT 分析

1. 外部因素

(1)外部机遇(opportunity)：①学校对于我们第一批学前教育本科生的不管是从物力、资金、人力方面都给予了大量的投入，为我们的学习提供了优越的条件；②随着早教事业的发展，学前教育专业的就业情况也呈现出一片大好前景，对该专业的人才需求也越来越大，条件也越来越高。

(2)外部挑战(threat)：①学前教育这个专业培养的人才向来都是专科生，而他们接受的大多数都是舞蹈等方面的技能课，在艺术技能方面确实比我们本科生强了很多；②随着广大家长以及社会对早教的重视，学前教育快速发展，由此会导致一个必然的市场结果——竞争激烈化。

2. 内部因素

(1)内部优势(strength)：①性格和善开朗，交流能力较强，有爱心，对事业比较投入；②有较高的文化素养和理论基础；③多年的干部经历和多样的实践经验，培养了我一定的组织领导才能。

(2)内部劣势(weakness)：①性格急躁，容易冲动；②专业技能不太擅长，动手能力较差；③缺少创新精神，文书写作不太得心应手；④有时情绪失控，低落时无法有效自我激励，以走出精神洼地。

(3)优势·机遇(SO)：①继续发挥好学长处，在加强理论学习的同时，花力气掌握专业技能，理论、技能两手硬，才能驾轻就熟从事早教工作，又能往管理层次发展；②充分发挥管理特长，多参加学校、社会的活动，继续提高自己的组织能力，争取将来进入自己理想的单位，展现自己的才能。

(4)优势·挑战(ST)：①专业理论基础较扎实，要从零开始努力学习技能，打破"跛腿"状态，全面发展自我；②在市场竞争越来越激烈的今天，不断创新学习方法，提高学习质量；③深入研究幼教发展的现状，学习最前沿的理论、最科学的教法；④努力适应社会市场需求，不断提高学历层次和整体素质。

(5)劣势·机遇(WO)：①充分利用学校以及社会提供的学习、实践平台，丰富专业学识和实践经验；②经常练笔，尽快提高文书写作能力；③强化自控能力，学会自我激励，始终乐观向上；④掌握就业指导理论，明确本专业就业现状，制订合适的就业计划。

(6)劣势·挑战(WT)：①面对激烈的竞争，为自己寻找更好的作为空间，尝试跨地区工作；②在工作实践中积累相关经验后，努力争取进修深造的机会，把自己培养成为高层次的早教人才；③着力磨练专业技能，全方位提升素质，迎接未来挑战。

3. SWOT 小结

根据以上 SWOT 的分析，我基本确定最初的职业选择。不论从个人优势看，还是从个人劣势看，我都适

合于早教这一行，且有着发展进步的潜力。外部环境提供的条件相当优越，制造的机会也相当的多，所以，我将早教定位为我职业选择的最佳范围。

职业生涯平衡单(略)。

根据上述 SWOT 分析，并将其放入伽列特的决策模式中，可以发现我适合的职业为与人交流比较多、重视合作的、愉快的、自由的职业，再结合职业选择的最佳范围(早教行业)，可以将我的职业定为“高级儿童情商培训师”。

二、职业发展路径和计划

1. 发展总目标：儿童情商培训师

工作内容：培养儿童的情绪管理、自尊自信、人际沟通、逆境自强、安全礼仪等方面。

素质要求：有相关的专业理论知识，如儿童心理学、儿童卫生学、儿童健康等；有爱心和职业道德。

实现途径：本科毕业→情商培训师→研究生→初级儿童情商培训师→高级儿童情商培训师。

2. 阶段性目标

第一步：考研。在设计自己的职业生涯时，有必要对考研的利弊做全面的分析。①考研的优势：通过研究生阶段学习，可进一步掌握更高层次、更加专精的专业知识，暂时避开就业压力，为以后的发展(如晋升、资格职称评定)创造条件。②考研的劣势：可能错过求职的黄金时期，失去可能获得的实践经验和经济收益，同时，考研风险较大，具有不确定性。通过以上分析，结合自身实际，我会选择考研。我准备报考北京师范大学学前教育的研究生，专攻有关幼儿心理、情商等方面的专业知识。

第二步：工作。初级情商培训师→高级培训师。目标地域为北京，因为它是北京师范大学的所在地，早教实绩较为突出，而且就业方便。从最基础的工作做起，将所学理论知识运用于实践，实现两者的最佳结合，为下一步人生计划奠基。预想工作为期两年，充分运用这段工作经历，总结出属于自己的独特的教学模式，并将其理论化。然后，努力成为更高级的“儿童情商培训师”。如有需要，会进一步考虑攻读该专业的博士学位。

3. 计划实施

(1)专业技能的学习。学前教育比较强调专业技能的学习，如钢琴、舞蹈等。所以在大学期间，前两年要抓住机会努力学习技能，做到全方位地武装自己。

(2)专业理论的学习。学前教育专业包括学前心理学、学前卫生学、学前儿童教育学、学前儿童文学等多门的专业理论，在大学期间绝对不能懈怠专业理论的深入学习。

(3)工作能力的培养。学会合理安排工作与学习的时间，积极参加学校的各类活动，尝试担任不同的干部角色，从不同层面锻炼自己。选择一家合适的早教中心，建立长期合作关系，定时从事早教实践。

4. 短期计划

(1)大二：①通过英语六级、计算机三级、普通话等级考试；②继续学习专业知识，并将重心放在理论学习上，开始为考研做准备；③了解目标职业所要求的素质以及目标地域(北京)的情况；④继续去熟悉的幼儿园见习，并争取与之建立长期的学习关系。

(2)大三：①全身心投入到考研的准备中；②也不放弃去相关的机构实践的机会，力图理论、实践双发展；③去目标地域(北京)考察，为日后工作做准备。

(3)大四：①准备毕业论文；②基本完成考研准备，开始整理相关材料。

5. 长期计划

研究生毕业后两年(2015 年—2017 年)：进入北京的“金宝贝”早教机构，担任情商培训师，工作时间为两年，学习了解早教机构的相关内容以及“情商培训师”应具备的基本素质。运用自己所掌握的理论，深入研究早教规律，形成富于创意的早教方略。

研究生毕业后五年(2017 年—2020 年)：2020 向北京 21 世纪金起点文化传播有限公司进军，这是美国超级童年科教集团授权的科教公司。30 年前，美国超级童年科教集团最早将美国著名学者的教育理念进行产业化运营，在美国乃至全球掀起了儿童全脑开发的热潮。集团以“寓教于乐，让孩子在快乐中成长”为理念，打造了一系列早教项目，家长趋之若狂，儿童学有所获，教育界为之震惊。到本世纪初，集团的分支机构已遍布70多个国家和地区，被誉为“儿童教育梦之队”。拟在该公司中集中力量学习、实践，努力使自己成为合格的国家高级情商培训师。

第四篇章：动态反馈调整

一个人的每一种经历、每一种职业体验，都会导致对自我的重新认识，校正自己的职业规划。大学生需要根据实际情况自觉地总结经验和教训，修正自我的认知和最终职业目标。研究表明，许多人都是在经过了一段时间的寻找和尝试之后，才了解自己到底适合从事什么领域的工作的，这段寻找和尝试的时间可能长达十几年。人的技能和要求会随着时间的推移发生变化，因此有必要不断重新思考当初的职业选择，反省自己、修正目标，在合适的条件下作出必要的职业变动。

一、评估要素

个人素质能力，家庭因素，社会因素，行业因素。

二、评估原则

①尊重个性与风格；②实施多元选择；③综合分析与评估；④以长远职业发展为出发点；⑤考虑家庭与家人的变化；⑥找到个人兴趣与工作的结合点。

三、评估时间

我在完成这份职业规划后，每年都要进行评估，在此期间要充分认识自我，并时刻做好调整的准备。

四、评估内容

(1)职业目标评估：如果在以后的评估中发现自己的性格或兴趣不符这个职业，可以对这个目标职业做适当的变动。调整：考取公务员，进入教育政府机构。

(2)职业路径评估：如果考研失败。调整：先去目标地域的公司上班，再考研。

(3)实施策略评估：如果“毕业—考研—工作”的计划失败。调整：毕业后直接工作，最后考研。

一个人若是看不到未来，就掌握不住现在；一个人若是掌握不住现在，就看不到未来。所以，我会把握现在、展望未来，用积极的心态去面对生活，奋力实现理想。虽然这过程中会遇到诸多困难，但我坚信破茧成蝶的秘密：每天前进一点点……

实训练习

(1)为自己制定一份“大学生职业生涯规划”。要求：①内容完整，简明扼要；②切合自身实际，充分体现个性；③大学期间的目标和计划要比较具体翔实；④对自己所学专业的就业趋势、以及自己的目标行业、目标岗位情况要有调查研究和分析。

(2)在寒假期间，对自己的“目标职业”(如岗位职责、工作内容，任职资格、工作条件、就业和发展前景等)进行调研，并修改职业生涯规划。

第二节 求职信

文体概述

求职信是以自我介绍的形式向有关用人单位申请某个职位的一种专用书信，求职信分为“自荐信”和“应聘书”。自荐信带有“投石问路”的性质，是在不知对方是否有职缺时，主动向某单位介绍自己的情况，自我推荐、申请某种职位的求职信。应聘书带有“投其所好”的意味，是根据对方的招聘广告或者其他渠道得知的有关信息，在已知对方某些职位有空缺时向对方递交的求职信。

求职信具有针对性、展示性、交流性和个性化等特点。所谓针对性有双重含义，首先是“针对”用人单位和具体职位，其次是“针对”自己的从业倾向和实际能力，前者是“知彼”，后者是“知己”，“知己知彼，百战不殆”。求职信是“推销自己”的广告，要突出展示自己的优势，介绍最突出的能力和条件，表明自己是“最合适的人选”。如果展示不充分、不突出，就难以引起注意和重视，也就得不到面试机会。求职信实质上是一种“纸上交流”，求职者通过这种“交流”表达自己的诚意，寻求招聘者的赞同、重视与好感。写作时要心中有对方，注意契合性（包括条件契合和情感打动），真实展示与真情感人相融。求职信不能千篇一律，必须显示鲜明个性。个性通过展示的内容诸如思想、实力透露出来，更通过独特的表达显示出来，展示的内容、结构的安排、语言的运用等都能显示出个性来。

求职信大体有三种类型。①毕业生求职信。我国每年有大量的各类院校毕业生，这些学生其中大部分需靠自己去联系工作，寻求合适的用人单位，他们就业时同用人单位的交往主要就是以求职信的方式来进行的。②待业、下岗人员求职信。暂未找到合适工作的待业者，被企业分流离岗的下岗者，也主要靠发求职信的方式来获得工作岗位。③在岗者求职信。有工作岗位的人，由于不适应该岗位，或学无所用、潜能得不到发挥，或为了谋求更好的职位，也会向用人单位发求职信寻求新的工作岗位。

行文格式

求职信的内容一般包括求职目标、求职原因、求职条件和随信附上的相关证明材料等四项，一般由标题、称谓、正文、落款、附件等五部分组成。

1. 标题

在页首正中位置，用稍大的字体写明“求职信”，或根据实际情况写为“自荐信”或“应聘信”。

2. 称谓

写信之前，要尽一切努力调查求职信的最终阅读对象。写称谓要注意三点：一是要致送个人，在求职单位后一定要出现受信人的准确姓名，不能笼统地写为“××公司人事部（或人力资源部）”或不确切地写成“××公司相关人员”或“亲爱的先生或女士”；二是要带上头衔，大多数主管人员对自己的职衔或官衔很敏感，绝对不可轻易省略或张冠李戴；三是要内外有别，对内资企业或事业单位受信人称“同志”或官衔、职衔，对“三资企业”受信人在官衔、职衔后复称“先生”、“女士”，不能仅仅根据受信人姓名来判断其性别，千万不要写错性别。有时为了表示对对方的尊重，也可以在称谓前加上“尊敬的”等修饰语。称谓后面用冒号，下一行前空两格，写上“您好！”“近好！”等以示对收信人的礼貌。

3. 正文

正文包括连接语、主体和结束语。一般要求写明应聘职位、求职缘由、求职信息来源、个人基本情况、应聘所具条件、求聘愿望要求等。

1）连接语

一般包含三点内容：招聘信息的来源、致奉此信的心情、想要申请的职位（因为用人单位往往同时为多个岗位招聘人才，如不写清申请哪种工作，聘人单位将无法回复）。如“欣闻贵公司招聘广告设计员，我谨奉此信毛遂自荐，敬祈拨冗垂阅”，“近从网上获悉贵公司的招聘信息，特冒昧写信应聘机械设计师一职”。注意切勿以“我”字开头。连接语的表述应诚挚、简洁、明确，富于吸引力，给人以干脆利落、洗练明快之感。

2）主体

这是求职信的核心部分，要着力呈现求职者的优势和特长，说明求职者的知识、经验、业绩、性格和能力。要让人感到，无论从哪个方面、哪个角度说，致信人都是最合适的人选。大体说来，能力介绍一般分三层来写。

第一层，概括介绍。简单介绍一下求职者的出身经历（资历）：姓名、性别、出生年月、所学专业、最高学历、主要经历（资历）等，使人对求职者有一个较全面客观的了解。（后面若附有简历的可从略，只说现在的身份。）

第二层，重点介绍。这一部分是求职信的关键，主要是针对用人单位的征招信息或者根据求职者了解到的用人单位通常的要求来具体地介绍自己，写出最关键的经历、最好的成绩、最重要的特长。重点介绍的基本内容是求职者的专业特长、业务技能、外语水平和其他能力。重点介绍要注意这样几点。一是与应聘岗位接轨。与所申请的职位紧密联系的特长、技能和经验是含金量最高的内容，申请不同的职业、岗位、职务，介绍的侧重点不尽相同，如申请技术工作，应着重讲专业理论素养和专业技能水平；申请营销工作，应着重讲营销的实践经验和营销实绩。二是尽可能具体扎实。介绍专业特长，最好写围绕主体课程研读了本专业哪些学术名著，以显示求职者专业学习的深度及广度；介绍业务技能，最好详尽地写上专业技能实践经历和技能竞赛活动中的出色表现。介绍外语水平，最好能在说明考过大学生英语几级之后，强调求职者听、说、读、写、译的能力；介绍其他能力，要着重写组织能力、沟通能力、创新能力和吃苦精神。三是巧妙地填补弱项。对于刚毕业的大学生来说，业务技能是一个普遍的弱项，而用人单位最重视的又恰恰是业务技能，那就要详细介绍在学校所参与的与专业相关的研讨活动、竞赛活动、实践活动等，介绍假期与专业相关的兼职打工、短期义工、社会调查等，写出收获、经验与实绩，以此来突显优点和长处。四是必要的技术处理。在行文格式上，需要特别强调的词语用另外一种字体打出，主要特长词句用加粗的字体显示，特别段落采取两端各缩进两字的方法处理，这样更能吸引招聘者的目光。重点介绍要达到的目的是：使聘用单位意识到本求职信撰写者正是他们招聘岗位的最佳人选。

第三层，其他介绍。求职信中还可以写进与用人单位需求有关的其他有利条件，如身体状况、爱好特长（酷爱球类运动，擅长书法、绘画，喜欢吹、拉、弹、唱等）。

求职条件陈述完之后，再次提出求职意向，写明对此职业的热爱，对用人单位的信心，以引起阅信人的重视。如果在连接语中没有明确提出什么岗位，这里必须明确；如果在连接语中已明确求聘什么岗位，这里可笼统地写渴盼成为该单位的员工。写作这部分要注意三点。一是前后呼应，注意岗位目标与主体部分陈述的才能与特长紧密吻合，不能出现错位。二是目标明确，不能出于急于从业的愿望而说任何岗位都适合自己，“万金油”并非复合型人才。三是得体恭维，赞赏对方引为自豪的社会形象、销售佳绩、文化亮点、先进理念、管理特色，将由衷赞美与求职意愿不露痕迹地交融在一起。

拟写主体部分要把定性的介绍和定量的介绍很好地结合起来，善于扬长避短，详尽而重点突出，简明而蕴含丰富，新颖而不落俗套。

3）结束语

在求职信的最后，要特别注意提醒聘人单位留意附呈的简历，并请求给予回音，以争取能够建立下一步的联系，获得面试的机会。紧接着用“随信附上个人简历一份，但愿也能引起您留意的兴趣，并企盼有获得贵公司赏识的荣幸”、“下页附上个人简历，恳望您百忙中垂阅，期待亲聆您的教诲”等收束。出于礼节，结尾还要写上简短敬语和祝词，如“谨祝贵公司发展前景无限美好”、“虔祝贵公司兴旺发达”等。结束语特别要注意：一不要限定时间，给人强迫之意（如“本人于6月5日要放假回家，敬请人事经理务必于6月1日前复信为盼”）；二不要自以为是，带有要挟意味（如“现已有多家公司要聘我，所以请贵公司从速答复”）；三不要拉扯关系，企图以上压下（如“贵公司的××总经理很关心我的求职问题，特让我写信给您，请多关照”）；四不要虚夸海口，给人幼稚印象（如“给我一个机会，还您一个奇迹”）。

4. 落款

依次写出求职人姓名、日期、联系方式（如邮箱、邮编、地址、电话）。“求职人”或“应聘者”后要亲笔签名，以示尊重和诚意，并用“敬上”、“敬呈”、“谨上”等以表礼貌和谦逊。

5. 附件

随信附上个人自传或履历表、学历证明、成绩登记表、技术等级证明和各种获奖证书的复印件以及学校或专家推荐信等。最好在正文左下方一一注明，既方便招聘单位审核，又给对方留下一个“有条不紊、认真负责、办事周到”的好印象。如果随求职信附上贴好邮票写上地址的信封，那将使用人单位更方便地和求职者取得联系，也足可显示求职者的主观能动性和从业自信心。

撰拟要求

1. 深入了解，投其所需

应该采取换位思考的方法，通过分析用人单位提出的要求，了解对方的需要，然后有针对性地提供自己的背景资料，表现出自己独到的智慧与才干。用人单位不一定需要“最好”的员工，但一定需要“最合适”某岗位的员工。要有清醒的自我估价，确定自己属于哪个档次，然后再决定向哪个水平的职位挑战。每份求职信均应根据自己所申请的职位而量身定做，不要试图用一封千篇一律的求职信“包打天下”。

2. 把握关键，重点突出

根据求职的目的来布局谋篇，把重要的内容放在篇首，对相同或相似的内容进行归类组合，段与段之间按逻辑顺序衔接。从阅信人的角度出发组织内容，谈“闪光点”切勿空泛，要落到实处，如说成绩优秀，不如说所列名次；说有社会经验，不如说参加何种调查、实践；说组织能力强，不如说组织过何种活动；说表达能力强，不如说参加过何种辩论赛或发表过哪几篇文章。

3. 如实自荐，以诚动人

实事求是地推销自己，这是写作求职信时应遵循的原则，既不能过分自信、目空一切，也不能一味谦逊、畏首畏尾。每介绍一段经历、一项业绩或提出某项目标、措施，都必须有据可依、恰如其分，使人信服，用成就和事实代替华而不实的修饰语。要如实地写出自己选择某项工作的原因，或者是为了发挥某项专长与特长，或者是为了照顾家里的老父老母，或者是受对方单位的某些优越条件的吸引等。诚实永远是人们所追求的最美好的品质，更是用人单位来衡量求职者的重要标准。

4. 以情感人，引发共鸣

揣摩对方心理，衡量彼此关系，采取相应对策，表述合情合理，设法引起对方共鸣，得到对方赞许。如果对方单位在自己家乡，则可充分表达为建设家乡贡献聪明才智的志向；如果对方单位在贫困地区，则要充分表达为改变贫困地区面貌而奋斗的决心；如果是通过亲友、熟人联系工作单位，则要动之以情，引起对方对往昔纯洁友谊、共同志趣的美好回忆。应适当地选用一些谦词、敬词，如“恳请”、“敬请”、“您”、“贵公司”等，以表达尊重之意。

5. 朴实稳重，谦逊得体

行文语气不能过于主观，过分自信。要尽量避免使用“我（本人）认为”、“我觉得”、“我感觉”、“我相信”、“我看”、“我想”等字眼说明观点，也忌用“我非常希望”、“我真的喜欢”之类的强调语气，陈述业绩也最好不用“我”字。学校和专业应写全称，绝不应该胡乱简写、省写。

6. 篇幅适宜，文笔生动

篇幅过长，陈述过分详细，则可能淹没重点，招聘人望而生畏，难以细看；篇幅太短，陈述过于粗略，则可能遗漏必要的信息，难以完整而充分地展示自己的亮点。内容既要充实又要简洁，最好以1～2页为限（600～1000字）。要注意语言鲜活，充满生气，富于变化，充分利用恰当的辞格、凝练的成语和生动的口语，使表述文情并茂。文面要整洁，布局要大雅，字迹要工整。

例文 4-2

求　职　信

尊敬的××领导：

您好！

真诚地感谢您在繁忙的公务中浏览这份求职材料。这里有一颗热情而赤诚的心渴望得到您的了解、支持与帮助。在此，请允许我向您毛遂自荐。

我叫××，系北京大学人文科学院历史地理研究所97级硕士研究生，主要学习和研究城市历史和地理。在三年研究生学习期间，系统学习了人文地理学研究理论与方法、国土资源学、景观地貌与环境学、地图与测量学、城市地理学、历史地理学、历史自然地理、中国历史地理研究专题等十余门课程，进一步完善了自己的知识结构，并取得了优良成绩。

与此同时，怀着浓厚的爱好和兴趣，我在新闻写作方面孜孜以求。读研以来，比较系统地学习了新闻理论知识，并把它付诸实践。不间断的采访、调查和写作，开阔了我的视野，使我受益匪浅。三年来，先后在《人民日报》、《光明日报》、《中国青年报》、《中国大学生》、《年轻人》、《青年月报》等报刊发表消息、评论、通讯、纪实散文、诗歌等体裁文章百余篇。参加编写《家庭文化知识》和《北大趣闻》两本书，分别撰稿七万余字和三万余字。

在学习专业知识和拓展个人兴趣的同时，强烈的集体荣誉感和奉献激情，又使我积极、热情、务实地投入到一些有益的社会活动中。在任《北大论坛》副主编、《北京大学研究生学报》副主编、《北大经纬》副主编期间，积极采稿、改稿、编稿、审稿，付出了很多精力和汗水。担任北京大学研究生会副秘书长和记者团团长时，除主编《北大研究生会简报》外，还经常向校外媒体投稿，负责校内校外宣传。同时，参与组织北大每年一度的研究生红枫艺术节、红枫杯辩论赛、各类晚会、讲座等研究生文体活动。本人以真诚、热情、勤奋、务实的工作作风受到北大师生的广泛好评。两年内，连年荣获北京大学优秀研究生干部称号和优秀研究生奖学金，并获北京大学优秀通讯员、《北京大学研究生学报》优秀编辑、1997—1998年度北京大学研究生学术成果甲等奖等十项奖励。

思想和精神的完善，才是人真正的完美。在完成学业和参加社会实践过程中，我不断加强自己的思想道德修养，既学做事，又学做人。恪守“有所作为是人生的最高境界”的人生信条，时刻关注祖国的现状和未来，关注社会经济发展。积极奉献，乐于助人，多次参与社会捐赠和公益活动。生活上本人始终保持着真诚善良、艰苦朴素、勤俭节约的农家子弟本色。读研期间，在党组织的温暖关怀下健康成长，并光荣加入中国共产党。

鉴于所学的专业知识和实践经历，我相信自己适合于从事新闻、出版、行政、文秘、宣传、科研、教学等部门的相关工作。我会以一颗真诚善良的心、饱满的工作热情、勤奋务实的工作作风、快速高效的工作效率回报贵单位。

剑鸣匣中,期之以声。非常盼望能与您进一步面谈。我的联系方式:010-××××××××。

此致

崇高的敬礼!

求职人:××

××××年×月×日

例文 4-3

应 聘 信

尊敬的×××总经理:

您好!

首先衷心感谢您在百忙之中抽出宝贵的时间查阅此份应聘信。我叫×××,是一名即将从××学院市场营销专业本科毕业的大学生,明年 6 月我将顺利毕业并获得管理学士学位。近期获知贵公司正在招聘市场营销人员,我自信能胜任这份工作。

通过三年半的学习和训练,我具备了扎实的专业理论知识和营销技能技巧。在大学期间,我在精通专业课教材的基础上,课余认真研读了菲利普·科特勒《科特勒谈营销》、唐·舒尔茨《整合营销传播》等世界营销名著,扩大了知识视野,深化了理论根基。与此同时,我积极从事商品营销实践,几年来,始终坚持练摊,在校园跳蚤市场上我获得了能够独立维持学习生活的收入。2008—2010 年三年暑假,我先后在××物流公司、××房产公司、××商栈实习,在亲身实践中巩固了所学的理论知识,并帮助实习单位培训营销人员。

2008 年 1 月,我顺利通过了大学生英语四级考试,有着较好的阅读写作能力和口语表达能力;2009 年 9 月,我顺利通过国家计算机二级考试,能熟练地进行 XP 系统的相关操作,对网络技术也较了解,并精通 Office 办公软件,尤其是 Word、Excel、Powerpoint,能使用 QB、VFP 和 VB 等语言编程,并能熟练使用 Photoshop 进行图文处理及平面设计。另外,还能运用 Dreamwear、Fireworks 等软件进行相关工作。

除了专业课、文化课学习和实践,我还积极投身于学院社团工作,锻炼了自身的组织协调能力和团队协作精神,养成了脚踏实地办好每一件事的习惯,培养了吃苦耐劳、诚实守信的品质,坚强乐观的个性和开拓创新的精神。我相信这些素质将有助于我在以后的工作和学习中克难奋进,有所建树。

我深知贵公司实力雄厚,经营有方,开发建设的楼盘,已分布在国内五大城市。因此,很希望能成为贵公司的一员,能到贵公司竭力尽才是我人生最大的幸运。随信附上一份简历,再次感谢您能抽出宝贵的时间垂阅,谢谢!

祝贵公司事业如日中天!

应聘人:×××谨上

××××年×月×日

联系电话:××××××

附:个人简历、学历证书、身份证、专业课程成绩单、专业技能等级证书、英语等级证书、计算机等级证书、获奖证书、荣誉证书复印件共×份。

实训练习

(1)××公司是是一家研发、生产、销售苦荞系列饮品、食品的现代化企业,现招聘电话营销员 10 名、商务谈判代表 5 名、办公室文员 1 名、文化部干事 1 名、平面设计员 1 名、网络程序员 1 名。请根据自己实际情况,选择合适的职位、岗位写一份 600 字的应聘信。

(2)为了做好学院的宣传工作,学院学生会准备招聘一名宣传部长。××系×班李芬同学觉得自己有下列优势:一是有绘画功底,高中时代曾担任班级的美术课代表;二是喜欢写作,在校刊发表作品 15 篇,曾在市中学生作文竞赛获得二等奖；性格活泼，口才很好，有较强的交际能力，曾当过三次校园晚会节目主持人。请代李芬写这封求职信(所需相关内容请酌情补上)。

(3)小郑是××大学人文广告系即将毕业的大学生，他能熟练运用各种电脑设计软件，擅长于广告创意策划与文案写作。在校期间参加过多次广告设计竞赛，其中创意广告作品《××××》荣获2010年全国大学生广告设计大奖赛银奖，另一作品《××××》荣获湖北省第三届楚天杯广告设计一等奖。积极参加社团工作，曾担任校学生会宣传部长，具有较强的组织能力和协调能力，连续三年被评为校级“三好学生”；在实习期间，赢得实习单位的嘉奖，被评为“优秀实习生”。请代小郑拟一份向××广告公司递交的求职信。

(4)小林是××大学中文系汉语言文学专业的应届毕业生，目前准备到三家用人单位分别应聘教师、文秘、新闻记者。那么，小林要写的三封求职信主要内容应该有何区别？请拟写三封不同内容的求职信。

第三节 个人简历

文体概述

简历，是求职者向用人单位介绍其资格、职位、教育和工作经历等情况，有选择、有重点地加以概括叙述的一种应用文体。现行人事管理档案中，个人简历是其中的重要内容，它是组织人事部门掌握有关人员情况的基本依据。寻找工作或调动工作，也需要向有关招聘单位递交个人简历，供用人单位录用时参考。

个人简历具有综合性、客观性、清简性和灵活性。简历是撰写人对以往经历、工作及有关情况的总结，内容较为全面。简历是客观事实的罗列和提炼，没有主观的内容(除求职简历外)，罗列要具体，比如，不能写“连续三次获得奖学金”，而应标明哪几年获得。简历材料安排要分门别类，逐项表述，条理清晰，且要做到文字简洁、重点突出，内容高度浓缩，以1200字左右为宜。简历是一种特殊文体，属于资料组合应用文，外在形式可采用表格式，也可采用条款式，内容可按时间顺序组合，也可按职能序列组合，内容要素如教育背景、联系方式等可以安排在前，也可安排在后。

个人简历与求职信有所联系，尤其是当个人简历的递交意图在于求职的时候联系更为紧密。但二者一般不能互相取代，更不能互相混淆。①格式、风貌有别：求职信以信函形式出现(类同商业信函)，针对特定个人来写，带有称谓和落款；简历多以表格形式出现(类同广告文稿)，针对工作职位来写，无须称谓和落款。②内容重点不同：求职信是综合介绍自身能力、个人特征与求职意向；简历是全面简洁地介绍资格、职位、教育和工作经历。③表述色彩各异：求职信因为要写自我评价(关于意志品质等)和求职意愿，主观色彩要浓一些；简历主要列述求职者的客观情况，客观因素多一些。④功用也不全同：求职信旨在求职，对简历内容具有综合介绍、补充说明、深入扩展的作用；简历不局限于求职，它也是现行人事档案管理的重要内容(相当于履历表)。

个人简历按格式分有表格式简历和短文式简历。按载体分有纸质简历、电子简历。按内容分主要有时序型简历、功能型简历、复合型简历。时序型简历以时间为次序列举个人工作经历，一般先列出最近的工作经历，再按逆时间顺序将过去的工作经历依次列出，找与自己从前职业相类似工作的求职者适合于用这种简历。功能型简历强调资历与能力，对专长和优势加以分析说明，以各类能力和技能为主排序，频繁更换工作和经过再就业培训的求职者适合于用这种简历。复合型简历是上述两种简历的复合，就是先陈述能力和技能，再按时序陈述工作经历和具体经验，大多数求职者都适合于用这种简历。此外，创造型简历，讲究创意，不拘一格，适合特殊职业（如摄影者、音乐人、演员、模特、广告方案设计者）的求职者。

行文格式

1. 短文式简历

简历的结构由标题、正文、附件三个部分组成。

1）标题

标题一般写明"×××简历"字样。如果该人已有职务和身份，需要写明时，也可在"×××简历"前加上职务和身份。

2）正文

正文一般由两个部分组成。第一部分纵向总述经历：写明该简历人的姓名、性别、民族、出生年月、籍贯、文化程度、政治面貌（当应聘政府部门职位时，写清政治面貌是必不可少的）、现任何职。第二部分则依次分段叙述每个阶段的经历。

除了全篇分段式外（按时间经历划分），简历还有全篇一段式写法，即从姓名、出生地、籍贯、出生年月日、民族、政治面貌写起，按时间顺序叙述主要的学习、工作经历，主要才能、贡献以及工作、学习、生活中有典型意义的事等。

短文式简历，写作自由度比较大，但也要看需求方而有所侧重，内容上最忌讳面面俱到。

3）附件

内容同求职信附件。如果求职信已列出则此项可省，以免重复。

2. 表格式简历

1）标题

同短文式简历标题。

2）正文

正文包括个人概况、教育背景、工作（实践）经历、荣誉成就、自我评价、求职意向等。

（1）个人概况。个人概况包括求职者的年龄、性别、身高、民族、出生地、婚姻状况、健康状况、政治面貌、学历、学位、住址等。要简明扼要，过多的个人信息会分散招聘人员的注意力。

（2）教育背景。教育背景包括毕业院校、毕业时间、所学专业、主修课程、外语水平、计算机水平等。毕业院校、所修专业要写全称；毕业时间要落实到月份；主修课程只列写专业主体课程，突出相关的、高分的课程；外语、计算技术水平在陈述等级之外，对实际能力要适当描述。应该尽力扬其所长以掩所短，重点强调自己最近几年所受的教育和培训（进修）情况，包括那些与应聘工作最有直接关系的特别课程或活动。

（3）工作（实践）经历。此部分为简历的核心内容，主要包括专业实践、社团实践和志愿者实践。一般是先写近期的，然后按照时间的顺序依次写出。在每一项工作（实践）经历中先写工作起止时间，接着是工作（实践）单位、具体职务（职责）、重要业绩。要根据个人情况不同而重点突出说明工作（实践）具体内容与经历，尤其是与求职目标相关的工作（实践）经历。它们必须是最主要的、最有说服力和最具证明性的。不要只记录曾经做过什么，更重要的是如何做的，做到了什么程度。如果是毕业生，则主要写社会活动与实践经历，尽可能列写所有有意义（尤其是与职业领域相关）的社会经历（或乡村支教、或暑假义工、或社区助残、或短期打工、或兼职家教）与实践经历（或毕业实习、或勤工俭学、或社团工作、或助教助研、或编辑刊报、或主持活动），写自己从中学到了什么技能，提高了哪些方面的素质。所列出的技能一定要与自己应聘的岗位相符合，最突出的技能应该是最接近岗位要求的，而不应是最拿手的。对于技能的描述必须具体，如公众表达技能要谈主持节目、主题演讲、培训人员等；电脑使用技能要谈硬件维护、软件应用、软件开发等；机械加工技能要谈零部件设计、切削加工、装配等；财会账务技能要谈点钞、珠算、手工记账等；旅游管理技能要谈中餐宴会摆台、客房操作与服务、导游服务等；商务英语技能要谈商务谈判，报关报检，撰写信函等；物流管理技能要谈验收、上架、拣货、复核等业务实际操作；市场营销技能要谈企划案写作、市场开发、人际沟通、销售服务……描写工作经验时，不要只针对工作本身，业绩和成果更为重要，表明自己技能、专业知识、在工作中所起的作用及最终的良好结果，最好做到具体化、数字化、精确化。

（4）荣誉成就。荣誉即在校期间获得奖学金、论文奖、三好学生、优秀团员、优秀学生干部等；成就包括重大成果（结题的科研项目）、撰写论文（注明是否已发表）、成功主持或举办某些活动等。

（5）自我评价。自我评价要简明扼要地表明自己的最大优势所在，突出专业、能力、经验等方面与所应聘职位的高度匹配，给招聘方一个要想与你见面的理由。①个性特点，是一个人“软技能”的体现，这点被越来越多的公司所重视，对方可从中了解求职者的个性是否符合岗位要求。概括个性特点，既要符合本人实际情况，又要有一定的倾向性、针对性。比如说，要应聘销售类职位，可以多描述性格上外向，很容易与人相处，善于应变等；要应聘财会类职位，就要强调原则性强，性格沉稳，做事稳重，对数字敏感等；要应聘行政助理文员之类，就要强调性格文静，细心缜密，认真负责，温厚顺从等；要应聘研发、设计类职位，则需要突出具有创新意识，能在压力下工作等。②爱好特长，应该针对所应聘的公司要求来设计，在自己的特长中有选择性地写。比如，应聘公关人员，则突出口才甚好，思维敏捷等特点；应聘工会干部，则突出擅长书法、喜爱歌舞等特长；应聘电子商务员，则突出网上操作技术（如推广产品、网站推广、SEO优化之类）专长；应聘软件技术员的，则突出网页设计专长和作品。不具体的爱好特长不写，与职位和工作无关的兴趣爱好不写，最好能写上一两项体育爱好。③自我评价，应当客观、全面而富于个性。自我评价必须是在正视自己、面对现实的基础上做出的，千万不要有虚假成分，例如夸大自己的能力、优点或工作经验等。自我评价既包括自己的特殊素质，又包括综合素质；既包括自己的优点和长处，也包括缺点和不足。自我评价尽可能避免千篇一律，可以用短诗表明生活态度，或引用经典名句阐发人生志向，也可以引用师友的评价建议侧面表达。

（6）求职意向（此项内容亦可置于“个人概况”之后）。要清晰地锁定求职目标，并能给予适当说明，不能笼统地写为“希望找一份具有挑战性、发展空间宽广的职位”。如有多个目标，尽量写上多份不同的简历，在每一份上突出不同的重点。若应聘大公司不同部门的不同岗位，则需写两份不同的简历，各申请一个职位，以便对方转给不同的部门负责人；若应聘小公司或同一个部门的两个岗位，则可把两个目标连在一起写，如“应聘行政助理或人事助理工作”（注意A、B岗位必须处于同一职务水平上的相关领域）。

联系方式（电子信箱、移动电话、固定电话、通信地址、邮政编码等），放在正文之后或是置于个人概况栏均可。

3)附件

同求职信附件。

撰拟要求

1. 内容真实,切忌胡编乱造

要诚实描述自己,不要自吹自擂,也不要过于谦虚。用人单位越来越重视求职者的职业道德和团队精神,简历作假表明求职者有道德和人格上的缺陷。技能和知识结构上的缺陷可以培训,人格上的缺陷却无法弥补,简历作假必然会影响自己的职业前途。对简历内容应进行科学取舍,适当突出重点,既使简历具有吸引力,又保持了真实性。

2. 有的放矢,切忌重复拷贝

求职简历最重针对性,一要针对所应聘的公司和职位,二要针对自己,写出自己的亮点。要根据对方单位的具体情况以及应聘岗位的具体要求,量身定制简历,只有根据招聘要求突出自身的优势或是胜任的具体条件,才有可能让对方感受到求职者的诚意和用心。那种以不变应万变的"万能简历",是毫无效用的。

3. 陈述有序,切忌结构混乱

不论是文字式简历还是表格式简历,均应布局合理,层次分明,文从字顺,整洁清晰,运用词语、术语准确无误。每项标题中最重要的细节一定要放在第一项,随后是次重要细节,使简历上的重要内容得到有效突出。另外,要美观庄重,不要给人花里胡哨或拥挤不堪的感觉。

4. 用语简明,切忌缠夹不清

简历要做到"薄"、"露"、"透"。所谓"薄",就是最好用文本格式一页纸把自己交代清楚;所谓"露",就是把自己的个性表现出来给人留下特殊的印象;所谓"透"就是把自己与职位的关联点找出来,让招聘方在最短的时间里发现求职者和职位的匹配点。

例文 4-4

×××简历

个人概况		
姓　　名:张××	性　　别:男	(照片)
出生年月:1990 年 2 月	身　　高:175 cm	
籍　　贯:湖北××	民　　族:汉	
健康状况:良好	政治面貌:党员	
学　　历:大学本科	学　　位:管理学学士	

教育背景
毕业院校:××工业大学　　毕业时间:2012 年 7 月
所学专业:物流管理
主修课程:物流概论、物流规划与设计、采购与供应管理、采购项目管理、运输管理、仓储管理、配送管理、国际物流学、国际贸易法理论与实务、采购过程演练、运输实务、仓储管理实务、物流配送中心设计、国际物流实务、成功学、创新学、素质拓展训练等。
英语水平:2013 年通过国家大学英语六级考试,有较强的阅读、写作与口语能力。
计算机水平:熟悉 DOS、Windows 操作系统和 Office 2007、Internet 的基础操作,掌握 Fortran、C 语言等。

实践经历 2011年暑假,在××市顺通物流公司实习,学习物流配送中心管理实务,撰写论文《论中小型物流配送公司的经营策略》。 2009年暑假,在××市长风物流公司实习,从事的工作主要以盘点为主,熟练掌握了盘点程序和技巧。 2010年暑假,在××市迅达物流公司实习,学习仓储实务管理,掌握了仓储管理的主要业务流程和仓储成本管理。
获奖情况 2009、2010、2011年连续三年被评为优秀团员、优秀学生会干部; 2010、2011年被评为暑假实践活动先进个人、社会活动积极分子; 2009、2010年分获年度二等、一等奖学金。
个性、特长及自我评价: 个性特点:活泼开朗,乐观向上;待人诚恳,与人为善;吃苦耐劳,谦虚好学。 特长爱好:喜爱足球运动,曾获××市足球联赛(大学组)"最佳射手"称号。 自我评价:具有良好的沟通能力、组织能力和策划能力,有较强的团队意识、协作精神和适应能力。
求职意向 1. 机关事业单位行政助理; 2. 物流公司厂务助理。
联系方式 电子邮件:×××××@163.com 移动电话:1896635×××× 联系电话:0××-6886×××× 通信地址:××市××区22栋×单元×××号 邮政编码:430082
附:学历证明、身份证、专业技能等级证书、英语等级证书、计算机等级证书、获奖证书、荣誉证书复印件共×份。

实训练习

(1)××中科石化集团到××石油化工学院招聘应届优秀大学毕业生,要求具有本科以上学历,招聘专业为机制、运输、设计,以上人员男女不限,要求诚实守信,德才兼备,身体健康,责任心强,吃苦肯学,愿意从事化学工作,有相关经验者、成绩优异者优先。请据此拟一份求职简历。

(2)根据自己在校实际情况和在校期间的总体规划,合理构想自己的择业目标,写一封毕业求职信,并编制一份简历。要求求职信和简历内容统一,互为辉映,构成一套完整的求职资料。

(3)请根据下面一则招聘启事,撰写一份求职简历。

招聘启事

××公司成立于××年,主营房地产开发与经营、物业管理、建材购销、房地产咨询等业务,现因公司业务发展需要,面向社会诚聘销售管理人员。愿您的加入给我们带来新的活力,我们也将为您提供广阔的发展空间!

1. 招聘要求:全日制本科以上学历,工作认真扎实,具有较强的沟通协调能力和团队协作意识,有责任心;专业、男女均不限,学生会或班干部优先录取。

2. 招聘人数:4～5人。

3. 招聘岗位:销售管理人员。

4. 主要职责:销售案场管理,联系房管局和银行,给客户办理按揭贷款,签订购房合同,办理房产证等业务。

5. 工资待遇:试用期基本工资×××元/月,试用期3～6个月。试用期满考核合格,缴纳三险一金,实行基本工资加奖金的薪酬制度。

6. 报名方式:打电话报名登记,发送邮件投寄简历或直接到×××销售部报名,并按报名顺序统一组织面试,可登陆××网或××大学网查询招聘信息。

7. 联系电话:×××-×××××××××。联 系 人:王先生。面试日期:××××年×月×日上午9点(请带毕业证或学生证,近期一寸免冠照片1张,简历1份)。面试地点:××销售部。

××公司

××××年×月×日

第四节 竞聘报告

文体概述

竞聘报告指竞聘者通过报告来展示个人才华,表达个人意愿,谋求实现个人理想与抱负的机会,向听众推销自我,以得到听众的赞赏和认同的报告。它既是竞聘者能否被聘用的重要文字依据,也是组织人事部门用以考核干部的重要档案资料。在公开招聘过程中,怎样能使对方了解自己、相信自己并委任自己,使自己"中标受聘",竞聘报告将起关键作用。所以竞聘者在竞聘报告的写作上要下一番功夫。

竞聘报告具有内容的竞争性、目标的明确性、主题的集中性和思路的程序性。内容的竞争性是它最突出的特点,竞聘过程是听众比较、筛选的过程,竞聘者要尽最大可能显出"人无我有"、"人有我强"、"人强我新",胜人一筹的优势来,甚至化劣为优,只有这样才有可能战胜对手。目标的明确性,一是要鲜明地亮出自己所要竞聘的目标,二是所选用的一切材料和运用的一切手法也都是为了一个目标——使自己竞聘成功。主题的集中性,竞聘报告要在有限的时间内将自己最大的优势展示出来,就必须集中讲述的精华,语不离宗,意思单一,不枝不蔓,重点突出。思路的程序性,竞聘报告者的思维脉络一定要讲究顺序,层次分明,环环相扣,充分显示出思考的成熟。

为写出成功的竞聘报告,动笔前须考虑如下问题。①为什么要报告——报告的目的。向听众展示竞聘者的才华、品格、风度,证明自己是一个优秀的人选,博得听众的好感与赞许,最终争取到所应聘的职务和职位,是竞聘者的中心任务。②在对谁报告——报告的对象。竞聘者的听众很特别,有面试考官,有同场竞争者,还有少数其他听众,竞聘者主要是面对考官报告。③准备说些什么——报告的内容。要用事实证明竞聘者的知识和技能、工作经验、爱好、特长等适合应聘单位、职位的要求,有针对性地提出既符合客观实际又切实可行的施政构想。另外,要强调求职的信念和决心。④准备怎样说——报告的结构。竞聘者要考虑好先讲什么,后讲什么,重点讲什么,附带讲什么,要分清主次先后、轻重缓急,分配好报告的时间——内容结构安排。要注意处理好朴实与生动、直率与含蓄、严肃与幽默、自信与谦恭、理智与情感等五个关系。

行文格式

一篇成功的竞聘报告应当由如下要素。

1. 简洁的标题

标题是竞聘报告词结构的有机组成部分，标题一般可有三种写法：一种是文种标题法，即只标“我的竞聘报告”；一种是公文式标题，一般由介词“关于”加所竞聘的职务名称及文种等要素组成，即写为“关于竞聘××一职的报告”；还有一种是文章标题法，可用单行标题拟制，也可采用正副标题形式，如“扬起自信的风帆——远航文学社社长竞聘演说词”。

称谓要根据报告的场合确定合适的称谓，从实际情况来看，大多采用泛指性称谓，如“各位评委”、“各位领导、同志们”等。得体的称谓体现出竞聘者对听众的尊重之情，有利于比较自然地导入下文。称谓的位置在标题之下，靠左顶格。

2. 精彩的开篇

竞聘报告者应精心设计报告开头，讲清自己所竞聘的职务和竞聘的缘由，把听众带进自己创设的报告情境中，从而提升自己的人气，在竞聘中胜出。开篇应以新颖引人为宜，新颖是制胜的法宝，惟其新颖别致，才能吸引人、打动人，才能收到受人瞩目的效果。常见的开头方式有以下几种。①感谢式。用诚挚的心情表达谢意。②概述式。概括叙述自己应聘的岗位以及竞聘报告的主要内容。③简介式。简要介绍自己的经历、性格特征，让听众对自己有个初步的了解。开篇部分一定要开门见山，干脆利落，用极其扼要的语言表达出所要竞聘的职位名称以及竞聘者的基本情况，尽快切入正题。

3. 丰富的主体

这部分是竞聘报告词的重点和核心，也是写作的难点所在，它要充分有力地表述出竞聘者竞聘该职务的优势（理由）以及被聘用以后对工作的主要设想、目标和打算，从而有效地“征服”听众，实现报告的目的。在写法上的一般要求是做到主旨突出，层次清晰，上承开头，下联结尾，一般包括以下几方面的内容。

(1)陈述竞聘的主要优势。这一部分实际上是要说明为什么要应聘，凭什么应聘的问题。介绍自己的自然情况（年龄、政治面貌、学历、现任职务等），摆出自己的主要优势（政治品德、主要特长和工作业绩）。要归纳为几个方面，集中进行阐述，不是叙述自己工作时间的长短，而是突出和竞聘岗位相关的经历和业务能力。内容应根据竞聘职务的职能情况有所取舍，力求精要，切忌面面俱到；应多用事实说话，切忌夸夸其谈，可以结合自己前一时期的工作来写，如自己曾做过什么相关的工作，效果如何，从中展露出自己的水平、能力、知识和才华。在展示自己优势部分内容时，不能报流水账，要善于归纳并用简洁的语言加入段首提要，再以事实和数据佐证。

(2)对应聘岗位职责的认识，即对竞聘工作提出自己独到的见解。竞聘前，要充分了解招聘单位和应聘岗位的情况，只有明确岗位职责，才能有的放矢地提出该岗位的工作目标、施政设想和打算。如一篇竞聘编辑部主任的报告词是这样写的：“策划选题、组织稿件、编辑书稿是出版工作的关键环节，也是出版社工作的重中之重。编辑室是承担这一重任的基层组织，应起好以下三个方面的作用：桥梁作用——室主任要成为领导的助手、群众的知音；领导作用——组织本室成员积极开展工作，落实社里的计划；协调作用——既要协调本室工作，又要和其他部门相互协调，合理安排人力、时间，妥善安排好各项工作。”

(3)表明自己任职后的打算。应聘后的工作目标与措施是竞聘报告的重要内容，是能获得听众的信任和支持的重要前提。报告者必须根据本系统、本单位及本地区的实际，围绕听众关注热点、难点，提出明确的工作目标、效益指标和公众受益指标和切实可行的措施(完成任务指标的设想)，内容既要实在、又要体现创新精神，力求达到客观性、可行性和先进性的统一，做到言出可行，语出必果，目标高低适度，措施科学适宜，以增强竞聘报告的感召力和聚合力。使人听了觉得竞聘者有雄心壮志、有务实精神、有办事能力，任职后能够胜任，必将取得出色成绩。如一位竞聘学校教研室主任者的陈述：“假如我能竞聘成功，我将努力扮演好以下几种角色：一是以身作则，当好科研兴校的‘领头雁’。…… 二是立足本职，当好领导决策的‘参谋者’。…… 三是脚踏实地，当好教师科研的‘服务员’。…… 四是与时俱进，当好学校科研的‘管理员’。…… 五是甘为人梯，当好青年教师的‘辅导员’。……说到这里，我想起了阿基米德的一句名言：‘给我一个支点，我可以撬起整个地球。’但在这里，我不敢高喊这类豪言壮语，我只想表达一个愿望，那就是：给我一个舞台，我会为学校的发展尽一份责任。”

4. 凝练的结尾

结尾是主体内容的自然延伸，一般要写出自己竞聘、竞招的决心和信心，请求有关部门和代表考虑自己的愿望和请求；二要表明自己能官能民的态度。好的结尾应写得恳切有力，意近旨远，使人闭目能为之长思，加深评选者对竞聘者的良好印象，从而有利于竞聘成功。此部分要写得简明扼要，自然贴切，画龙点睛，意尽即止。常见的结尾方式有这样几种。

(1)卒章言志式。报告者表明自己“上任”后的抱负和决心，如“如能蒙贵公司不弃，有幸成为贵公司的一员，我将竭尽所学，为贵单位的发展贡献自己的一份力量”。

(2)祈请支持式。表达自己对竞聘上岗的信心，恳请得到大家的支持和帮助，如“同志们，朋友们，请大家助我一‘笔’之力投我一票吧，因为选我就等于选了你自己！”

(3)以“谢”圆场式。当竞聘报告结束时，礼貌地说声“谢谢”，如“今天天气这么冷大家还都来捧场，这使我非常感动。无论我竞聘是否成功，我都要向各位领导、评委和在座的朋友们表示深深的谢意！”

(4)巧借“东风”式。即借他人报告结尾作为自己结尾，如“朋友们，至于决心在这里我也就不表了，因为前边每一位竞聘者的心声就是我的心声，他们的决心就是我的决心！”

(5)借景抒情式。巧妙地借用当时的景物来抒情表志，如“同志们，听着窗外响起的阵阵春雷，我的心中不由得一震，……我要张开双臂，为春雷春雨的到来而欢呼！”

(6)设问收束式。以设问引起听众注意，然后铿锵作答，如“也许你们会想：你的想法倒挺好，可实现得了吗？……古语说得好：人心齐，泰山移，如果在座的各位都摽着膀子和我一起干，我敢肯定，不久的将来，梦想定会变成现实！”

(7)欲说还休式。突然煞住，干脆利落，耐人寻味，如“最后，我也不想再表白什么了，天地之间有杆秤，那秤砣就是老百姓，我相信大家的眼睛。谢谢！”

(8)名言作结式。引用名言、警句，巧妙表达心迹，如“古人说：‘不可以一时之得意，而自夸其能；亦不可以一时之失意，而自坠其志。’我将以这句话自勉。……最后以一副对联来结束我的报告，上联是‘成固可喜，宠辱不惊看花开花落’，下联是‘败亦无悔，去留无意随云卷云舒’，横批是‘与时俱进’。希望领导和同志们支持我！谢谢大家！”

结尾同开头一样，也没有不变的程式，只要敢于创新，不拘一格，细心体验他人成功的经验，就会创造出精彩、新颖、言已尽而意无穷的结尾来。

撰拟要求

竞聘报告的内容各不相同，在组织材料时既要考虑听众，又要记住自己的竞聘目的。一份优秀的竞聘报告稿要做到自信而不妄自尊大，自谦而不妄自菲薄，以诚恳热情的语言感染评委和听众。

1. 表达自我，把握好度

竞聘报告主要是展示自身优势，从而赢得人们的信任和支持。既要展示特长，展示实绩，也要展示德行，但又不能说得过头，不可铺张扬厉，不宜写得过于具体，使听众了解即可。对于同一类工作业绩或成果(如科研项目)，如果不止一项，一般选择其中一两个突出的加以介绍，而不必细大不捐面面俱到。这样既突出了重点，又不致给人罗唆之感。讲优势要把握好度，讲缺要点到为止，既承认有不足，又含而不露，恰到好处。

2. 针对性强，具体实在

必须紧紧围绕竞聘的主旨展开论述，凡是与竞聘岗位相关的学历、经历、能力及个性特征都要重点介绍，而且要言之有物，最好以曾经获得的殊荣、奖励加以证明，以公认的良好的个人条件来印证，切忌用鉴定式的语言，大而空的套话来勾画自己。陈述竞聘成功后所要达到的工作目标以及保证目标实现拟采取的各种措施等，要有充足的事实、中肯的分析和透彻的说理，以真实、自然而又强烈的主观感情来震撼听众的心灵。唯有如此，才能有效地提高竞聘的成功率。

3. 结构清晰，篇幅适宜

要有一个清晰严密的结构，论证说理过程要层次分明，简明扼要，要让听众听起来清楚、顺耳。要有重点地讲清一两个问题，恰当地处理内容的主次详略，而不追求全面完整。篇幅长短适度，太短，不足以充分具体地说明问题，不足以充分展示竞聘优势；过长，又往往达不到预期的效果，甚至使听众产生厌倦情绪。听众的注意力和兴奋点有一定的时间限度，超过一定的限度，就会削弱报告的效果。竞聘报告大多有时间限制，一般在 10～15 分钟左右，文稿以不超过 2000 字为宜。

4. 适应场合，语言质朴

竞聘报告必须适合报告的场合，必须符合竞聘者的身份，并能显示出其个性特色。要多用符合口语表达习惯和听觉习惯的句子，避免书面语过多的倾向。表述要富于幽默感，适时融入幽默的语句，容易赢得欢笑和好感；诙谐的真话笑说，比庄重严肃的表白更易深入人心。竞聘报告不同于演讲词，不宜刻意追求气氛的烘托和渲染，避免过多使用带有文学色彩的语句，避免用抒情的表述方式。

例文 4-5

让编辑出版事业的明天更加美好

——求职应聘演讲稿

尊敬的各位评委、老师和同学：

大家好！

有一座铁塔已矗立千年，那便是开封铁塔；有一所学府将年满百岁，那便是巍巍河大。我是来自河南大学新闻与传播学院编辑出版专业的王慧仙，今天，我应聘的职业是编辑。

从小，我就是一个嗜书如命的孩子，只要手里捧着书，我就感到格外地兴奋，只要眼睛看着文字，我就觉得异样地愉悦。书，让我由无知变得聪颖，由狭隘变得开阔，由幼稚变得成熟，由胆小怯懦变得大气磅礴。既然书有这么多好处，那么这些好书又是谁编的呢？我对此产生了好奇。妈妈告诉我："书要经过编辑的编纂才能成册。"于是，我对编辑油然而生一种敬佩，心里也暗暗埋下了一颗长大后要当编辑的种子。

二十岁的时候，我跨入了开封市明伦街85号，走进新闻与传播学院，开始了大学四年的本科生涯。古朴典雅的河大校园，处处可以看见同学们孜孜以求的身影。在浓厚的学习氛围中，我开始接触自己的专业并逐渐了解了它的特点。编辑出版专业是一门综合性较强的专业，它内容丰富、包罗万象，它兼收并蓄、博采百家之长，它浩浩荡荡、横无际涯，它思接千载、视通四面八方。它要求我们具备渊博的学识、精确的思辨和过硬的文笔，它要求我们在继承中发展，在发展中创新，它要求我们精密策划，精心加工，锦上添花，拾遗补阙，精雕细刻，一丝不苟，精益求精，尽善尽美。正因为这个专业极具挑战性，我们的学习才更富有意义。当我们走完全程，回顾大学四年中那些令人难忘的点点滴滴时，我们发现自己已在不知不觉中收获了许多，在潜移默化中成长了许多。

今天，我怀着无比激动的心情站在了首届大学生求职应聘的舞台上，那我就打开天窗说亮话，我想应聘的就是我的老本行——编辑。首先，我是这个行业出身，所以上手比较快，可以节省公司用来培训员工的时间，提高效率；其次，我勤奋敬业，踏实肯干，不敷衍了事，不浮躁轻狂，这样可以减少公司因产品质量不合格而造成的麻烦和损失，为公司树立良好的信誉和形象；最后，我目光敏锐，关注新生力量，我能在未成熟的作品中发现名篇佳作，在未成名的作者中发现英才俊杰，这样有利于公司实现社会效益和经济效益的双赢。

假如我有幸成为了一名真正的编辑，我将义不容辞地承担起自己肩负的责任。我将使自己成为读者的知己、作者的知音，架起读者与作者之间沟通与交流的桥梁；我会保证出版物的健康和纯净，取其精华，去其糟粕，拒绝文化垃圾，剔除低级庸俗，鞭挞不正之风，弘扬时代主旋律；我会以建设由中国特色的社会主义文化为己任，始终坚持为人民服务的宗旨，洁身自好，向往崇高，胸怀大局，豪情万丈，以宏大的气魄向全球、向后世传播当代中国的先进文化，不辜负国家的重托和人民的祈盼。当然，作为公司的一名职员，我更应该积极参与出版单位的精神生产和筹划经营，努力把精神文明和市场运作结合起来，密切关注市场动态，及时制定有效对策，为公司的发展壮大贡献出自己的一份力量，让公司在千万个竞争对手中脱颖而出，站稳脚跟，从而为公司求得广阔的生存空间和良好的发展环境。总之，公司的荣辱兴衰与我息息相关，公司的前程繁花似锦、公司的未来辉煌灿烂是我永恒的追求！

愿有志于找到一份好工作、一个好岗位的青年朋友们都来加入我们的行列，让我们一起为我们的风华正茂而喝彩，为我们的缤纷梦想而欢呼，为我们的盛世华章而礼赞，为我们的大好机遇而高歌！

谢谢大家！

竞聘者：王慧仙

2010年5月23日

实训练习

(1)胡××同学，2013年毕业于××大学外语学院师范英语专业，拟去W市18中竞聘英语教师一职，请代拟竞聘报告。

(2)周××同学，2012毕业于××大学文学院的汉语言文学专业，原在某乡镇中学任教，2014年拟参加副村长竞选，请代拟竞聘报告。

(3)张××同学，2011毕业于××大学文学院的计算机专业，在××电脑公司任职，近日打算竞聘业务主管一职，请代拟竞聘报告。

第五节 述职报告

文体概述

述职报告是各级机关、社会团体和企事业单位的领导及工作人员，向所在单位的组织人事部门、主管领导机关或本单位职工群众，陈述自己任职一定时期内履行岗位职责情况的自我评述性报告。述职报告能够比较全面地反映述职者的基本情况和工作能力，有利于组织或上级领导进行各方面的考核；述职报告作为重要的业绩材料，有利于群众对述职者进行监督和批评；述职报告是述职者对自身的检查，可以做到“吾日三省吾身”，能够不断提高自身素质。随着我国干部人事制度改革的不断深入，述职报告已经成为各类人才精英充分展示自己才华的一条重要渠道。

述职报告与个人总结有些相近，要注意辨别。①写作主体不同。述职报告的主体一般是担任行政或专业职务的个人，普通办事员和群众不需要向谁述职；个人总结的主体没有什么限定，任何人都可以写个人总结。②写作目的不同。述职报告通过述职人向上级和群众述职，便于领导考核，为留任、免职或晋升提供依据；个人总结的目的在于回顾成绩和经验，总结不足和教训，以期不断进步。③立意角度不同。述职报告的着眼点在于述职者政策水平和履行职责的能力，讲述在履行职责过程中自己是否称职；个人总结的着眼点在于个人的工作业绩，找出经验教训，引出规律性的东西。④行文内容不同。述职报告的内容必须限定在述职人的职责范围内；个人总结不受职责范围限制，思想修养、业务进修、工作进展、为人处世均可写。

述职报告也不同于竞聘报告。①目的不同。写述职报告的目的是向组织和群众汇报自己在任职岗位上德、能、勤、绩等方面的情况，总结经验和教训，以便更好地工作；写竞聘报告的目的是为了竞聘某一岗位。②作用不同。领导述职有利于群众监督评议，有利于干部考核使用；竞聘有利于推行任人唯贤的干部路线，使干部考察、选拔工作制度化、规范化和科学化。③身份不同。述职报告者在岗，是在岗述职；竞聘报告者不在岗，要竞争上岗。④内容不同。述职报告的重点在“述职”，主要讲履职业绩；竞聘报告的重点在“竞聘”，主要讲竞聘优势。

述职报告具有限定性、写实性、评述性和简朴性四个特点。述职报告题材限定，述职人必须对任职期德、能、勤、绩等方面来述职，不能游离职责去任意选取；述职报告的作者必须是述职者，即相应职责的承担人或某个述职集体的代表；报告的是任职期或其中某一阶段履行职责的情况。述职报告要突出事实，即用事实说明履职期的德、能、勤、绩状况；要叙述准确，对事实不夸大、不缩小，注意把握分寸；报告中所涉及的时间、数字、实例都必须真实可靠。述职报告必须采用第一人称，采用自述自评形式，既要“述”（干些什么，怎么干的，干得如何），又要“评”（自我解剖，自我评估，自我鉴定）。述职报告表述上尽可能简明朴实，避免使用铺张渲染的描写、抒情和冠冕堂皇的空话、套话；要通俗易懂，即使是专业性、学术性很强的内容，也要尽可能明晰准确，以与会者能够理解为标准。

述职报告的种类很多，从时间上分有任期述职报告、年度述职报告、临时述职报告；从范围上分有个人述职报告、集体述职报告；从内容上分则有专题（单项）述职报告、综合述职报告。

行文格式

述职报告一般由首部、正文和落款三个部分组成。

1. 首部

首部主要包括标题、主送机关或称谓等内容。

1)标题

述职报告的标题有单标题和双标题之分。单标题一般为"述职报告",或者"在……(上)的述职报告",也可以在"述职报告"前面加上任职时间和所任职务,如"2005 至 2006 年试聘期述职报告"、"×年××任××职务期间的述职报告";双标题由正标题和副标题组成,正标题是对述职内容的高度概括,副标题补充说明是何职何人的述职报告,前面加破折号。如"尽职 尽责 尽心 尽力——×××2014 年度述职报告"。

2)主送机关或称谓

称谓要根据会议性质及听众对象而定。书面向上级机关呈送的述职报告,应写明收文机关,如"××党委"、"××组织部"或"××人事处"等;口头向领导和本单位干部职工作述职报告,则应写明称谓,"各位代表"、"各位委员"、"各位同志",或"各位领导,同志们""各位领导、各位同仁"。称谓放在标题之下正文的开头,有时根据需要在正文中间适当穿插使用,称谓一般采用提行的写法。

2. 正文

述职报告的写法依据报告的场合和对象而定,一般来说由导言、主体和结尾三个部分组成。

1)导言

导言写个人任职以来的基本情况,包括三方面内容:一是岗位职责,包括任职时间、担任职务、分管工作、变动情况、背景情况和主要职责和考核期内的主要工作目标;二是指导思想,说明自己是在何种思想原则、方针政策指导下进行工作的;三是述职评估,扼要叙述任职期间履行岗位职责的主要成绩,对自己尽职尽责的情况作总的评价。这一部分确定述职范围和基调,力求简洁明了,给听者一个大体印象。

2)主体

这是述职报告的重要部分,分实绩体会和问题教训两大内容。

(1)实绩体会。要求述职者就德、能、勤、绩等方面的情况进行陈述和自评,以使领导和群众了解、肯定乃至赞赏述职人在履职期限内的工作表现。"德",主要指述职者的思想政治素质,包括政治、思想、作风、纪律和道德品质等方面的素质,体现在思想作风、学风、领导作风、工作作风几方面。"能",主要指述职者的组织领导能力,包括理论政策水平、文化业务知识、管理实践经验、分析判断能力、综合决策能力、组织协调能力、口头和书面表达能力等。"勤",指述职者的勤奋程度、工作态度,包括组织纪律性、工作责任心、办事积极性、日常出勤率等诸方面的表现。"绩",主要指工作业绩,是述职者能力物化或外化的形式,此部分是述职报告写作的重点和核心,要抓住履职过程中取得的绩效重点阐述。在写足成绩的前提下,总结出具体经验。写实绩体会要注意以下几点技巧。①以面带点,点面结合。要处理好"面"上的集体成绩和"点"上的个体贡献之间关系,既彰显集体事功,又带出个人劳绩,不贪他人之功,也不过分自谦。②以实托虚，虚实相生。应该以叙事为主，论理为辅，用叙议结合的方式来表达，在事实的基础上加以概括总结，使理论与事实二者有机地结合起来。③抑扬结合，彰显辩证。一般的做法是，可以先扬后抑。即在述列成绩的同时，也摆明存在的问题或不足，值得改进的某些方面。

(2)问题教训。述职报告的目的是为了以后更好地工作，扬长避短，要明确讲叙在履行职责中存在的主要问题，着重分析造成失误的主客观原因，明确自己应负什么样的责任。问题要找准，态度要诚恳，要写得实实在在，不夸大，不缩小，不避重就轻，不文过饰非。

主体部分大致有三种写法。①工作项目归类式，即分条切割，纲举目张。分条切割是根据表意(纲)的需要，把结构分成一些相互联系的条条块块(目)，并用小标题引领，将履职情况分别进行陈述。就是与岗位职责和工作目标一一对照，每一类作为一个层次依次叙述自己完成目标、履行职责的具体过程及实际效果。②时间发展顺序式，即把任期内的时间按先后顺序分成几个阶段，再对每个阶段的工作进行归纳陈述。这样写，既便于讲清各阶段取得的成绩和经验，又便于展现履职期间的工作全貌。不过，要注意抓住重点，不可巨细无遗。③内容分类集中式，即按听取报告者的要求，把对方需要了解或自己认为必须报告的内容依据材料的性质进行分类陈述，一般分为主要工作、成绩效益、经验教训、存在问题和对策等几部分逐一展开。此式也要求突出重点，做到详略得当。

3)结尾

结尾要从实际出发，对今后工作在科学分析的基础上做出战略性的规划，表明尽职的态度。写今后计划包括目标、措施、要求三要素。要抓重点，抓难点，抓特点，要提纲挈领，不要展开论述。如果述职期的工作确实有特色，有亮点，有经验，而且对今后的工作有启示和借鉴作用，则不妨将一些主要的思考和作法，提到理性的高度加以述评。如“我新年的工作思路与设想如下：一个根本——教育、管理‘以人为本’；一个中心——以教学、高考为中心；两大工程——实施名师工程和名校工程；三项建设——领导班子建设、师资队伍建设、学生干部队伍建设，四个提高——提高运用现代教育技术的数量与质量，提高校园环境建设质量，提高学生精神文明建设档次，提高学校特色教育的质量。”(某校长述职报告)这部分与总结不同，数量少一些，占全文 1/5 以下为好。一般要求用格式化的习惯语来结束全文(通常以“述职至此，谢谢大家”“以上报告，请领导、同志们批评指正”之类惯用语结束全文。如果书面呈报，则写“以上报告，请审阅”“以上述职报告妥否，请予审议”或“特此报告，请审查”，以示郑重)。

3. 署名及日期

包括署名、成文或述职时间两种，也可以将署名放在标题之下。

如有必要，可以加附件(用来补充说明或证实正文陈述的有关情况的材料)，但应在正文结束语之后，落款之前，标明附件名称和序号。附件应装订于正件之后。此外，在正文陈述有关情况需要补充说明或证实时，应在适当位置加括号说明，如“(参见附件)”或“(参见附件 1)”、“(参见附件 2)”等。

撰拟要求

1. 客观真实，一分为二

一方面要如实反映情况，尊重客观事实，力求公正、准确地反映自己所主管工作的真实面貌；对于协管的工作，要讲清楚参与程度，发挥的作用，投入的精力时间，解决的困难等，以具体、生动、典型的事例和精确数字来证明自己工作的成果、业绩。另一方面要坚持一分为二，应排除私心杂念，以群众利益为重，上不欺领导，下不瞒群众，正确处理好个人与集体、主观与客观的关系，保持清醒头脑，分清功过是非，既要讲足成绩，展示恰如其分，又要讲透问题，敢于承担责任，只有这样才能给组织人事部门、领导与群众留下诚信的印象，产生良好的述职效果。

2. 围绕职责，突出重点

述职报告的写作目的是为了说明其工作是否称职，因此，紧紧围绕“职责”二字，详细叙述几项有代表性的工作业绩，抓住带有影响性、全局性的主要工作，对有创造性、开拓性的特色工作重点着笔，力求详尽具体，突出重要成绩，总结主要教训；对日常性、一般性、事务性工作表述要尽量简洁，略作介绍即可。平时的工作材料是琐碎的、分散的、零星的，述职者在动笔之前，要对材料进行筛选和整理，把全部工作分成几大类，着重讲述履行职责的主要情况。

3. 理性剖析，找出规律

述职者要将已知的材料分门别类地进行分析、比较、鉴别，把零散的感性的事实与材料上升到理性的高度，注重定性、定量分析，在充分展示工作业绩与特点的基础上，总结出新经验，挖掘出新认识，写出让人看得见、摸得着、用得上的规律，做到有所突破，有所创新，这样的述职报告才有意义。能否理性剖析，找出规律，是衡量述职者是否具有创新意识、进取精神和开拓能力的一个重要标准。

4. 把握自我，个性鲜明

要以“我”为中心，交代清楚“我”做了哪些工作，取得了哪些成绩。在这些工作和取得的成绩中“我”所起的作用，是起出主要作用，还是帮助支持他人或部下工作的作用；是起组织协调的作用，还是亲自指挥独立工作的作用；是起决策作用，还是提合理化建议的作用，只有讲清楚个人所起的作用，才能看出述职者与政绩的关系，才能正确评价述职者的功绩。同样，对于存在的问题和过失，也要分清责任，是负领导责任，还是负直接责任。突出自己工作的特点，显示自己的工作个性，述职报告才能有效避免千篇一律的面孔。

5. 崇尚质朴，庄重严谨

述职语言一忌追求时尚，花里胡哨，哗众取宠；二忌故作高深，引经据典，用词生僻；三忌脱离实际，空发议论，无端抒情；四忌庸俗虚伪，尽说假话、空话、大话、套话；五忌夸夸其谈，冗长拖沓，缠夹不清。行文要朴实，评价要中肯，措词要严谨，语气要谦恭，让群众听起来贴切，领导看起来满意。语言要生活化、口语化、大众化。尽量少用形容词和模棱两可的话；多用短句子，少用单音词；避免同音不同义或易混淆的词语。

例文 4-6

2011 年述职报告

主任、各位副主任、各位委员：

我于今年4月任市文化广电新闻出版局局长。任职以来，在市委市政府的正确领导下，在市人大及常委会的监督、支持、关心、帮助下，认真履行职责，着力务实创新，全面完成了年初确定的文化建设目标任务。

一、抓规划，明确了文化强市建设目标

加强学习。原原本本学习了党的十七届六中全会和省委十届十八次全会精神，结合实际撰写了学习心得体会。组织班子和全局中层干部在学原文的基础上进行讲评。深入调研。传承了全市文化广电新闻出版系统的优良传统，深入基层调查研究，撰写了《关于建设文化强市的思考》等多篇调研报告。明确目标。结合实际，深入思考，确定了以弘扬大庆精神铁人精神为核心，以满足人民群众日益增长的精神文化需求为宗旨，打造以创业创新为主的石油文化、以休闲娱乐为主的都市文化、以延续文脉为主的历史文化、以生态宜居为主的湿地文化、以杜蒙风情为主的民族文化交融荟萃、多元发展、共同提升、独具魅力的文化强市的总体发展目标。

二、抓基础，完善了公共文化服务体系

加快重点项目建设。高标准、高质量加快建设步伐，大庆博物馆如期全面开馆，东北第四纪野生物化石品牌叫响全国，中央电视台等多家媒体进行了报道，开馆一个月时间接待参观团体42个，观众4万余人。加快惠民工程建设。积极沟通协调，全市58个乡镇文化站均纳入国家、省投资计划，目前已全部开工建设。利用新建居民小区公益设施，新挂牌20个社区综合文化活动中心。广播电视村村通工程、文化信息资源共享工程实现全覆盖。新建291个农家书屋，全市行政村100%达标。农村电影放映5784场次，观众78万人次，实现了一村一月一场目标。推动设施全面开放。积极向上争取专项经费150余万元，实现了市级图书馆、博物馆、群众艺术馆和县文化馆、图书馆全部免费开放。

三、抓品牌，提升了群众文化生活质量

抓创作品牌。恢复了戏剧工作室例会制度，组织专业作家深入基层采风，提高了作家创作积极性。全年创作中短篇小说、随笔、杂文等80多篇，均在《北方文学》、《章回小说》等刊物发表。电影《铁人王进喜》在人民大会堂成功首映。抓演出品牌。以话剧、舞蹈、版画为主打品牌，确定并实施了精品战略。大庆舞蹈重返央视春晚舞台，话剧《大湿地》进入排练阶段。国家级非物质文化遗产杨小班鼓吹乐棚、蒙古四胡音乐应邀赴哈师大举办了专场演出。抓活动品牌。全力提升了“大庆之冬”、“激情之夏”、“百湖之夜”、“大地欢歌”、“和谐家园”五大群众文化活动品牌，全年共组织各种类型活动1000余场。

四、抓项目，推动了文化产业跨越发展

加快重点项目建设。文化创意产业园、新华(大庆)国际石油资讯中心、黑鱼湖国际艺术村等如期推进，启动了国际动漫城、联想科技城、百湖文化广场等重大文化产业项目。提升园区运营质量。全力提升大庆文化创意产业园质量，推进文化创意产业园晋级为国家级文化产业试验园区，成为“十二五”期间文化部重点扶持的十大文化产业园区之一。打造合格市场主体。推动了大庆新闻传媒集团深化改革，组建股份制公司。组建了大庆民族歌舞团，提升了我市民族文化层次。预计2011年文化产业增加值达30%以上增速。

五、抓监管，营造了健康有序市场环境

全面开展专项整治。组织开展了“扫黄打非”、保护知识产权、游戏演出娱乐场所净化、净网行动、打击非法地面卫星接收设施等8项专项行动，收到显著成效。提高行业监管水平。全力确保了舆论宣传导向正确，有效防范了突发事件。加大了广告监管力度，停播59个违规广告，有效净化了荧屏声频。健全社会监管体系。我们主动与公安、工商、教育等相关部门沟通，取得社会各方面支持，多次采取联合行动，确保实现行动效果最大化。

六、抓队伍，提高了全员勤政廉政水平

开展了主题实践活动。在全局范围内开展了“内聚力量 外树形象 争创一流工作业绩”主题实践活动，通过活动工作作风得到转变，外部形象显著提升。强化了自身素质提高。努力做一名政治坚定、业务过硬、开拓进取、务实创新、清正廉洁的领导干部。日常工作中，自觉接受市人大的的领导和法律监督，及时主动地向市人大常委会请示、报告工作。把人大代表意见、建议作为促进工作、接受监督的大事来抓，认真研究解决办法，跟踪问效，高质量办理了人大代表建议11件。按照人大常委会听取全市文化产业报告的意见、建议，认真抓好了落实、整改工作。

回顾今年以来的工作，在看到成绩的同时，我也清醒地认识到，自身的工作及能力素质还存在着一些不足之处，主要表现如下：一是政治理论学习的力度还需进一步加大，理论水平、决策能力还不能满足文化事业发展需要。二是处理实际问题的能力有待进一步提高，业务素质、管理水平还不能完全适应现代管理要求。三是工作不讲艺术的弊病必须下功夫克服，情绪急躁、措辞过激严重地挫伤了同志之间的感情。

面对新的形势，新的任务，我决心按照市委“实干兴市，艰苦奋斗，创新发展，廉洁从政”的要求，进一步强化学习，努力提高自身的思想素质、政治素养和业务水平，进一步在实践中增加才干，增强自己处理实际问题、解决实际问题的能力。努力做好文化广电新闻出版工作,自觉接受市人大常委会的监督,以取得的成绩为新的起点,努力克服存在问题,保持良好的精神状态,以党的十七届六中全会精神为动力,继续团结带领全系统党员干部职工,同心同德,奋发向上,勇于创新,扎实工作,为全面发展我市文化广电新闻出版事业作出新的贡献!

以上汇报,如有不到之处,敬请领导和同志们批评指正。

谢谢大家!

述职人:×××

2011 年 12 月×日

实训练习

(1)如果你承担了班干部中的某一职务,学期结束要评选优秀班干部,届时要求每一位班干部述职,请就你所熟悉的工作职位写一份述职报告。

(2)利用业余时间去应聘一份工作,如推销员、家教等,工作完成后对照招聘者对这项工作的要求写一份述职报告。

第六节　辞职报告、请调报告

一、辞职报告

文体概述

辞职报告又称辞职信、辞职书、辞呈等。它是员工向所在单位或上级主管部门提交的请求解除劳动合同关系的实用文体,是国家机关、人民团体或企事业单位人才管理和人事工作环节中常用的一种事务性文书。导致辞职的原因因人而异,有的人举家迁移不得已换工作,有的人是因为健康、年龄或家庭因素,有的人是另谋高职,有的人是与同事或上级发生矛盾,有的人是迫于工作压力。不管何种原因,辞去原职位和工作,都应该撰写辞职报告。

辞职报告具有如下作用。①确保原岗位的工作常态。辞职,尤其是重要岗位人员的辞职肯定会给工作带来影响甚至不小损失,但是一封考虑周全的辞职报告可以保证工作得以及时接续,不至于突然中断。②树立辞职者的负责形象。如果辞职者不辞而别,或不顾供职单位利益强行辞职,其职业道德和人格将会严重受损,也将会给自己下一步就职带来不利影响和后果。③避免各类纠纷和损失。辞职者与原供职单位往往有合同、经济等方面的问题需要处理,如果不能好说好散,则可能会引起经济损失、法律纠纷及其他麻烦。

严肃性、理智性、诚恳性和简明性是辞职报告的基本特点。辞职是一件很严肃的事情,绝不是一种过场形式。辞职者辞职前要认真、全面考虑辞职利弊、辞职时机和条件,不能说辞就辞,更不能不辞而别。辞职不能凭一时冲动仓促行事,不管是出于什么原因辞职,都要有端正的态度和良好的心态,辞职书的语言要礼貌得体,不急不躁,不愠不火。辞职原因要如实说明,即使有时不便直白,但也要让对方明白你辞职的真实原因,不得虚伪敷衍,同时,对于以往合作,该道歉处要道歉,该致谢处要致谢,要光明磊落,真诚实在。辞职者同供职单位已有合作,彼此许多情况都互相了解,辞职报告里的内容基本上是点到为止,极为简约。

行文格式

辞职报告的结构包括标题、称谓、正文、结束语。

1. 标题

一般辞职报告由事由和文种名共同构成，在辞职报告正上方居中用稍大字体写上“辞职报告”（或“辞职书”、“辞职信”）的标题，也有的具体化，如“辞去×××工作”、“关于辞去×××职务的报告”。

2. 称谓

在标题下一行顶格处写出接受辞职报告的单位组织，并在称呼后加冒号。辞职报告的递交对象多是单位人事部门，是个人与组织的单向联系。故称呼一般应是单位的人事部门，如“××公司人力资源部”、“××党委组织部”等。也有的针对具体领导而写，那么在领导姓名前加“尊敬的”以示尊重，并另起一行写问候语“您好”。

3. 正文

正文内容一般包括三部分。

开头直接表明辞职的意图。①提出申请辞职的内容，直接说明自己要辞去什么职务，开门见山让人一看便知。写出辞职的心理，可以写一些客套的句子。如“经过深思熟虑，我决定辞去我目前在公司所担任的职位，我知道这对于您来说，是非常难以作决定的事情……”②说明考虑辞职的时间，尽管辞职者提出辞职经公司同意后，公司的人力资源部将按照固定的离职日程办理离职手续，但这样说并不是画蛇添足，大多数情况下，辞职者都能够争取到提早离开的时间。如“我考虑在此辞呈递交之后的2～4周内离开公司，这样您将有时间去寻找适合人选，来填补因我离职而造成的空缺，同时我也能够协助您对新人进行入职培训，使他尽快熟悉工作。另外，如果您觉得我在某个时间段内离职比较适合，不妨给我个建议或尽早告知我”。

其次申述提出申请的具体理由。该项内容要求将自己有关辞职的详细情况一一列举出来，但要注意内容的客观性、单一性和完整性，条分缕析使人一目了然。对不便明说的原因可以隐约点出，如跳槽去了更好的单位，可表述为“为了开阔眼界，提升自己”等。要写上感谢的话语，说明自己在这个公司里的经验积累，尽可能地去赞扬公司对自己的栽培，如“我非常重视自己在××公司内的这段经历，也为自己成为过××公司的一员感到荣幸，我确信我在××公司里的这段经历和经验，将为我今后的职业发展带来非常大的益处”。千万注意：不论有多么大的委屈和气愤，都不应该在辞职信里表露。

最后感谢对方对自己过去工作的支持和帮助，并诚恳地希望对方谅解自己的辞职。重申辞职申请的决心和个人的具体要求，希望领导解决的问题等。

4. 结束语

写上致歉的语句和表敬的惯用语，如“此致/敬礼”、“祝工作愉快”等。

5. 落款

在正文右下方使用亲笔签名，而且签名要尽量刚劲，署名下面写提出辞职报告的具体日期。另外，如果有证明材料附件也可附上。如因健康原因辞职，可附医院证明。

撰拟要求

写作辞职报告有以下三个原则。

1. 具体化的原则

辞职报告坚持以法律为准绳，以道德为准则。虽然要求言简意赅，但在写作时，对相关内容的表达强调具体、清楚、明白。例如，对自己“个性化”请辞理由的陈述就要写得具体明确。这样既可以使自己的离开心安理得、不留遗憾，又是对自己曾经效力过的单位关心和负责的体现。请求离开的时间安排要具体可行，而且要尽量从对方的角度出发来确定离开的时间，同时也注意给自己留下充分的回旋余地。可以由自己提出具体的时间，也可以采用征询对方意见的方式来确定。此外，对自己离开前后的相关工作的安排要具体细致，尽量争取把因为自己的离开所带来的工作损失减少到最低程度。辞职报告的写作中要强调，在辞职请求未获批准以前，自己依然是单位的一员，会站好最后一班岗。

2. 情感化的原则

在写作辞职报告的时候，做到以情驭文、以情动人。这种“情”包括了辞职者对单位的感激之情、歉疚之情和关怀之情等。纵使是一笔带过，也足以让对方感到温暖。其中，“感激之情”主要针对单位给自己曾经提供的业务培训、自己在单位中积累的工作经验、自己在工作过程中所建立和形成的人际关系网络等。“歉疚之情”主要是对自己的离开为单位所带来的损失和不便表示由衷的歉意。“关怀之情”即提出对单位现状的若干具体看法、对单位发展的几点善意建议，体现自己忠厚诚恳和重情重义。情感的表现要注意把握好分寸，感激之情表达得过于热烈会让人觉得言不由衷，不舍之意表达过于缠绵又会让人觉得虚假造作。

3. 艺术化的原则

首先，内容实在，当写则写。辞职的“个性化”原因不妨写得明确一点，比如深感学识水平和业务能力难以适应岗位要求，务必进一步求学深造；生活上的困难或者其他方面的难题，单位在客观上无法有效地帮助解决。但有一些原因没有必要直截了当地写出来，比如自己和单位在价值观念上的不同、对单位运作模式和经营方法的反感，和单位曾经有过的不快等。其次，态度诚恳，措辞得体。措辞用语要温和含蓄、简洁精炼、委婉动人，不可借辞职报告来发泄自己的不满或怨恨，不可语气生硬，不可激化矛盾。另外，在语体的选用上最好是白话语体，语言平实达意即可，不要堆砌辞藻，把辞职报告写成抒情散文。

值得提醒的是，员工对于自己辞职的行为本身、辞职的理由负有举证责任。因此员工在辞职前、辞职时就应当有意识地保留相应的证据。比如领导签过字的辞职申请，自己写的辞职信，单位发的工资条等各种证据，需要切记的是，证据需要是原件。

例文 4-7

辞职报告

尊敬的院领导：

感谢您抽出时间阅读我的一封真诚辞职报告。

我是怀着十分复杂的心情写这封辞职信的。自我进入医院以来，有幸得到您对我的关心、指导和信任，我在护士的工作中学到了很多知识，获得了很多长进，积累了一定经验，对此我深表感激。

由于我自身能力的不足，近期的工作让我觉得力不从心。为此，我进行了长时间的思考，觉得医院目前的工作安排和我自己之前做的职业规划并不完全一致，而自己对一个新的领域也缺乏学习的兴趣。

为了不因为我个人能力的原因而影响医院的运作，经过深思熟虑之后我决定辞去目前在医院和护士组所担任的职务和工作。我知道这个过程会给您带来一定程度上的不便，对此我深表抱歉。

非常感谢您在这段时间里对我的教导和照顾。在医院的这段经历于我而言非常珍贵。将来无论什么时候，我都会为自己曾经是医院的一员而感到荣幸。我确信在医院的这段工作经历将是我整个职业生涯发展中相当重要的一部分。

祝医院领导和所有同事身体健康、工作顺利！

再次对我的离职给医院带来的不便表示抱歉，同时我也希望医院能够体恤我的个人实际，对我的申请予以考虑并批准。

此致

敬礼

申请人：×××

2014年9月29日

二、请调报告

文体概述

请调报告就是由请调者向其工作单位的人事组织部门提出工作调动（在单位内部或单位之间）的一种书面申请材料。请调报告由个人提出申请，单位人事部门批准。

请调报告表面看起来与辞职报告相似，其实有细微差别。①报告目的不同。辞职报告（除官员辞职外）的目的是“离职”，离开现有岗位，放弃现有工作；请调报告的目的是“调动”，换动工作地域，并不放弃工作。②报告人身份不同。辞职报告人一般是体制改革后没有编制的自主择业者；而请调报告人一般是有正式国家编制的员工。③报告内容不同。辞职报告的主要内容是辞职缘由和辞职意愿；而请调报告要介绍请调人现任工作职务（年限）、请调原因及可行性、请调目的地和调动所依据的相关法律法规。④处理方式不同。辞职报告带有知照性质，写上“请求批准”是外交辞令，其实无所谓批准不批准；而请调报告带有申请性质，必须经过组织研究批准。

行文格式

一般说来，请调报告由以下几部分组成。

1. 标题

在纸页正上方居中用稍大字体书写“请调报告”或“工作调动申请书”。

2. 称谓

称谓即请调者对主管上级领导或单位人事部门的称谓，如“尊敬的××领导”、“人事处”、“人事科”，等等。

3. 正文

正文主要包括：请调人现任工作职务（年限），请调原因，请调目的地或部门，请调的心情，请调理由。其中，请调理由是重点。请调理由可能不止一项，宜按由主到次的顺序分条陈述，做到条理清楚、一目了然。

4. 结束语

同辞职报告，写上“此致”、“敬礼”之类谦恭语。

5. 署名

写上请调人姓名，并在请调人姓名下方写上呈请时间。

撰拟要求

1. 理由充分真实

必须充分说明请求工作调动的理由，理由既要合乎实情，又要符合政策，不能弄虚作假，不能瞎扯歪理。

2. 态度诚恳委婉

调动工作，势必要影响原单位工作运转的正常秩序，因此，在充分叙说自己调动工作的理由时，语气要委婉，全面陈述双方利弊。

3. 给人考虑余地

人事部门在接到请调报告后，要反复酝酿，才给予答复，因此不能要求过急，要么在时间上提前提出申请，要么给人事部门留有时间考虑的余地。

例文 4-8

请调报告

尊敬的××公安厅领导：

我叫×××，男，汉族，现年29岁，中共党员，本科学历，在××县公安局工作，任县公安局保安服务公司经理职务。

我于1975年12月出生于××，1988年至1995年7月就读于××一中；1995年至1998年7月就读于××公安司法学校；1998年9月毕业分配到××县公安局刑警队工作至2003年1月。于2003年1月调任××县公安局八乡派出所副所长，同年6月调至××县公安局保安服务公司任经理至今。

我出生于一个××家庭，从小就继承了××艰苦创业的精神，毕业后自愿到艰苦地区来锻炼自己。当穿上这身警服，才感到肩上的责任有多重。也正是在这种理念的影响下，从1998年参加工作以来勤奋工作，曾多次受到局党委的通报表扬，于2001年被评为公安局先进工作者并向地区公安局报请三等功，在从事刑侦工作中，曾先后参与破获特大、重大刑事案件40余起，一般刑事案件百余起……工作中苦点、累点我都不怕，可是每当想起白发苍苍的老母亲，心里有一种难言的酸楚。父亲已辞世多年，母亲又身患疾病、孤苦无依，在××与姨妈相伴，妹妹还尚在读书。我也曾想把母亲接到自己身边，尽一点当儿子的孝心，可母亲不愿离开××，坚持要留在她曾建设过的地方。我内心是矛盾重重，酸楚连连，自古忠孝不能两全，但在离开母亲的漫长岁月中，思念和愧疚时时地困绕着我。尽管我离母亲近两千公里远，但我却经常梦见母亲在等我回去：余晖洒照下的她，双臂伸张，泪眼里噙满着仁爱慈祥和期盼……

为此我恳请厅领导能够成全我的这片孝心，将我调至母亲身边或离母亲较近的地方工作，以便于能照顾母亲的日常生活。母亲余日无多，我在工作之余能够多尽一份做儿女的应尽的义务。特恳请厅领导依据我的实际困难能够给予解决，本人不胜感激。

此致

敬礼

申请人：×××

2013年3月18日

实训练习

(1)江××大学毕业以后，在深圳××公司签约工作五年，现所签劳动合同基本到期，他准备到香港进修发展，请代拟一封辞职报告。

(2)在××中学任教20年的周××老师，因公公婆婆年岁已高，身体都不好，均患有严重的骨质增生、腰椎间盘突出等病症，故想调动回乡任教以便照顾老人，请代拟一份请调报告。

第五章 党政公文写作

第一节 党政公文概述

一、公文的含义

“办理公务的文书”是“公文”一词的基本含义。党政机关、社会团体、企事业单位，在行使管理职权、处理日常工作时，都必须以公文为基本工具。公文具有两个基本性质：一是直接效用性，务实而非务虚，指向实事，办理实务；二是体式规范性，在长期的应用实践中，公文形成了规范化的体式。

公文具有广义和狭义之分。广义的公文包括党政公文、通用机关事务文书和行业公文。狭义的公文一般指党政机关、社会团体、企事业单位以及其他社会组织行使法定职权、处理日常事务时经常使用的、具有直接管理效能和严格规范体式的文书。

二、党政公文的类别

2012 年 7 月 1 日以前党政公文各自为政，党务公文有决议、决定、指示、意见、通知、通报、公报、报告、请示、批复、条例、规定、函、会议纪要；行政公文有命令(令)、决定、公告、通告、通知、通报、议案、报告、请示、批复、意见、函、会议纪要。2012 年 7 月 1 日以后党政公文合并统一，去掉了党务公文中的“指示”、“条例”、“规定”，将“会议纪要”改为“纪要”。对决议、决定、命令(令)、公报、通告、通知、通报、报告、纪要等 9 个文种适用范围作出修改调整。公告、意见、请示、批复、议案、函 6 个文种在概念上保持不变。党政公文共有决议、决定、命令(令)、公报、公告、通告、意见、通知、通报、报告、请示、批复、议案、函、纪要等 15 种。

按行文方向不同，党政公文可分为上行文、平行文、下行文三种类型。上行文是指下级机关向上级领导机关呈送的各类公文，如请示、报告、意见等。平行文是指同级机关或没有隶属关系的机关之间往来的各类公文，如函、意见、纪要等。下行文是指上级机关向所属下级机关发送的各类公文，如命令(令)、决定、通报、批复等。

按公文性质作用分，党政公文可分为：法规性公文(章程、规程、规则等)，指令性公文(命令、决定、意见等)，知照性公文(通知、通报、通告等)，报请性公文(报告、请示、批复等)，记录性公文(纪要、简报等)。

三、党政公文的特点

1. 作者的法定性

公文是由法定的作者制成和发布的，所谓“法定的作者”是指依法成立的，并且能以自己的名义行使法定职权和承担义务的组织(含不断发展的“三资”企业、私营企业、个体企业和民办教育机构等),只有这些机关、单位或团体才有权制发公文(科局级以上行政机关有权制发,股级单位一般无权制发)。国家领导人和一些机关首长在代表国家或机关行使职权的情况下有时也可以制发公文。

2. 作用的权威性

公文具有其他文字材料所没有的以国家强制力为后盾的权威性。公文是“法定的作者”为了表达管理意志、处理组织事务等目的而制定的,是法定机关、单位或团体处理公务、开展工作的法定依据,它在规定的时间与空间内对受文对象的行为产生强制性的作用。它要求相关单位和个人必须遵守并且贯彻执行。

3. 体式的规范性

为了方便有效地办理事务,公文形成了自身特有的体式规范(包括文体、结构与格式)。公文一般由份号、密级和保密期限、紧急程度、发文机关标志、发文字号、签发人、标题、主送机关、正文、附件说明、发文机关署名、成文日期、印章、附注、附件、抄送机关、印发机关和印发日期、页码等组成。

4. 制作的程序性

为了维护公文的严肃性,使之规范化、科学化,保证它的办理、管理、整理、归档等一系列工作有序、有效地进行,国家对公文的制发与处理做了统一的规定。公文从准备写到制成公文的全过程叫制作。有撰稿人、审核人、签发人;有初稿、送审稿、定稿。公文制作的主要程序包括草拟、审核、签发、复核、缮印、用印、登记、分发等。

5. 处理的时效性

任何公文都是针对当时的情况,为解决现实问题而制发的。随着时间的推移,情况会发生变化,现实问题得以解决或自行消失,与之相关的公文也就完成了它的使命,随之失去了现实效用。每一份公文都有具体的拟定目的和公务职能,要求公文在进行公务处理、解决问题时要迅速、及时。每一份公文都具有一定的时效,或明确规定生效时间,或以成文日期为生效时间。公文处理应当坚持实事求是、精简高效的原则,做到及时、准确、安全。

四、党政公文的结构

1. 眉首部分

眉首包括公文份数序号、秘密等级和保密期限、紧急程度、发文机关标识、发文字号、签发人、版头分隔线等。如图 5-1 所示。

000001

机密★5 年

加急

湖北省教育厅文件

鄂教办〔2014〕22 号　　签发人:×××

图 5-1　公文的眉首

1)版头

它一般由发文机关名称(全称或者规范化简称)加“文件”两字组成,也可以只由机关名称(全称或者规范化简称)不加“文件”二字。发文机关名称必须使用全称或规范化简称,不得出现所指不明或容易误解的情况。发文机关全称应以批准该机关成立的文件核定的名称为准。规范化简称应由该机关的上级机关规定,也有由本机关自定的,但一定明文通知其他单位,让其他人能看懂,不产生歧义。

发文机关标志居中排布,上边缘至版心上边缘 35 mm,推荐使用小标宋体字(字号以不大于上级机关为原则自行酌定),颜色为红色。在具体排布上,文字少的情况下要尽量拉宽字间距,文字多的情况下尽量压缩字间距,总体上要小于版心的宽度,以醒目、美观、庄重为原则。

联合行文时,可以同时标注联署发文机关的名称,也可以单独使用主办机关的名称。如需同时标注联署发文机关名称,一般应当将主办机关名称排列在前;如有“文件”二字,应当置于发文机关名称右侧,以联署发文机关名称为准上下居中排布。在民族自治地方,发文机关名称可以并用自治民族的文字和汉字印刷。

2)份号

份号是将同一文稿印制若干份时每份公文的顺序编号。并不是所有的公文都需要编制份号,但标秘密、机密、绝密的公文必须标注份号,其他不带密级的公文根据情况可标可不标。

如需标注份号,一般用 3 号阿拉伯数字,实际应用时推荐采用 3～6 位,编虚位补齐,即第一份公文份号可以编为“001”、“0001”、“00001”、“000001”,不应编“1”或“01”。可根据公文实际印制份数确定位数,如印制 1000 份,可从 00001 到 01000。份号字体未作统一规定,各单位可根据自身印刷设备功能情况,自行掌握份号的位数和字体。

份号的位置在公文首页版心的左上角第一行。份号是用自动号码印刷机印刷的,每一份公文的份号都不一样,这在秘密公文的管理过程中有重要意义。

3)密级和保密期限

秘密等级是标识公文保密程度的标志。涉密公文应当根据涉密程度分别标注“绝密”、“机密”、“秘密”和保密期限。根据《中华人民共和国保守国家秘密法》,“绝密”级别最高,是最重要的国家秘密,泄露会使国家的安全和利益遭受特别严重的损害;“机密”次之,是重要的国家秘密,泄露会使国家的安全和利益遭受严重的损害;“秘密”又次,是一般的国家秘密,泄露会使国家的安全和利益遭受损害。保密期限是对公文密级的时效的规定。公文制发机关应当按照《中华人民共和国保守国家秘密法》和相关规定确定公文的密级和保密期限。如无保密内容,不得标注此项,以免给工作增添麻烦。

有关保密的法规要求公文在密级后面注明时限,除有特殊规定外,绝密级事项保密期限不超过 30 年,机密级事项不超过 20 年,秘密级事项不超过 10 年。超过时限将自动解除秘密。一般密级和保密期限之间可用“★”分隔,如“秘密★1 年”、“绝密★10 年”,“绝密”、“机密”、“秘密”两字之间不空格,保密期限中阿拉伯数字和“年”字也不空格。如果只标密级不标保密期限,“绝密”、“机密”和“秘密”两字之间空一个字。

如需标注密级和保密期限,一般用 3 号黑体字,顶格编排在版心左上角第二行。不能编排到版心左上角第一行,因为新“条例”规定“涉密公文应当标注份号”,这意味着标注密级必须标注份号,份号编排在第一行,那么密级和保密期限一定编排在第二行。保密期限中的数字用阿拉伯数字标注。

密级和保密期限编排在版心左上角第二行，主要基于以下考虑：一是为了统一。原来党的公文和行政机关公文的密级位置不同，现将其统一移至左上角。二是为公文处理留出更多空间。密级若在右上角，领导的批示容易与密级和保密期限相互遮盖，以致不易辨识。密级移到左上角后，右边从发文机关标志到天头的大片区域都是空白，这样更加方便于公文处理。

4）紧急程度

对于事关重大、需要紧急传递和办理的公文，应标明紧急程度，以便与一般公文区分开来。根据紧急程度，紧急公文应当分别标注“特急”、“加急”，电报应当分别标注“特提”、“特急”、“加急”、“平急”。不是事关重大、需要紧急办理的公文，不得标注此项。如需标注紧急程度，一般用3号黑体字，顶格编排在版心左上角。具体排在第几行，有下面三种情况：①如果有份号、密级和保密期限，紧急程度就编排在版心左上角第三行，三个要素在版心左上角自上而下分行依次编排；②如果只有份号，没有密级和保密期限，紧急程度就编排在版心左上角第二行；③如果既没有份号，又没有密级和保密期限，紧急程度则编排在版心左上角第一行。如果同时标注密级和保密期限、紧急程度，表示紧急程度的两个汉字之间不空格，即应标注为“特急”或“加急”；如果只标注密级或紧急程度，不同时标注保密期限，表示紧急程度的两个汉字之间应空一个字，即应标为“特　急”或“加　急”。

5）发文字号

发文字号是公文的“身份标识”，是公文的一个重要项目，在文件登记、查询、引用、归档、管理等环节都有非常重要作用。

发文字号有固定的模式，由发文机关代字、年份（发文年度）、序号（发文顺序号）三部分组成。机关代字是发文机关名称的极度简缩（一般不超过6个字），在编写发文机关代字时，要力求做到明确、简洁、规范，且不产生歧义和冲突。机关代字构成一般有四种形式：地域名称代字＋机关名称代字＋办件部门代字，如“鄂政办”；地域名称代字＋机关名称代字＋发文形式代字，如“鄂政发”；地域名称代字＋机关名称代字＋内容特征代字，如“鄂委干”；地域名称代字＋机关名称代字＋文种代字，如“鄂教函”。年份就是发文当年的年度，用阿拉伯数字写全四位数，不得缩写简化，如“99”、“14”等都是错误的。年份用六角括号“〔〕”括起，如〔2014〕。六角括号不是数学公式的中括号，也不是圆括号，不得用圆括号或别的括号。序号是机关一年内制发文件的统一流水号，当年所发的第一份公文是1号，以后依次顺排即可。除命令（令）外，其他公文的序号前不加“第”字，数字前面也不编虚位（即数字前面不加“0”，如“1”不编为“01”），直接在阿拉伯数字后加“号”字。不能跳号，不留空号，不随意编号。发文字号用3号仿宋体在发文机关标志下空两行位置排布：上行文“靠边站”（红头下居左，前空一格编排，与最后一个签发人姓名处在同一行）；平行文、下行文“在当中”（红头下居中排布）。联合行文时，应使用主办机关的发文字号。市委或市委办与市上其他机构和单位联合行文，只标注市委或市委办公室的发文字号。

6）签发人

签发人是指代表发文机关核准并签发党政公文文稿的领导人姓名。重要公文和上行文由机关主要负责人签发，主要负责人指各级机关的正职或主持工作的负责人。标注签发人姓名，主要目的是为上级机关在处理下级机关公文时，让上级机关了解下级机关谁对上报的事项负责。此项由“签发人”三个字加全角冒号和签发人姓名组成，“签发人”三个字用3号仿宋体字，签发人姓名用3号楷体字。具体标注位置有如下处理方式：①单一机关或两个机关联合上行文，签发人编排在发文机关标志下空两行位置，排在发文字号的右侧，与发文字号处在同一行，右空一个字。②如有多个签发人，签发人姓名按照发文机关的排列顺序从左到右、自上而下依次均匀编排，每行一般排两个签发人姓名，两个姓名中间空1字。回行时每行姓名的首尾字都要与上一行姓名对齐，两个字的人名中间空1字。“签发人”三字和全角冒号与首行签发人姓名编排在同一行，最后一个签发人姓名与左边的发文字号处于同一行。

7)版头分隔线

发文字号之下4 mm处居中印一条与版心等宽的红色分隔线。红色分隔线的高度推荐使用0.35～0.5 mm，具体高度可根据发文机关标志字体字号酌定。

2. 主体部分

主体包括标题、主送机关、正文、附件、发文机关署名、成文日期、附注等。如图5-2所示。

1)标题

标题是对公文主要内容的概括和揭示，其作用在于向阅读者传达公文的基本内容。公文标题由发文机关名称、公文主要内容、文种组成。发文机关名称可用发文机关全称或规范化简称。三个和三个以下机关联合发文时，应列出所有发文机关的名称，四个及四个以上机关联合行文时，可以采用排列在前的发文机关名称加“等”的方式。发文机关名称根据情况可以省略。公文主要内容称为“公文主题”，指中心事件、主要问题，这一项又被称为“事由”、“摘由”。概括主要内容力戒不明确(意义含混，令人不知所云)、不简练(面面俱到，臃肿庞杂)、不规范(刻意仿古，或者标新立异)。每一篇公文的标题，均应准确标明公文种类。

2015年湖北省教育厅哲学社会科学研究重大项目申报通知

各普通高等院校：

根据《省教育厅、省财政厅关于印发〈湖北省普通高等学校哲学社会科学繁荣计划(2013—2020年)〉的通知》(鄂教思政〔2013〕4号)精神，现就2015年度湖北省教育厅哲学社会科学研究重大项目申报工作有关事项通知如下：(略)

附件：1. 2015年度省教育厅哲学社会科学研究专项任务项目课题指南
　　　2. 2015年湖北省教育厅哲学社会科学研究重大项目申报评审书

湖北省教育厅办公室(印章)
2014年6月18日

(此件发至××)

图5-2　公文的主体

拟制公文标题要准确(对文件事由的概括要准确，文种名称的确定要准确，标题中书名号的使用要准确)，要简要(标题不要过长或繁琐，注意概括文件标题的“事由”要简明，转发文件时文件转发的层次要简明，批转文件时要力求使标题简化），要清楚（不能使人不解或引起歧义），还要注意讲求生动性，富有气派，发人深思，醒目新颖。

公文标题中除法规、规章名称加书名号外，一般不用标点符号。在实际工作中，标题中确有除书名号之外的其他的标点符号存在，如顿号、括号、引号、破折号，在使用时应注意以下两点：①法律、法规、规章名称全称应加书名号；②如果在事由部分出现多个机关、人名等并列时，每个机关名称、人名之间应用顿号分开，不使用空格。

公文标题一般用 2 号小标宋体，编排于红色分隔线下空两行位置，分一行或多行居中排布；回行时，要做到词意完整，排列对称，长短适宜，间距恰当，标题排列应当使用梯形或菱形。标题回行的情况下，不能把含义完整的词组分割成两行。一般来说，标题要尽量简短，不要占的行数太多。标题多行时一般采用上梯形、下梯形或菱形排布。每行标题字数不能过多，如果左右都顶到版心边缘，会显得非常难看。标题所占行数太多会出现把正文挤出首页的情况，此时可以变通，即将标题上移，不必在红色分隔线之下空两行标注，可以空一行或不空行。

2）主送机关

主送机关就是受理公文的机关，应当使用机关全称、规范化简称或者同类型机关统称。对于上行文，原则上只能有一个主送机关，以便公文的办理。下行文的主送机关可以有若干个，一般按照重要程度排列：同类型、相并列的机关之间用顿号隔开；不同类型、非并列关系的机关之间用逗号间隔，最后一个主送机关之后标全角冒号。大多数公文都有主送机关，但有些向全社会普发的下行文，没有明确的主送机关，可以没有这一项。如公告文种的公文，用于向国内外宣布重要事项或法定事项，一般通过报纸、电视、广播电台、网络向国内外公开发布和传播，所以没有特定的主送机关。

一般普发性公文，以市委或市委办名义发文的，主送机关为“各县、区委，市委各部门，市级国家机关各部门党组（党委），各人民团体党组”。以市委、市政府或市委办、市政府办名义联合发文的，主送机关为“各县、区委，县、区人民政府，市委和市级国家机关各部门，各人民团体”。

主送机关名称编排于标题下空一行位置，居左顶格，回行时仍顶格，最后一个机关名称后标全角冒号。如主送机关名称过多导致公文首页不能显示正文时，应当将主送机关名称移至版记，置于抄送机关的上一行，与抄送机关之间不加分隔线。

3）正文

正文是公文的主体，用来表述公文的内容。

正文位于标题或主送机关下方，用 3 号仿宋体排印。每自然段左空两个字，回行顶格，自然段之间不空行。数字、年份（用阿拉伯数字）不能回行。文中结构层次序数依次可用“一”、“（一）”“1.”“（1）”标注；一般第一层用黑体字、第二层用楷体字、第三层和第四层用仿宋体字标注。公文正文结构层次，一般不超过四层，需要强调的是，第一层次“一”后面跟的是顿号，第二层次“（一）”后面不能跟标点符号，第三层次“1”后面跟一个小圆点“.”，第四层次“（1）”后面不能跟标点符号。层次序数可以越级使用，如果公文结构层次只有两层，第一层用“一、”，第二层既可用“（一），”也可以选用“1.”。当正文中需要引用其他公文时，按照先引标题，后引发文字号的方式进行引用。如“根据《国务院国有资产监督管理委员会关于×××的通知》（国资发〔2012〕××号）的要求”。

公文首页必须显示正文。这一明确要求，主要是为了保证公文的严肃性、真实性，如果首页没有正文，使人看完首页还不知道文件内容是什么，是不太严肃的事情，并且容易产生假冒公文，因此规定公文首页必须显示正文。在不违反这个原则的情况下，可以适当变通，如发文机关多、签发人多、标题长、主送机关多等，都可以采取变通的办法。但在变通中还要遵守基本规定，如发文机关多但主办机关排列在前是基本规定（发文机关过多时，推荐只使用主办机关标志；也可将所有联署发文机关标志字号缩小、行距缩小；还可以考虑调整行距、字距等办法解决。标题可用“×××等26个部门关于×××”，直至保证公文首页显示正文为止），签发人多但最后一个签发人要与发文字号同处最后一行是基本规定，标题再长但排列美观、回行不断开词意是基本规定。签发人过多可采取增加每行签发人编排个数等办法解决。主送机关过多可采取将主送机关移到版记中，编排在抄送机关上一行的方式加以解决，以确保正文不被挤出。

4)附件

公文附件是正文内容的重要组成部分，与正文一样具有同等效力。因此，在正文中涉及附件内容处加括号注明“见附件”或“附后”；在公文的正文之下、公文生效标志（即发文机关署名、成文日期和印章）之上须准确标注附件的顺序号和名称，以显示公文的附件与正文不可分割的关系。需要注意的是在正文中写明“报送”、“批转”、“转发”、“印发”等字样的公文，在其生效标志后附的内容不是公文的附件，因此在附件说明处不必标注相关内容。

附件说明在正文下空一行左空二字编排“附件”二字，后标全角冒号和附件名称。如有多个附件，使用阿拉伯数字标附件顺序号，如“附件：1. ××××××”，而不能使用汉字“一、二、三……”。第一个附件应紧随“附件”依次排列，不应另起一行。第二个附件应另起一行，与第一个附件对齐。标注附件名称不用书名号，附件名称后不加标点符号，附件名称较长需回行时，应当与上一行附件名称的首字对齐。无附件的公文，省略此项。

附件应当置于主件之后，与主件装订在一起。

5)发文机关署名

公文一般以发文机关名义署名（不管是单一行文，还是联合行文一般都要标注发文机关署名），特殊情况如议案、命令（令）等文种需要由签发人署名的，应当写明签发人职务并加盖签发人签名章。发文机关署名应当用发文机关全称或规范化简称（若发文机关全称较长，一般使用规范化简称），应与发文机关标志、标题中发文机关名称相一致。联合行文时，若发文机关标志并用联合发文机关名称，则发文机关署名的顺序应与发文机关标志的排列顺序一致。

若规范化简称较长，发文机关署名可考虑分两行编排。可综合考虑署名的长短和印章的大小来决定是否空字。单一机关行文时，在正文（或附件说明）下空一行右空二字编排发文机关署名（多标注在成文日期上一行），联合行文时，应当先编排主办机关署名，其余发文机关署名依次向下编排。

6)成文日期

成文时间一般以领导人签发的日期为准；会议通过的重要公文，以会议通过日期为准。如系联合行文，以最后签发机关的领导人签发日期为准。成文日期中的数字统一使用阿拉伯数字，须将年、月、日标全，年份应标全称，月、日不编虚位（即1不编为01），如“2014年9月1日”。成文日期在公文中的标注位置有两种：一是在公文标题之下，写全年、月、日，并用圆括号“()”括起来，如会议通过的决议、决定等公文；二是在发文机关署名下一行编排，首字比发文机关署名首字右移二字，为了确保印章两端不超出版心，成文日期一般右空四字编制。如成文日期长于发文机关署名，应当使成文日期右空两个字编排，并相应增加发文机关署名右空字数。

7)印章

公文加盖印章是体现公文效力的表现形式，是公文生效的标志，是鉴定公文真伪最重要的依据。除会议纪要和以电报形式发出的以外，公文尤其是上行文均应加盖公章。联合上报的公文，由主办机关加盖公章。联合下发的公文，所有联署机关均须署名并加盖与发文机关署名、发文机关标志相符的印章。印章用红色，不得出现空白印章。签发人签名章也属于印章的一种特殊形式。对于以机关负责人名义制发的公文，需要署签发人的签名章(如议案、命令(令)等)。

单一机关行文时，一般在成文日期之上、以成文日期为准居中编排发文机关署名，印章端正、居中下压发文机关署名和成文日期，使发文机关署名和成文日期居印章中心偏下位置，印章顶端应当上距正文(或附件说明)一行之内。

联合行文时，一般将各发文机关署名按照发文机关顺序整齐排列在相应位置，并将印章一一对应、端正、居中下压发文机关署名，最后一个印章端正、居中下压发文机关署名和成文日期，印章之间排列整齐、互不相交或相切，每排印章两端不得超出版心，首排印章顶端应当上距正文(或附件说明)一行之内。

印章的加盖方式统一采用下套方式，即仅以下弧压线在成文时间上，确保成文日期处于印章中心下边缘位置。务必使印章清晰、不歪斜。印章、发文机关署名和成文日期的纵向中心线应该重合，印章下边缘与成文日期下边缘相切，印章的上边缘距正文(或附件说明)距离应在一行之内(即 10 mm 之内)。之所以规定印章上边缘距正文在一行之内，是为了防止空白过大，容易被人插入内容，伪造公文。

当正文之后的空白容不下印章或签发人签名章、成文日期时，一般应当采取调整正文行距或字距的措施加以解决。具体的调整方法是：当正文之后的空白只有一两行时，可以加宽行距，至少将一行文字移到下页；如果正文之后的空白仅差一两行便可容下印章位置时，可以缩小行距或缩小一两行字距，挤出能空下印章的空间。这样，使印章与正文务必同处一页，不留任何空白。如果出现采取调整正文行距或字距的措施仍无法解决的极特殊情况，如多个机关联合下行文，联合行文的机关过多，无法实现正文与所有发文机关的印章同处一页，也可采取“此页无正文”的方法，即将印章加盖在下一空白页上，并在该空白页第一行顶格标注“(此页无正文)”。

8)附注

附注是公文印发传达范围等需要说明的事项，对公文的发放范围、使用时需注意的事项加以说明。印发传达范围一般针对平行文和下行文，如“此件公开发布”、“此件发至县团级”等，对发送范围和阅读对象进行限定。“请示”件应在附注处注明联系人及联系电话。附注不是对公文正文内容的解释，对正文的注释或解释一般在公文正文中采用句内括号或句外括号的方式解决，这一点在使用附注时需注意。

附注加括号标注于成文日期下一行，居左空两个字，前不加“附注”二字，回行时顶格。请示附注的“联系人”、“电话”后均需加冒号，前后内容之间用分号。无需特别说明者，可以省略此项。

3. 版记

版记一般包括抄送机关、印发机关和印发日期等要素。如图 5-3 所示。

抄送：××××××，××××××。	
湖北省教育厅办公室	2014 年 6 月 20 日印发

图 5-3　公文的版记

版记一定要放在公文的最后，即公文的最后一面(2012 版国家标准规定公文双面印刷)最下面的位置。确定版记的位置在实际操作中应注意以下问题：①版记一定在偶数页上。假设公文内容很短，即使首页可以放下版记内容，由于公文是双面印刷，即便第二页除了版记没有任何内容，版记也必须移至第二页上。②公文的篇幅如果在一个折页(即有四面)以上，这时公文的页数一般应是 4 的倍数(一般是用 A3 纸印制，骑马装订)，此时版记也一定要放在最后一面，而不管前面的空白有多少(一般不会超过 3 面)。③如果附件是被转发的文件，该文件后面也有版记，这时被转发文件的版记不能代替转发文件的版记，转发文件还应标识自己的版记。

1)版记中的分隔线

版记中的分隔线与版心等宽，首条分隔线和末条分隔线用粗线(推荐高度为 0.35 mm)，中间的分隔线用细线(推荐高度为 0.25 mm)。首条分隔线位于版记中第一个要素之上，末条分隔线与公文最后一面的版心下边缘重合。

2)抄送机关

抄送机关标识用来标识除主送机关外需要执行或知晓公文内容的其他机关(上级、下级和不相隶属机关)，应当使用机关全称、规范化简称或者同类型机关统称。应当抄送的情况是：除主送机关外，需要执行或知晓公文的其他机关，应列为抄送机关；向下级机关或者本系统的重要行文，应当同时抄送直接上级机关；上级机关向受双重领导的下级机关行文，必要时应当抄送其另一个上级机关；下级机关因特殊情况必须越级请示时，应抄送被越过的上级机关；上级机关越级向下级机关行文时，可以抄送受文机关的直接上级机关。不应当抄送的情况是：请示不得抄送其下级机关；接受抄送公文的机关不必再向其他机关转抄、转送；凡与公文办理无关的单位一律不予抄送。抄送范围得当有助于公文处理，既要防止对有关的机关漏抄漏送，以免造成工作脱节与被动，不利于协调一致；又要防止对文件滥抄滥送，造成人力财物的浪费，影响机关工作的效率。

(1)抄送顺序。抄送机关按上级机关、平级机关、下级机关次序排列，而不是分层排列。同属市机构的，要按市政府机构的顺序排列；同属各县(区)的，按规定的排列顺序进行排序；市政府机构与县(区)级同时存在的，要先各县(区)后市政府机构的排列顺序排列；各种性质的机构同时存在的，要按党、政(地方党委政府在前、部门和部局在后)、军、群的顺序排列。

(2)明确对象。公文不能抄送个人,是否需要送某位领导审阅由收文机关秘书部门决定。若是乡镇党委、政府向县委、政府联合行文,应抄送县委办、县政府办;若是乡镇党委向县委行文,只抄送县委办;若是乡镇政府向县政府行文,只抄送县政府办。

(3)抄送位置。若有抄送机关,一般用4号仿宋体字,在印发机关和印发日期上一行、左右各空一个字编排。"抄送"二字后加全角冒号和抄送机关名称,回行时与冒号后的首字对齐,同一系统内同级机关之间用顿号分隔,不同系统机关之间用逗号分隔,最后一个抄送机关之后标句号。如需把主送机关移至版记,除将"抄送"二字改为"主送"外,编排方法同抄送机关。既有主送机关又有抄送机关时,应当将主送机关置于抄送机关上一行,之间不加分隔线。

3)印发机关和印发日期

印发机关和印发日期指公文的送印机关和送印日期。印发机关不是指公文的发文机关,发文机关已有明显的"发文机关标志"。这里的印发机关是指公文的印制主管部门,一般应是各机关的办公室或文秘部门。有的发文机关没有专门的文秘部门,发文机关就是印发机关。印发日期,是实际印制的日期,与公文的成文日期意义不同。

印发机关和印发日期一般用4号仿宋体字,编排在末条分隔线之上,印发机关左空一字,印发日期右空一字,用阿拉伯数字将年、月、日标全,年份应标全称,月、日不编虚位(即1不编为01),后加"印发"二字。

标注印发日期是为了准确反映公文的送印时间。一般来说,公文在负责人签发之后,也就是成文日期之后,往往需要经过打字、校对、复核等环节,因此成文日期与印发日期通常存在时间差。通过标注印发日期,既可以使发文机关掌握制发公文的效率,也可以使收文机关掌握公文的传递时间,有利于公文的办理和工作效率的提高。

翻印文件时需给出翻印机关和翻印日期,并标注在印发机关和印发日期的下方位置;翻印机关居左空一字编排,用全称或规范化简称;翻印日期居右空一字编排,用阿拉伯数字完整写明年、月、日,后加"翻印"二字。

4. 页码

在公文中标注页码,有利于对公文进行查阅、统计、检索、印制和装订,甚至有助于公文的防伪。页码一般用4号宋体阿拉伯数字,编排在公文版心下边缘之下,数字左右各放一条"一"字线;"一"字线上距版心下边缘7 mm,单页码居右空一个字,双页码居左空一个字。公文的版记页前有空白页的,空白页和版记页均不编排页码,公文的附件与正文一起装订时,页码应当连续编排。

综上所述,《党政机关公文格式》新条例主要变化有八点。①密级、紧急移左上:两者位置从右上角改为左上角。②颁转文件不标记:被颁转的文件不再有附件说明。③机关署名不可少:一般公文都应有发文机关署名。④成文日期用数字:统一用阿拉伯数字标注年月日期。⑤盖印一律用下套:落款加盖公章都采用下套方式。⑥版记不标主题词:所有公文删除主题词格式要素。⑦上下平行都"印发":所有公文印制日期后都写"印发"。⑧页码只排正文底:除了空白页和版记页都需页码。

第二节 通 知

文体概述

通知是用于批转下级机关的公文、转发上级机关和不相隶属机关的公文、发布规章、传达要求下级机关办理和有关单位需要周知或共同执行的事项、任免和聘用干部的一种公文。

通知具有三个特点：①适用的广泛性。在所有的公文中，通知的使用范围最广泛，制发通知不像命令、公告等文种那样受级别等方面的严格限定，从国家最高行政机关，到基层单位；从宣布重大安排，到告知一般事项，都可以用通知行文。②功能的多样性。通知有指示工作、知照事项以及批转、转发文件等多种功能，既可用于布置工作、传达重要指标，也可以用于知照一般事项。③知办的时效性。通知多用于下行文，告知事项或要求办理事情往往都有很强的时间要求，不像其他文件那样具有较长的时效。通知已成为现行公文种类中使用频率最高的一种公文，约占各级行政机关收发文总数的半数以上，故有“公文轻骑兵”之称。

根据适用范围和作用，通知可以分为以下几类：①发布性通知，有关行政法规和规章、办法、措施，不宜用命令(令)发布的，可使用这种通知行文。②批示性通知，包括批转性和转发性两种，批转性通知适用于上级机关对下级部门的文件加批语下发，转发性通知是“转发”上级、同级或不相隶属机关有关文件的通知。③部署性通知，也可称为工作通知。要求下级机关办理某些事项，除交代任务外，通常还提出工作原则和要求，让受文单位贯彻执行，具有强制性和行政约束力。不宜采用命令和意见行文的，可用这种通知。④知照性通知，用于告知某一事项或某些信息的通知，如庆祝节日，成立、调整、合并、撤销机构，启用新印章，更改电话号码，更正文件差错等。⑤会议通知，用于向有关人员或单位告知某一会议时间、地点及要求。⑥任免通知，即上级机关用于任免或聘用人员的通知。

行文格式

通知一般由标题、主送机关、正文和落款四部分组成。

1. 标题

通知的标题通常有三种形式：①由发文机关名称、事由和文种构成；②由事由和文种构成(凡已有文头的通知，标题一般不再写发文机关)；③由文种“通知”作标题(用于非正式文件处理的一般性通知)。如果事情紧急或重要，就在通知前边加上“紧急”、“重要”，以引起被通知者的注意。如果在通知发出后，又发现有新的情况需要补充说明或更改的，可发“补充通知”或“更正通知”。有时，由于情况需要，必须由两个以上的机关、单位向所属下级机关单位发通知，以便协同配合办理事情，在“通知”前须加上“联合”二字。

写作发布性和批示性通知标题时，要注意以下几点。

(1)在事由中，出现“发布”、“转发”、“批转”等显示其性质的字样，其中发布本机关法规性文件或计划、总结之类文书，应该用“发布”或“颁发”、“印发”(法规性文件一般用“颁发”、“发布”，非法规性文件一般用“印发”)；转发上级机关、平级机关或不相隶属机关的公文，应该用

"转发";转发下级机关的公文(不包括"请示")时,应该用"批转"。写法为:发文机关+"发布"("批转"、"转发")+被发布(批转、转发)文件标题+文种。

(2)如果被转的公文本身有"关于"二字,则新拟的"转发"或"批转"公文标题不再加"关于",以免重复不通。当被转的公文是通知时,只保留一个"通知",其他的"通知"一律去掉。这类通知标题的公式是"(现发文机关)转发或批转+(原发文机关)原通知标题"。如"海南省教育厅关于转发教育部关于加强中小学网络道德教育抵制不良信息的通知的通知",应该去掉"转发"前的"关于"和最后的"的通知"。

(3)如果是多层转发的公文,可以省去中间过渡的机关,直接写本机关转发始发机关及其原通知标题,在正文中再说明转发情况。如果被转发的公文是几个单位联合行文,可以保留主办单位名称,后再加"等单位"或"等部门"字样。如人力资源和社会保障部、教育部、财政部联合发了《关于开展高校毕业生就业推进行动的通知》,省人力资源社会保障厅、教育厅、财政厅要转发,某大学在转发这份文件的时候,必须省去中间的过渡机关,原联合发文机关也只能保留人力资源和社会保障部一家,否则标题叠床架屋,扞格难通。可简化为"××大学转发人力资源和社会保障部等部门关于开展高校毕业生就业推进行动的通知"。

2. 主送机关

通知的主送机关,下行通知和平行通知稍有不同。下行通知一般有多个主送机关,而且常用统称,如国务院下发的通知多用"各省、自治区、直辖市人民政府,国务院各部委、各直属机关";平行通知一般写出具体的主送机关。一般在标题之下、正文之上顶格写出被通知对象的名称,在名称后加冒号;或在正文之后用"此致"过渡,再换行顶格写被通知对象的名称;或将被通知对象的名称以"抄送"形式写于最后一页的最下方。有的被通知对象已在正文中写了,正文首、尾可不再重复。

3. 正文

通知正文的结构比较灵活,可根据内容多少合理安排,或篇段合一,或分条分项(总分、并列),但无论其结构形式如何变化,一般须包括缘由、事项和结尾三部分。

1)缘由

发文原因一般来自两个方面:一是上级或本单位的领导部门的指示或决定,如"根据××××文件精神"、"经××××会议研究决定"等;二是工作中出现的情况,如"目前,许多地方普遍出现了……"、"近据反映……"等。这两个方面,既可以单独构成发文原因,也可以结合构成发文原因。发文的目的一般只有一句话"为此"、"为了"转入下文。多数通知的发文缘由部分,都先写发文原因,再写发文目的,然后用一句过渡语(如"现通知如下"、"特作如下通知"等),转入下面的具体事项。如果文字不多,不需分条分项写时,也可不用过渡语。少数内容单纯、文字不多的通知,开头有时可不写发文原因,直接写发文目的。批转、转发、发布性通知有时可以不写缘由,直接写具体事项和执行要求。

2)通知事项

通知事项如目的、任务、要求、时间、地点等。这一部分要求有针对性和指导性,内容概括,原则明确,文字简洁,使知照单位一目了然,切实可行。结构安排根据内容需要来确定,如果内容简单,可紧承发文缘由而写,不必另起段。如果事项较多,内容较复杂,一般多用条款式行文,用数目字标明条款,注意必须按事项的性质、特点来划分条项,事项必须紧扣缘由,做到事由贯一。

3)结尾

结尾提出执行要求。语气要严肃庄重，措词要注意分寸，做到明确具体。除了篇段合一结构的通知外，一般均需另起一行写出，或作为具体事项中最后一项单独列项写出。有时可根据情况需要，将执行要求分别写进具体事项的每一项结尾，不再在正文结尾另写。有些通知没有执行要求(如一些周知性通知)，具体事项写完便可自然结尾。或用“特此通知”、“本通知自发布之日起实行”、“以上通知，望遵照执行”等习惯语结尾。“特此通知”必须另起一行写出。

因通知种类不同，正文写法也就不完全一样。

发布性通知的正文，一般先写发文的缘由、背景、依据。在事项部分，或写发布行政法规、规章制度、办法、措施等，或写带有强制性、指挥性、决策性的原则(或指示性意见、具体工作要求等)。发布性通知的事项，一般影响面较大、比较紧急或有一定的政策性。发布的内容不按附件处理，在公文正文中不加附件说明，直接另面编排，附件中首页也不标注“附件”二字。

批示性通知的正文部分较简短。转发性通知一般包括两方面的内容。一是写明转发对象，句式表述为：被转发的文件名称及文号+“已经……，现转发……”。二是提出转发要求，此项内容通常使用的习惯性语句有“请认真贯彻执行”、“请照此执行”等，旨在强调通知的内容关系重大，必须令行禁止，照章办事，以充分体现其指挥的效力。批转性通知正文结构大体与转发性通知相同，不同点是转发性通知的转发语中一般不需要“同意”之类表态语，批转性通知批转语中要有“同意”或“批准”等批示性意见。批示性通知正文在结构安排上一般采用篇段合一式，极其简练明快。转发、批转的文件也同发布性通知一样不按附件处理。

部署性通知正文在结构安排上，一般采用分条列项式写法，用序号标明层次；也可采用分列小标题式写法，将通知内容分作几个方面，分别进行阐述。主体将通知事项(布置的工作、需周知的事项)逐条列出，讲清要求、措施、办法等。文中多使用“不得”、“要”、“不要”、“必须”等模态词语，强调无条件地、不折不扣地照办。一般不单独结尾，以正文的完结而收束，正文后用“以上通知，请认真研究执行”、“以上通知，希望遵照办理”等习惯尾语。也有的用结尾段，重申通知的意义，提请下级重视，或提出办理时限的要求。

知照性通知(包括任免通知)一般都很简短，正文结构由通知缘由和通知事项两部分组成。通知缘由直陈根据或原委，不必像部署性通知那样进行说理分析，因此更为简约。通知事项只讲决定怎么办，不提出执行要求，直截了当，简练明快，充分显示其关照、告知的作用。知照性通知正文只要求写行文的依据、目的和事项，要求文字明白简洁。任免通知类似知照性通知，任免通知的正文只要写清决定任免的时间、机关、会议或依据文件以及任免人员的姓名和具体职务就可以了。

会议通知正文分两种情况：①如果是一般的会议通知，缘由部分写明召开会议的原因、目的、会议名称、主要议题，事项部分写明会议的时间(要精确到时点)、地点(要精确到楼室)、内容(如果缘由部分已经说明则此处可省略)、参加人员(写明出席对象、职务、人数等)即可；②如果是大型会议，正文则应明确以下几项内容：会议目的、指导思想、会议名称、主要议题、主持单位、起止时间、具体地址；参加人员(规格、条件、名额、要否提前报送名单)、入场凭证、与会要求(如携带的文件、材料、证件、经费及其他物品)；联系方式、报到时间、迎接方式、交通线路、返程票的预订以及其他需要交代的事项。

4. 落款

发文机关名称和发文时间，写在全文末尾的右下方，有的也可以提前，置于标题之下。

撰拟要求

1. 主旨鲜明，内容集中

通知最主要的任务是将事项交代清楚，主旨要鲜明，重点要突出，以便使人把握重心，正确理解并准确执行。每份通知最好只明确说明一种事情，布置一项工作，不宜在一份通知中表述多项事情。

2. 事项具体，条理清楚

在内容上必须符合国家的方针政策、上级文件精神，还要合乎本地区、本部门的实际情况。对有关情况的介绍和评价，对有关单位和人员的要求，都要明确、清楚，切忌含混不清。通知事项之间要注意排列内在逻辑，做到条理清晰，一目了然。

3. 措辞严谨，用语得体

注意表述的准确性，让受文单位感到发文机关行文完整严密、无懈可击，不使下级出现误解或找出漏洞，否则，就会减弱甚至失去文件的效用。用语简要通畅，语气庄重恳切，既要体现出发文机关的权威性和严肃性，又要突出协调性与尊重性。

例文 5-1

关于印发苏州大学 2014 年本科生迎新工作安排的通知

各学院(部)、部门、直属单位：

2014 级全日制普通本科新生将于 9 月 13、14 日报到入学。为做好本科生迎新工作，现将“苏州大学 2014 年本科生迎新工作安排”印发给你们，请遵照执行。

特此通知

苏州大学(印章)

2014 年 6 月 26 日

例文 5-2

国务院批转发展改革委关于 2014 年
深化经济体制改革重点任务意见的通知

国发〔2014〕18 号

各省、自治区、直辖市人民政府，国务院各部委、各直属机构：

国务院同意发展改革委《关于 2014 年深化经济体制改革重点任务的意见》，现转发给你们，请认真贯彻执行。

国务院(印章)

2014 年 4 月 30 日

(此件公开发布)

例文 5-3

转发省委组织部关于开展 2013 年安徽省“百人计划”申报工作的通知

各县(市、区)委组织部、开发区工委办，市教育局、市科技局、市国资委和中央、省属驻肥有关单位组织人事部门：

现将省委组织部《关于开展 2013 年安徽省“百人计划”申报工作的通知》(皖组发〔2013〕25 号)转发给你

们，请按照文件要求，组织本地本部门符合条件的人员积极申报。申报书可到《安徽人才工作网》（网址：www.ahxf.gov.cn/ahr.gov.cn/ahrcgzw）“通知公告”栏目下载，申报书及附件材料一式15份，同时报送申报人其他个人信息表和申报人选情况汇总表一式1份。申报书和附件材料分别装订，同时以光盘形式报送电子文档。请务必于8月16日前报送市委组织部人才办（电话：××××××××，联系人：×××）。

中共合肥市委组织部（印章）

2013年7月22日

例文5-4

教育部办公厅关于推荐2014年度
高等学校科学研究优秀成果奖（科学技术）的通知

各省、自治区、直辖市教育厅（教委），新疆生产建设兵团教育局，部属各高等学校：

为了鼓励在推动科学技术进步中做出突出贡献的科技工作者和单位，充分调动高等学校广大科技人员进行科技创新和推动科技进步的积极性，我部决定今年8月下旬开始进行2014年度高等学校科学研究优秀成果奖（科学技术）项目的推荐和评审工作，同时进行2015年度国家科学技术奖项目的遴选工作。根据《高等学校科学研究优秀成果奖（科学技术）奖励办法》（教技发〔2009〕2号），高等学校科学研究优秀成果奖（科学技术）授予在科学发现、技术发明、促进科学技术进步和专利技术实施等方面做出突出贡献的个人和单位。现将有关事项通知如下：

一、推荐奖励的范围

2014年度高等学校科学研究优秀成果奖（科学技术）推荐工作分为高等学校科学研究优秀成果奖自然科学奖、高等学校科学研究优秀成果奖技术发明奖、高等学校科学研究优秀成果奖科学技术进步奖（包括推广类）和高等学校科学研究优秀成果奖专利奖，共四个奖种。

二、推荐、审批程序

1. 所有推荐项目须由学校学术委员会负责对项目的水平、创新性、经济和社会效益、推荐等级进行评价和推荐，在《高等学校科学研究优秀成果奖励推荐书》“推荐单位意见”栏目中填写推荐意见，由该委员会负责人签字并加盖学校公章。

2. 除我部直属高校直接向我部推荐外，各省级教育行政部门负责本行政区域内其他高校的审查、推荐，并在“高等学校科学研究优秀成果奖（科学技术）推荐项目汇总表”和“高等学校科学研究优秀成果奖（科学技术）推荐专用项目汇总表”的主管部门处盖章。

2014年度高等学校科学研究优秀成果奖（科学技术）推荐项目数额不限。请各校及其所在地的省级教育行政部门严格把关，切实保证推荐项目的质量。

3. 推荐项目必须在主要完成人所在单位进行公示，公示期不少于5个工作日，公示无异议或虽有异议但经处理后再次公示无异议的项目方可推荐。公示内容和公示结果须发校公函与推荐材料一同报送。

三、直接推荐国家科技奖

已获省部级二等奖及以上奖励，拟申请由教育部遴选、推荐2015年度国家科学技术奖的项目（简称直报项目），可按有关要求直接向我部推荐。

四、推荐时间

1. 各推荐单位可于2014年7月7日后登录“科技评价与科技管理综合服务平台”（http://kjpj.cutech.edu.cn）进行网络推荐工作，网络推荐的截止日期为2014年8月24日。

2. 推荐项目书面材料等请于2014年8月28日报送至我部科技发展中心成果专利处。

五、交纳项目评审费

按照有关规定，每一推荐项目需交纳项目评审费300元（含直报项目），与2014年度高等学校科学研究优秀成果奖（科学技术）推荐材料一并上交我部科技发展中心。

联系人：刘爽、李兵、杨明(奖励)、王超(登记)

联系电话：(010)62514679、62510157、62514696、62514651

地址：北京市海淀区中关村大街35号

教育部科技发展中心成果专利处

邮政编码：100080

网址：www.cutech.edu.cn

开户名称：教育部科技发展中心

开户银行：广发银行北京中关村支行

账 号：1370115160l000××××

用 途：2014年教奖评审费

附件：推荐2014年度高等学校科学研究优秀成果奖(科学技术)的具体要求

教育部办公厅(印章)

2014年6月19日

例文5-5

关于2014年国庆节放假安排的通知

根据国务院办公厅通知精神，现将2014年国庆节放假安排通知如下：

10月1日(星期三)至10月7日(星期二)放假调休，共7天。9月28日(星期日)、10月11日(星期六)上班。

节假日期间，各单位要妥善安排好值班和安全、保卫等工作，遇有重大突发事件发生，要按规定及时报告并妥善处置，确保人民群众祥和平安度过节日假期。

北京市人民政府办公厅(印章)

2014年9月5日

例文5-6

关于召开2014年科研工作会议的通知

各单位：

经研究，学校决定召开2014年科研工作会议。现将有关事项通知如下：

一、时间：1月9日(星期四)下午14:30。

二、地点：旗山校区学术大讲堂(图书馆一层)。

三、参加对象：校领导，助理，各部处、学院、中心、馆、集团、总公司负责人，各学院教授代表，各级人大代表、政协委员，各民主党派、统战团体、无党派人士联谊会负责人，离休党总支、关工委、退休协会、老年大学负责人，各学院科研秘书，校科研工作委员会，受表彰的教师。

四、注意事项：

(一)会议实行签到制度，请各单位通知有关人员准时参加会议。无法到会的同志，请于1月8日(星期三)上午11:00点前向科技处或社科处(电话：22867478，22867476)办理请假手续。

(二)请参会人员按学术大讲堂座位安排示意图就座。

附件：图书馆学术大讲堂座位安排示意图

福建师范大学办公室(印章)

2014年1月5日

例文 5-7

关于香港特区政府王永平等
3 人职务任免的通知

国人字〔2006〕6 号

香港特别行政区政府：

依照《中华人民共和国香港特别行政区基本法》的有关规定，根据香港特别行政区行政长官曾荫权的提名和建议，国务院 2006 年 1 月 24 日决定：任命王永平为工商及科技局局长、俞宗怡为公务员事务局局长；免去曾俊华的工商及科技局局长职务、王永平的公务员事务局局长职务。

国务院（印章）

二〇〇六年一月二十四日

实训练习

（1）武汉市教育局近日收到湖北省教育厅转发的教育部《关于减轻中小学生过重学业负担的通知》，如果你是该市教育局办公室秘书，请拟一份通知，将此通知转发给各区教育局。

（2）××省人民政府拟发文批转省财务大检查办公室《对违反财经纪律问题的处理意见》，主送单位为"各市、州、县人民政府，省直属各单位"。请拟一份通知。

（3）××市教育局决定召开一次各区、县教育局长、大专院校及重点中学校长参加的教育工作会议。会议于 2014 年 11 月 15—18 日在三江宾馆举行，主要是部署深化教育体制改革的工作，请根据上述材料代教育厅拟定一份会议通知。

（4）××省教育厅职教处决定在全省高等职业学校开展以"我爱我的专业"为主题的征文有奖活动。征文要求：体裁限为记叙文、议论文；主题要明确、突出；材料要新颖、典型，要有较强的说服力和感染力；文稿一般不超过 3000 字；每个学校限交 3 篇；截稿时间：2014 年 12 月 31 日。届时职教处将组织有关评委，评出一、二、三等奖和优秀奖。稿件寄省教育厅职教处，或发电子邮件至 hubeizj@163. com 信箱。邮政编码：435000。

（5）根据下面材料，重新组织材料，写一份格式规范的知照性通知，要求条理清楚，主次分明。

从今年 5 月 1 日起，××市规划局对开发建设建设单位实行开发建设项目公示板制度。这是按照市人大对建设项目要实行公示制的要求，为了进一步强化城乡规划工作，规范开发建设行为，增加规划审批的透明度，便于社会监督而实施的。具体内容有五项：公示板的内容由市规划局建审处统一填写，在建设工程验收时，由市规划土地监察大队检查验收，日常的监督检查工作以区县（市）规划土地监察科（队）为主。为了统一公示板规格，达到美观和保证初稿效果的目的，公示板由××市勘察测绘研究院统一制作，并同现场定线一并完成。公示板由建设单位负责保护，如丢失、损坏，由建设单位出资重新制作。凡在××市城市规划区内新建、扩建、改建的工程项目，必须在施工现场显要位置设立《建设工程规划许可证》附图公示板。公示板的内容包括：开发建设单位和施工单位的名称、规划审批的建筑面积、栋数、楼层层数、间距、审批机关和举报电话等。公示板设立的期限为，从定线安放之日起至该建设工程项目竣工规划验收合格止。该文的成文时间为 2014 年 4 月 16 日。

第三节　通　　报

文体概述

通报是国家机关、社会团体、企事业单位表彰先进、批评错误、传达重要精神和告知重要情况所使用的一种下行公文。

与其他公文文种相比，通报有自己的特性。①材料的典型性，通报的人和事应能够反映、揭示事物的本质规律，具有广泛的代表性和鲜明的个性。②目的的引导性，通报的目的都在于通过典型的人和事引导人们辨别是非，总结经验，吸取教训，弘扬正气，树立新风。③内容的严肃性，通报是正式公文，是领导机关为了指导面上的工作，针对真人、真事和真实情况制发的，无论是表扬、批评或通报情况，都代表着一级组织的意见，具有表彰鼓励或惩戒、警示的作用，因而其使用十分慎重、严肃。④发文的时效性，通报针对当前工作中出现的情况和问题而发，因此，通报需抓住时机适时通报。

通报与前面所讲的通知都可以用来周知事项、沟通信息，这是它们的相似之处，二者又有诸多区别。①适用范围不同。通知可以发布法规和规章，批转和转发公文，告知的主要是需办理周知和共同遵守执行的事项；通报则用于表扬先进，批评错误，传达和交流重要情况，可以用来奖惩有关单位或人员，通知一般无此作用。②目的作用不同。通知主要是通过具体事项的安排，要求受文机关在工作中遵照执行或办理，有着较强的、直接的和具体的约束力；通报目的不在贯彻执行，而重在精神的倡导，主要是通过对典型事例或重要情况的传达，向全体下属进行宣传教育或沟通信息，以指导、推动今后的工作，没有具体工作部署安排。③表达方式不同。通知主要运用叙述，告知人们做什么，怎样做，要求简明扼要，条理清楚，语言平实；通报则兼用叙述（先进事迹、错误事实、基本情况）、说明（通报决定或意见）、议论（评论事迹、分析错误、提出希望），带有一定的感情色彩，并能以事实服人，以理服人。④受文单位有别。通知一般要抬头，有受文单位，可主送隶属或不隶属单位；通报一般可以不抬头（无受文单位），受文单位则一般为全体下属。⑤制作时间有别。通知是在事前发文，通报则是在事后发文，即事前通知，事后通报。另外，在公开性方面，通报大于通知。

根据不同的内容性质和写作目的，通报可以分为三类。①表彰通报，用于表彰先进单位和个人，介绍先进经验或事迹，树立典型，号召大家学习，改进与推动工作。②批评通报，用于批评错误，揭露问题，纠正不良倾向，处理责任事故，以示警戒。可针对个人所犯错误制发，可针对单位不良现象制发，可针对普遍存在的问题制发。③情况通报，多用于传达上级指示或会议精神，通报工作与活动的进展情况及动向、问题，引起人们的警觉与注意。情况通报多作下行文，也兼作平行文。

行文格式

通报的结构分标题、成文日期、主送机关、正文、印发传达范围、落款四部分。由于通报的格式比较自由，主送机关可有可无，成文日期的位置是变动的。

1. 标题

常用的标题有两种：①由发文机关的名称、事由和文种组成，此种形式标题最为多见，如“国务院办公厅关于对少数地方和单位违反国家规定集资问题的通报”；②由事由和文种组成，如“关于人大建议、政协提案办理情况的通报”；③由发文机关和文种组成，如“中共××市纪律检查委员会通报”；④只由文种“通报”作标题，用于内容单一，发文范围或对象狭窄的通报。

2. 成文日期

成文日期有两种标注方式：一是不标注主送机关、正文之后不署发文机关名称、不需加盖发文机关印章的，成文日期加圆括号居中标注在标题之下；二是标注主送机关、正文之后必须加盖发文机关印章的，成文日期标注在正文之后或发文机关署名之下。

3. 主送机关

主送机关即主要受理通报的机关。普发性通报用统称，专指性通报用特称，均顶格标注在标题之下、正文之前。在党政机关的通报中，普发性通报有的在正文之前不标注主送机关，而在印发传达范围处标注。

4. 正文

正文是通报主体部分，一般由四个部分组成。

1)通报缘由

用简明扼要的语言概述通报的核心内容，说明通报的原因或目的，勾勒出一个总体轮廓，并表明通报机关给予肯定或否定的态度，以便使受文单位和人员准确地了解和把握发文机关的行文意图以及通报内容的精神实质。这部分文字要精，篇幅要短，尽量避免和下文重复。结尾处通常用过渡语"特通报如下"、"为此，特予通报表扬，望认真组织学习"、"因此，特通报全市，望从中吸取教训，引以为戒"等开启下文，转入通报事项部分的写作。

2)通报事项

通报事项是通报的主要部分，要从时间、地点、人或单位、事或问题、原因、结果等六个方面记叙事实，特别注意选择具有典型性、代表性的材料，要特别注意反映事物的本质，抓住实质性的问题，准确而集中地揭示通报的主题，使人们受到直观的感染与教育，从而悟出其中的经验与教训。在结构安排上，可采取纵式和横式两种方式。所谓纵式结构，就是指按时间先后顺序或事件发生、发展的进程顺序来安排层次。所谓横式结构，就是按照事物的逻辑顺序来安排层次。

3)分析评议

对通报事项进行分析评论，要分析事情或问题的前因后果，并对其性质、意义、影响做出要言不烦、一语中的的评论，指出应从中吸取哪些经验和教训。

4)处理决定

前述通报事项为"因"，由此而做出的处理意见为"果"，前后顺承具有内在的必然联系。撰写时要特别注意与通报缘由部分的表态语相呼应，严禁"各行其是"，以维护通报的严肃性。用语要简明精练，文字不宜过多，寥寥几笔即说明问题。要求或希望是制发通报的目的和归宿所在，因此要紧密结合被表彰或被批评的事件行为，以及传达的某一重要精神或情况，透过表面现象挖掘其深层含义，进而提出具有普遍指导和教育意义的要求或希望，内容要切合实际，用语要讲究分寸。

由于不同类别的通报在作用方面存在着差异，因而在撰写正文的要求上也就有所不同。

表彰通报正文可按这样的顺次来写。①叙述典型事实(事迹、成绩、功德)。介绍要清楚，详略要得当，重点要突出。②揭示典型意义(挖掘精神实质)。将笔墨集中在表彰对象事迹的肯定性评价上，突出事迹中的"闪光点"——最能体现人物精神和道德的地方。③宣布表彰决定。即对先进对象进行表彰的意见与办法(荣誉称号或物质奖励)，或书面表扬，或记功受奖，或提升晋级等。④提出希望要求。对表彰对象的希望与对其他相关单位和人员的要求，要有针对性和指导意义，能引起全社会的共鸣，起到激励和鼓舞作用。

批评通报可以按照如下脉络撰写。①陈述基本情况，即真实、准确、简要地介绍错误事实或事故的基本情况:起因、经过、情节。②分析错误性质，这是对事件的认定，要指出错误的性质，对人对事做出客观评价，指出问题所发生的主客观原因，分析错误带来或可能带来的恶劣后果。③宣布处分决定，即对责任者做出了怎样的处分或处理。要说明做出这样处理的根据，主要说明处分所依据的有关政策、规定，使当事者和群众都知道处分是有理由的、成立的。④提出要求警戒，也要着眼于两个方面，被批评的单位和个人如何吸取教训，迅速改正错误；其他单位和个人如何引以为戒，不犯类似错误。

情况通报正文部分先写背景，介绍情况（通报事项的情况或精神的主要内容）；次分析原因，指出意义或者危害；最后提出希望和要求。情况通报往往重视整体情况的介绍，表扬（或报喜）和批评（或报忧）是总体的，这一点不同于表彰性通报和批评性通报。

5. 落款

一种是既落款又写成文具体时间；一种是不落款，而只写成文具体时间（但标题中已经省略机关名称的则必须落款）。下发或张贴的通报要加盖公章。

撰拟要求

1. 事实真实准确

通报的事实，所引材料，都必须真实无误。动笔前要调查研究，对有关情况和事例要认真进行核对。陈述事实要注意区别模范和先进、重大贡献和突出贡献、严重违纪和一般过失，做到切合实际，既不夸大，又不缩小。表彰事实如果失真，则会令人不服；批评事实如果不准，则会引起反感；反映情况如果偏差，则会失去通报权威。

2. 分析中肯允当

无论哪一种通报，都要做到态度鲜明，分析中肯，评价实事求是，结论公正准确，用语把握分寸。对被表彰的人、事，不要人为拔高，对被批评的人、事，不要无限上纲。通报中的议论必须是通报中典型事实的延伸，褒贬的尺度、结论的分寸、今后的工作意见都是典型事实的引发，不能牵强附会。

3. 语言简洁庄重

通报因为内容性质特殊，行文不可能全然排斥感情色彩，但必须掌握好表述分寸，对褒奖性事项要赞美而不失庄重，对惩戒性事项要严厉而不失劝诫，对重要情况要叙述明晰而不耸人听闻，要做到语言色彩与客观事实相协调。

4. 制发迅速及时

通报的内容都是新发生的事件和事情，与推动当前中心工作密切相关，因此，要注重时效性，抓准时机，发当其时，不能时过境迁才发布。否则，拣陈芝麻和放马后炮，通报就失去了时效性和新鲜感，也就失去了它的指导和教育作用。

例文 5-8

湖北省人民政府
关于表彰我省参与 2010 年上海世博会先进集体和先进个人的通报

各市、州、县人民政府，省政府各部门：

2010 年上海世博会于 10 月 31 日胜利闭幕，圆满实现了举办一届成功、精彩、难忘的世博盛会的目标，全面兑现了我国向国际社会的郑重承诺。我省参与 2010 年上海世博会工作，在省委、省政府的正确领导下，在上海世博会湖北省筹备委员会各成员单位及各市州的大力支持配合下，按照上海世博会组委会的统一部署，科学谋划，精心组织，围绕“江湖连通 · 城市公园”主题，充分展示了湖北千湖之省的美好新形象，极大地推动了我省与兄弟省(区、市)乃至世界各国的合作与交流,圆满完成了我省参与上海世博会的各项工作任务,并涌现出一大批团结协作、勇挑重担、无私奉献的先进集体和先进个人。为总结经验,表彰先进,传承和发扬世博精神,推动全省精神文明建设,省人民政府决定,授予湖北省群众艺术馆等41家单位"湖北省参与2010年上海世博会先进集体"荣誉称号,授予熊召政等65名同志"湖北省参与2010年上海世博会先进个人"荣誉称号(名单附后)。

希望受表彰的先进集体和先进个人珍惜荣誉,再接再厉,再立新功。各地、各部门要以先进集体和先进个人为榜样,进一步宣传和弘扬上海世博精神,吸收和运用上海世博会成果,扎实工作,开拓创新,为促进全省经济社会科学发展、跨越式发展作出新的更大的贡献!

附件:湖北省参与2010年上海世博会先进集体名单(41个)

湖北省人民政府(印章)
2011年3月29日

例文5-9

关于林××同学工作失职的处分通报

林××,×性,××××年×月生于××××。现为甘肃政法学院××××级××专业×班学生,大学生法律宣传协会××××部部长。

林××自加入法律宣传协会以来,工作散漫,责任心不强,并且经常推卸责任。尤其是最近在校团委主办、法律宣传协会承办的"我与祖国共奋进——首届甘肃政法学院'学风建设'专题知识竞赛"中,表现更是不佳。协会考虑到其工作量少,在协会中也缺少锻炼,因此任命其为本次知识竞赛活动命题组组长,他口头表示乐意就任该职务,并且承诺会完成工作。但是,时至今日,校团委要求上交题库的通知接二连三,而林××并未兑现十多天前许下的承诺,还将责任推卸给协会的其他负责人,并且说这与他无任何关系。此举给法学院以及法律宣传协会的工作和声誉造成了极大的影响。

为加强协会内部组织纪律及思想道德建设,根据《大学生法律宣传协会章程》第四十二条的相关规定,对林××给与通报批评的处分。

望协会全体成员引以为戒,自觉遵守协会纪律,塑造良好的个人品质与工作作风,为学院、协会的发展做出应有的贡献,真正在活动中达到"服务社会,锻炼自身"的目的。

特此通报

甘肃政法学院分团委
大学生法律宣传协会
2014年×月×日

例文5-10

防城港市公安局交警支队关于"2014.2.14"重大交通事故调查处理情况通报

2014年2月14日,我市防城辖区防城一桥路段发生一起重大交通事故造成一死三伤。事故发生后,我支队立即调集相关技术部门技术人员和事故处理业务骨干到现场与案发地公安交通管理部门办案人员一起按程序依法进行调查取证。目前,调查取证工作取得了进展。因案情重大,需要委托检验机构对现场痕迹、物证等进行检验、鉴定,因此该案仍处于侦查阶段。

根据《道路交通事故处理程序规定》的有关规定:交通警察调查道路交通事故时,应当客观、全面、及时、合法地收集证据。交通事故需要进行检验、鉴定的,公安机关交通管理部门应当自现场调查结束之日起,3个工作日内委托有关鉴定机构进行检验、鉴定。公安机关交通管理部门应当与检验、鉴定机构约定检验、鉴定完成的期限,约定的期限不得超过20日。超过20日的,应当报经上一级公安机关交通管理部门批准,但最长不得超过60日。公安机关交通管理部门在检验鉴定结论确定之日起5个工作日内作出事故认定。

该案件中死者盘某已于2月16日安葬，伤者李某已于2月21日出院。伤者包某、褚某仍在医院接受治疗。通过当地党委、政府和公安交通管理部门多次与医院协调，医院一直按照治疗程序救治伤者，并未因抢救治疗费不到位而拖延抢救治疗。当地公安机关交通管理部门督促肇事车主和肇事车投保的保险公司支付了部分抢救治疗费。目前伤者包某、褚某伤情有所好转，但治疗费用缺口较大。我们下一步将继续督促各方落实伤者治疗费问题。

该事故侦查工作结束后，我们将依程序依法对该事故作出认定，并在第一时间向社会进行公布。请广大网友理解、支持和监督我们的工作。

防城港市公安局交警支队（印章）

2014年2月22日

实训练习

(1)根据下面这则通讯，代××大学拟写一份通报，文中人物姓名等可以虚拟。

本报讯（通讯员×× 记者××）在一名青年女子险被歹徒强暴时，××大学保卫处的××同志挺身而出，勇擒歹徒。这是记者9月27日从该校了解到的。

9月26日晚7时，家住洪波小区的23岁女青年×××在回家途中，被一高个子男子尾随，男子抢走×××财物后，将她劫持到附近一小区内僻静处，欲行不轨。×××竭力呼喊救命。家住该小区的××大学保卫处的××听到喊声后，立即飞快地冲下楼，跟歹徒扭打在一起。对方挣脱后向楼洞里窜去，××紧追不舍，在6楼将歹徒抓获并将其扭送公安机关。据了解，这名歹徒是刑满释放人员，多次实施抢劫、强奸等犯罪行为。××见义勇为后并没有给受害人留下自己的姓名。×××家人经多方打听才知道救命恩人是谁，嗣后给校方送去感谢信。××大学对××的义举给予了通报表扬和奖励。

(2)根据下面的材料拟写通报。

××储运公司仓库506保管员李××在×月×日晚上值班时，违反仓库规定，带了五岁女儿私自燃火煮食品；9时许又抱了女儿外出采购食物。一小时后，当他匆匆回到仓库时，只见506库房吞没于滚滚浓烟之中，火舌还频频上窜。他顿时手足无措，待在一旁，等值班人员闻讯赶来，才打电话呼救。待消防队赶到，大火才得以扑灭，但库房已化为灰烬，给国家造成××万元的巨大经济损失。为此，公安机关已将李××拘留。

(3)根据下面的材料拟写通报，纠正、预防措施、处理决定可以合理虚拟。

事故经过：2014年4月27日上午，一车间二胺精制工段正常停车清理系统，副主任徐胜军安排带班班长韩树宝带两名操作工清理干燥塔，10时左右，干燥塔入孔盖被打开，当时干燥塔塔釜和塔头温度均为109℃，经检查塔釜内脱落的填料不多。因需要进入塔釜内检修，未将入孔盖关闭。11时左右，发现塔釜底部着火，经及时扑救，明火很快被扑灭。

事故原因：①干燥塔保温蒸汽未关闭，塔内温度过高，达到塔釜内残余物料的着火点；入孔盖打开空气进入塔内，为可燃物提供了足够的氧化剂。塔釜内的残余物料着火是造成此次事故的直接原因。②作业人员对干燥塔在清理、检修工作中的危险认识不足，未制定相应的作业方案。③对清理干燥塔作业人员培训教育不足，对干燥塔清理作业工作中的危险因素认知不足；车间对干燥塔清理工作管理不到位、不重视，是造成此次事故的间接原因。

第四节 通 告

文体概述

通告是党和国家机关、人民团体、企事业单位在一定范围内公布应当遵守或者周知的事项时，使用的普发性下行公文。

通告具有四个特点。①法规性。通告常用来颁布地方性的法规，这些法规一经颁布，特定范围内的部门、单位和民众都必须遵守、执行，否则将会受到相应制裁。②周知性。通告的内容，要求在一定范围内的人们或特定的人群普遍知晓，以使他们了解有关政策法令，遵守某些规定事项，共同维护社会公务管理秩序。③实务性。通告是一种直接指向某项事务的文种，务实性比较突出。上至国家机关，下至基层单位，都可以使用它来公布具体事项。④行业性。不少通告都具有鲜明的行业性特点，如征税通告、车辆年检通告、发行新版人民币的通告等。因此，通告行文中要时常引用本行业的法规、规章，也免不了使用本行业的术语、行话。

通告不同于通知。①适用范围不同。通知适用范围广泛，批示下级机关的公文、转发上级机关和不相隶属机关的公文、发布规章、传达要求下级机关办理和有关单位需要周知或共同执行的事项、任免和聘用干部，均可用通知；而通告则适用于公布社会各有关方面应当遵守或者周知的事项。②受文对象不同。通知的对象一般是发文机关内部成员或与通知事项有直接关系的人；通告的对象一般是所管辖范围内广大社会公众或社会团体。③发文要求不同。通知的事项一般需要办理和贯彻执行，可以不公布；而通告的事项只需遵守和知晓即可，必须公布。

通告与公告有两个共同特点：一是它们都属于公开性文件，在有效的范围，了解其内容的人愈多愈好；二是在写法上要求篇幅简短，语言通俗易懂、质朴庄重。但二者的区别也是显而易见的。①内容属性不同。公告宣布的是重要事项或法定事项，兼有消息性和知照性的特点；通告涉及的是一般事项，事项内容具有较强的专业性和业务性，重要程度不及公告。②告启范围不同。公告面向国内外的广大读者、听众，告启面广；通告的告启面则相对较窄，只是面向国内某一地区、系统、地段的有关单位和人员。③使用权限不同。公告发文机关级别高，一般由国家一级机关发布（新华社、司法机关等也可根据授权使用公告）；通告制发不受单位级别限制，适用于各级行政机关和企事业单位（多为业务主管部门）。④发布形式不同。公告多在报刊上刊登，一般不用红头文件形式下发，也不能印成布告形式张贴；通告既可以在新闻媒体上发表，也可用红头文件形式下发，还可以公开张贴。

通告可分为制约性通告、周知性通告和办理性通告三种。①制约性通告即公布一些令行禁止类事项的通告，主要用于一定范围的对象普遍遵守的某些事项，其内容如查禁淫秽书画、收缴非法枪支、加强交通管理、查处违禁物品等。这类通告一般具有法规性质，要求有关组织和人员严格遵守，而且要由行政领导机关来发布。②周知性通告即告知应当知道或需要遵守的简单事项的通告，如发生的新情况，出现的新事物，以及需要大家知道的新决定等。这类通告大都具有专业性和单一性，往往不具有法规性质，但也有一定的约束力，各专业部门、社会团体和企事业单位等都可以发布这类通告。③办理性通告即办理一些例行事项的通告，其内容如注册、登记、年检等。

行文格式

通告由标题、正文和落款三部分组成。

1. 标题

通告通常使用发文机关、事由、文种三项要素齐全的标题，如“××市人民政府关于坚决清理非法占道经营的通告”，这样的标题使人一看便知道通告的内容。根据需要，前两个要素也可以省去其中一项，或者两项都省略，只标明文种。如“关于查禁赌博的通告”，“中国人民银行通告”。如遇特别紧急情况，可在“通告”前加上“紧急”二字。

2. 正文

通告的正文包括因由、事项和结语三部分内容。在结构上，通常可以分为三部分。

1)通告因由

通告因由扼要交代通告的缘由、根据(可以是法律或政策依据，也可以是理论依据或事实依据)和目的。这部分提出的根据要充分，目的要明确，语言要简约，为下文提出“应该遵守和执行的事项”奠定基础。

2)通告事项

通告事项即主体部分，明确具体地写出通告的内容、通告事项的要求和实施措施。事项部分要做到具体明了，含义准确，通俗易懂，便于群众理解和执行。如果通告事项涉及的要求、措施较多，应该分项予以说明。分项说明宜采取递减法，由主及次，由大到小，以便读者或听众能够迅速、正确地领会文件的精神实质。通告要力戒表述上的主次不分或忽轻忽重，使用行业术语不宜过多过滥，否则就会使人感觉繁杂无序，难以理解，不利于读者或听众迅速地、准确地理解文件的精神实质。

3)通告结语

通告结语一般单独设段，有的提出要求，这是对执行通告内容的补充要求和敦促，一般带有强调性质。有的指明执行的时间、执行范围、有效期限，以及对群众的号召与希望。如果没有这些，则多以规范结语“此告”、“此布”、“特此通告”等作结，表现通告的庄严性。

通告正文的语气一般应比较平缓，语句平实，有时需要带上恳切要求协助或办理的语态。不同类型的通告，行文时各有侧重。

制约性通告，因由部分相对说来略微多些，但仍很简要，一般先概述一下有关事实或给其定性，然后用“为”、“为了……”、“根据……”或“通告如下”、“特通告如下”等语，以引起事项部分。事项部分由于容量较大，往往都要分项说明，而且要写得详尽具体，明确无误，以便于领会和遵守。如果有要求和希望，可在事项里的最末一项说明，也可单起一段说明，一般都很简短。结语为“特此通告”或“本通告自发布之日起实施”等语。

周知性通告，由于事项简单，正文大都采用篇段合一形式写，因由部分极为概要，一般只用“根据”、“兹因”等词引出一两句话即可；而且事项部分与因由部分往往是衔接在一起的，只用“自×年×月×日起”应如何如何直接说出即可(也有另起一段分项说明的)。但“结语”必须另起一段来写，一般都是“特此通告”一句，正文即随之结束。

办理性通告，用于在一定范围内公布需周知或办理的具体事务，事项简单的可把因由与事项要求写在一起，最后写“特此通告”；事项复杂的则另起段分项来写，最后写“特此通告”。

3. 落款

通告的落款应写明发文机关名称和发文时间。在标题中有发文机关名称的，落款处可以省略(周知性通告和办理性通告一般不再落款)，只写年、月、日(办理性通告若在报上刊登，则不必再写时间)，或将发文时间写在标题下方(即正文上方)。

撰拟要求

1. 注意依法发告

通告的事项是党的方针政策和国家法律、法规在某些事项上的具体体现，撰写通告必须熟悉政策法令，注意政策性、法规性，使每一项措施、规定和要求都符合法律、法规和政策，体现党、国家和人民的利益。只有这样，才能保证通告的权威性。不要使通告与现行政策相抵牾，不要出现不合法律程序的“土政策”。

2. 行文务求简明

严格实行一事一文，要求务求具体，层次务求清楚，行文务求简明，篇幅不宜过长。允许使用专业性语言，但要考虑被告知的对象及其接受能力，必要时做出注释，力求通俗易懂，以使人正确理解，利于贯彻执行。同时注意用语的礼貌和分寸，语气的肯定和庄重，不用命令或请求的语气。

3. 切忌文种混用

一定要注意通告与公告告知事项轻重有别，告知范围有大有小，发布权限和发布手段不尽相同，在写作过程中必须正确区别，分开使用，不能混淆。

例文 5-11

十堰市人民政府关于制止违法建设的通告

为遏制我市城区违法建设行为，维护城市建设的正常秩序和社会公共利益，根据《中华人民共和国城乡规划法》、《中华人民共和国土地管理法》等法律法规，市政府决定对城区违法建设进行清理整治。现将有关事项通告如下：

一、城区规划区范围内，未经规划、国土部门批准，或者不按规划、国土部门审批要求建设的建筑物、构筑物，均属违法建设。

二、本通告发布之日起，城区所有正在进行的违法建设必须无条件停止，并自觉接受有关职能部门的处理；各开发企业要在售房现场醒目位置对相关行政审批证件进行公示，接受社会监督；本通告发布之后，仍顶风违建、违法抢建的，由辖区人民政府（管委会）组织相关职能部门依法予以强制拆除。

三、本通告发布之前已建的违法建筑，从即日起禁止买卖、转让，等候处理。

四、对阻挠执法人员依法执行公务的，对鼓动、组织暴力抗法的，由公安机关依照《中华人民共和国治安管理处罚法》的规定从重处罚；涉嫌犯罪的，移交司法机关处理。

五、市民购买房屋要查看有关审批证件，购买合法产权房屋，办证等权益受法律保护；购买违法建设的房屋，办证等权益不受法律保护，并自行承担后果。

六、本通告自发布之日起施行。

十堰市人民政府（印章）

2011 年 9 月 17 日

例文 5-12

关于工行系统升级的通告

尊敬的客户：

为了能够向您提供更优质的服务，我行将于 2014 年 5 月 18 日 4:00 至 8:30 对系统进行升级维护，期间我行网上银行、电话银行、手机银行、短信银行、微信银行、银企互联、柜面、自助设备等相关系统将暂停服务。

系统升级后如果您在业务办理过程中遇到疑问，请通过短信或电话方式咨询 95588。由此给您带来的不便，敬请谅解。

特此通告

中国工商银行股份有限公司（印章）
2014 年 05 月 15 日

例文 5-13

上海企业年报公示办理通告

根据《企业信息公示暂行条例》、《个体工商户年度报告暂行办法》规定：凡于 2013 年 12 月 31 日之前领取营业执照的企业法人、非法人企业、分支机构（以下统称企业。另在自贸试验区领取营业执照的企业除外），以及选择公示年度报告的个体工商户，应当在 2014 年 10 月 1 日至 2015 年 6 月 30 日，通过法人一证通数字证书从“中国上海”门户网站（www. sh. gov. cn）或从“上海工商”门户网站（www. sgs. gov. cn）登录上海市企业信用信息公示系统（http://gsxt. sh. gov. cn）报送 2013 年度报告，并向社会公示。选择不公示年度报告的个体工商户，应当在 2014 年 10 月 1 日至 2015 年 6 月 30 日，向经营场所所在地工商行政管理部门、市场监督管理部门报送纸质年度报告。

对于未按规定期限报送及公示年度报告的企业或个体工商户，工商行政管理部门将其载入经营异常名录或标注经营异常状态，并通过上海市企业信用信息公示系统向社会公示。

上海市工商行政管理局（印章）
2014 年 9 月 25 日

附：法人一证通数字证书申领须知网址为 http://www. 962600. com/info/detail/290

实训练习

（1）第三届“桃李杯”马拉松赛将于 2014 年 10 月 15 日上午 8 时至下午 1 时在某市举行，为保证赛事的顺利进行，对环城路、沿江路、解放南路、教育北路、中山中路实行交通管制，除警备车、救护车、消防车、工程保险车外，禁止其他机动车辆通行。根据上述信息，请代某市公安局拟写一份实行交通管制的通告。

（2）××市人民政府经邮电部批准，定于××××年 6 月 8 日北京时间零时起全市电话号码启用八位制，即由现在的 7 位数升为 8 位数。升位办法：原“8”字头的电话号码首位后加“1”，原“2”至“7”字号的电话号码在首位前加“8”。电话号码升位后，所有 7 位电话号码无效。

（3）燃放烟花爆竹是中国人春节期间特有的风俗习惯，但每年因此而引发的火灾或人身伤害事故也频频见诸报端。如何使人们既能通过燃放烟花爆竹表达节日的欢乐，又能最大限度避免财产损失和人身伤害，北京市紫桐花园小区物业管理处决定把小区广场划为特定的烟花爆竹燃放点，禁止在其他地方随意燃放，以规避危险。请以小区物业的名义就此事向全体业主写一份通告。

（4）为改善城市环境，维护市容市貌和社会正常秩序，依据有关规定，××市政府决定在全市范围内对非法张贴、喷涂小广告行为进行清理，请以市政府的名义拟写一份《关于严禁非法张贴喷涂小广告的通告》

（5）××大学 2014 届本专科毕业生即将离校，图书馆决定从 6 月 9 日起停止办理 2013 届毕业生图书外借手续，要求毕业生在 6 月 18 日前到原借书处办理图书归还、超期处理等手续；若需办理图书丢失赔款，请到三楼借阅部办理。图书馆集中办理离校手续时间为：6 月 18 日—21 日（上午 8:00—12:00，下午 14:30—18:00），须持借阅证和“离校通知单”到主馆二楼“盖章处”盖章。请代学院图书馆拟写办理 2014 届毕业生离校手续的通告。

第五节　报　　告

文体概述

报告是向上级机关汇报工作，反映情况，回复上级机关询问的公文。报告属于陈述性的上行公文，它是下级单位向上级机关反馈信息，沟通上下级纵向联系的一种重要形式。下级单位利用报告向上级机关反映情况，可以取得上级机关的指导、帮助。同时，上级机关也可以通过报告及时了解下级单位情况，以便制定正确的方针、政策，实行科学的领导，从而切实指导下级单位的工作。

报告具有四个特点。①反映的实践性。向上级所提交的报告，其实是对本单位以往工作的回顾与总结，是以往工作成绩和存在问题的反映，没有工作实践就没有报告。②行文的概括性。报告对内容的表达只需粗线条的勾勒，它不需要对人和事及现象做详细的叙述和描写，更不必过多地发表议论。③内容的确凿性。报告以下情上达为主要任务，以便上级机关准确掌握下级单位工作的进程和情况，及时了解下级的意见和建议，从而做出正确的判断和科学的决策，报告中的事实与数据要真实、准确、具体。④功用的备案性。报告是单向性行文，属于备案性质，不需要任何相对应的文件，不需要上级批复。

根据不同的内容和作用，报告可以分为四类。①工作报告。指用于汇报工作的报告，即下级向上级机关汇报某一阶段工作的进展、成绩、经验、存在问题及打算，汇报上级交办事项的结果，汇报对某一指示传达贯彻的情况等等。一般有综合报告和专题报告两种。②情况报告。指向上级机关反映情况的报告，即及时汇报本地区、本单位发生的重大事件，或在一定范围内带有倾向性的情况。③答复报告。是答复上级询问事项的报告，即上级领导对群众来信来访中反映的问题或文件材料中反映的问题，批示下级机关查办；或询问有关情况，下级机关办理完毕，须用书面形式答复上级机关。④报送报告。指向上级机关报送物件或材料的报告。

行文格式

报告的结构分首部、正文和落款三部分。

1. 首部

首部包括标题和主送机关。报告的标题一般用多项式，常见的有两种形式：一种是由事由和文种组成，如“关于治理水质污染问题的报告”；另一种是由发文机关、事由、文种组成。如“××市政府关于××重大火灾事故的报告”。标题要写清报告的问题，点明报告的性质。有的报告内容紧急，则在标题中的“报告”前冠以“紧急”字样。报告写作切忌只写文种“报告”二字，否则上级不能马上了解报告的内容，而阅读全部报告正文又需不少时间，不便于分类了解情况，解决问题。主送机关，顶格写上受文单位全称，一般是上级机关或业务主管部门。

2. 正文

正文一般由引据、主体、结语三个部分构成。

1）引据

引据也称缘由部分，主要说明报告的根据、原因、目的、背景或总情况，给上级一个总印象。

报告的引据有以下几种类型。①背景式，即交代报告产生的现实背景，如“前不久，中央纪委召开了部分省市清理党员干部违纪建私房座谈会，总结交流了各地清房工作的情况和经验……”。②根据式，即交代报告产生的根据，如“根据省委、省政府领导同志的指示，我厅于去冬派人到涪陵市和渠县，与市、县的同志一道，对城镇贫困户的情况作了一些调查。……”。③叙事式，即简略叙述一个事件的概况，如“19××年2月20日上午9时40分，我省××市百货大楼发生重大火灾事故，市消防队出动15辆消防车，经四个小时的扑救，大火才被扑灭……”。④目的式，即将发文目的明确阐述出来，如“为认真贯彻落实《国务院批转林业部关于进一步加强森林防火工作报告的通知》(国发〔19××〕42号)切实做好我市防火工作，保护和发展森林资源……”。从引据转向主体部分，一般要用“现将……报告如下”、“现将……汇报如后”等过渡语。

2)主体

主体是报告最重要的部分，是报告中最重要的内容，报告最主要的写作方法是叙述，它要将措施步骤、主要成绩、经验体会三部分内容叙述清楚，并加以扼要分析，以便给人以全面、深刻的了解。不同的报告内容，在写法上稍有差异。

工作报告，一般采用总结式写法。首先写明工作的基本情况；其次写明主要做法和成绩，包括采取的办法、措施以及由此带来的直接效果等；最后写明还存在什么问题以及今后的大体工作设想。在叙述基本情况的同时，有所分析、归纳，找出规律性认识，按照总结出来的几条规律性认识来组织材料、安排层次。在内容布局上，一般将第二层次详写，第三层次略写，不作过多铺陈。

情况报告，多采用“情况—原因—教训—措施”四步写法。首先对所要反映的问题或情况作一概述；其次集中分析产生问题的原因(包括主客观两方面的原因)；接着总结经验教训；最后提出下一步的行动措施。情况报告不能写成工作报告，两者有一些区别：①适用情况不同，工作报告反映的是经常性的常规工作情况，而情况报告汇报的是偶发性的特殊情况；②内容确定性不同，工作报告的内容相对确定，而情况报告的内容多不确定，因时因事而异；③写法及语言不同，工作报告的写法基本稳定，而情况报告的写法灵活多样；有的工作报告有不同程度的说理，而情况报告重在叙述、说明有关情况。

答复报告，应首先扼要叙述上级机关交办的事项或任务；其次写明处理的大致过程，包括采取的办法或措施，处理中遇到的问题及需要进一步陈述的事项等；最后交代处理结果，同时征询上级机关对处理结果的意见。

递送报告的写法较为简单，写清楚报送材料(文件、物件)的名称、数量，结尾用“请审阅”、“请收阅”收束。

在结构安排上，如果报告的内容较为简单，则采用篇段合一的形式；如果内容复杂，则分层分段或分几个部分进行叙写，既可按工作的进程顺序或事件发生发展的时间先后顺序阐述，也可按所提出问题的主次或按所取得成绩和经验的主次顺序阐述，用序码标明，并概括段旨，置于段首而构成撮要。

3)结语

结语一般都有程式性用语，应另起一段来写。采用哪种结语，应与报告的内容和行文意图相符，与引据、主体相呼应，构成一个有机的整体。上复性、汇报性报告，结尾多写“特此报告”、“专此报告”、“特将情况报告如上”、“以上报告，请审阅”等作结。

3. 落款

落款包括署名和时间两项内容。在右下方署上单位名称或主要负责人姓名，并于其下写明年月日期，然后加盖单位公章或主要负责人章。

撰拟要求

1. 材料要真实，数据要可靠

报告的材料来源，必须是实践的结果，有喜报喜，有忧报忧，成绩不可夸大，缺点不可缩小，问题不可掩盖，不张冠李戴，不添枝加叶，不胡编乱造。既有概括性材料数据，又有典型的具体事例。切忌在报告中使用“据说”、“可能”、“估计”之类未经核实的、不确切的材料和数据。不然，就会出现以假乱真的严重后果，导致工作的巨大损失。

2. 观点要明确，分析要中肯

有了可靠的材料、确凿的数据，就要树立起明确的观点；然后根据观点进行客观冷静的分析归纳，去伪存真，摸到工作的规律，抓住问题的实质，提炼出反映本质的、带有规律性的主题，而不能满足于反映事物的一般动态和事物的表面现象，以便上级领导根据报告作出正确的判断和处理意见。

3. 篇幅要简短，用语要精练

报告篇幅以一千字左右为宜。动笔撰写时按“纲”行文，抓住几个问题写，保留主要内容，避免罗列事实，戒绝套话废话，对无关紧要的事一笔带过。即使是综合报告，也要重点突出几个问题，其他问题简略带过，决不能漫无边际、不得要领。要善于用敏锐的眼光观察事物，力图发现工作中的“闪光点”，捕捉新的东西，切忌千篇一律。

4. 文体要鲜明，内容要新鲜

文种不能混淆，就外部而言，不能与“请示”相混淆，在报告中，不能有请求指示、批准的内容，也不要运用请示的过渡语和结语，更不能为了取得上级的重视，把报告当请示来写，或者把请示与报告合为一个文种——“请示报告”。

5. 格式要正确，名称要规范

按照公文处理工作有关规定，向上级机关报告事项，应用上行文格式；须有主送单位，注明签发人姓名。但有些单位用下行文格式印制报告；报告无主送单位，无签发人。应按照党和国家公文法规规定的文种使用，决不能乱起“名称”，生造文种。

例文 5-14

关于我市创建国家环保模范城市工作进展情况的报告

市人民政府：

自启动创国模工作以来，全市上下紧扣创建目标，认真组织实施八大系列工程，全力开展重点项目攻坚，创建成效初步显现。2013 年，新增达标指标 7 项，目前已达 20 项(共 26 项)；全市环境空气质量较 2012 年大幅改善，空气质量优良率达 92.6%，全无中度以上污染天气，二氧化硫年均浓度值下降 25.6%，二氧化氮年均浓度值下降 7.5%。今年 1～5 月，二氧化硫较去年同期下降 28.6%，二氧化氮较去年同期下降 20.9%，1～5 月在全省八个重点城市中环境空气质量综合排名第一。水环境质量持续保持较好水平，地表水、饮用水水源地水质达标率 100%，金沙江出境断面主要污染物氨氮浓度降低。城市环境噪音质量相对稳定。荒漠化、石漠化治理成效较好。

一、创国模工作推进情况

(一)统一思想认识,加强组织领导,确保创模工作有力有序推进。一是强化了组织领导。在组建市委书记、市长任组长的"五创联动"工作领导小组和市政府分管领导任指挥长的创模指挥部的基础上,进一步明确了市人大常委会主任作为"五创联动"总督导,切实加强工作领导。一年多来,仅市级领导安排部署、督导检查、现场调研创模工作就达49人次,有力推动了工作落实。二是健全了责任体系。建立和完善了"党委领导、政府负责、人大政协监督、环保部门牵头、全社会齐抓共管"的创建工作机制,政府属地责任、企业主体责任、环保部门牵头责任、其他部门协同责任进一步明确。同时,将部分重点攻坚项目纳入全市"急难险重"目标任务管理,严格执行环保一票否决。三是理清了工作思路。市人大作出了《关于广泛动员全市人民积极投入创建国家环保模范城市的决议》,市政府印发了《攀枝花市人民政府关于开展创建国家环保模范城市工作的决定》,进一步明确了以市人大决议、市政府决定、创国模规划以及年度实施方案为指导,以231个规划项目、75项重点攻坚项目和"三片一线一企"等区域污染治理为重点的创国模工作思路。

(二)强化舆论宣传,积极争取支持,努力营造创模工作良好氛围。一是对上争取支持。向国家环保部、西南督查中心、省环保厅及时汇报了情况并邀请国家环保部总量司、政策法规司、中国环境保护产业协会、中国环境科学学会、中国工程院等领导和专家先后莅攀检查指导工作。国家、省分别下派干部到我市任职,并接受我市干部到相关业务部门学习锻炼。今年1月,省环保厅与我市签订了环境保护战略合作协议。二是强化舆论宣传。在《中国环境报》上刊载了我市启动创国模专版文章,在省级媒体刊播创模动态报道181篇,在市级媒体刊载创模新闻367条。先后举办了"共创环保模范城、共建美丽攀枝花"大型宣传活动、首届"创国模"杯环保漫画大赛、首届"创国模"杯全市中小学生作文比赛。编印了78期《创国模简报》。三是强化教育培训。举办了以"生态与环保、筑就攀枝花梦"为主题的第四届攀枝花科技论坛。邀请省环保厅领导和相关业务处(室)负责人到攀枝花开展创模专业知识培训2次,创模专题座谈会2次。四是搭建参与平台,畅通参与渠道。向社会实时发布AQI指数及污染分级健康提示等信息。聘任了50名环保义务监督员。改进了"12369"环保投诉热线管理模式。

(三)强化污染防治,推动总量减排,全市环境质量持续快速改善。一是进一步明确治理路径和措施。印发了《攀枝花市建成区环境空气质量达标方案》,编制完成了《攀枝花市大宗物料运输专项规划》。二是加大挂牌督办和限期治理工作力度。挂牌督办了65个工业企业污染综合治理项目。完成了攀钢煤化工焦炉装煤除尘改造和钒业公司五氧化二钒焙烧除尘改造2个民生工程项目。稳步推进了环业冶金、攀青物流等33家首批工业企业扬尘污染治理项目。三是强力推进总量减排,持续深化烧结、球团、钛白粉企业SO_2治理。实施了53个二氧化硫、氮氧化物、化学需氧量工程减排和管理减排项目。基本完成了28项规模化畜禽养殖污染治理减排项目。攀钢6号和新1号烧结烟气脱硫改造已完成,实现了全烟气脱硫。金沙江沿江两岸洗选企业整合搬迁工作有序推进,恒鼎焦化、圣达焦化及中汇特钢的烧结球团工艺按期关闭。四是持续开展城市扬尘污染综合整治。印发了工业扬尘污染综合整治实施方案和相应标准,重点加强堆(料、货)场、渣场、排土场等扬尘污染防治,同时,对城区主干道实行机械化清扫冲洗,对建筑工地实行封闭施工、打围作业,升级改造城区园林绿化带,有效控制了无组织扬尘污染。五是开展区域污染综合整治。有序推进了西区、东区倮果～五道河片区、钒钛产业园区、金沙江攀枝花城区段沿线和攀钢"三片一线一企"等区域污染防治三年攻坚。

(四)强化执法监管,加大风险防控,企业环境行为进一步规范。一是积极探索环境监察执法新机制。建立并实行排污费稽查征收、机动车排气污染防治、环境影响评价管理、农村生态环境保护、核与辐射安全、危险废物监督及总量减排环境监察执法工作机制。二是强化环境风险防控。修订了《攀枝花市突发环境污染事件应急预案》,重点加强了涉氯、涉酸、涉磷、涉危、涉核、涉重金属等高风险行业、企业日常监管工作。三是强化环境执法监管。针对企业环境违法行为视情节轻重、影响大小和污染程度单独或合并采取"顶格处罚、媒体曝光、停产整改、金融黑名单"四项处罚措施。四是强化危废管理。制定了《攀枝花市危险废物专项整治工作实施方案》,对全市纳入危废登记范畴的488家医疗卫生机构临床医疗废物全部纳入攀枝花危险废物处置中心集中处理。同时,加强了在线监测数据有效性审核、核与辐射源头控制等基础工作,有力保障了环境安全。

（五）严格环评审批，优化经济发展，源头污染防控进一步加强。修编完善了《攀枝花市城市总体规划（2011—2030）》和《攀枝花市工业布局总体规划（2011—2030）》，出台了《关于进一步加快产业园区发展的意见》，着力推进企业向园区集中、资源向优势企业集中，使工业布局更加合理，资源利用更加有效。结合《攀西国家级战略资源创新开发实验区建设规划（2013—2017 年）》和《攀枝花市重大项目规划（2013—2017 年》，以产业政策、规划选址、达标排放、总量控制、清洁生产为手段，有力落实了“总量指标”与“环保许可”双重控制。

（六）推进生态文明建设，加强农村污染防治，不断改善城乡面貌。创新“梯田改坡工程＋植物群落科技＋特色经济林木种植”模式开展干热河谷区域生态修复，推广应用太阳能提灌（滴灌）技术，已建成 3 个太阳能扬水造林示范项目。东区阿署达花舞人间、西区西佛寺废弃矿山环境整治、盐边红格温泉休闲度假区、仁和普达国际康养基地和大河河道整治及景观建设、花城新区“花海、森林、生活”主题山地森林公园和马坎生态修复等项目成效初显。金沙江攀枝花城区段沿江景观打造工程顺利推进，部分区域已成林成景。农村环境保护工作积极推进。

二、存在主要问题

一是指标完成有差距。国模考核 26 项指标尚有城区环境空气质量、城市生活污水集中处理率等 6 项指标未达标。二是工作推动不平衡。一些项目进展缓慢，一些项目完成标准不高，备用水源地建设、生活污水配套管网建设及处理设施升级改造，污泥、垃圾渗滤液处置和机动车尾气检测等环境基础设施建设滞后。三是工作成果不巩固。一些指标虽已达标，但成果还很脆弱；环境质量虽有较大改善，但个别时段、一些季节，受自然地理特别是气候条件影响，还不能达标。四是环境质量面临新挑战。今年 1 至 5 月，全市二氧化硫继续保持快速改善势头，工业粉尘排放也有一定下降，但受土地开发整理、城市基础设施建设、新区开发、道路运输等影响，全市 PM10 呈上升趋势。

三、下步工作安排

（一）以水环境保护和大气环境质量改善为主线，全面加强污染治理和总量减排任务。加强饮用水源地保护，加快替代和备用水源地建设。加快现有污水处理厂配套管网建设。实行限期治理和挂牌督办，强化污染综合整治，有效控制堆场、渣场、排土场等无组织扬尘污染。加大污泥处置、垃圾渗滤液处置、机动车尾气检测线等基础设施建设，大力开展“三片一线一企”等区域环境污染综合防治工作，不断改善城乡环境面貌。

（二）以落实“两高”司法解释为契机，全面规范企业环境行为。保持环境执法高压态势，进一步规范企业环境行为。持续开展环境空气质量、饮用水源安全、核与辐射安全、保障群众健康等专项行动，有效保障群众环境权益。

（三）严格环评审批管理，加强源头污染防控。对不符合产业政策、不符合工业布局规划、不符合环保要求和无环境容量区域的新建项目实行限批。对东区高粱坪片区，盐边安宁工业园区，钒钛产业园区的团山、马店河片区以及攀钢弄弄坪片区、西区格里坪以东等环境敏感区域和二氧化硫超标区域，不得新上二氧化硫排放项目，对以上片区既有的二氧化硫排放企业逐步实施淘汰。开辟绿色通道制度，促进项目尽快落地。

（四）深入推进生态建设，加强农村环保工作。加强生态细胞建设，强化农村饮用水水源地环境保护、畜禽养殖污染环境监管，全面推进农村环境连片整治。

（五）防患控制环境风险，确保环境安全。抓好应急物资贮备，开展应急演练。加强尾矿库、涉磷、涉酸、涉重金属、涉危等重点行业、重点企业环境风险源的监督和管理。编制环境风险评估报告，提出环境风险防患措施。

（六）强化部门整体联动，突出抓好城市扬尘污染防治。实行多部门协同配合，持续推进道路运输线源污染、堆场货场和建筑工地面源污染等城市扬尘污染治理。重点加强土地整改、新区开发、城市基础设施建设等建筑工地扬尘污染整治和交通运输抛洒污染治理，有效推动环境空气质量改善。

攀枝花市环保局（印章）

2014 年 6 月 26 日

例文 5-15

景谷傣族彝族自治县人民政府关于景谷"10·07"地震受灾情况的报告

云南省人民政府：

2014年10月7日21时49分39秒，普洱市景谷傣族彝族自治县（经度100.5度、纬度23.4度）发生6.6级地震，震源深度5千米，震中位于永平镇芒费村那信河村民小组附近。地震灾情发生后，省长李纪恒带领副省长张祖林和省、市领导到景谷指导抗震救灾工作。截至10月8日19时30分，共发生余震366次，其中4.0级以上余震2次。初步统计，地震造成全县10个乡（镇），137个村（居）委会，1368个村（居）民小组24720户11.12万人受灾，经济损失189682万元。现将受灾情况报告如下：

（一）人员伤亡情况。地震造成1人死亡，323人受伤，其中重伤8人。

（二）房屋受损情况。造成经济损失77730万元。农村房屋严重受损20508户61524间。其中：倒塌2169户6507间、严重损坏5502户16506间、一般损坏12837户38511间，造成经济损失56700万元。城镇房屋建筑（办公业务用房、商住小区、工矿厂房、公用建筑等）受损10.5万平方米，造成经济损失21030万元。共转移20600户92700人，其中集中转移安置1714户7715人。

（三）市政基础设施受损情况。造成经济损失6410万元。其中：市政道路约50公里路面不同程度受损、8座桥梁局部开裂损失1250万元；排水管网120公里不同程度受损，损失2120万元；市政灯光等基础设施1060万元；保障性住房受损约9900平方米，损失1980万元。

（四）水利设施受损情况。造成经济损失38000万元。排查出永平镇长海水库（水库基本情况：径流面积5.2平方公里，总库容319万立方米，现在蓄水117.8万立方米）存在险情，坝顶沿坝轴线方向出现一条5～8厘米的缝，水库输水涵管出现漏水现象，水库后坝坡排水体顶部出现严重变形。永平镇芒品水库（水库基本情况：径流面积0.9平方公里，总库容10.07万立方米，现在蓄水6万立方米）坝顶沿坝轴线方向出现一条1～2厘米的缝，闸室因震严重变形。那沙箐水库（水库基本情况：水库径流面积1.75平方公里，总库容66.3万立方米，现在蓄水47万立方米）坝顶沿坝轴线方向出现一条1～2厘米的缝，坝肩有裂缝，闸室严重变形；民乐镇大独田水库闸室墙体出现拉裂；大过口闸室墙体出现拉裂、排水体下沉；芒别水库管理所墙体出现拉裂；龙塘山水库防浪墙出现拉裂、变形。县城水厂供水沟渠出现多处坍塌，管网多处断裂，厂房、水池出现大量裂痕；农村人畜饮水出现管网断裂、饮水困难205处。沟渠受损2616处、16.28公里。农村人畜饮水工程、"五小水利"工程等受损严重。

（五）交通基础设施受损情况。造成经济损失27300万元。全县公路路基下滑23处1268米，坍方678处59万立方米，路面损坏86万平方米，桥梁损坏36座1080米。

（六）教育医疗卫生设施受损情况。造成经济损失23000万元。教室、医院等受损面积约15万平方米。

（七）工业厂矿受损情况。造成经济损失2400万元。电力10千伏线路（10千伏二环南线、10千伏老街线、10千伏迁营线、10千伏集镇线、10千伏迁糯线、10千伏翁孔线、10千伏文朗线、10千伏云海线）停运8条；272台变压器停运，造成11098户用户停电；35千伏南景变电站围墙坍塌约9米，110千伏迁糯变电站围墙坍塌约9米，35千伏文朗变电站围墙、设备等拉歪；部分通讯基站受地震影响，导致基站断电。全县工矿企业不同程度受灾。

（八）农业受损情况。造成农业生产综合经济损失14842万元。损毁农田沟渠1235米，造成经济损失247万元；鱼池受损1050亩，造成经济损失420万元；蔬菜大棚受损2000余亩，造成经济损失1200万元；沼气池受损11000口，造成经济损失6050万元；畜禽厩舍损毁7800间，死亡牲畜2500头（只、羽），造成经济损失2125万元。全县卧式烤房拉裂2103座、倒塌270座；立式烤房拉裂2708座、倒塌288座；编烟房倒塌3间，水窖拉裂44口，沟渠受损3.5千米，机耕路5千米，造成经济损失4800万元。

受灾损失情况还在进一步调查核实中。

景谷傣族彝族自治县人民政府（印章）
2014年10月8日

例文 5-16

关于治理水质污染问题的报告

××市人民政府：

前接《关于治理水质污染问题的函》(×政发〔200×〕106 号)，询问我县水质污染原因及治理问题，现将有关情况报告如下：

我县水质现污染较严重，其主要原因：一是公众环境保护意识差，一些居民随意向河道坑塘倾倒垃圾；二是我县市政基础设施薄弱，无污水处理厂，居民生活污水直接排入大环境。三是近几年，我县“三业”发展较快，其废水杂物直接排入护城河及坑塘，造成水质严重污染。四是县纸厂停产治理后，虽有污水处理系统，但运行费用高，工程设计落后，不能做到不间断达标排放。

解决水质污染问题的根本途径：首先是建设污水处理厂，目前，县政府正在积极筹措资金。其次，加大宣传力度，提高全民环保意识，减少污水无序排放。其三，加大环保监督检查力度，确保排污企业治污设施正常运行，达标排放，促进水质好转。其四，环保部门依法行政，严格执法，从源头把关，减少各种污染。

专此报告

××县人民政府(印章)

200×年 4 月 29 日

实训练习

(1)2013 年 6 月 20 日晚，××县马山乡粮站因突降暴雨，半夜一点左右山洪暴发，冲毁了仓库两座，冲走稻麦等粮食×××公斤，冲垮宿舍平房八间。事前气象站未发出准确预报，所以事情发生时全站职工措手不及，公私财产损失严重。目前大雨仍时断时续，粮站职工正在全力抢救国家财产。已有×万公斤粮食转移到安全处。马山乡粮站需将上述情况报告××县粮食局。请代拟情况报告。

(2)××××年 6 月 4 日凌晨 2 时 40 分，××分公司江南百货大楼发生火灾事故。事故后果：未造成人员伤亡，但该大楼二楼商品全部被烧毁，直接经济损失 350 万元。事故原因：二楼某个体裁缝经二楼经理同意从总闸直接线路，夜间没断电导致电线起火。施救情况：事故发生后，分公司领导马上拨打火警，市消防队出动了 8 辆消防车，至清晨 6 点，火灾才被扑灭。善后工作：分公司经理、副经理多次到现场调查，并对事故进行了认真处理。请以分公司的名义向总公司起草一份不超过 500 字的情况报告。

(3)××大学工会委员会接到××市总工会×月×日《关于××××的函》，来函询问该校工会干部有关待遇情况。该校基层工会主席由教师兼任，每年减免工作量 40 学时。部门工会主席任职期间享受本单位行政副职待遇，由教师担任的每年减免工作量 30 学时。校工会委员任职期间减免工作量 30 学时；部门工会委员每年减免工作量 15 学时。请代××大学工会委员会写一份答复报告。

(4)为认真贯彻落实公安部、工信部、文化部、国家工商总局《关于开展无照经营整治工作的通知》(公信安〔2013〕2042 号)精神，福建省工商局联合省公安厅、通信管理局、文化厅联合转发该文件，要求各级工商部门要认真贯彻落实，并于 2013 年 11 月 21 日至 2014 年 1 月 20 日组织全省工商系统开展无照经营网吧整治工作，共出动执法人员 6727 人次；主动停业无照经营网吧 20 家；查处取缔拒不停业或屡关屡开的无照经营网吧 43 家。他们的工作成绩来源于三点：①高度重视，切实加强组织领导；②认真履行职责，扎实开展整治工作；③加强协调配合，整合执法力量。广泛开展宣传，动员社会力量参与。请代福建省工商局向国家工商行政管理总局写一份工作报告。

第六节 请 示

文体概述

请示是下级单位请求上级机关指示工作、解释问题或批准某种要求时使用的上行公文。它是下级单位争取上级机关的指导与支持，从而保证部门各层次的管理工作步调统一并获得高效能的重要途径，也是党的方针、政策正确贯彻实施的一项组织原则，这样可以维护政令的一致性。

请示的特点非常明显。①祈请性。请示所涉及的事宜或问题，都是本单位当前工作中出现的情况和问题，都是发文机关无力、无法、无权自行决定的，只有经过上级机关或业务主管部门审批核准、明确指示之后，才能采取相应措施付诸行动。②单一性。请示是一文一事，一般只写一个受文领导机关，即使需要同时呈送其他领导机关，也只用抄送形式。如果一文数事，就很容易造成公文旅行，互相推诿，延时误事。③超前性，请示反映的问题往往具有解决的迫切性，而在上级机关给予指示、决断或答复、批准之前，再迫切也无法解决，因此，提交请示的时间必须有相当的提前量，越早越有利于问题的尽快解决。

请示与报告有很多不同。①行文目的不同。报告是汇报工作、反映情况、回答问询时使用的，其目的是让上级机关了解情况，掌握动态，为决策部署提供依据，毋须批复；请示是请求上级机关指示、批准时使用，其行文目的是要求审核、批准事项，帮助解决困难，答复有关问题，必求批复。②内容构成不同。报告着重于汇报工作，是陈述性文体，不写请示事项，可"一文多事"；请示着重于请求批准，是请求性文体，没有综合性，只能"一文一事"。③行文时限不同。报告行文不受时间限制，大多为事后，也有事项中进行报告的，所报告的事项属"已然"；而请示则必须事前行文，不能"先斩后奏"，请示的事项属"未然"。④主送单位不同。报告向上级主管部门、上级领导人或非主管部门报告均可，结尾用语不具有期复性；请示必须向上级直接主管部门行文，不能向上级领导行文，结尾用语具有期复性或期准性。⑤语言风格不同。报告的核心是汇报，在表达上以叙述事实为主，语言及结语有明显的陈述、谦恭特点；请示的核心是请求，在表达上以阐明请示的原因，叙述请示的内容为主，其语言及结语带有征询、请求的特点。⑥结尾格式不同。请示结束后还要写明附注，即联系人和联系电话，而报告没有附注内容。

按行文目的和请示要求，请示主要有三种：①求准性请示，即请求上级批准、允许的请示，请求上级解决本单位无权解决的问题。这类大多是明文规定必须请示的事项，如机构设置、人事安排、重要决定、重大决策、重要规划等。②求助性请示，即请求上级予以支持、帮助的请示，请求上级解决本单位无力解决的问题。如增加人员编制、审批基建项目、解决基建材料、增拨项目经费、添购设备物资、改善基础设施等。③求示性请示，即请求上级给予指示、裁决的请示，请求上级解决本单位无法解决的问题。或无法执行政策，发文者在执行政策时遇到困难或出现新的情况和问题，找不到相应的处理依据，需要上级机关给予指示；或无法明确政策，对上级文件的政策界限、指示精神等领会不透，或有不同的理解，请求上级给予明确的指示、答复；或无法处理分歧，与友邻机关或协作单位在较重要的问题上出现意见分歧，需要上级机关裁决。

行文格式

请示的结构分首部、正文和落款三个部分。

1. 首部

首部包括标题和主送机关。

拟写请示标题，必须着力写好"事由"(事由不能省略)，要明确、简括地表示请示的中心意向，以便上级机关准确了解和把握。请示的标题一般有两种形式：一种是发文机关、事由、文种构成，如"××省人民政府关于增拨防汛抢险救灾用油的请示"；另一种是省略发文单位，由事由和文种构成，如"关于重庆市城市总体规划调整方案的请示"。标题在文字表达上要注意：请示事由前可以加介词"关于"和请示事由构成介词结构作"请示"的定语；标题中使用动词时，不能与文种词语"请示"重复；在表达事由时，一般只能用一个动词。

请示的主送机关是指负责管理和答复该文件的单位。①只写一个主送机关，即制发主体的直接上级机关。请示内容涉及的机关单位，通常用抄送的形式，但不可抄送下级机关。②不能多头请示，如果是受双重领导的单位，或请示涉及的不止一个上级机关，应根据请示的事项，以主管此项请示的上级机关为主送单位，其他为抄送单位。③不能请示个人，一般不能向领导个人写请示，更不应向有关领导多头分送，只能呈给主管的上级机关。④不得越级请示，如果因特殊情况或紧急事项必须越级请示，要说明原因并同时抄送越过的直接上级机关。⑤不能横向请示，向有关部门(多为无隶属关系的平级或高级别的职能部门)请求批准事项，不能采用请示行文。

2. 正文

请示的正文要求写得实际、合理、明确、简要，应把请示办什么事情，打算如何办这件事情，让上级批准什么事情等内容写清楚。正文一般由缘由、事项和结语三个部分组成。

1)请示缘由

请示缘由是上级机关批复的根据，事由部分绝对不能省略。它一般采取叙事和说理相结合的表达方式，把请示的原因和背景情况或者请示问题的依据、出发点及思想基础交代清楚，尽可能联系全局来说明请示事项的迫切性、重要性和必要性。这部分要求写得言简意明，集中概括(如以上级政策依据或背景情况作为请示缘由，上级领导机关比较了解的，就可以扼要一些)，为请示事项作好铺垫，打下基础，与请示事项构成鲜明的因果关系。若以现实情况为请示缘由，而且情况比较复杂，是上级机关未知的新情况、新问题，这一部分中也可作较为详细的陈述。

陈述请示缘由，不同种类的请示有不同的写作内容和写作要求。写求助性请示，要紧紧围绕"依靠本单位的力量难以解决和克服，根据工作的需要又必须解决和克服"这个基本意思来写，要抓主要矛盾，突出"无力"二字，以显示出请示事项的合理性。写求准性请示，陈述缘由时通常以"阐释相关请示事项的意义、目的、根据和开展这一事项已具备的主、客观条件"等为主要写作内容，着重突出开展某项工作的必要性、可行性。写求示性请示，如果是对方针、政策或法规条文等在理解上存在问题，陈述缘由时就要详细引述条文并讲清疑问之所在；如果是工作中对某一问题的处理有不同意见，而又缺乏处理的依据，则要把这一问题及对这一问题处理的不同意见及请示者自身的倾向性意见都要分别写清；如果是工作中遇到新情况、新问题处理起来没有把握，陈述缘由时就要以新情况、新问题是如何出现的，有何具体表现等作为主要写作内容。请示过渡语只能用“特请示如下”、“现将我们的意见陈述如下”等。

2)请示事项

请示事项是正文的主体，应对需上级审批的问题、对情况的性质和严重程度做出具体分析，把问题摆得明白、清楚些，把意见讲得明确、具体些，把要求提得恰当、中肯些，并提出要求上级机关批准的依据。①请示事项要遵循“一文一事”的原则，紧紧围绕要请示的问题谈情况，讲根据，说要求，力求理由充分，主旨鲜明。如果一项工作中涉及若干方面问题需要上级批准解决，“一揽子”请示件中应注明，“上述问题将另行专题请示”，与“一揽子”请示的同时，根据一文一事的原则，将专题分解，分别行文请示。②请示不能只摆困难、情况，不提具体要求，依赖上级决定，还可以根据需要提供多种方案供上级参考，在请示中应明确本部门的意见。向上级转呈下属单位的请示时，也应签署本机关倾向性意见，不得原文转报上级机关。当请示的问题涉及某方针、政策或文件依据时，应摘录依据的条文一起附送，便于上级处理。③注意词语的选择，把握好下级对上级语气，以利于请求事项的批准。陈述办事意见时用好“拟”字，避免先斩后奏之嫌。

3)请示结语

请示结语具体提出对上级的要求。一般是另起一行空两格书写，写“请指示”、“请审核”、“当否，请批示”、“妥否，请批复”、“特此请示”等。不宜用“请即从速批复”、“请尽快拨款，以救燃眉之急”等语。避免使用“望批准”、“望批复”之类的词语，“望”是希望的意思，是上级对下级的语气，在请示中最好不用，将“望”换作“请”以显示出对上级的充分尊重。请示结语也不能写成“请批准”。凡向上级要求拨款，必须有附件说明(经费预算表或明细表)。

3. 落款

落款一般包括署名和时间两项内容。标题未写明发文机关的，在结束语的右下方署发文机关全称，并加盖公章，并在下行写明年月日期。按照公文处理有关规定，“请示”应当在附注处注明联系人的姓名和电话；用3号仿宋体字，居左空两个字加圆括号标识在成文时间下一行。

请示常见错误是：有些单位用下行文格式印制请示，未标识签发人姓名；有些没有在落款左下方用附注注明联系人姓名及电话。

撰拟要求

1. 明确行文目的

该请示的不请示，自作主张先干了再说，属于越权行为，这不仅影响上下级关系，更给工作带来难以预测的隐患。一定要消除侥幸心理，坚持事前请示。属本机关职权范围内的事项，应自行决策加以解决，确属本机关无权、无力、无法解决的问题，才需要用“请示”行文。但不能事事请示，“每斩必奏”，要严格控制请示行文，防止矛盾上交。

2. 明确受文对象

行文时要正确确定主送机关，原则是“谁主管向谁请示”。不多头请示，不请示个人，不横向请示(即不能向没有隶属关系的业务主管部门写请示)，不越级请示(上级机关对越级行文原则上不予受理)。几个平行机关联合请示工作，要认真会签，主办单位在前，会办单位在后。请示件属未决定事项，除主送、抄报上级机关和有关业务部门外，不抄送下级机关。

3. 突出请示缘由

可从四个方面着手：一是要写出客观需要，使上级机关感到请示事项有尽快解决的必要性；二是写出已具备的一定条件，使上级感到请示事项有解决的可能性；三是写出亟待解决的程度，使上级机关有尽快解决请示问题的紧迫感；四是写出恳切的语气，使上级机关能够同意而尽快批复。

4. 明确请示事项

请示应紧紧围绕要请示的问题谈情况，讲根据，说要求，力求理由充分，主旨鲜明。不能怕麻烦图省事而把几项情事内容安排在同一请示中，更不能在一篇请示中请示好几个属于不同单位职权范围内的事情，始终坚持“一文一请”的原则。

5. 明确文体特性

请示必须严格与报告分开，不能只把一些需上级机关知道的情况写入请示中，而忽略请求指示和批准的内容，形成了名义上是请示而实际上则是报告的文件；更不能以“请示报告”作为文种，把请示和报告的内容合写在一份文件中。请示结语在实际写作中用词尤其讲究。求助性请示、求准性请示可以用“妥(当)否，请批复”、“妥(当)否，请审批”这样的结语，但这些结语用在求示性请示就显得不适合，求示性请示往往用“以上，请指(批)示”作结。

例文 5-17

关于丹霞山风景名胜区列为国家重点风景名胜区的请示

国务院：

丹霞山风景名胜区位于广东省韶关市仁化、曲江两县境内，面积 186 平方公里，分丹霞山、韶石山、大石山三个景区。距韶关市区最近处 10 公里，最远处 50 公里，柏油公路直达主峰景区，交通十分方便。

据地质考证，6500 万年前丹霞山所在地是一个大湖泊，由于造山运动形成红岩峭壁和嶙峋洞穴，构成奇异自然风景。在全世界同类地形中，以丹霞山最为典型，丹霞地貌已成为国际地质学名词。丹霞山景区主要景点有 87 处，山、瀑、江、湖兼备，绿化良好，兼之摩崖石刻、寺庵、亭台楼阁点缀其间，自然人文景观丰富。丹霞山南侧的韶石山景区傍地浈水，是历史上舜帝南巡奏乐之处，内有“三十六石”的奇景。丹霞山西侧的大石山景区，类似丹霞山的奇山异峰，有丹寨幽洞、岩柱等自然景观。

在丹霞山风景名胜区附近，有“金鸡岭”、“九龙十八滩”、“古佛岩”、“南华寺”、“马坝人遗址”等风景及名胜古迹。目前，粤北地区以丹霞山风景名胜区为中心形成了我省一条重要的旅游线。

根据国务院《风景名胜区管理条例》，我们对丹霞山风景名胜区进行了资源调查、评价编制了总体规划。现申请把丹霞山风景名胜区列为国家重点名胜区，请审批。

广东省人民政府(印章)
2008 年 2 月 11 日

(联系人：×××；联系电话：×××××××××)

例文 5-18

关于拨款新建学生宿舍的请示

××省教育厅：

近年来，我院每年招生规模在不断扩大，学生的住房条件却越来越紧张，我院只好在每年招生计划中按比例将部分学生列为走读生，学院不安排住宿，由学生自行解决。这虽然缓解了我院的部分压力，但也给学生的学习、生活带来很多不便，给学院的学生管理造成诸多不利因素。为彻底改变被动应对的现状，现申请新建一幢学生用房。经过核算，新建一幢学生用房一共需经费 3000 万元，其中我院可自筹 2000 万元，但还缺少

1000 万元，恳请贵厅考虑财政拨款解决。

妥否，请批复。

附件：学生用房经费预算表

××学院(印章)
2012 年×月×日

(联系人：×××；联系电话：×××××××××)

例文 5-19

关于办理医疗器械经营许可证申请有关问题的请示

河北省药品食品监督管理局：

据部分医疗器械经营企业反映，在办理经营许可证申请过程中有些问题不明，我局无法解释，急需省局作出解释，以解答具体工作中的疑问，保证办理申请工作的及时顺利进行，很好地为企业服务。现将有关问题呈上，请复示为盼。

附件：关于办理医疗器械经营许可证申请的若干问题

廊坊市药品食品监督管理局(印章)
2008 年 2 月 10 日

(联系人：×××；联系电话：×××××××××)

实训练习

(1)××省外资局拟于 2009 年 12 月 10 日派组(副局长×××等五人)到美国纽约市××设备公司检验引进设备。此事须向省政府请示。该局曾与对方签订过引进设备的合同，最近对方又来电邀请前去考察。在美考察时间需 20 天，所需外汇由该局自行解决。各项费用预算，列有详表。请代××省外资局向××省人民政府写一份请示。

(2)××大学在××××年×月×日，遭受到狂风暴雨的袭击。风雨过后，经统计，教室损坏××间，学生宿舍损坏××间，给教学工作和学生住宿带来了严重困难。经计算，修建费用共需××万元。针对此种情况，请代校方向××省教育厅拟写一份继续修建费用的请示。

(3)某市一些机关及企事业单位的人事部门，纷纷来电询问关于职工出境期间要求办理退休手续的事，市人事和社会保障局因没有现成文件可查，无法回答这些问题，所以必须向省人事和社会保障厅提出请示，希望得到明确的指示。请示的具体问题是：第一，国家机关、事业单位的职工获准出境探亲，在探亲期间可否办理退休手续，如何办理？第二，国家对于这些人员的退休费的发放标准是否另有规定？请代××市人事和社会保障局起草一份请示。

(4)××县粮食局接到市国道先行工程办公室通知，因拓宽××国道，需部分拆除该县××等三座粮库。该县粮食局向本系统上级主管部门请求指示，拟请市国道先行工程指挥部将国道拓宽路基向西推移 8～15 米，免拆三座粮库。其理由如下：××等三座粮库是上级领导经多次考证、国家拨专款于 1995 年兴建的，它具有水陆两通、设施齐全、中转调拨灵活、迅速的特点。总仓容量 1000 万斤，是该县重要的粮食中转库，如拆除部分拆除势必影响军需民食。请代××县粮食局撰写此公文，该公文号为×粮〔1996〕2 号。

(5)四湖市发改委、文体局根据国家和省有关加快群众性文化体育事业发展的要求，结合四湖市的实际，拟建设四湖市群众文化体育活动中心项目，并拟定一份群众文化体育活动中心项目建设可行性研究报告，此项目能否兴建，须呈请市政府审批，请代拟这份请示。

第七节　批　　复

文体概述

批复是上级机关答复下级“请示”事项时所用的公文。它的内容涉及面比较窄，除了直接回答所请示的事项外，无需涉及其他问题。

作为答复性下行公文，批复具有以下特点。①行文的被动性，必须是以下级部门的请示作为行文条件的，没有请示，就没有批复，先有请示，后有批复。②回复的针对性，是针对请示的问题来答复，请示什么，就答复什么，不涉及别的问题。③内容的明确性，是针对请示的问题做出明确的回答，同意或不同意，批准或不批准，表意准确，态度鲜明。④效用的权威性，批复代表着上级机关的权力，反映了上级机关的意志，请示的部门必须按批复的作答执行。

根据内容、性质的不同，批复可分为三类。①审批性批复，主要是针对下级机关请示的公务事宜，经审核后所作的指示性答复(对请示对象表态——或同意，或部分同意，或不予同意)。例如，关于机构设置、人事安排、项目设立、资金划拨等事项的审批。②决定性批复，是针对所请求的内容经认真分析研究所作出的决策性答复。如对下级机关在工作中产生分歧意见作出仲裁性答复，对下级机关没有预见到的困难或因特殊情况难以执行统一规定等作出的决策性答复，明确表明对某一事项的态度。③指示性批复，主要是针对方针、政策性问题进行答复。这类批复除了明确答复请示事项之外，还对有关问题进行原则性的概括和提示，即针对请示事项如何执行提出指示性意见，要求请示的机关贯彻执行，在其管辖范围内，具有普遍的指导和规范作用。另外，授权政府职能部门发布或修改行政法规和规章的批复，也属于指示性批复。

行文格式

批复分首部、正文、落款三部分。

1. 首部

首部包括标题和主送机关。批复的标题不能引用原请示的标题，它有多种构成形式。批复标题的拟定有三点要求：①发文机关、事由和文种三要素要齐全；②发文机关必须用全称或法定的简称；③事由必须精练地提出具体事项及批复意见，句式可用“关于……问题的批复”、“关于同意……的批复”，如“国务院关于珠江流域防洪和规划的批复”。若正文内容为“同意”，则“同意”字样可在标题中出现；若正文内容为“不同意”，则“不同意”字样不可在标题中出现。如请示的标题过长，也可引用其发文字号入题。批复的主送机关是与批复相对应的请示发文机关。如果所请示的问题具有普遍性，或需告知其他一些机关，可用如下办法处理：一是除批复原请示单位外，并转有关单位；二是将批复抄送有关单位；三是将有关意见另用“通知”行文，将本机关对一些普遍性问题的意见及时传达下去。批复不能越级行文，当所请示的机关不能答复下级机关的问题而需要向更上一级机关转报“请示”时，更上一级机关所作批复的主送机关不应是原请示机关，而是“转报机关”。

2. 正文

正文主要包括引语、批复内容和结语等项内容。

1)引语(告知情况)

引语即批复开始的第一段和第一句话。通常要写清楚两方面的问题:一是下级机关请示的文题或文号;二是简要引叙来文所请示的事项,以说明批复的根据,点出批复的对象,使请示机关一看批复的开头,就明确批复的针对性。一般情况下,引语只要说明下级有关请示已经“收到”、“收悉”即可。如“你县关于×××××的请示收悉”、“你局×年×月×日请示收悉”、“你部××字〔2005〕35 号文收悉”等。引叙来文正规的做法是先引请示的标题,后引发文字号(有的在标题前加请示的日期)。如“你局×年×月×日《关于××××的请示》(××办〔2010〕×号文)收悉”。要注意尽量避免批复引语与批复标题的重复。在引叙来文的事项之后,用“经研究,同意……”或“经研究,答复如下”,过渡到批复主体。一般紧接引语写出,也可单独列行。

2)主体(表明态度)

主体包括两个方面,一是根据国家的方针、政令、法规和实际情况,针对“请示”的内容给予明确肯定的答复或具体指示;二是概括提出希望或要求,进一步点明、深化主旨。凡有补充意见、执行要求,或需提出希望时,如果内容文字较多,应分段一一写清。答复内容简单的只表明同意或不同意,应该或不应该。如果完全同意的,就写上肯定性意见。一般要求复述原请示主要内容后才表态,不能只笼统写上“同意你们的意见”。如果有的同意,有的不同意,就要分别写明同意与否的内容。如果不予批准,一定要在否定性意见后面写明不同意的理由,不要简单地予以否定,以便下级机关接受;对于同意的事项,也可同时指出如何才能保证批复事项的完成,或如何防止某些问题的出现。如果批复的意见不成熟,亦可写上“将另行研究”字样。注意行文技巧:若为同意,则在复述请示内容后明确表态,再提出相关要求;若为不同意,则在复述请示内容后先讲清原因,最后表示态度。

3)结束语

结束语一般在正文之后或另起一行,用“此批”、“此复”、“特此批复”、“专此批复”等习惯用语作结即可。也可视行文需要,不加结束语,自然终结,秃尾使用的频率越来越高。

3. 落款

落款一般包括署名和时间两项内容。在右下方写明发文单位名称和发文时间,加盖公章。

撰拟要求

1. 批复要及时

对于下级机关的请示要做到慎重、迅速、及时,不能拖延。请示的单位往往是由于重大问题才向上级进行请示,如果回复的时间太长,就会影响到下级单位工作的开展,甚至会造成重大损失。因此不管是同意还是不同意,都要尽快给予回复。

2. 针对性要强

凡批复都是针对下级机关的请示而发的表态性文体,因此,撰写批复之前要作调查研究,考虑请示事项是否合理,了解有关的政策依据。批复的内容、语言必然与请示的内容紧紧相扣,直接回答下级请示的事项,来文有什么请示事项,就对什么请示事项作出回答。切忌离开请示内容,说明其他问题,文不对题,避而不答。

3. 考虑要全面

在批复及时的前提下,对请示中所有有关问题,都要一一交代答复,要考虑全面,不要顾此失彼、自相矛盾，或粗枝大叶，遗漏重要问题。尤其重要的是要寻找政策依据，做到有理有据。

4. 态度要明确

批复是对下级机关来文表明态度，是可办，还是不可办，是好，还是不好，应直接予以说明，当行则行，当止则止。表达准确无误，不要含糊其词，不要隔靴搔痒，更不要自相矛盾，以免使下级机关无所遵循。

5. 语言要简练

批复的篇幅一般都较短小，因而要求语言高度浓缩，言简意明，以三言两语引叙来文表明态度就行了。除给予具体指示可适当说理外，一般不要发议论，即使是要作说明或提要求，也只是点到为止。做到言尽意止，庄重周严，以充分体现批复的权威性。

6. 使用要恰当

只有具有行政隶属关系的上级机关对下级机关行文才可以使用“批复”文种，如果批复下级机关的“请示”，由本级机关的办公厅(室)代行文，由于属平级关系，应用“函”代“批复”。

例文 5-20

国务院关于同意将浙江省湖州市
列为国家历史文化名城的批复
国函〔2014〕88 号

浙江省人民政府：

《浙江省人民政府关于申报湖州市为国家历史文化名城的请示》(浙政〔2013〕12 号)收悉。现批复如下：

一、同意将湖州市列为国家历史文化名城。湖州市历史悠久，遗存丰富，太湖溇港文化景观价值突出，城区传统格局和风貌保存完好，具有重要的历史文化价值。

二、你省及湖州市人民政府要根据本批复精神，按照《历史文化名城名镇名村保护条例》的要求，正确处理城市建设与保护历史文化遗产的关系，深入研究发掘历史文化遗产的内涵与价值，明确保护的原则和重点。编制好历史文化名城保护规划，并将其纳入城市总体规划，划定历史文化街区、文物保护单位、历史建筑的保护范围及建设控制地带，制定严格的保护措施。在历史文化名城保护规划的指导下，编制好重要保护地段的详细规划。在规划和建设中，要重视保护城市格局，注重城区环境整治和历史建筑修缮，不得进行任何与名城环境和风貌不相协调的建设活动。

三、你省和住房城乡建设部、国家文物局要加强对湖州市国家历史文化名城规划、保护工作的指导、监督和检查。

国务院(印章)
2014 年 7 月 14 日

(此件公开发布)

例文 5-21

国务院关于同意建立国务院旅游工作
部际联席会议制度的批复
国函〔2014〕117 号

国家旅游局：

你局关于建立国务院旅游工作部际联席会议机制的请示收悉。现批复如下：

同意建立由国务院领导同志牵头负责的国务院旅游工作部际联席会议制度。联席会议不刻制印章，不正式行文，请按照国务院有关文件精神认真组织开展工作。

撤销全国假日旅游部际协调会议，其职能并入国务院旅游工作部际联席会议。

附件：国务院旅游工作部际联席会议制度

国务院（印章）
2014年9月9日

（此件公开发布）

例文 5-22

山东省环境保护厅关于执行鲁质监标发〔2014〕7号文件的批复
鲁环函〔2014〕537号

滨州市环保局：

你局《滨州市环保局关于执行鲁质监标发〔2014〕7号有关问题的请示》（滨环字〔2014〕73号）收悉，经研究，批复如下：

一、关于全盐量排放限值。鲁质监标发〔2014〕7号文件要求"特殊受纳水体（指全盐量背景浓度高于相应时段排放限值的水体）全盐量排放限值可放宽至受纳水体的背景浓度值。受纳水体全盐量指标背景浓度值由当地设区的市环保局认定，并报省环保厅备案"。其中，特殊受纳水体背景浓度值应根据不同河流、不同河段分别确定，而不应该全市直接采取同一数值，应当补充辖区内各河流、河段水体全盐量实际背景浓度值。

二、关于漳卫新河等8条河流平均大潮高潮位的确定，原则同意滨州市环保局的方案。应当补充潮河沾化段平均大潮位确定的相关证明材料和专家认定意见。

山东省环境保护厅（印章）
2014年8月18日

实训练习

(1)海盐县联创办2014年2月25日向海盐县发展和改革局递交了《关于2014年度巩固国家卫生县城建设项目立项的请示》（盐五联创办〔2013〕3号），海盐县发展和改革局经研究，同意该项目立项，于2014年3月7日向海盐县联创办作出批复。请代拟批复文稿。

(2)××××年×月×日，江西省高级人民法院向最高人民法院写了一份《关于保险单能否抵押的请示》，最高人民法院收到后给予了答复：财产保险单不能用于抵押。原因是依照《中华人民共和国民法通则》第八十九条第二项的规定：抵押物应当是特定的、可以折价或变卖的财产。而财产保险单是保险人与被保险人订立的保险合同的书面证明，不是有价证券，也不是可以折价或变卖的财产。

(3)××市广播电视局为妥善解决干部职工的住房问题，拟用××镇土地1350 m^2，经协商，双方皆同意按照国家规定办理有关事宜。为此，2014年4月份特向××市人民政府递交征用土地的请示。××市人民政府经研究，同意该局征地建房，于5月6日作了批复。请以市政府名义草拟这份批复。

(4)某研究所筹建生物工程实验室，但资金尚缺100万元，已于××××年×月×日向××省科技厅递交了一份拨款筹建生物工程实验室的请示，该省科技厅经研究拟写同意给该研究所拨款，请以××省科技厅的名义草拟这份批复。

(5)××社区内楼道消防栓老化现象严重，多数消防栓无法正常使用，为保障小区居民生命财产安全，××城建局决定对××社区内的消防栓进行集中整修。经统计测算，××社区内共有210只消防栓需要整修及管道改造，整个整修安装工程约需经费24万元，拟从零星项目建设经费中支出。该局已向××区人民政府递交了请示，区政府经研究同意工程实施，请以××区人民政府名义草拟批复。

第八节　函

文体概述

函是平行机关或不相隶属机关之间用来商洽工作、询问和答复问题、请求批准和答复审批事项时使用的一种公文。

函具有四个特点。①行文的多向性。函的适用范围较广，无论是上行、平行或下行均可。平行时，主要是平级或不相隶属的机关之间商洽工作、周知事项、询问和答复有关问题。②写作的灵活性。函不像其他文种那样有严格的特殊行文关系的限制，写作上简便轻捷，根据不同情况，可采用公函形式，亦可采用便函形式。③功能的实用性。函在公务往来中，实际是对各类公文起一种补充作用，甚至代行某些公文职责解决具体事务，成为一种使用方便、快捷的公文。④语言的质朴性。函的语言大多是陈述性、说明性的，质朴无华，简明晓畅，语气恳切平和，不像法规性、指挥性公文那样带有强制性。

函根据内容性质分，有商洽函、请批函、询问函、答复函、知照函等多种。

商洽函，即平级机关之间或不相隶属机关之间商洽工作时使用的函，主要请求协助、商洽工作、讨论问题。商洽函重在商洽，通常由一方提出初步意见，和另一方进行商洽。商洽的内容一般业务性比较强，如联系参观学习，商洽干部调动，希望信息交流，请求物资供给等。

请批函，即向有关主管部门(即对请批的事项有决定权和批准权的部门，多是职能部门)请求批准事项的函。请批函和请示，两者都可用于“请求批准”，在实际工作中很容易与请示相混淆，向业务主管部门请求批准某个事项时，本应该用函，而有的单位误用请示。如《××县××局关于追加2000年度办公经费的请示》(给县财政局)，《××高校关于2002年职称评聘问题的请示》(给某市人事局)，均不妥当。两者的区别在于：①行文对象不同，请示有隶属关系(对象是具有垂直领导关系的上级)，属上行文；函无隶属关系(对象一般是没有隶属关系的业务主管部门)，属平行文；②行文内容不同，请示的内容不限于机关业务(内容一般比较重要)；请批函的内容限于机关业务方面的问题；③行文语气不同，请示敬重、恳切；请批函谦逊、委婉、不卑不亢、彬彬有礼；④结尾用语不同。请示用“当否，请批复”等；请批函用“请予审批”等。

询问函，亦即上下级之间或平级机关之间或不相隶属机关之间相互询问，如疑难询问、调查询问等。询问函不是商洽工作，而是提出某一问题，希望对方给与答复。询问函主要用于不相隶属机关之间，上下级或同级之间亦可使用，上级向下级询问工作情况或某一具体事情，下级向上级机关及主管部门询问有关方针、政策和工作中遇到界限不明确的问题，均可用询问函。此函为“因问作答，有问必答，被动回答”，不是主动报告，更不可夹带任何请示内容。

答复函，主要用于向对方(平行机关或不相隶属机关)答复某一事项。也可用于上级机关回答下级机关的问题或请示，但下级机关请示的问题是一般事务性问题，或上级意见带有参考性。答复函和批复都是回复来文的一种文体，很容易混淆，要注意分辨。①从行文关系看，批复是上级机关对下级机关答复用文，属下行文；答复函虽是上行、平行或下行均可，但主要作为平行文用于向不相隶属机关答复。②从回复内容看，批复用于对较重大的原则、政策性问题作出决定、批答；答复函多用于对一般事项、具体内容的答复。③从使用情况看，批复为上级机关使用，中、下层机关少用，基层单位不用；答复函则没有这个限制，上下级机关之间、平级机关之间、不相隶属机关之间都可以使用(注：上级向下级发询问函，下级一般用答复报告代替答复函回复)。④从文种特性来看，批复是专门针对请示的答复，往往具有通知和指示性质；答复函即使是上级对下级答复问题的行文，也很少具有通知和指示的性质。

知照函，平级或不相隶属单位之间相互通知事情时使用的函。用于把某一事项、活动函告对方，或者使对方知晓，或者请对方参加会议、活动，或者请对方帮忙等。知照函和答复函很接近，但两者的区别在于：答复函是答复对方所询问的问题，属被动行文；而知照函则是主动告知对方需要了解的有关情况。知照函的作用类似于“通知”，但不具备“通知”的上下级关系。

函按格式可分为公函和便函。公函，即内容均为较重要的正式公务事项，属正式公文，有完整的公文格式，使用公文稿纸，有文件名称、发文字号、机关印章等。便函，即内容为不太重要的一般事务性工作。它不属于正式公文，格式较随便，类似一般信件，但绝不是私人函件。根据行文方向函可分为去函和复函。去函，又叫来函，即主动发函询问，商洽或通知有关事项的函。复函，即答复对方来函中有关事项的函。

行文格式

公函虽也按一定的行文程式，但又不受公文规定的严格限制，不管是哪一种类型的函，其格式一般都由首部、正文、结尾、落款几个部分。

1. 首部

首部包括标题、发文字号、主送机关。去函的标题与一般公文的写法相同，复函的标题写法与批复相同。标题通常由发文单位、事由和文种组成，如“××××关于联系临时借房问题的函”；也可以由事由和文种组成，如“关于商洽代培统计人员的函”。联系重要事项的函，还要编发文字号(机关代字的最末字为“函”)。如有文头，则放在横线的右下角，标题之上。便函不编号，标题也比较自由，一般可写可不写。有时答复问题需用标题时，也不一定注明“复函”二字(如可写作“关于××××的答复”)。主送机关名称，和一般书信写法一样，单独占一行，顶格写全称。函的主送机关只有一个，需要送有关单位或个人时，用抄送的形式。

2. 正文

这是函的主体部分，内容包括函请(复)缘由(制发函的根据与理由)、函请(复)事项两个部分。去函先写发函缘由，复函先引叙来函。函的开头应开门见山，直接入题，不宜像私人信函那样，开头讲一些客套话(如“您好”、“久未通信”等)。事项指商洽、询问、答复、请求的内容。这是函的重点，要求中心明确、内容具体，方便对方办理或答复。不同类型的函，内容结构和写作要求有所不同。

商洽函的正文由发函缘由、商洽事项、解决办法构成。①发函缘由，主要写明为什么要提出商洽，一般都是以一定的事实作为理由，有的可根据上级指示精神作为商洽的原因，有时也可不写原因，直接提出商洽意见。②商洽事项，这是函的主体，要写清楚商洽的具体事项，特别要写清对对方有什么要求，如果是几方面的内容，可以在“特商洽如下”等承启惯用语后分条列出，内容简单的也可直接入题，以便对方掌握来函意图。③解决办法，提出两三个供对方选择的方案，以便对方作出妥当回复。商洽函行文观点要明确，意见要具体，态度要谦和，语言要恳切。

请批函的正文与请示的写法类似，重点写清请批的缘由和请批的事项。①请批缘由，说明请求的理由与依据，陈述要求简洁而充分，材料可以是事实，也可以是引用的政策法规等；②请批事项，事项部分要明确、具体、合理地提出请求帮助、解决的事项，一份公函集中请求批准一件事情，切忌含糊和不切实际。因请批函属于平行文，所以在语气处理上应和请示有所不同。用语应简明得体，力求征得对方的支持。

询问函的正文主要写清询问起因和询问事项即可。①询问起因，即说明为什么要询问，也就是发函的理由。②询问事项，要求集中询问一个问题，明确而又具体，使对方一看便懂，尽快依题回答。所询内容应属本机关职责范围内应当予以解决或回答的但又确实无据可查难以回答(解决)的问题。不要把本属自己可以解决(回答)的问题不经认真调查或思考随意加给对方，徒增对方负担。

答复函的正文要求针对来函内容给予确切答复。与批复相似，由引叙来文和答复内容两部分构成。①告知情况，说明对方来函收悉，平行复函的开头一般应引叙对方来函的发文日期、发文标题(或主要事项)、发文字号。下行复函的开头可不引，用“经……研究，现答复如下”作为承上启下的过渡。②答复意见，针对来函的内容，一一给予明确具体的答复(类似批复的写法，但平行函不宜提出执行要求)。首先要表明是否同意的明确意见，然后说明理由或提出具体的处理办法，切忌发表无针对性的空说议论。要求用语准确，对策明确可行。如因不了解情况，一时难以回答的，应做出说明，便于对方了解情况。

知照函的正文只要交代清楚知照事项的有关要素即可。①知照缘由，说明制发本函的原因，简要说明即可，无需长篇大论。②知照事项，是全文的主体部分，简明扼要地阐述告知对方有关事项的具体内容及应注意的问题。

3. 结语

不同类型的函，其结束语有所不同。去函惯用结语，对下级机关一般用“……为要”、“……为盼”；对平级或不相隶属机关一般用“……为荷”、“……是荷”；对上级机关一般用“……为盼”。商洽函可用“请予支持，敬祈函复”、“是否可行，请即复函”、“上述要求，敬请答复”等惯用词语作结。请批函一般都用请求语“请予核准”、“请予批准”、“请予协调解决”、“可否，请函复”、“请予研究函复”作结。询问函的结束惯用语与商洽函相似，多用“请予函复”作结。答复函的惯用结语多为“特此函复”、“谨此答复”、“专此函达”等，“此复”只用于下行公函。如果告知情况部分用了“现答复如下”，则可不写结尾。知照函可用“特此函告”、“特此知照”作结。公函一般不用“此致/敬礼”等祝颂语。便函中，无论去函、复函均有惯用结语，即“此致/敬礼”。这属于礼貌用语，但不需加感叹号。

4. 落款

以实际发文的日期写上年、月、日，并盖上单位印章。如果标题里已标明了发文机关名称，文末只盖上印章即可。

撰拟要求

1. 分辨文种，使用恰当

商洽事项的函相当于意见，请求批准的函相当于请示，答复请求的函相当于批复，告知事宜的函相当于通知或报告。因为它们之间功能是如此地类似，因此，常常发生错用文种的情况。只有互相之间有隶属关系的机关之间商洽工作、询问和答复问题，请求批准和答复审批事项，才能使用请示、批复、报告、通知等，若相互之间为不相隶属机关，则只能用"函"行文。不相隶属的平级机关商洽工作，只有在对方征求意见时，应对方要求提出供对方参考的见解或办法，才使用意见，否则也只能用函行文。

2. 叙事清楚，说理有节

去函，事项要明确具体，提出要求应给对方留有余地，不要强人所难，有时可写出自己的看法、打算，以供对方抉择参考；复函，要针对来函提出的问题，明朗恳切作答，不能模棱两可，答非所问。发函要使用平和、礼貌、诚恳的语言。上行函，要表现出诚恳尊重，可多用谦敬语，但不能恭维逢迎；下行函，要表现出谦逊平和，可多用强调语，但不可自傲训人；平行函，要表现出礼貌友善，可多用商洽语，但不可庸俗客套。复函不能以"此复"作结。

3. 短小精悍，注意技法

不必详叙过程，不必大发议论，要求简短明快，字约意丰，郑重其事，一文一事。公函撰写应根据具体内容，推断对方见函后的心理特征，采取不同的写法。例如，答复函假如属于肯定性的，开头就可以将答复的内容提出，后面再叙述其他有关事宜。假若属于否定性的，开头就不宜将否定内容提出，而是先简明恳切地说明理由，最后表明否定态度，这样能使对方谅解，感到否定是正常的、合理的，不致产生误解和反感。

4. 讲究时效，发挥优长

函也有时效性的问题，特别是复函更应该迅速、及时。函的作用是协议、意见、通知、请示、批复等文书所不可替代的，商洽函的内容范围远比协议书、意见广泛，告知函的适用范围远比通知宽泛，询问函、请求函的适用范围远比请示宽泛，答复函的适用范围远比批复宽泛，因而，凡是那些不必要或不能用协议书、通知、请示、批复的行文事项，都应该用函来行文。

例文 5-23

关于鄂穗两地携手联合打捞"中山舰"的函

湖北省人民政府：

现沉于长江金口赤矶山江底的"中山舰"，是中国现代革命史上的重要历史文物，尽快将其打捞、修复和陈列展览，是海内外同胞的共同心声。

"中山舰"是重要的革命历史文物。该舰1938年参加"保卫大武汉会战"时被日军炸沉。尽快打捞"中山舰"，使其重展英姿，是一件深得海内外同胞和两岸有识之士拥戴的义举。这对于充实完善中国现代革命史文物，并重现其历史价值，加强爱国主义教育和革命传统教育，增强整个中华民族的凝聚力和向心力，改善两岸关系，促进台湾回归祖国大业的早日实现，都具有重要的意义和作用。

由于"中山舰"在广州的时间长达21年，且围绕"中山舰"的几次主要历史事件都发生在广州。因此，"中山舰"是把广州建设成为中国现代革命史教育基地，向广州、全国乃至海内外同胞进行爱国主义教育和革命传统教育不可缺少的文物。近几年来，广东省、广州市人大、政协、民革，黄埔军校同学会中的不少代表、委员、成员，各界有关专家学者、人民群众，以及港澳台同胞、海外华侨、华人，纷纷向广州市政府来电来函，希望广州市政府主动与贵省联系一起尽快组织打捞"中山舰"，并进行修复和陈列。为此，我们经过认真研究，提出由两地政府本着相互合作、相互支持的态度，协商联合打捞、修复、展出的办法和有关问题。

专此函达，请答复。

广州市人民政府(印章)

××××年××月×日

例文 5-24

关于拟录用2014届大中专毕业生的函

××省人事厅：

根据中共××省委组织部、××省劳动和社会保障厅《关于2014年省级机关录用应届高校、中专学校优秀毕业生的通知》规定，我们对拟录用到我厅机关工作的大中专毕业生按规定程序进行了统一考试、面试、体检、政审。经厅党组研究，拟录用大中专毕业生24名。现将有关录用审批材料报上，请审批。

附件：录用审批材料

××省安全厅(印章)

2014年3月25日

例文 5-25

天地科技关于股票价格异常波动有关问题的询问函

中国煤炭科工集团有限公司：

本公司股票在2014年8月28日、8月29日以及9月1日连续三个交易日内收盘价格涨幅偏离值累计达20%。根据上海交易所的有关规定，属股票交易异常波动。

根据上海证券交易所的有关规定，本公司董事会应进行自查，同时向控股股东或实际控制人发函询问是否存在应披露而未披露的重大事项。

为此，本公司特致此函，询问以下问题：

一、本公司前期披露的与重大资产重组有关的信息是否存在需要更正、补充之处；是否存在对本公司股票及其衍生品种交易价格可能产生重大影响的媒体报道或市场传闻；集团公司及有关人员是否泄漏尚未披露的重大信息。除与本次重大资产重组有关的事项外，公司、集团公司是否存在其他应披露而未披露的重大事宜，包括但不限于重大资产重组、发行股份、上市公司收购、债务重组、业务重组、资产剥离和资产注入等重大事项，并承诺至少未来三个月内不会策划上述重大事项。

二、对本公司有重大影响的情形是否已发生、预计将要发生或可能发生重要变化。影响本公司股票交易价格异常波动的重大事宜包括但不限于：本公司控股股东、实际控制人发生变动；集团公司债务人偿付能力发生重大变化；应披露的重要交易、原材料价格、产品价格、重要合作、重要投资、重大诉讼和仲裁、业绩信息、接受资助、重大报批事项等。

本词询问结果，将连同本公司董事会的自查情况一并于9月2日在上海证券交易所网站和《中国证券报》予以公告。

特此致函，请函复。

天地科技股份有限公司(印章)

2014年9月1日

例文 5-26

关于调整美国公民来华签证收费标准的函

××市公安局：

你局《关于调整美国公民签证收费标准的函》(×公装财发字〔2008〕4号)收悉。根据原国家计委、财政部《关于同意调整内地公安机关对外国人签证收费标准的复函》(计价格〔2003〕392号)的规定，同意调整你局对美国公民来华签证收费标准，具体如下：

一、美国公民来华签证收费标准(编码171010012)调整为不论次数、统一按每人130美元收取，港币、人民币收费标准分别为每人1010元、940元。

二、请你局持本函到市发展和改革委办理《收费许可证》变更事宜，并使用市财政局统一印制的行政事业性收费票据。

三、此项收费收入管理按照财政部门有关规定执行。

四、请你局按有关规定做好收费公示工作，接受发改、财政、审计等部门的监督检查。

五、上述收费标准自 2008 年 1 月 20 日起执行。市发展和改革委、市财政局《关于调整美国公民签证收费标准的函》(×发改〔2007〕1448 号)同时废止。

特此复函

××市发展和改革委员会(印章)
××市财政局(印章)
2008 年 2 月 26 日

例文 5-27

重庆市江津滨江新城管理委员会关于变更办公地址有关事宜的函

各相关单位：

从 2014 年 8 月 15 日起，我单位的办公地点从江津区几江街道 3533 社区二楼搬迁到滨江新城清栖路 599 号。搬迁至新址后，办公电话、传真、E-mail 邮箱不变。

对因搬迁给您带来的不便，我们深表歉意，并感谢您的理解与支持。

特此函告，敬请知照。

办公电话：4756××××；传真：4758××××

值班电话：白天 4756××××；夜间 4783××××；188××××××××

E-mail：××××××@163. com

重庆市江津滨江新城管理委员会(印章)
2014 年 8 月 19 日

实训练习

(1)某建筑公司承包了一项高速公路建设工程，工期非常紧迫，施工路段中有一座古老寺庙需要拆迁，否则无法如期完工。请代施工方向省宗教事业局拟写公文。

(2)××部于××××年×月×日，给××省人民政府一函。联系商洽的事务是拟请××省××××进出口分公司派一名熟悉业务并懂英语的业务员参加。中国××××进出口总公司定于同年×月底派一贸易小组赴××国从事推销和调研活动。如同意，请将经××省审批的出国人员批件，于×月底以前寄至中国××××进出口总公司。请代拟此函。

(3)东风机械厂缺乏得力的企业管理干部，拟从现有的技术人员中抽出四人送去培训。据悉，省经委举办了一个短期企业管理干部培训班，于是该厂向省经委办公室写了一则询问是否同意代培本厂的管理干部的函，省经委办公室收到函后立即给东风机械厂回了函，同意代培该厂管理干部。请按上述的材料替东风机械厂和省经委办公室各写一份函和复函。

(4)××大学因扩大办学需要，拟在校内空地上修建两幢教学楼，但是施工场地有五棵大梧桐树影响施工，××大学特向所在地区园林绿化局申请批准砍伐。请代校方拟写公文。

(5)××市××路公共汽车将于 2014 年 5 月 1 日前，在全线实现更换新车(新车车型为××型宇通客车)，实行无人售票服务；另外新增同型号公交车 10 辆，延长路线 5 km。新车上线后，××客运集团公司要将 2013 年制定的票价 1.50 元调至 2.00 元。为此，该公司向上级主管部门——××市交通局上报了一份有关要求调整票价问题的材料。××市交通局又与市物价局协商，市物价局同意了市交通局的调价意见，××路公共车票价如期调整。请代××客车集团公司、××市交通局和××市物价局各拟公文。

第九节　纪　　要

文体概述

纪要是记载会议主要情况和议定事项的公文。它可以上呈，以汇报会议情况和结果；也可以平发或下发，以传达会议精神和议定事项，或要求与会单位共同遵守、执行。其主要作用是沟通情况，交流经验，统一认识，指导工作。

纪要的特征有三点。①内容的纪实性。纪要必须是会议宗旨、基本精神和所议定事项的概要纪实，不能随意增减和更改内容，任何不真实的材料都不得写进纪要。②表达的提要性。纪要应围绕会议主旨和议定事项来整理、提炼，分类别、分层次予以归纳、概括，以极为简洁精练的文字高度概括会议的内容和结论。③行政的指导性。纪要的内容，一般是与会者经过讨论，就某些重要问题所达成的共识，或提出的解决某些问题的办法，或针对某些重大问题所形成的政策性规定和指导性意见。

纪要与会议记录都是纪实性很强的会议文体，两者有四点区别。①要求不同。凡正式会议都有会议记录，它是对会议情况的原始的详尽的记录，重点体现的是会议过程和具体事项；纪要则主要记述重要会议情况，并非每会必有，反映的是会议内容的要点，重点体现的是会议的宗旨。②性质不同。记录是一种未经加工整理的原始材料，只具有文秘工作的素材性和档案工作的资料性；纪要是将会议记录加工提炼之后所形成的法定公文，具有高度的概括性和明确的政策性。③写法不同。记录必须随着会议进程进行，按照会议的自然发展顺序记录，逐项记载，面面俱到，越详细越好；纪要必须在会议结束时或会议结束后，在会议记录的基础上整理成文，可以打乱会议记录的顺序，进行综合分类撰写。④功能不同。记录不具有指导性文件的指挥功能，一般不上报或下发，只是作为内部资料和凭证而保存；纪要经过上级机关审批可作为正式文件印发，外发后，往往对有关部门具有一定的约束力。

纪要按内容可分为议决性纪要和周知性纪要。议决性纪要是与会人员经过商议，对某些事项或问题做出一致决定，需要共同遵守、贯彻执行的纪要。周知性纪要是通过如实传达会议情况，以达到传递信息、交流经验的目的的一种纪实性纪要。按会议性质可分为指示性纪要、通知性纪要、研讨性纪要。指示性纪要，是各级机关召开办公会议或工作会议，在一些重大的理论或实际工作问题上达成共识，在此基础上产生的纪要。通知性纪要，即用来宣布会议议定事项的纪要。研讨性纪要，即侧重于汇集情况，交流经验，带有研究、探索性质的纪要。

行文格式

不同单位、不同性质的会议多种多样，一种会议纪要格式很难满足全部需求，各级党政机关可根据实际需要制定纪要格式。通常的纪要由版头、正文和结尾三大部分组成。

1. 版头

日常工作会议纪要一般都有固定的版头（标题＋届数或次数）。作为一种正式的公文，纪要的标题必须写得明确，如“××学院院务委员会纪要”、“××学会第×届理事会第×次会议决议事项纪要”。纪要标志由“××××××纪要”组成，居中排布，上边缘至版心上边缘为35 mm，推荐使用红色小标宋体字。纪要编号作用等同于发文字号，居中编排在发文机关标志下空两行位置，采用“第××号”的形式，不编虚位。纪要编制机关置分隔线上靠左，前空一格；成文日期置分隔线上靠右，后空一格。

2. 正文

正文一般由会议概况(导言)、会议精神和决定事项(或结语)三个部分组成。纪要的正文，一般采用总分式的结构方法。就是将正文分成总述和分述两部分。如另有总结性的结尾，则是“总—分—总”的方式。

1)总述部分

这是全文的前言、导语，即会议情况，要求简洁概括。一般简要地交代会议的背景、动因、目的、时间、召开地点、主持单位(主持人)、参加人员、主要议程、会议情况、影响和意义。并非每份纪要都必须将以上内容全写进去，有时可根据具体情况省略某些内容。如有些内容广泛、复杂的大型纪要，只要交代发文背景即可，而有些内容简单的日常办公纪要，往往又不写会议议题、情况介绍和会议评价。会议概况介绍之后，一般用“现纪要如下”、“现将××××纪要如下”等固定性语句开启下文。

2)分述部分

这是纪要的重点、主体，即会议精神，主要应写出会议讨论情况和结果。分项说明会议讨论了哪些问题，这些问题的背景，会议对有关问题的分析，会议讨论这些问题时有几种看法，这些看法的基本之点是什么，会议的结论及其形成的决定或决议。例会、办公会之类，只要把会议所研究的问题和决定事项扼要归纳出来即可。一些小型的业务工作会议，其纪要的决定事项部分，需突出解决问题的办法和要求。对一些大、中型会议及座谈会纪要，则不仅要把会议讨论的结果及决定事项写出来，而且还要把会议讨论情况及与会者所反映的有关问题综合反映出来，既要写出结论，又要有一定的分析说理；既有解决问题的方法和措施，又要讲清指导思想；既要反映与会者的一致意见，也要兼及个别同志有价值的看法。至于学术会议纪要，则要特别注意把与会者的不同观点罗列出来。

具体写法有以下几种。

一是集中概述法。这种写法是把会议的基本情况，讨论研究的主要问题，与会人员的认识、议定的有关事项(包括解决问题的措施、办法和要求等)，用概括叙述的方法，进行整体的阐述和说明。这种写法不仅能综合反映会议的重点，而且能如实反映不同的看法，多用于召开小型会议(座谈会、讨论会)。因为讨论的问题比较集中，意见比较统一，容易贯彻操作，写的篇幅相对短小。

二是分类叙述法。会议的规模比较大，讨论问题较多，涉及的范围较广，一般要采取分类叙述的办法，即按会议内容加以归纳分类，每一类有一个相对独立的小中心，以数字或小标题标明，要按自然顺序(会议进行的先后顺序)或逻辑顺序(问题性质的主次顺序)，将各项内容依次排列起来。主要的、重要的内容放在前面，要详写；次要的、一般的内容要放在后面，可略写。这种写法的好处是条理清晰，问题集中、突出，较复杂的工作会议或经验交流会议纪要多用这种写法。

三是条款罗列法。有两种情况采用这种方法，一是小型会议(如办公会、工作例会)纪要，议程比较单一，讨论问题比较集中，开门见山地把会议议定事项简明扼要地分点写出来即可。二是重要工作会议围绕会议主旨形成的意见、确定的事项比较多，带有决定性质，每条意见、事项可以单列成文，但不宜归并分块、分段概括叙述，这时也采取条款罗列写法，一条写一个意见或一项事情。这种写法多见于讨论具体工作的纪要。

四是发言提要法。这种写法是把会上具有典型性、代表性的发言加以整理，提炼出内容要点和精神实质，然后按照发言顺序或不同内容，分别加以阐述说明。这种写法能比较如实地反映与会人员的意见。一般以每个发言人的发言内容为一段，在每一段的开始交代发言人的个人情况（包括工作单位、姓名、职务等）。为了便于把握发言内容，有时根据会议议题，在发言人前面冠以小标题，在小标题下写发言人的名字。一些日常例会、讨论会、座谈会商讨的问题比较单一，常采用这种方法。

一般的会议纪要中，除报告人的姓名和重要发言人的姓名要写出外，一般综合意见，常用“会议认为”、“会议提出”、“会议建议”、“会议决定”、“会议要求”、“会议号召”或“有的同志认为”等置于每一个问题或段落之首，作为承上启下的过渡。

3. 结尾

结尾一般要写明两个方面的内容：提出希望或号召，即号召或希望有关单位和人员为实现会议的目标和任务而努力奋斗；交代会议的有关事项，如要求对某些问题进行讨论、对什么文件进行修改或汇报某种情况等。有的纪要可不用结尾，内容完整，纪要自然结束。

结尾之后标注出席人员名单，一般用 3 号黑体字，在正文或附件说明下空一行左空两个字编排“出席”二字，后标全角冒号，冒号后用 3 号仿宋体字标注出席人单位、姓名，回行时与冒号后的首字对齐。标注请假和列席人员名单，除依次另起一行并将“出席”二字改为“请假”或“列席”外，编排方法同出席人员名单。

纪要不用主送单位和落款，可不加盖公章。纪要的版记部分格式同其他公文。

撰拟要求

1. 情况要熟悉

写好纪要必须了解会议的全过程，要熟悉会议各方面的材料，吃透会议的主要精神。会前主持人介绍的会议目的、议程和任务；会中凸显的新思想、新观点、新思路，讨论的重要问题，达成的主要共识，提出的解决办法，形成的决策意见；会尾领导的总结发言、问题的解释答复、上级的重要指示等，都是会议内容的精要所在，要认真地听取、阅读，积极地收集、思考，以求对会议有真切的感受、全面的了解，为正确观点的形成，恰当材料的选择创造良好条件。

2. 要点要突出

提要性是会议纪要的一大特点，必须有所侧重地把会议的主要精神、重要问题反映出来。应根据会议的宗旨，分析综合具体讨论中的各种意见，集中反映符合会议中心要求的多数人的一致意见，同时，也要注意吸取少数人正确的意见。做到“全”而不杂，“要”而不空。欲达这种境界，一方面要有的放矢，善谋全局；另一方面要抓住精要，突出重点。

3. 条理要清楚

条理化和理论化是纪要与会议记录的一个主要区别。纪要需要有一个对会议讨论意见的综合、分析、整理、加工的过程，这个过程也就是条理化、理论化的过程。所谓条理化，就是要对会议讨论的意见，分类归纳，逐一展开，使之有纲有目，纲目协调，层次清晰，有条不紊；所谓理论化，就是要对会议讨论的意见，尽力给予理论上的概括，由繁到简，由表及里，去粗取精，层层深入。

4. 反映要如实

纪要是实录性公文，纪实性是会议纪要的生命，写作纪要要忠实于会议实际，真实准确地反映会议成果。纪要内容一般应限于会议议事的内容，不可掺杂个人意愿和见解，不可随意增减或发挥，不能人为拔高深化或填平补齐，不允许主观臆测，恣意想象、断章取义，不能够更改他人原意，抹杀他人见解，增删会议内容，歪曲会议精神。

5. 用语要得当

表述"求简"、"求准"：去浮辞，避冗长，不矫饰，不苟简，力求简洁精当；慎于选词，工于造句，言之有物，表意明确，力求词妥句稳。要按照纪要的不同用途，恰当地使用不同的用语。纪要常用"会议"这个代词，或用召开会议的机构名称作为陈述人称。上报的纪要，可用"会议讨论了以下几个问题"、"会议考虑"等；下发的会议纪要，则可用"会议决定"、"会议要求"、"会议强调"、"会议号召"等。

例文 5-28

西北农林科技大学教学委员会会议纪要

(2014)第×号

西北农林科技大学办公室　　　　2014 年 6 月 17 日

2014 年 6 月 17 日，常务副校长赵忠主持召开 2014 年第 1 次教学委员会会议，现纪要如下：

1. 会议听取了教务处对 2014 版本科人才培养方案制订情况的汇报，并就教务处提出的额定学分不符合规定的 10 个专业，可否按照院系意见设置；实践教学学分比例不符合规定的 12 个专业，可否按照院系意见设置；选修课学分比列不再要求，但须规定专业核心课程为必修课；2014 版本科人才培养方案的审定程序等四项议题进行了讨论。

2. 会议要求实践教学学分设置不符合要求的环境工程、水文与水资源工程、农业水利工程、能源与动力工程、水利水电工程、土木工程、电气工程及其自动化、电子商务、信息与计算科学、土地资源管理、工商管理、英语等 12 个专业须对方案进行完善，工学和理学专业实践教学学分不低于总学分的 30%(含课内实验学分)；文学、管理学专业实践教学学分不低于总学分的 25%(含课内实验学分)。

3. 经与会委员无记名投票表决，额定学分设置不符合指导意见要求的风景园林、水文与水资源工程、能源与动力工程、农业水利工程、土木工程、水利水电工程、电气工程及其自动化、葡萄与葡萄酒工程、水土保持与荒漠化防治、地理信息科学等 10 个专业，须对方案进行完善，额定学分的设置不超过 160 学分。

4. 会议决定选修课学分比列不再做要求，但须规定 10～15 门的专业核心课为必修课程。

5. 大会授权对每一个专业人才培养方案委托三位委员进行审核，并将审核意见反馈至专业所在学院，本科人才培养方案由院系教授(学)委员会最终审定。

6. 会议要求各院系 6 月底前须完成 2014 版中英文本科人才培养方案的制(修)订工作，提交校长办公会审议。

出席：(略)

列席：(略)

抄送：陕西省教育厅，×××××××××，×××××××××，×××××××××××。

西北农林科技大学办公室　　　　2014 年 6 月 19 日印发

实训练习

(1)根据下面材料,以××县人民政府办公室的名义写一份纪要。

××县人民政府召开第六次常务会议。时间:××××年×月×日上午八点半至十二点;地点:县政府会议室;主持:县长×××;出席:副县长×××、××、××、×××,办公室主任×××;请假:×××(出差);列席:×××、×××、×××;记录:×××

副县长×××汇报经济工作会议准备情况。会议讨论了扩大县属企业自主权的十条规定。会议同意县经济工作会准备情况汇报,并决定于×月×日召开全县经济工作会议。今年各项经济工作指标,要以市经委下达的为准,不再调整县原各公司的主要经济指标。在县经济工作会议上,由县经委与县原各公司签订经济责任书。会议原则同意县民政局关于民政事业费管理使用办法的修订意见。会议同意将县政府办公室提出的转变机关工作作风的规定意见(讨论方案)印发各部门,广泛征求意见,作进一步修改后,以县政府名义印发。

(2)根据下面的材料,写一份纪要。

市场秩序整顿会议记录

时间:2005年4月8日上午

地点:管委会206会议室

主持人:李××(管委会主任)

出席者:杨××(管委会副主任)、周××(管委会管城建副主任)、黎××(市建委副主任)、萧××(市工商局副局长)、陈××(市建委城建科科长)及建委、工商局有关科室宣传人员。街道居委会负责人。

列席者:管委会全体干部

记录:邹××(管委会办公室秘书)

讨论议题:

1. 如何整顿城市市场秩序。

2. 如何制止违章建筑,维护市容市貌。

杨主任报告城市现状:我市过去在市委市政府的领导下,各职能单位同心协力、齐抓共管,在创建文明卫生城市方面取得了一定成绩,相应的城市市场秩序有一定进步,市容街道也较可观。

第六章 事务文书写作

第一节 计 划

文体概述

计划是党政机关、企事业单位、社会团体对今后一段时间的工作、活动作出预想和安排的一种事务性文书。计划是提高工作效率的有效手段，计划能力是各级干部管理水平的体现。

计划是管理工作的先导，是管理过程的设计，它具有指导作用、推动作用和督促作用。很强的预见性、明确的指导性和措施的可行性是计划的三个突出特点。①预见性。计划是先于要进行的实践活动而制订的，必须尽可能准确地预测出事物发展的趋势、方向和程度，提出科学的、切实可行的方案。②指导性。计划一经制订，就要对完成任务的实际活动起到指导和约束作用。③可行性。为了实现预期目标，计划必须具有切实可行的措施和方法，必须切合实际情况，保证目标的实现。有了计划，才能胸中有全局，行动有目标，工作有程序；有了计划，才能够增强自觉性，减少盲目性，调动积极性；有了计划，才能够人尽其才，物尽其用，财尽其力；有了计划，才能够预见困难，及早防范，避免失误。一份好的工作计划，必须具有正确的指导思想、科学的分析方法、合理的工作安排和简明合宜的表现形式。

实用性最广的"计划"是计划类文书的统称，常见的"规划"、"纲要"、"要点"、"方案"、"安排"、"打算"、"预案"、"设想"等，都属于计划一类。它们之间因情况的不同而有不同的称谓。"规划"带有全局性、长远性和方向性，内容比较概括，提出在若干年内的全局性战略部署，如××厂经济发展十年规划。"纲要"比规划更为原则和概括，是一种带有思想性、政策性、指导性的提纲挈领式的规划，如中国教育改革和发展纲要。"要点"是计划摘要，对工作重点的概括，内容简明扼要，旨在反映工作计划的主要方面和重点，如国家土地管理局××××年土地管理工作要点。"方案"是对某项工作作出全面部署与周密安排，内容细化且具有可行性，如水利部清产核资试点工作实施方案。"安排"是短期性、局部性、临时性的计划，适用于范围较小、内容单一的工作，如××科五月份工作安排。"打算"是短期性、预备性、粗线条的非正式计划，涉及时间不太长、范围也不太大，措施考虑还不很周全。"预案"是为了完成某项工作任务而制定的预备方案，时间跨度短而内容十分具体。"设想"是计划中最粗略的一种，是一种具有较强的远景性、理想性、可变性的非正式计划。

行文格式

计划的行文程式归纳起来有条款式、图表式、综合式三种式样，其主要结构都包括标题、正文、落款三部分。条款式计划具体写法如下。

1. 标题

标题即计划名称，要写得简明准确，分全称标题、简称标题和文章式标题三种。全称式标题由机关或单位名称、适用时间、事由和文种四种要素组成，如“××公司2012年新产品研制开发计划”。简称式标题有三种情况：一是省略机关或单位名称（将其置于文尾），由适用时间、事由、文种三要素组成，如“第三季度安全工作要点”；二是省去事由，由机关或单位名称、适用时间、文种三要素组成，如“××建筑安装公司2012年工作计划”；三是省去机关或单位名称、适用时间，由事由和文种两组成，如“科研工作计划”。文章式标题可由一行或两行标题构成，一般按计划内容或主题拟定，常用于政府及主管部门的工作报告之中，如“团结奋进，再创辉煌，为实现我市经济腾飞而努力奋斗——××市‘十二五’经济与社会发展计划”。如果是“征求意见稿”、“讨论稿”、“未定稿”、“草案”或“送审稿”，则应在标题之下用括号加以标注，以表明计划内容的成熟程度。除标题和正文外，往往还要在题下或文后标明“××××年×月×日制定”字样，以示郑重。如果是机关单位上报或下达的文件性计划，则还应在标题下右边写明发文字号。

2. 正文

由于计划是对一个单位的全面工作或某一项重要工作的具体要求，所以正文写作比“规划”和“设想”都要具体、详细得多。一般包括前言（指导思想）、主体（计划事项）和结尾（执行希望）三个部分。

1）前言

前言是计划的总括，全文的统率，主要阐述“为什么做”，交代制订计划的背景、依据、目的、意义、指导思想，使人们了解执行计划的必要性和可能性。通常用“为了”、“根据”、“按照”、“鉴于”、“由于”等介词表示目的、依据、缘由来引起全文。前言的详略长短，要根据工作的重要程度、内容多少来确定，总体上以精练简洁为原则，长则两个自然段，短则三五句话。前言和主体之间常用“为此，特制定本计划”、“为了……，要做好以下几项工作”、“特拟订……计划如下”、“对……工作作如下安排”等过渡到主体部分。

2）主体

主体即计划的核心内容，目标、措施、步骤是计划的三要素。

（1）目标。这是计划的主旨，解决“做些什么”（工作内容）的问题。这部分要求明确具体地写出目的要求、计划指标（总任务和分任务及具体指标）和完成时限。指标必须是先进的，同时又是切实可行的，既高标准严要求，又要留有充分余地，严禁“假、大、空”。有些计划不但要提出任务，而且要提出精确的数字指标（质量标准和数量界限），使执行者能够充分发挥积极性和创造性，完成或超额完成任务。如果内容较多，可设小标题，也可用序数分条列项写出。

（2）措施。这是计划的关键内容，解决“怎么样做”（组织分工、物质保证、工作方法）的问题，它是如期完成计划的重要保证。这部分要求条理清晰地说明如何完成任务项目，如怎样利用优势，依靠哪些力量，采取何种办法，创造什么条件，克服哪些困难，怎样分工协作，怎样有效管理，怎样考核奖惩等，要求各方职责分明，措施得当有力，安排具体周密，便于操作落实和监督检查。措施部分还包括在执行过程中对计划如何修改的内容。

（3）步骤。这一部分就是执行计划的具体时间安排，解决“何时做好”（工作程序和时间安排)的问题。这部分要求以系统方法统筹安排时间顺序,详细列出计划目标的各个阶段和环节,明确行动的先后次序以及完成任务的时间限定等。如果是专项计划,一般划分为准备阶段、实施阶段、总结阶段。在写法上,措施、步骤可以分项写,也可以合在一起写。如果是多项任务,计划的任务项目、措施方法和步骤安排这三个部分也可采用分项说明和集中叙述两种写法:可以先写第一项任务的目的要求、完成时限、方法步骤等,再写第二项任务、第三项任务……

计划主体的结构有展开式、阶段式和分列式。展开式即"任务(做什么)—措施(怎么做)—步骤(何时做)",如同"三段锦",专题计划多采用此式。阶段式即"起始阶段—后续阶段—终结阶段",如同"剁甘蔗",单项计划多采用此式。分列式即"A. 甲项任务/措施/安排;B. 乙项任务/措施/安排;C. 丙项任务/措施/安排",如同"切蛋糕",综合计划多采用此式。

3)结尾

结尾主要写执行要求,为确保计划内容的实施而向有关单位和人员提出具有号召性的希望和要求,包括注意事项和有关政策界限等,对计划执行落实情况的检查、评比以及奖惩制度等方面内容,如有必要,也应予以载明。

3. 落款

落款包括署名和日期。如果标题中已注明单位名称,这里就不必重复,只签署制订计划的日期就行了。如果是比较复杂,有附件(如数字图表)的计划,还应在正文之后,落款签署单位名称和签署日期之前注明附件的名称和份数。如果以文件形式下发,还要加盖公章。如果需要抄送某些单位,则应在落款签署之后注明。

图表式计划,即采用绘图制表的方式将计划写成一目了然的图画表格形式,计划一般不加文字说明,最多只有作为附注的简单说明,如制订计划依据、实施方法、具体要求、不能列入表格的材料和其他事宜。文字说明应分条陈述,简略概括,不能喧宾夺主。编制计划的目的、依据、指导思想一般作为开头置于表格之前,其他说明则置于表格之后。这种写法适用于涉及部门较多、数据指标比较复杂、各阶段时间界限比较明确的计划。

综合式计划,即采用条文说明和图表示意交叉进行方式,将计划写成既有条文又有图表的形式。它适用于一些比较宏观的、综合性计划。

撰拟要求

1. 选用恰当文种

写作者必须分清这个计划的内容属于哪一类,是长远性、全局性、发展性的计划,还是单项性、阶段性、专业性的计划,是长期性、预备性、粗线条的计划,还是短期性、局部性、临时性的计划,看适合用哪一种具体的计划种类来表达,从而确定具体文种,即是规划、设想、计划、要点、方案、安排中的哪一种。然后,再根据具体内容和不同文种的写作要求进行写作。

2. 坚持五条原则

①对上负责的原则。以国家有关方针政策为依据,正确处理好局部与整体的关系,计划必须服从全局的目标计划。②切实可行的原则。从实际情况出发定目标、定任务、定标准,既不因循守旧,也不盲目冒进。③集思广益的原则。坚持自下而上和自上而下结合的工作方法,深入调查研究,充分博采众长。④突出重点的原则。要分清轻重缓急,突出重点,以点带面。

⑤防患未然的原则。预想到实行中可能发生的偏差,有必要的防范措施或补充办法。

3. 遵循行文逻辑

重要的、紧迫的工作应安排在前面,一般的、可缓的工作安排在后面,即依计划内容的主次轻重顺序安排;或依工作进程的时间推移顺序安排,将计划的措施与步骤有条不紊地加以表达。切忌轻重倒置,主次不分,或前后内容交叉重叠,这些都会直接影响计划目的的实现,给工作造成不应有的困难,甚至招致损失。

4. 表述简洁准确

计划的目标任务要明确,指标要量化,措施、责任要具体,步骤、安排要合理。对质量、数量、时限、人力、物力、财力等方面的表述应力求准确,使用"基本上"、"普遍"、"所有"、"比较"、"适当"、"持续"、"改进"等词语,要准确反映客观实际;注意"基数"、"增加数"、"和数"、"减少数"、"差数"的准确表述,不用"大概"、"左右"等模糊词语。要简洁明确,表述清楚准确,避免空话、套话。

例文 6-1

××班××××年下学期文体活动计划

根据院学工处以活动励志,以活动辅智,以活动健体,以活动塑美,以活动促劳,促进大学生全面和谐发展的精神,我班拟在本学期开展扎实而有效的文体活动。

一、活动目标

通过丰富多彩、持之以恒的班级文体活动,提高运动技能,增强体能体质;提高审美素养,塑造健全人格;增进同学感情,强化团队精神。

二、基本措施

1. 以教育部"体育、艺术 2+1 项目"精神为指导,将文体活动与文化艺术、科技健康、社会实践等活动紧密结合起来。

2. 成立球类、棋类、健美、书法、绘画等课外文体活动兴趣小组,形成自主选择、自我管理、全班参与的活动模式。

3. 定期组织球类、棋类比赛,健美操表演、书画展、歌咏比赛;平时因地制宜,大课间适当开展游戏、跳绳、拔河活动。

三、时间安排

1. 三月份,成立各类文体活动兴趣小组,开展班级晨练活动。

2. 四月份,组织周末郊游踏青活动,并举行羽毛球、象棋、跳绳赛事。

3. 五月份,组织周末骑自行车环湖比赛,并举行健美操表演。

4. 六月份,组织"爱祖国,唱红歌"活动,举办班级书画展。

××学院××系××班班委会
××××年×月×日

例文 6-2

××印刷厂××××年度
核定流动资金定额的工作计划

根据上级关于核定流动资金定额通知的精神,结合本单位财经管理工作实际情况,现提出我厂核定××

××年度流动资金定额工作计划如下。

一、目标和任务

在去年核资的基础上，结合增产节约运动中揭露的问题，发动群众挖掘资金潜力；按照正常生产最低需要的原则和加速资金周转的要求，从紧核定资金定额，通过核资，认真建立健全制度，进一步提高企业管理水平。

二、措施和方法

这次核资采取分级归口，自查自核，专业部门协助的办法进行。具体做法是：

1.定额的计算，以第一季度生产计划为依据。

2.一切不参加正常周转的呆滞，积压物资和供、产、销各个环节上不正常因素所需的额外资金，不包括在核定定额范围内。

3.凡原材料供应方式、地点、价格发生变动，产品生产周期和存放期限变化，或者销售条件。

4.供应正常，可以保证供应或有其他代用品的原材料物料，一律不计算保险日数。

5.各项定额均须分项计算，并计算系数。如纸张分品种计算，油墨应分书版墨、色墨、一般墨及高档墨计算，一般原材料和辅助材料应分小类计算。同时，应认识计算定额负债（包括税金、应付工资等），以防止资金使用上的浪费。

三、步骤和安排

总的时间为一个月，自即日起到×月底止结束。核资工作分三步进行：第一步，各部门自查自核，财务科配合协助；第二步，全厂平衡，汇总上报；第三步，建立健全制度，深入动员，做好执行定额的思想准备。具体安排如下：

1. ×月×日至×日。各部门准备资料，发动有关群众讨论，自查自核。

2. ×月×日至×日。财务科内部测算，开始拟定资金归口管理办法，厂部动员。

3. ×月×日至×日。财务科综合平衡，上报方案。各部门酝酿讨论资金归口办法，开会听取汇报。

4. ×月×日至×日。向上级办理资金交拨，公布资金归口办法。

××印刷厂

××××年×月×日

实训练习

（1）你所在的班级在新学期开学初打算拟订一份班级学年活动计划，旨在提高班级的整体学习水平，提升同学们的综合素质，丰富班级的课余生活，增强凝聚力，最终培养健康人格。请根据你班的实际情况，拟写这份班级学年活动计划。如缺少有关项目，可自行补上。

（2）××钢铁股份公司（国有企业）团委，拟举办五四青年节庆祝系列活动，届时将举行多项纪念活动，包括篮球比赛、读书报告会、文艺联欢会、电影专场、青年书画展等，据此要制作一份活动安排表。请代为拟写这份表格式计划。如缺少有关项目，可自行添补。

（3）为活跃校园文化，校团委及学生社团拟于11月15日至12月15日开展为期一个月的“校园文化活动月”，经广泛征询意见，初步拟定的主要活动有：“经典文化知识大赛”、“校园歌手大奖赛”、“读一本好书书评征文”、“经典诗歌朗诵会”、“校园电影周”、“第二故乡摄影及绘画大赛”等，并以一场“综艺晚会”结束全部活动。请你代拟一份切实可行的活动方案。

（4）××市档案学会拟制定年度学术活动计划，要点：应鼓励会员积极进行档案学术研究，组织学术交流活动，逐步提高档案学术水平。应办好学会的会刊，编辑出版档案学书籍，发表会员的研究成果。应加强档案学的宣传、普及工作，扩大社会影响。应积极开展与外省的档案学术联络工作。应抓紧建立、健全学会的工作机构。请拟一份体现上述要点的年度学术活动计划。

(5)从下面题目中任选一题,制订一份个人计划。

选题:校外兼职计划、校外家教计划、考研复习计划、课外阅读计划、自我培训计划、课余练摊计划、业余创作计划、练功健身计划、暑假打工计划、暑假远足计划、第一桶金计划、毕业创业计划、人脉发展规划、个人发展规划……

第二节　总　　结

文体概述

在事务类公文中,总结是很重要的一种。总结有的是向上级汇报工作,有的是向下报告工作。总结是对规定时限内的某项工作或某项任务完成情况,包括取得的经验和提出的问题的总的回顾、评价和结论的常用文体。总结是人们自身实践经验的本质概括,是人们认识客观规律的重要方法,总结的目的在于发掘工作规律,扬长避短,增强主动性,克服盲目性,以指导和推动今后工作的顺利开展。

总结有四个基本特点。①陈述的自我性。总结以自身过往的工作实践为材料,采用的是第一人称写法,其中的成绩、做法、经验、教训等,都有自指性的特征。②思路的回顾性。总结是回顾过去,是对前段社会实践活动进行全面回顾,只有所做的事有了阶段性进展或全部完成后,才可以撰写相应的总结。③内容的客观性。客观事实是总结的基础,总结所列举的事例和数据都必须完全可靠,确凿无误,任何夸大、缩小、随意杜撰、歪曲事实的做法都会使总结失去应有的价值。④分析的理论性。总结必须据实议事,就事明理,以自己或本单位工作实践的事实说明具有规律性的观点或普遍性的道理,这样才能达到总结的目的。

总结和计划这两种文体的关系十分密切,它们之间存在着相互制约、相互依赖的关系,以及相互促进、不断提高的关系。计划是工作前的打算,解决"要做什么,如何做,做到什么程度,要取得怎样的结果"的问题,是总结的前提和依据;总结是工作之后的鉴定,解决"已经做了什么,如何做的,为什么会这样做,取得了什么样的结果"的问题,是对计划的检查和验收,是制定下一步工作计划的重要参考。计划—实践—总结—再计划—再实践—再总结……如此周而复始,循环无穷,不断提高,这就是计划与总结的最本质、最有价值的关系。

总结和报告都是以撰写机关或单位的工作情况为内容,但两者有区别:总结是内部行文,旨在找出经验教训,以便发扬成绩,克服缺点,更加做好工作;报告是上行文,旨在上达下情,为上级机关的决策提供有关的信息材料。总结的要求一般比较全面,工作的成绩、经验、问题,今后做法都要说及;报告则要求内容集中、重点突出、简明扼要。总结重在总结经验教训,有较多的分析议论;报告重在说明情况,主要用叙述说明方法,较少用议论。总结是事务性文书,开头无须主送机关,结尾无需公文惯用结语;报告是法定公文,正文开头必须写明主送机关,正文之后也得有专用结语。

从内容上划分,总结可分为综合性总结和专题性总结两种。综合性总结包括的内容比较宽泛,这类总结既要反映工作概况、取得的成绩、存在的问题和缺点,也要写明经验教训及今后改进的意见。而专题性总结只是对单项工作或某方面问题进行专门总结,一般只选择工作中的主要成绩,并突出某类典型经验或带有普遍意义的问题。从用途上划分,总结可分为汇报性总结和经验性总结两种。汇报性总结多用于单位或部门向上级机关报告本单位或本部门在一定时期内的任务完成情况，以利于上级机关了解下情，正确指导下级机关的工作。其特点是容量大、篇幅长，能反映该单位方方面面的情况与问题，真实地勾画出工作的全貌。经验性总结是某单位或个人对自己在某项工作取得的优异成绩，回答为什么能取得优异成绩的先进方法的专门总结。经验性总结主要用来交流先进经验，具有典型性和指导性。它的内容偏重于介绍先进的做法和体会，告诉人们怎样做。

行文格式

总结一般由标题、正文和落款三部分组成。

1. 标题

总结的标题分为陈述式、论断式、概括式三种。①陈述式标题的构成形式为“单位名称＋有效期限＋总结种类＋总结”，如“××学院 2013 年工作总结”。如文末、标题下有单位署名，或前言部分介绍单位全称的，标题中可省略单位名称；在“基本情况”中交代总结的起止时间，标题中可省去时限。②论断式标题仅适用于专题性总结，这类标题一般都有正副标题。正标题通常用鲜明的短句来概括总结内容，副标题则标明单位、时间、范围和总结种类。如“春风今度玉门关——××区××××沙漠绿化工作经验总结”。③概括式标题是根据内容概括题目，类似文学类文章标题的写法，虽未写明“总结”字样，但本身就体现出总结的性质，概括式标题只适用于经验类总结。如某公司专题总结标题“客户争等级，诚信稳销量”。不论采取哪种写法，总结的标题都要准确反映总结的内容，简练而醒目。

2. 正文

这是总结的中心部分，一般由引言、主体、结语三个部分组成。

1）引言

引言是对所要总结的工作的概貌和成效定性式的阐述，介绍总结的缘由、依据、涉及的时间、地点、工作概况及基本估价。常见写法有四种。①概述式：概述工作成效，做出总体评价，综合性工作总结多用此法。②归纳式：引用具体数据，列举主要成绩，综合工作总结、经验总结多用此法。③结论式：总括基本经验，交代中心思想，专题工作总结、经验总结多用此法。④提问式：提出关键问题，点明总结重点，专题性经验总结多用此法。总结前言的写法灵活多样，不拘一格。不论采用何种写法，都要注意：概括性要强，说明要清楚，文字要精练，层次要分明，用语要恰当，评价要恰当，避免与主体部分的内容重复交叉。段尾用“下面谈谈我们的主要做法和体会”、“现将有关情况总结如下”等过渡语转入主体部分。

2）主体

主体部分包括做法和成绩、经验和体会、问题和原因三项内容。

（1）做法和成绩。总结的引言部分已对所做工作有了一个总的评价，这部分就是紧承上文用事实说话，对工作情况进行全面叙述。主要写明在工作中做了什么事情，采取了什么方法，收到了什么效果。要写好这一部分，动笔之前做好两步工作。第一步，归纳分类，以便有重点、有条理地叙述。分类的方法有两种：一种是按大的工作项目分，就是把所要总结的工作列出一些比较主要的、独立的项目放在一类里；另一种是按同类项合并的方法分，就是把同类性质的工作放在一起。第二步，提炼观点，以便有纲领、有血肉地叙述。工作进行分类处理后，为了使各类工作相对独立，并表明主要意思，需要按照提炼成绩、得出观点的要领，从各类工作中归纳出观点，以便读者理解。成绩性观点的形式有三种：第一种是“纯做法”式；第二种是“纯效果”式；第三种是“做法＋效果”式。写这部分最好有具体数字，有典型语言，有典型实例。

(2)经验和体会。这部分是全文的重点，也是总结的目的所在。篇幅要大，笔墨要浓。在摆事实、讲道理、摆过程、讲成绩的基础上，概括出带规律性的东西，把感性认识上升到理性认识的高度，这是总结的根本任务。一要真正反映出工作中得到的某种知识和规律。经验体会的观点一般都有特别的表达形式，工作总结中表达观点的形式通常有：①判断句(“××……是××”)，②无主句(“在……关系上，着重……”)，③条件复句(“只有……才能”)，④假设复句(“要怎么……就必须……”)。二要能够表达出事物之间的必然联系。就是“××”与“是××”、“只有”与“才能”、“怎么”与“必须”之间应当是一种必然的联系，不能两者不沾边，甚至自相矛盾。三要能够使观点建立在广泛的事实基础之上。所谓观点，是对全部活动、全部材料理性的高度概括，是对材料内涵本质的正确开掘。总结经验体会，注意点面结合，详略结合，叙议结合，一般采用夹叙夹议的写法，有事实情况，有理性分析，理论结合实际，观点材料统一。

(3)问题和原因。所谓问题，是指由于主客观原因造成的工作中的失误或存在的薄弱环节。对问题要作认真分析：什么性质？如何产生？怎样解决？总结问题原因有三种表述式：“问题＋表现”式，“问题＋原因”式，“原因＋问题”式。由于撰写总结的角度不同，这部分的具体内容和结构样式往往会有很大的差别。综合性总结中以上几个方面的内容都应该反映，而专题性经验总结侧重提炼经验体会，反映问题的总结侧重陈述问题教训。

这部分篇幅大、内容多，要特别注意层次分明、条理清楚。主体部分常见的结构形态通常可采用“成绩与经验—问题与教训—改进的举措”的顺序，分三大部分进行总结。这是写总结的传统方法，根据需要，还可以采用其他的形式。

阶段式，即按照事物的发展过程，层层递进地介绍经验体会或具体做法，常用于对周期长、阶段性显著的工作进行总结，把总结所包含的时间划分成几个阶段，按时间顺序分别叙述每个阶段的成绩、做法、经验、体会等。这种写法的好处是事物发展或社会活动的全过程眉目清楚，头绪分明，容量较大，内容集中。

并列式，即以具体的工作项目为顺序，把要总结的内容按性质逐条排列，夹叙夹议，介绍情况与成绩，这种写法适用于专题性总结；或将若干经验体会分门别类，分条列项，依次展开，各层之间呈现相互并列的态势，这种写法适用于经验总结。并列式写法的优点是各层次的内容集中，观点鲜明，各版块相互之间既有相对的独立性，又有密切的联系。

纵横式，即安排内容时，既考虑到时间的先后顺序，体现事物的发展过程，又注意内容的逻辑联系，从几个方面总结出经验教训。具体形式是或纵中有横，即大层次为纵，小层次为横；或横中有纵，即大层次为横，小层次为纵。这种写法，多数是先采用纵式结构，写事物发展的各个阶段的情况或问题，然后再用横式结构总结经验或教训。这种写法的好处是逻辑严密，层次分明，重点突出，流畅自然。

3)结语

在总结经验教训的基础上提出今后打算，规定主要任务，确定奋斗目标，制定新的措施，指明努力方向，点明发展趋势，起强调和照应前文的作用，篇幅不应过长。结尾中提出的要求应写得实实在在,“希望式”或“要求式”结尾,提出的要求要让人看得见,摸得着,不能尽是原则话。“号召式”结尾要有较强的针对性,内容要有本单位的特色。结尾要有新意,不要陈词滥调,有新意才具有启迪作用。

正文部分写作应注意三点:谈成绩经验不要与前面的概述重复,谈问题不足不要与前面的成绩经验矛盾,谈努力方向的诸点最好与存在问题的诸点一一对应。

3. 落款

总结的落款包括署名和日期。单位总结的署名,一般写在标题中和标题下,也有的不署名而随文发送;个人总结的署名,一般写在正文的右下方;总结的日期放在署名的下面,如无署名,则落在正文右下方。有些总结还有“附录”项目,如需上报、下达,还应注明“主送单位”、“抄送单位”等。

撰拟要求

工作中取得的主要成绩,或发现的主要问题,或找出的客观规律,是总结写作的重点。独到的发现,独到的体会,新鲜的角度,新颖的材料,是总结写作的关键。“褒不溢美,贬不加毁,提高认识,不空不碎”是总结写作的原则。写好总结,具体说来应注意如下几个方面。

1. 端正指导思想

第一,不能把写总结视为可有可无、例行公事的苦差,应该视为自我检视的主动行为;第二,要用正确的指导思想科学地分析整个工作实践活动。工作总结最忌照搬照套,重复昨天的故事。不少总结写得千篇一律、缺乏个性,“材料数据更换,框架格局不变,标题改头换面”,其原因就在于没有端正指导思想。“翻开报纸找点子,跑到下面找例子,关起门来写稿子”,绝不可能在看似平常的、重复性的、枯燥无味的工作中,发现亮点,写出新意。

2. 广泛占有材料

材料是总结的血肉,没有材料,总结就会干瘪无力。材料应当典型、生动,有独特的个性(人无我有,人有我优,人优我特)。寻材贵“多”贵“细”,选才贵“严”贵“精”。执笔写总结的人,要深入调查研究,了解事物的全过程,广泛收集典型材料、数字材料、背景材料。没有充分占有材料,便选取不出典型材料,归纳不出主要观点,体现不出工作特色。要充分占有材料,还必须纵横开拓,“纵”的材料是指过去发生的与总结这项工作有关的材料;“横”的材料是指同行、同部门的其他单位的有关情况。

3. 要讲实事求是

撰写者必须态度端正,尊重事实,客观全面,坚持原则,对事物既不能以个人好恶随意褒贬,也不能为迎合领导而有意夸大或缩小,讲成绩,不要夸大其词;谈问题,不要轻描淡写。实事求是的作风同一分为二的方法是分不开的,只有运用一分为二的辩证观点,才能正确、全面地认识客观事物,反映客观事物,避免片面性和绝对化,也才能对实践做出正确的评价,总结出符合实际的规律性。

4. 注意挖掘本质

能否提炼出规律性的东西,是总结质量高低的重要标志,也是总结写作成败的关键。总结要写出理论价值,一方面要抓主要矛盾,无论谈成绩或谈存在问题,都不要面面俱到;另一方面对主要矛盾要进行深入细致的分析,谈成绩要写清怎么做的,为什么这样做,效果如何,经验是什么;谈存在问题,要写清是什么问题,为什么会出现这种问题,其性质是什么,教训是什么。这样的总结,才能对前一段的工作有所反思,并由感性认识上升到理性认识。

5. 讲究行文技巧

一是观点和材料相统一,用材料说明观点,以观点统帅材料;二是面与点相结合,采用“一个观点+概括叙述+典型事例”的写法,以概括性材料反映事物全貌,表现事物的广度,又以典型性材料充实印证,表现事物的深度;三是叙述和议论相融合,运用夹叙夹议的写法,用具体事例和典型数字来说明经验,证实体会;四是综述和分说相交替,综述对全局作整体鸟瞰,分说对局部作具体阐释,归纳将经验提升为理论。

6. 重视语言表达

要注意推敲,凡是有所估计、论断的地方,用词选句的分量要恰当,做到简练明了,干净利落,力求文中的每句话、每个字都遵循“必要”和“适度”的原则,坚决摒弃不必要的说明和解释。用词必须准确,“大概”、“也许”、“差不多”等词语最好少用,“全部”、“绝大部分”、“小部分”、“少数”、“个别”、“基本上”等应该慎用。在表述上不宜追求文采和文学性,运用对照、排比、引用等修辞方法时则要适度,可运用富有表现力的成语、典故、比喻、顺口溜等。

例文 6-3

2013 年文化工作总结

汉寿,古称“龙阳”,位于湖南省西北部,洞庭西滨,土地总面积 2034 平方公里,辖 29 个乡镇、499 个村,总人口 81 万。被国家命名为“中国甲鱼之乡”、“中国黑杨之乡”、“中华诗词之乡”、“中国珍珠之乡”、“中国苎麻之乡”。近年来,县委、县政府紧紧围绕“文化强市”发展战略,加大文化事业建设力度,2013 年,财政对公共文化事业投入 1400 万元,占财政收入 2%,对文化活动的人均投入逐年增加,全县文化事业和文化产业快速发展。

2013 年,我局秉承“务实与创新”两个理念,围绕年初制定的“狠抓基础工作,着力基本建设,繁荣基层文化”三基工作目标,实现了四个方面的转变:一是文化工作的地位进一步提高;二是全系统干部职工的工作积极性进一步上涨;三是乡镇文化专干的形象进一步转变;四是讲规范守规矩的意识进一步树立,文化事业取得长足的进步。

一、狠抓基础工作,助推文化工作提质升级

(一)注重调研,全面调查摸底。一是开展了系统全面调研。由局党组成员牵头,组成五个调研小组开展全系统大调研。调研内容涵盖业务、财务、政工、农村文化等方面。通过调研活动,将系统的全面情况进行梳理,对下一步工作开展有重大指导意义。二是开展了专项问题调研。讨论研究了县艺龙文化传媒有限公司(原县汉剧团)经过改制后的市场化运营问题,针对业务工作和人事管理拟定相应制度。今年艺龙公司充分开拓思路,狠抓市场开发,新购了专业演出设备设施,承接各类演出上百场,营业性演出收入明显增加。组织专门队伍对全县民间文艺团队进行了专题调研,对照调研情况,形成了调研论文《用六把金钥匙开启汉寿民间文艺繁荣梦想——对汉寿县民间文艺团队的调研与思考》,拟定了《汉寿县民间文艺团队管理办法》,提交政府研究。

(二)制订规章,严格分工奖惩。一是明确职责,成立 7 个股、室(办),明确 18 名局机关工作人员职责,分别制定了对局机关工作人员、对二层单位、对乡镇综合文化站的考核细则;二是整章建制,制定了考勤、学习、会议、财务、考核等制度,各二层单位对照要求分别制定了相应的管理制度;三是创新管理,统筹管理文化事业专项资金,将资金使用纳入文化强县建设考核内容,进一步加强对文化事业建设的监督管理。

(三)布好开局,明确全年目标。年初印发了《2013 年文化工作要点》,明确“抓基层、强基础、建阵地”工作思路,加强队伍建设,严格各项考核,全面推进文化强县建设。

（四）围绕民生，管控文化市场。一是狠抓执法队伍能力提升。县文化市场综合执法大队在今年开展的全国文化市场综合行政执法“岗位大练兵、技能大比武”活动中取得了法律法规知识抢答赛全市第三和执法程序规范考试个人单项全市第三的好成绩。二是针对热点部署专项行动。今年，县执法大队针对民众较关注的热点问题，先后组织了“扫黄打非专项行动”、“中小学生教材检查行动”、“整治乡镇‘小片网’”等集中行动10余次。全年共出动检查1600人次，检查各类经营场所1150余家，受理举报投诉28件，收缴非法出版物（音像制品）1500余件，协助取缔黑网吧1家，取缔非法游商地摊3处，8家经营单位被停业整顿。同时，加强广播电视安全播出的监管力度，在特护期增加监听监看力度、频度，开展安全播出大检查，确保零事故。三是主动开展执法惠民服务。县文化市场执法大队主动作为，配合相关职能部门解决城区娱乐场所噪音扰民问题，取得了良好的社会效果。同时加强宣传、劝告、督导力度，效果明显，娱乐场所扰民问题得到有效控制，投诉大幅减少。四是探索网吧连锁经营模式。我县严格控制单体网吧现有存量，鼓励网吧连锁经营，采取兼并、重组等形式对城区网吧进行整合，县众盟网络文化服务有限公司于今年2月正式通过省文化厅网吧连锁企业认证，网吧连锁经营工作走在全市前列。

（五）加强宣传，提升社会地位。今年狠抓外宣工作，社会地位明显提高。有2篇调研文章在《中国文物报》刊登，近30篇信息在国家、省、市网站和刊物上刊登。

二、着力基本建设，强化文化阵地作用

（一）美化办公周边环境。局机关办公环境焕然一新。县文化馆完善了馆舍功能性设施，完成了多功能厅、演艺厅的改造，对老馆舍、安全设施进行了维护修整。县图书馆对馆内通道进行了硬化和全面绿化，并配备完善了读者区的雨伞、茶水等服务设施。县文物局进一步对帅孟奇故居陈列馆进行了维修。县艺龙公司、县剧院、县烈士公园等文化单位也投入一定资金对办公场所进行了维修，目前全系统各二层单位办公周边环境得到了改善。

（二）重点推进基础工程。全面开展了广播电视“村村通”、广播“村村响”、村级文化小广场、农家书屋出版物更新等基础文化设施建设项目。新建广播电视“村村通”1440户，发放622套直播卫星设备，圆满完成全年工作目标。农村广播“村村响”工程建设已通过县长会议研究确定为重点项目之一，现已完成招投标，并确定两个乡镇进行试点建设。同时，年内已完成20个文化小广场的新建任务。

（三）项目建设持续推进。协助中华烙画园建设工作，年内确保完成园区建设。拟定并向上呈报了詹乐贫革命烈士事迹陈列馆项目方案，争取该项目落户在烈士公园内。向省发改委、省文物局申报了洞庭湖历史博物馆项目。

（四）免费开放逐步完善。县文化馆进一步完善工作机制，对免费开放工作流程进行全面信息公开，方便群众选择课程，全年共计辅导声乐、舞蹈、京剧爱好者7000人次以上，派驻辅导老师赴乡镇开办辅导课程1000课时，指导建立民间文艺队伍6支；10月21日，经文化部公示，县图书馆获得“全国县级二级图书馆”称号。县图书馆共接待读者32000人次，外借图书25600册，免费发放借阅证2100本。

（五）评估定级顺利完成。按照文化部、省、市工作部署，我局积极展开了全县乡镇综合文化站评估定级工作。县委常委、县委宣传部长何朝辉，县人民政府副县长朱进友等分管领导高度重视评估定级工作，多次听取汇报并亲自参与具体工作。评估工作至4月份开始，历经4个多月的前期调研、整改，经乡镇自评、县评估小组初评，我局确定洋淘湖综合文化站等14个文化站为第一批参评单位，拟定上报了5个一级文化站、5个二级文化站、4个三级文化站。同时明确洋淘湖镇、朱家铺镇、蒋家嘴镇、丰家铺乡、文蔚乡5个综合文化站为首批试点单位。11月6日，我县召开乡镇综合文化站评估定级现场会，全面总结此次评估定级工作，并对下一步综合文化站评估定级及乡镇文化建设工作进行了部署。

三、繁荣基层文化，推动文化扎根乡村

一是文化活动有影响。今年举办了“庆元旦”文艺汇演、“幸福汉寿”春节联欢晚会、“庆两会”专场等群众文艺演出；完成“激情龙阳”广场演出6场，“百姓大舞台”演出9场；5月31日，县文物局、县文化馆联合举办了以“人人都是文化遗产的主人”为主题的大型“文化遗产日”宣传活动。并公开展示了多件珍贵馆藏文物和省、市级非物质文化遗产项目；县图书馆举办了“盛世盛会，开创未来——中华民族复兴之路”图片展等读书活动9次；县电影公司联合县文明办举办了“中国梦、我的梦”免费送电影主题活动，在暑假期间集中面向中小学生放映爱国主义电影100场。二是艺术创作有突破。县艺龙文化传媒有限公司狠抓专业创作，投排舞蹈《云裙水袖》、京剧《扈家庄》。编排了《梦想家园》——环境卫生整治专场文艺演出节目，并在全县巡演30场，同时录制DVD光盘发送给各乡镇，集中宣传全县环境卫生整治工作的开展及取得成果。花鼓小戏《躲喜事》在全省小戏小品大赛中荣获三等奖。三是文化惠民有成绩。全年共计完成送戏下乡90场，送电影下乡6182场。四是“百团大赛”有声势。我县圆满举办“欢乐潇湘”常德市群众文艺演出百团大赛汉寿选拔赛(决赛)。决赛现场吸引了县委书记谭本仲、县长杨昶、县委宣传部长何朝辉等县主要领导亲临观看。今年，我县选送的8个团队在市决赛中取得了1个金奖、3个三等奖、4个优秀奖，并获得赛事组织奖。县文化馆“寻梦艺术团”的常德花鼓小戏《躲喜事》和乐与舞《琴缘》获得精品节目奖；“寻梦艺术团”黄馨仪等三人获得新人奖。《躲喜事》被市里选送参加省“欢乐潇湘”决赛，获三等奖。五是人才培养有力度。先后举办了图书管理员培训班、“百团大赛”作品征集笔会、“沅水流域鼓王擂台赛”创作笔会、“文化业务培训周”等文化培训活动。“文化业务培训周”结束后，在县休闲广场举办了专场展演。完成了2013年常德市蒲公英艺术大赛组赛工作，共有舞蹈、器乐、声乐等三个门类65人参赛。六是基层文化有活力。2013年的乡镇文化活动空前活跃，10月15日，蒋家嘴镇举办首届群众文化活动优秀节目展演；10月28日—11月2日，朱家铺镇举办首届农民文化周活动。11月1日，龙阳镇与县法治办、县文广新局联合举办法治文艺演出。10月下旬，由我县文化馆肖国芳、罗先明和民间艺人杨胜清共同表演的三棒鼓节目《刘海砍樵新唱》，作为“常德鼓书进京学术观摩展演及研讨活动”选送节目之一，在中国艺术研究院、北京大学、中国音乐学院演出。这是我县“鼓书”表演首次进京献演。演出的音、视频资料存入了中国音乐学院图书馆，将作为民间曲艺教材供业内和社会查阅。此次进京演出对我县传统曲艺的推广和发展有着重要意义。七是文化协会有扶持。一方面抽调辅导老师指导协会活动，帮助县湖湘文化协会、民俗文化协会、音乐协会等10多个协会分别举办了书画、歌舞在内的各类文化活动，极大地活跃了城乡文化。另一方面加大对协会活动的资金投入，全年投入10万元，有力地推动了协会工作。

存在的问题及2014年工作方向主要表现在以下几个方面。

(1)基础设施不健全。面对县城区文化基础设施薄弱的现状，目标不明，行动不力。今后要下大力科学谋划老城区、新城区文化阵地建设规划，积极向上争取项目支持，为县委县政府决策发挥参谋作用。

(2)工作进展不平稳。对广播“村村响”工程，村级文化小广场建设工程，民间文艺团队的管理，农家书屋的管理，“两馆一站”免费开放的管理等等，存在着进展慢、管理松等问题。今后，要加强工作调度，推进工作力度，严格考核兑现。

(3)维稳形势尚严峻。全局面临着老电影放映员上访、老艺人为待遇问题上访、图书馆工程遗留、民工上访等等一系列问题。今后，要明确强有力的班子，努力化解矛盾，做到没有上访或争取把上访控制在县以内。

(4)建设步子不协调。规划做得多、落到实处少。有的项目进展缓慢，青少年动漫体验园、中华烙画艺术村、詹乐贫革命烈士事迹陈列馆等文化项目历时几年仍没有落到实处。今后，要落实强有力的措施，加快文化产业园建设进程。

实训练习

(1)2014年期末，学院要求各系总结推选优秀学生，先在各教学班进行个人总结，要求每人发言5分钟，总结自己一年来思想道德、专业学习、社会实践、体育锻炼等方面的情况。请写出综合总结发言稿。

(2)××高校拟对全年党务工作进行总结，主要要点：一是加强领导班子建设，不断提高执政能力和自身素质；二是加强党的基层组织建设，提高战斗力和凝聚力；三是加强党员队伍建设，发挥先锋模范作用；四是加强学生思想政治工作，确保思想稳定；五是加强精神文明建设，巩固建设成果；六是加强校园文化建设，营造浓郁健康向上的文化氛围；七是做好统战和老干部工作；八是加强综合治理；九是落实联系师生制度。请体现以上要点撰写一篇年度工作总结。

第三节　简　　报

文体概述

简报是党政机关、人民团体、企事业单位内部用于汇报工作、反映问题、沟通情况、指导工作、交流经验、传递信息的一种简短的有一定新闻性质的内部刊物。简报不是文体，是文书运行的载体。它的应用范围广泛，可上行，向上级领导机关汇报工作、反映情况，为领导正确决策提供可靠信息；可平行，向同级机关（单位）沟通信息，交流经验，起到一定的提示和参考作用；可下行，向下级机关（单位）通报情况、传达精神，宣传和贯彻执行党的路线、方针、政策，传达上级领导机关指示；表扬先进、批评不足、指出问题、推动工作。

简报具有一般报纸新闻性的特点，又有本身的特点。①内部性。简报主要取材于本单位；在一定范围内发送，以领导及有关单位为发送对象，有的加注“内部刊物，注意保存”；简报有特定的阅读范围。②针对性。简报作为单位反映情况、沟通信息的重要手段，要根据工作中心进行选材和编写，如当前工作中的主要问题，全局性工作的进展、问题、突出经验、矛盾，当前热门话题与热点问题，对重大决策的反应等。③简捷性。简报姓“简”，篇幅简短，内容简要，表达简练。简报的编写要做到快捷及时，常常抓住新情况、新经验、新问题进行迅速及时的报道。

简报按内容性质来划分，有如下数种。

工作简报，是为了推动日常工作而写的简报，任务是及时反映工作进展状况，交流工作中取得的经验，或指出工作中存在的问题，为上级领导和下级工作人员及时了解、掌握工作情况服务。

专题简报，是针对某项工作、任务、活动而写的专项简报，它与工作简报的差别是前者面向全局，有较强的广泛性；而后者则目标单一，有较强的针对性，更具时效性。

会议简报是在会议期间为了反映会议情况而写的简报。它可以是一次性的，也可以是连续性的。其内容主要包括：主要的报告、讲话、会议决议、讨论发言、会议动态及其重要状况。

科技简报是为反映最新科学技术研究成果、介绍推广新产品、新工艺、新技术、新理论、新动向而编写的简报。这类简报内容新、专业性强，有的属于经济情报或技术情报，有一定的机密性，必要时需加密级。

动态简报是为反映本单位、本系统的思想、政治、经济、文化等方面情况、信息而编写的综合性简报。动态简报着重反映与本单位工作有关的正反两方面的新情况、新动向、新问题。

行文格式

简报一般都包括报头、报核和报尾三个部分。有些还由编者配加按语，成为四个组成部分。

1. 报头

报头包括简报的名称、期号、编发单位和发行日期等诸项要素。①简报名称。如“简报”、

“××简讯”、“情况反映”、“工作通讯”、“内部参考”、“××动态”、“动态与信息”、“××快报”等样式。②简报期号。位置在简报名称的正下方，一般按年度依次排列期号，有的还可以标出累计的总期号。有些印发范围较小的简报可不用编号。③编发单位，应标明全称，位置在期号的左下方。④发行日期，以领导签发日期为准，应标明具体的年、月、日，位置在期号的右下方。报头部分与按语、标题和正文之间，一般都用一条界栏线。有些简报根据需要，还应标明密级，如“内部参阅”、“秘密”、“机密”、“绝密”等，位置在简报名称的左上方。

2. 报核

报核是简报的核心，包括按语、标题、主文三部分内容。

1)按语

简报的按语是编者根据简报编发的指导思想、编辑意图以及简报内容所加写的评论、补充说明或提出的要求、意见等文字。编者按不是代表简报编辑者个人的意见，而是代表简报编发单位的意见，是否加按语按需要而定。按语要写得简洁明了，提纲挈领，一语中的，常见的写法有三种。①说明性按语。主要是交代简报文章的来源或说明编发意图，转发式简报大都采用说明性按语。②提示性按语。用扼要的文字提示简报的中心内容，以帮助读者把握文章的精神实质，加深理解。③评价性按语。主要用来表明编发单位对简报文章内容(针对文中某一个观点，抓住某一个问题，认定某一事件)的看法、态度，引起读者掌握政策界限，以便正确处理有关问题，做好有关工作。按语一般写于界栏线下，放在标题上方，先写“编者按”或“按语”的字样并用方括号括住，然后再写按语的内容。

2)标题

标题是简报的“眉目”，越醒目越好、越“提神”越好，它要一语破的，反映出简报内容的精髓；要简练具体，以最少的文字概括出较多的信息；要讲究一点艺术性，增加读者的兴趣。简报标题主要有以下几种形式。①概述式标题。要求标题准确地概括出文章的基本内容，让读者见题明义，如“我校通过‘211工程’专家审查验收”。②提问式标题。将简报文章内容中最能引起读者关心的问题，用问句的形式作标题，如“一个外逃犯为何能‘周游列国’”。③形象化标题。用比喻、比拟等修辞手法，使标题形象地揭示文章的主要内容，如“一份背四十颗公章旅行的公文”。④新闻式标题。一般由正题与副题或引题与正题组合而成，正题揭示文章的主旨或主要内容，副题用来补充说明次要问题或标示事件和范围等，引题用来交代背景，为正题说明原因，或烘托气氛，或揭示正题意义。如“改革促联合，联合出效益——我市县办工业横向联系方兴未艾”。标题写于界栏线下，如有按语，先写按语再写标题。一份简报可登一份或数份材料，每份材料都可以有各自的标题。

3)主文

主文是简报的重心，它要准确、具体地将所报道和反映的内容表达清楚，做到观点明确，事实充分，条理清晰。简报观点的模式有四种：①方法型；②目的方法型；③方法成果型；④认识成效型。

主文没有固定的写法，要根据具体情况来定，一般分为导语、主体、结尾三部分。

(1)导语，即文稿开头的第一句话或第一段。它的任务是简明扼要地揭示简报的核心内容，或交代所提问题的缘起，或交代所需内容的客观情况和有关背景，或阐述行文意图说明主旨，引导读者阅读全文。

(2)主体，是文章的主干部分，一般紧承导语，将导语提出的问题、概括的中心内容，用充足、具体、典型的材料充分展开(何时、何地、何人、何事、何因、何果)。一般采用时间顺序、平行顺序、逻辑顺序三种顺序结构。主体形式大致有以下五种。

①消息式。在具体运用中各有变化，或将导语部分省略，只保留正文和结尾；或将导语和结尾均予省略，只保留主干。这种写法多用于叙述事件变化情况的简报。

②总结式。总结式简报文章实际上就是一般意义的总结，但其内容必须具有新闻价值，才能见诸简报。就是先用简短明快之语道出全篇内容的核心(基本情况)，然后分别从几个并列的方面加上适宜的小标题对其进行具体阐述(具体做法)。阐述完结，行文即告收束，不再另加结尾。

③集锦式。集锦式写法就是用一条主线，串起若干段材料，分之独立成篇，合则形成整体。其写法如同一组简讯，不求系统全面，但求以较短篇幅报道更多的信息量，能做到点面结合反映全局情况。

④转引式。是指对一些有典型意义的材料完整地或大段地转引，并在原文前面加上按语，借以表达编者的观点。转引式一般是在需要某种典型，而手上又一时缺乏的情况下，把别人较为理想的现成材料拿来为我所用。转引的材料如来自上面，则带有指导性；如来自同级，则带有参照性。

⑤摘要式。一般多为典型事例摘要，会议中典型发言摘要，以及某些方面(如科技、商业等)新的信息摘要，用以传递信息，报导动态。有的信息与动态的摘要集中发表，也要加上说明。

(3)结尾，是全文内容的总括，不是所有的简报都要有结尾，但如文体与主旨需要，结尾断不可省。简报的结尾可以是号召，可以是引导，可以是赞誉，可以是批评，可以是强调，可以是提醒。衡量一份简报的结尾是否恰到好处，即看它是否起到”篇末点题“作用，篇末点题的结尾，常令一篇好的简报锦上添花。有些带有连续性的简报，为了引起人们注意事态的发展，可用一句交代性的语言作为结束语，如“处理结果我们将在下期报告”或“事态将如何发展，我们将连续报告”等。

一期简报有多篇稿件时，为了保证整期简报的内容一目了然和方便阅读，应在报头和报核的间隔横线下加“本期目录”的字样，并列出具体目录，包括每篇简报的标题和页码。一般在每条前加黑色实心圈，以示醒目。

3. 报尾

报尾部分应包括简报的报、送、发单位。报，指简报呈报的上级单位；送，指简报送往的同级单位或不相隶属的单位；发，指简报发放的下级单位。如果简报的报、送、发单位是固定的，而又要临时增加发放单位，一般还应注明“本期增发×××(单位)”。报尾还应包括本期简报的印刷份数，以便于管理、查对。报尾部分印在简报末页的下端。简报样式如图6-1所示。

内部刊物
注意保存
秘　　级
编号:××

×××简 报
第×期

××××××编印　　　　　　　　　　　　　　　　20××年××月××日

本期目录

● ××××× ……………………………………………………………… (1)
● ××××× ……………………………………………………………… (2)

编者按:××。

(标题)×××××××××××××××××××

(正文)

(×××供稿)

(标题)×××××××××××××××××××

(正文)

(×××供稿)

报:××××
送:××××
发:××××

(共印×××份)

图 6-1　简报首页格式

撰拟要求

1. 抓准问题,有的放矢

简报应该围绕本单位的实际,反映那些最重要、最典型、最新鲜、最为群众关心、最需要引起注意的问题。一是围绕领导决策,抓"超前型"问题。二是在领导决策之中,抓"追踪型"问题。三是要着眼大局,从小中见大。四是抓新情况、新经验、新问题。五是注意抓倾向性、苗头性的问题。六是抓突发性问题。

2. 四美齐全,观点突出

简报观点要求"四美",即有时代气息——新鲜美,有思想深度——理性美,有个性特征——特色美,有点睛之笔——文字美。使观点突出的基本方法是:题目显观点,开头见观点,篇尾点观点,转换提观点,小标题串观点。坚持用事实说话,通过多种材料的结合说明观点,以少胜多,善于使用概括材料;去粗取精,坚持使用典型材料;删繁就简,力争使用浓缩材料。

3. 材料准确,内容真实

简报一是要准确。保证任何材料绝对真实可靠,包括人名、地点、时间、情节、数字、引语、因果关系等等,都完全准确无误,没有丝毫的虚构、夸张、缩小和差错。不是自己亲自调查的材料,要在简报上加上"据××反映"、"据说"等限制词。二是要强调真实性。绝不能凭良好的愿望进行所谓"加工"和粉饰,必须忠实于事实,保证符合事物本来面貌。

4. 简明扼要,一目了然

一是注意主题集中,一稿一事,不贪大求全。一份简报只抓住一个问题,不搞面面俱到才能使简报的主题凝聚,篇幅短小,问题说得透彻。二是注意精选材料,围绕主题精心挑选典型事例。要通过材料的剪裁突出主题、缩短篇幅。使简报的主题充分而明确地表现出来,使简报的内容更加简洁。三是注意既要求简,又要写清。简报求简,是在说明问题的前提下求简。"简",应该是服从内容的需要,不能由一个极端走向另一个极端。

5. 讲究时效,反映迅速

"快"是简报的生命,简报贵在反映情况及时,必须讲求时效,尤其是突发事件,更应争分夺秒,用最快的速度把最近发生的事情整理成简报,以便领导机关特别是分管此项工作的同志及时掌握、全面地了解情况,更好的指导和推动工作。写作构思要快,动笔成稿要快,发稿速度要快,以保证简报的时效性,充分发挥其沟通情况、传递信息和指导工作的作用。

6. 内容实在,生动活泼

用事实说话,是简报的主要特征之一,必须具体,言之有物。这个"物"不仅仅指事件、情节、过程,而且应该包括观点、问题、经验、措施等方面。为了使阅者爱看,获得深刻印象,还要做到生动活泼,应当尽可能引用生动事例,吸收一些群众语言,必要时还可采用通讯的手法,作具体形象的描述,以情动人。

例文 6-4

中国科学院老科技工作者协会简报

第×期(总第156期)

中国科学院老科技工作者协会办公室编印　　　　2014年2月7日

★2013年分会秘书长及职能机构负责人会议

2013年11月22日，院老科协召开分会秘书长及职能机构负责人会议，会议由执行理事长兼秘书长何远光主持，副理事长邢福生、任丽新、徐平、李致洁、李乃煌出席会议。各分会、职能机构负责人及协会办公室共计35位同志参会。

会上，何秘书长传达中国老科协政府调研与组织建设工作会议精神；汇报了2013年院老科协各方面工作取得的成绩；部署各分会2013年度工作总结；海淀区2014年专题调研；北京老科总科普进校园等工作，会后，任丽新副理事长对专家建议工作进行补充发言，最后，会议代表提了些协会工作的建议，在热烈交流中会议圆满闭幕。

★"联防联控PM2.5的对策调查与研究"课题研讨会

2013年12月26日中科院老科协大气物理分会，承担中国老科协调研课题，特举办"专题研讨会"，大会由院老科协副理事长兼大气分会理事长任丽新主持，我会执行理事长兼秘书长何远光，副理事长李致洁、办公室主任麻莉雯、原大气物理所所长洪钟祥、原党委书记王大力、老干办刘荣华及老专家20余位出席大会。

会上中国气象局广东热带所吴兑研究员、南京大学刘红年教授、中国环境科学院张金良教授、北京市气象局张德山高工、大气所王哲老师分别发言，主题是珠江三角洲的雾霾与全国与国外比较，进行数据分析；"中国环境污染与健康风险应对"；环境污染形势，问题凸显，损害赔偿，环境管理模式及健康保护等问题，参会领导及专家进行热烈的讨论。

★ 中科院老科协迎春茶话会

2014年1月10日，院老科协举办迎春茶话会，院老科协执行理事长兼秘书长何远光主持会议，副理事长兼副秘书长邢福生、副理事长李致洁、张志林、任丽新、项国英、李乃煌及办公室全体成员出席会议。院离退休干部工作局曹以玉副局长、房晖处长代表院局领导，向中科院老科协分会全体祝贺新春，向中科院老科协全体"拜年"。

会上，何远光秘书长对2013年工作做了简单的汇报。成功完成换届，打开了院对我们支持的通道。科普报告全年757场；科普论坛168场；科普讲师团131场；科普听众达25.4万人；出版科普读物：总会编辑12本，即将出版，科普讲师团10本，各分会撰写科普文章103篇，科普专著11部。2013年专家建议上报84篇，其他四技服务；媒体合作、科学智慧火花沙龙等。

曹以玉副局长到会"拜年"，发言中对老科协2013年各项工作取得的成绩充分肯定。李致洁、张志林、任丽新、项国英等各位副理事长发表感言，对2014年协会工作畅想未来，决定发动凝聚更多老同志各项工作创新发展。

报：中科院领导及有关处(室)

送：××市领导、市直有关单位

发：中科院各省分院及研究所

(共印×××份)

实训练习

(1)今年以来，××公司为了支援农村，积极组织新产品的开发，满足农业生产发展和提高农民生活的需要。近日，公司召开了会议，就"采取积极措施，满足农业发展和农民生活需要"为中心的研讨会。最后总经理作了总结，提出了四大措施：①把农村急需的电器尽快运去。②组织力量加快太阳能器材的生产。③尽力调拨优质化肥和无公害农药到农村。④派出技术人员到农村帮助农民解决电气设备安装技术难题。请根据以上内容，编写一份简报。

(2)××食品公司为了开拓国内市场，决定增设市场部国内贸易主管一人，人选在公司内竞聘产生，并出台了竞聘工作方案，公布后反映热烈，许多人踊跃报名参加，活动开展很成功。最终评审确定营销部的××为最终人选。竞聘方案：①目标，市场部国内贸易主管一人；②条件，年龄35～40岁，男，从事销售工作3年以上，学历大专以上，身体健康；③时间，2月6日开始报名，2月15日开始评审；④竞聘内容，自我介绍，基本思路，有利条件，标的措施；⑤答辩、评审，组成评审组，由总经理、人事部、市场部组成。请根据以上内容，编写一份简报。简报名、期数自定。必须有简报的三部分，报核部分以一则消息形式拟写。

第四节　典型材料

文体概述

典型材料是把先进集体或先进人物的事迹，或把犯错误党员干部、发生问题单位的情况加以综合整理而写成的书面材料。整理典型材料的目的在于研究问题，推动工作。因此，典型材料应确实具有典型意义。典型材料包括正面典型材料和反面典型材料。

典型材料不同于经验性总结。①着重点不同。经验性总结着重于通过深入挖掘，找出本质的带规律性的东西，从而指导一般；典型材料虽然也要上升到理性认识，但重在介绍典型经验或先进事迹。②结尾内容不同。经验性总结的结尾往往指出缺点或存在问题，并指明今后努力方向；而典型材料的结尾一般不写这些。③结尾写法不同。典型材料的结尾比经验性总结在写法上有更大的灵活性，语言更符合口语习惯。

典型材料也不同于典型调查（典型经验的调查报告）。①行文动机不同。典型材料主要是向群众和领导报道先进人物或群体的好成绩、好思想、好作风，给同类单位或人员提供学习和借鉴的榜样；典型调查主要是为了贯彻党的方针政策提供新鲜经验和办法，政策性比较强，有普遍的推广价值和指导作用。②使用人称不同。典型材料可用第三人称，也可用第一人称；调查报告一般用第三人称。典型材料的主要特点是典型材料的典型性和指导性。典型性即代表性，也就是说总结、交流和推广的经验，具有一定的典型意义，代表了一种主流或一种发展趋势。指导性是指总结出本质的带规律性的东西，具有普遍指导意义，可供人们参考或仿效。

典型材料按内容划分有党政工作典型材料、生产经营典型材料、企业管理典型材料、技术革新典型材料、学习劳动典型材料等。按范围划分有个人典型材料、集体典型材料、单位典型材料、部门典型材料等。按性质划分有先进典型材料、后进转化典型材料等。先进典型材料又可分为先进事迹材料和典型经验材料。写作先进事迹材料，一般有两种情况：一是先进个人，如先进工作者、优秀党员、劳动模范等；二是先进集体或先进单位，如先进党支部、先进车间或科室，抗洪抢险先进集体等。无论是先进个人还是先进集体，他们的先进事迹，内容各不相同，因此要整理材料，不可能固定一个模式。

行文格式

典型材料的结构一般包括标题、导语、主体和结尾四个部分。

1. 标题

标题是先进事迹材料的“眉目”，要写得简明扼要。先进事迹材料的标题，有两部分内容必不可少，一是要写明先进个人姓名和先进集体的名称，使人一眼便看出是哪个人或哪个集体、哪个单位的先进事迹；二是要概括标明先进事迹的主要内容或材料的用途。有多种写法，通常是把典型经验高度集中地概括出来，这种集中概括出来的标题，既包含正文中各部分典型经验的内容，又不是这些内容的简单重复，可以说就是典型经验的主题。如“我们是怎样加强财务管理工作的”。单行标题一般适用于以第一人称写的典型材料，采用这种标题，应在标题下面署名典型的单位和个人。正副标题一般适用于以第三人称写的典型材料，采用这种标题时，正标题体现内容，副标题一般交代背景，对正标题起强调和说明作用。

2. 导语

这部分是全文内容的概括，展示典型经验的背景和突出的成果（成效）。一般写明三项内容：一是背景情况介绍，背景材料包括典型的自然情况（简要介绍先进人物的姓名、性别、年龄、政治面貌、工作部门、职务、职称、文化程度、是否党团员等等）、历史变革和社会背景等，既要写出典型经验出现的环境（自然、人文环境），又不能冗长啰嗦，给人总体的初步印象；二是先进事迹概述，概括写出最为突出之点，并尽可能与背景材料相映衬，要写得高度概括，不可失之冗长（有的也把成果放在材料的尾部来写，这要根据具体材料安排）；三是写明有关单位准备授予他（她）什么荣誉称号，或给予哪种形式的奖励。对先进集体、先进单位，要根据其先进事迹的主要内容，寥寥数语即应写明，不须用更多的文字。过去已经受过的表彰奖励，如果没有，则此项内容省略。

3. 主体

叙述先进事迹或典型经验，这部分是先进事迹材料的主体和核心，在导语所述内容的基础上进行拓展和加深，介绍先进事迹的具体内容。详尽反映出先进单位或者先进人物的感人事迹，其所取得的主要成绩（即工作的收获和效果）和具体表现。

1）要分清层次

为了使先进事迹的内容眉目清晰、更加条理化，在文字表述上还可分成若干自然段来写，特别是对那些涉及较多方面的先进事迹材料，采取这种写法尤为必要。在分段写时，最好在每段之前根据内容标出小标题，或以明确的观点加以概括，使标题或观点与内容浑然一体。这部分内容，一般是从总体上把典型经验按照一定的逻辑关系分成几个部分。几部分都是紧紧围绕标题，服务于标题，说明标题；各部分之间要有内在联系，但不能互相重复，互相包含，要相对独立地处在一个统一体内。一般来说，这部分内容的表述，应当既要有思想，又应有具体做法或实例，既要有面上的综合，又应有点上的说明，最好还要有一些必要的数字。

2）要选好事例

选择事例要紧紧围绕主题，事例不在多，而在于“精”，要选择最典型、最生动、最有代表性的事例，或体会最深、最能说明本质的东西，同时要发挥作者的创造才能，用最优美、最感人、最质朴的语言描写事例。选材务求真实，切忌人为地拔高甚至随意编造，以免事与愿违。此外，对先进单位、先进人物的思想来源，先进形成的过程和成长基础等，也应加以反映，以增加材料的可信度和真实感。要写得既具体，又不烦琐；既概括，又不抽象；既生动，又很实在。必要时还可运用一些数字，以增强先进事迹材料的说服力。

3）要安排好结构

可以采取横式结构或纵式结构。横式结构是把典型最突出的事迹或经验归结为几个方面、列出小标题分类叙写，其优点是能突出典型的重要事迹或主要经验。便于把事迹或经验阐述清楚。纵式结构是按事物发展的时间顺序展开，分成若干阶段步步深入地把事迹或经验介绍出来。这种结构可以不列小标题，但一定要按事物发展的几个阶段或典型思想认识的发展过程有层次地组织材料。其优点是能够适应读者对事物逐步认识和思维发展，便于人们接受。

无论采用什么写法，事迹材料要具体翔实，完整准确，主次分明，中心突出，分析中肯。

4. 结尾

写取得工作的成果，包括社会效益、经济效益以及获得的荣誉称号或奖励等。一般有两种写法：一是阐明先进事例的意义，进行总体评价；二是提出向先进学习的要求。结尾的内容不能与导语的内容重复，一般要比导语更简洁、概括。也有的省略这部分内容，正文写完后，行文即告结束，以归简洁。一般说，整理先进个人和先进集体的材料，都是以本级组织或上级组织的名义；是代表组织意见的。因此，材料整理完后，应经有关领导同志审定，以相应一级组织正式署名上报。这类材料不宜以个人名义署名。

撰拟要求

总的来说，典型材料要做到吸引人、感动人，可学、可信。起到教育人、鼓舞人、推动工作落实、赢得支持认可的作用。具体要做到以下几点。

1. 事实要真

“真实”是典型经验材料的生命，要求人物要真，事迹要真，做法要真，数据要真。只有绝对真实才能使先进典型真正具有教育人、鼓舞人的作用。必须深入实际进行认真的调查研究，切实掌握第一手材料。不能道听途说，虚构情节。凡是材料中反映的先进思想、先进事迹和典型经验，一定要认真核对清楚，不允许有半点虚假。不能张冠李戴，移花接木。既不能将发生在“张三”身上的事迹换到“李四”身上，又不能将甲地发生的事换成乙地发生的事。不能人为拔高，添枝加叶。要“量体裁衣”，不能为追求轰动、示范效应，人为找闪光点、摄亮点。

2. 结合要好

典型经验材料一定要富有时代气息、生活气息，给人以沁人心脾的感觉。一是要领会上情。就是要围绕党的路线、方针、政策来构思立意、选材布局。二是要了解外情。在起草文稿时，一定要超前了解该领域或该行业国内外、省内外的发展水平、工作动态，既不能“照搬照抄”，又不能“孤陋寡闻”，一定要善于推陈出新，但不存斧凿之痕。三是要把握实情。就是对本地区（部门、企业）所要总结的典型，其事迹、数据、做法一定要做到烂熟于心、胸有成竹。

3. 角度要巧

起草典型材料一定要匠心独运，独辟蹊径。一是要找准切入点。就是精心选择领导关心、群众关注的事情作为切入点，特别是要把事关全局、事关群众根本利益而又矛盾难处置、工作难推动，却又在一个地区一枝独秀、独占鳌头的工作亮点、特色做法挖深挖透。二是要激活兴奋点。就是要通过新颖的观点、鲜活的语言、个性化的做法，让大家茅塞顿开，为大家释疑解惑。三是要能可圈可点。让读者（听众）既有感性认识，又有理性思考，其经验做法有指导性、可操作性，能记得住、用得上。

4. 语言要精

一定要善于选择那些实在、贴切的词语，不宜用华丽词藻与过长的欧化句式，要客观准确清楚地向读者介绍。一是要多写短话。尽量用简短的语言，用短句表达最丰富的意思。凡是能用较少的话把事情说清楚的，就不要把话拉长。二是要多写管用的话。尽可能不选用做修饰成分或言过其实的形容词，不要讲空话、套话，硬拉架子做文章。三是多写朴实的话。多用耳熟能详的语言，多用群众的语言，多用生动的语言，让听众（读者）有一种亲切感，身临其境。

5. 褒奖要当

观点和提法要分寸恰当。在叙述先进典型的先进事迹和经验时，要注意摆正先进典型和其他群众、集体的关系。许多先进个人、先进集体的事迹，都不是单枪匹马干成的，是与周围群众和其他集体、单位的大力支持分不开的。因此，讲先进典型的事迹、经验，一定要注意切不可讲那些脱离群众、脱离整体观念的过头话。否则，就不能起到先进典型的带动作用。

例文 6-5

用奋斗浇灌青春，用行动证明誓言

——肖路平同学典型事迹材料

肖路平，女，满族，预备党员，工商管理学院工程管理 2009-3 班学生，现任工商管理学院团委副书记、工程管理党支部副书记、工程管理 2009-3 班团支书、工程管理 2011-3 班副班主任、2011-4 班副班主任。肖路平同学思想上积极要求进步，性格开朗乐观，学习成绩优良，工作认真务实，为人谦虚坦诚，能够真正为同学树立楷模，起到带头作用。大学期间，她先后获得“辽宁省挑战杯创业计划大赛二等奖”、“优秀学生干部”、“优秀团员”、“一等奖学金”、“社会实践先进个人”等荣誉称号。

她始终坚信“宝剑锋从磨砺出，梅花香自苦寒来”。经过三年多的大学生活，在校、院领导及各位老师的悉心关怀、孜孜教诲下，在同学们的大力支持下，无论是思想工作上还是学习生活上她都取得了优异的成绩。辽宁工程技术大学给了她人生成长的良好舞台，培养了她坚忍不拔、一丝不苟、认真务实的性格，使她对人生有了更加执着的追求和信心！现将肖路平同学在思想、工作、学习、实践、生活等各方面的事迹整理如下。

一、思想方面——积极进取、执著追求的思想者

自升入大学以来，肖路平同学就以一名党员的标准严格要求自己，她旗帜鲜明，立场坚定，坚决拥护中国共产党的领导。在思想上积极要求进步，树立了正确的人生观和价值观，入校后就主动就向党组织递交了入党申请书，并全票通过当选为班级的积极分子。平日里，她认真学习马克思列宁主义、毛泽东思想、邓小平理论和“三个代表”、科学发展观等重要思想的相关资料，再经过党校老师的讲解，她的入党思想由感性认识上升为理性认识。通过交流学习，她进一步端正了入党动机，进一步认识到在新的历史时期，作为一个共产党员所应具备的条件，为她加入中国共产党做好了准备。在校党课培训阶段，她政治立场坚定、学习勤奋努力、表现积极上进，顺利通过考试并荣获了“校党课培训优秀班长”的称号。很快，她被确定为党员发展对象。现在，作为一名预备党员，兼担任工程管理系党支部副书记，她依然积极、认真学习实践科学发展观，并将其应用到班级工作之中，她说过：行为上入党，一生一次；思想上入党，一生一世。她始终对自己高标准、严要求，时刻铭记自己的政治追求，真心为同学服务，获得了同学们的充分信赖。她关注时政，时刻牢记要保持自身的先进性，并且在各个方面都严格自律，在思想行动上为同学们树立良好榜样。她紧跟时代的步伐，用自己的行动践履着一名中共党员的誓言。

二、工作方面——善于沟通、勇于挑战的领导者

肖路平作为一名身兼数职的学生干部，有着很强的组织协调能力，在她的组织参与下开展的各项学生活动都取得了显著的成效，在热心服务同学的过程中，她自己也全面提高了个人的综合素质。在工作方面，肖路平同学始终保持着积极的热情、坚定的信念和强烈的责任心。从大一入学开始，她就担任工程管理 2009-3 班团支书一职。在平时的班级工作中，她认真务实，尽职尽责，踏实肯干，受到了院、校老师及同学们的一致好评！工程管理 2009-3 班在她的带领之下，在大一时就荣获了校级“先进团支部”，并在之后的三年始终保持着优良的班风和学风，同样受到了学院领导和老师的高度赞扬。在进入大三之时，因工作、学习等各方面成绩优异，肖路平同学又被学院聘为工程管理专业 2011-3、2011-4 班的副班主任，负责两个班的日常工作指导和学生思想疏导，此时，她感觉到身上责任更重了，在各方面更加严格要求自己，力争做好模范带头作用，正确、积极地引导 2011 级新生尽快地适应大学生活。认真负责的务实态度、卓有成效的工作能力，得到学院的充分认

可，在学校刚刚依照国家规定推行学生素质拓展网上学分认证时，她主动承担了网上认证的重任。作为工商管理学院团委唯一一名大学二年级的中心主任，她顶住压力和困难，带领全中心的成员，将全院2000多名学生的素质拓展成绩在网上进行认证，每一次的认证活动中她都能都按照学校的要求完成工作，从未中出现过任何一处错误。正因为肖路平同学办事严谨、认真、负责，全院学生的素质拓展成绩无一遗漏地被认证。她的领导才能获得学校和学院的嘉许，她分别获得"院优秀团员"、"校社会工作标兵"、"校优秀团员"、"校素质拓展活动先进人"、"校优秀团干部"等荣誉称号。2011年，肖路平同学凭借她出色的组织协调能力和严谨的工作作风，成为了工商管理学院团委副书记，在老师的指导下、她的带领和全体成员的努力下，学院团委的工作开展的异常顺利，从稚嫩走向成熟，从平凡迈向成功，在葫芦岛市"五四评优"时，学院团委被评为"葫芦岛市优秀团委"。

三、学习方面——勤奋努力、刻苦钻研的学习者

从进入大学起，肖路平同学一直把学习放在首位，她清晰地意识到大学学习的自主性，始终坚持"今日事，今日毕"的原则，积极投入到各门基础课和专业课的学习中，给自己明确学习目标并端正学习态度：课前，认真预习；课上，认真听讲，积极与老师配合；课下，勤于思考，及时高质量地完成老师布置的各项作业。遇到难以解答的问题，她就认真向老师和同学请教，或者直接去图书馆查阅相关资料，在图书馆经常可以见到她阅览书籍的身影。在学好课本知识的同时，她还经常参加科技、人文、社科等方面的讲座，不断提高自己的综合素质。由于身兼团委副书记、团支书和副班主任等多种职务，所以她要求自己统筹好学习与工作的关系，时刻提醒并要求自己在开展班级工作的同时要提高学习效率，绝不因为班级工作而落下学习。正因为如此，她的成绩一直名列前茅，曾多次作为候选人参评奖学金，在2011—2012下学期，她荣获"校一等奖学金"。与此同时，她不断拓宽自己的知识面，提升专业技能水平，大学生英语四级和国家计算机二级均一次性通过。她在保证平时上课认真学习的基础上，经常在网络、书籍上查阅有关本专业的相关资料，并在开课之前自学CAD、广联达、project等于本专业相关的各个应用软件。正是因为平时不断积累，一贯勤奋好学，她在本专业举办的各项专业比赛中都取得了优异的成绩，其中，在"院系首届沙盘模拟大赛"中荣获三等奖，"豫丰杯"第二届工程计量与计价大赛中获优秀奖。

四、实践方面——勇往直前、勤奋探索的实践者

作为一名大学生，要做到全面发展，社会实践是必不可少的一部分。2010年暑假期间，作为大一学生的肖路平同学联系到了锦州市新华书店，她在该单位独立完成了图书导购的工作，并在开学初提交了初次迈入社会进行实践的心得体会，她也有幸获得"校暑期社会实践先进个人"的称号。2011年暑假期间，她跟随专业老师来到葫芦岛市龙湾大街中央商务区、CBD体育馆、游泳馆以及锦州龙溪湾等多个在建工程进行认知实习，将理论联系实际，增长实践知识。2012年6月，经过工程管理老师的推荐和介绍，她报名参加了沈阳市"豫丰"造价培训公司广联达软件的专业培训，她对本专业的知识和走上工作岗位后所需要用到的一些软件有了更深入的了解和掌握，以优异的成绩顺利结业。2012年7月，肖路平同学和同专业的两名同学组队，赴锦州市中兴项目管理有限公司进行专业实习，被评为"优秀实习生"。她还积极参加学校组织的暑期社会实践活动，带领学弟学妹进行暑期社会调研，她申报的项目"新形势下大学生就业心理分析"被评为校级重点项目，通过一个月的走访与调查，她们最终形成的成果获得省厅的嘉奖和推广。

五、生活方面——脚踏实地、追求梦想的行动者

在生活方面，肖路平同学性格开朗，朴素节俭，严于律己宽以待人。身为寝室长，又是学生干部，她带头做好宿舍的卫生工作，杜绝一切不良的生活作风。她主动关心同学，帮助同学解决问题，平时善于和同学沟通，乐于帮助同学，建立了很好的人际关系，获得了大家的尊重和支持，被评为"辽宁工程技术大学道德楷模"。她拥有积极向上的生活态度和广泛的兴趣爱好，经常参与一些文体活动，为学院和班级争得荣誉，曾获得院"第六届主持人大赛三等奖"、"第二届模特大赛"院第一名、校二等奖，并多次在诗歌征文比赛中获得奖项。同时，她在社会实践和团体协作方面积累了许多经验，形成了较好的组织管理理念，加强了自身的团队合作精神与社交能力。在大学入学的三年多来，肖路平的大学生活里有艰辛和苦楚，但更多的是晶亮的汗水和畅快的欢笑，她在不断挖掘着自己的潜能，不断充实、完善自己，用青春描绘着梦想，用努力和拼搏续写着人生的华美篇章。

这就是肖路平，一个积极向上、坚持用行动诠释太阳能精神的平凡大学生，一名不断进取、执着追求，将挥洒的汗水献给他人的学生干部，一位充满信心、立志服务社会、爱党爱国的优秀青年。三年多的大学生活锻造了她坚毅的品格，使她愈发沉稳坚强。虽然以后的人生道路还会充满荆棘，但她会加倍努力、扬长避短，化成绩和荣誉为动力，继续拼搏，再创佳绩，用实际行动来回报领导和老师的信任，她仍会一路高歌，披荆斩棘，谱写属于自己的美丽人生。

实训练习

(1)汇华艺术学院13级美术学1班团支书张××，校级优秀团干部，连续两年获得国家励志奖学金、专业奖学金、院三好学生。2013年9月2日，张××随同实习小组到××实验中学进行顶岗实习。在半年的实习中，××流过泪，生过病，过得很苦，但他没有怨过，没有觉得委屈，而是高标准严格要求自己，发挥模范带头作用，得到了实习学校的领导和老师、驻县教师以及同学们的广泛好评。在业务学习上，也积极探索，精益求精，并在吴桥、××、献县实习支队组织的《自制教具》评比中获得一等奖，在《说课稿》评比中获得三等奖。请以上述材料为基础写一份先进个人典型材料。

(2)澄海实验高中"彩虹志愿社"成立于2007年3月1日，目前有社员469名，其办社宗旨为：发扬"奉献、友爱、互助、和谐"的志愿者精神。两年来，该社开展了一系列丰富多彩的社会实践活动：立足校园，开展护绿保洁活动；走进社区，开展环保宣传和卫生清理活动；尊老爱幼，开展慰问和帮扶活动；扶贫济困，开展献爱心活动；三年来，团委会属下的"彩虹志愿社"社员的足迹已遍布澄海区各个角落，赢得了学校、家庭和社会的一致认可和好评。请以上述材料为基础写一份"彩虹志愿社"先进集体典型材料。

第五节 调查报告

文体概述

调查报告是党政机关及其社会组织通过对典型问题、情况、事件进行深入的调查，将获得的材料进行分析、综合、研究，揭示本质，找出规律，然后写成的反应调查结果的书面报告。调查报告也称为"调查分析"、"考察报告"、"调查汇报"、"调查附记"等。"调查"与"报告"是辩证的统一。调查是基础和前提，报告是调查的目的和调查成果的反映。

调查报告有四个特点。①针对性。调查报告必须目的明确，有的放矢，或者是针对某一理论，或者是针对人们普遍关心的事情，或是针对亟待解决的现实问题。它有明确的读者对象，或者是为上级决策提供参考，或者作为某一问题的处理依据，或者是让读者提高认识。②典型性。一是调查对象典型，二是文章所运用的材料典型。③写实性。调查报告是为解决实际问题撰写的，客观事实是调查报告赖以存在的基础，陈述事实必须真实、具体、准确。④事理性。调查报告对核实无误的数据和事实进行严密的逻辑论证，探明事物发展变化的原因，预测事物发展变化的趋势，提示本质性和规律性的东西，得出科学的结论。

根据内容的不同，调查报告分为基本情况调查报告、新生事物调查报告、典型经验调查报告和揭露问题调查报告等。

1. 社会情况调查报告

这类调查报告也称为情况调查、综合调查。它是在对调查对象(某一领域、某一地区、某一单位或社会的某一方面)的基本情况、发展变化过程等方面进行深入、系统的调查研究的基础上写成的调查报告，目的是供上级机关或有关部门参考，作为贯彻政策、制定措施的依据。此类调查报告与汇报性报告有所不同。汇报性报告注重日常工作的汇报，范围较窄，内容较为单一，主要为主管领导部门指导工作时参考；而调查报告不限于日常工作，凡与日常工作有关的重大情况、典型事件、经验或教训等带有普遍意义的问题，都可以用调查报告的形式予以反映。调查报告的范围较为广泛，内容也较为复杂，可以内部参考，也可以公开发表。

2. 典型经验调查报告

这类调查报告也称典型调查，通过反映某方面的成绩，着重介绍成功的经验，使之发挥以点带面、引路的作用。这不仅要介绍基本的工作情况，而且要从事物发展的全过程中找出规律性，具有普遍指导意义。此类调查报告与经验性总结有所区别。调查报告的写作范围广泛（不限于一单位、一部门的实践活动）；总结写作范围较狭（限于本单位本部门的实践活动）。调查报告是叙述调查所得，分析并得出结论；总结是回顾工作实际，找出经验教训。调查报告一般不受具体的工作进程和时间的严格限制，可根据需要进行调查写作；总结受工作进程和时间的限制，一般都是在工作、任务告一段落或全部完成后写作。调查报告从计划或选题开始，经过实地考察研究，进入写作阶段；总结从回顾开始，经过材料的整理研究，进入总结阶段。调查报告以旁观者的角度叙述和剖析，大多用第三人称；总结以参与者的角度回顾和思考，一般采用第一人称。总结经验的调查报告跟工作通讯中那些以反映工作成绩为主的类型有些近似。区别在于调查报告重在调查，特别注重对调查过程和调查所得数据的叙述和列举。

3. 揭露问题调查报告

这是针对当前社会生活和工作中的不良现象和社会弊端，或针对工作中发生的重大事故、出现的严重失误所写的调查报告。这种调查报告通过全面、深入、细致的调查，探究问题产生的原因，分析问题的症结所在，提供解决问题的思路和方法，或用确凿的事实说明事故或问题发生的原因、情况和结果，分析其产生的背景及性质，以澄清是非，查明真相，达到解决问题，批评教育，告诫人们吸取教训的目的。

4. 新生事物调查报告

这是及时向社会比较全面地介绍某一新生事物的调查报告。在现实社会中，新生事物总是不断涌现的。这些新生事物，究竟是显示了社会发展的某种趋势，有着光明的发展前景，还是昙花一现的偶然现象？对这些新生事物，究竟应该肯定，还是应该引起足够的警惕？反映新生事物的调查报告的文体功能，就是全面地报道某一新生事物的背景、情况和特点，分析它的性质和意义，指出它的发展规律和前景。

行文格式

调查报告的结构布局应由它的内容来决定，既要反映客观事物的内在联系，又要服从文章主题的表达，是没有固定格式的。不论用什么样的结构，都要求逻辑清楚，条理分明。

1. 标题

调查报告的标题形式比较灵活，通常有两种构成形式：单行标题和双行标题。单行标题又分两种：一种是公文式标题，由介词“关于”＋调查事由＋文体名称构成，如“关于×××总厂管理经验的调查报告”；或不用“关于”，由“调查对象＋调查课题＋文体名称”构成，如“一个富裕居委会的财务调查”。另一种是内容概括式标题，如“联合之路就是生财之路”、“大学生就业：为什么选择外企?”。双行标题又称为主副式标题，由主标题和副标题构成，主标题揭示调查报告中心思想，副标题说明调查的事由或调查范围，并写明“调查报告”或“调查”字样。如“不唱花腔 不唱高腔 不唱陈腔——××市民政系统思想政治工作调查”、“怎能这样折腾群众——关于××县强迫农民拆房的调查”。无论采用哪种形式拟制标题，都要力求做到简洁、醒目、观点鲜明。

2. 正文

调查报告的正文部分反映调查研究的成果：一是通过调查所获得的第一手材料（客观情况），二是通过研究获得的理性认识（事物产生的原因、发展趋势、作用意义、构成关系等）。要求围绕主题，层层进逼，环环相扣。正文的结构一般由导语、主体和结语三个部分组成，其各部分的基本内容和写作要求如下。

1）导语

调查报告开头部分都有一段导语，着重介绍基本情况并提出问题。一般概括说明四个方面内容：①简要交代调查本身情况，包括调查的起因、调查的内容、调查的对象和范围等；②简要介绍调查的对象和调查内容，包括调查时间、地点、对象、范围、调查要点及所要解答的问题；③简要介绍调查研究的方法，介绍调查研究的方法，有助于使确信调查结果的可靠性，并说明选用该方法的原因；④对全文内容作出概括，包括点出调查报告的结论性意见或主要经验等。导语部分的写作方式很多，可根据情况适当选择，但不管怎样，都应围绕这样几个问题写：①为什么进行调查；②怎样进行调查；③调查的结论如何。常见的导语写法有如下三种：一是提要式，将被调查对象的主要情况、调查后的结论用概要的文字叙述清楚，使读者一入篇就对它的基本情况有一个大致的了解；二是介绍式，该写法是简单介绍调查目的、时间、范围、背景等情况，使读者在入篇时就对写作意图、调查的过程和基本情况有所了解，为下文展开有力的铺垫；三是提问式，在调查报告的开头先提出问题，引起读者对调查课题的关注，促使读者思考。提问式导语，可以入笔先提问，也可以采用叙述的方式直接暴露问题。

2）主体

主体是调查报告的核心，是结论的依据。调查事实要求具体，人物语言尽量用原型。由于调查报告的种类不同，主体写作内容也不相同。反映情况的调查报告：“情况＋分析＋建议”。总结经验的调查报告：“成果＋做法＋经验”或“做法＋经验＋成果”。揭露问题的调查报告：“问题＋原因＋意见（或建议）”。新生事物调查报告：“基本情况＋规律、意义＋发展趋势”。主体在结构安排上，主要有如下几种形式。

（1）阶段式。是按照事物发展（或组织变化、或调查过程、或工作开展）的先后顺序，将时序过程分为几个阶段，逐个去叙述说明、综合分析、归纳提炼。如先介绍事件的起因、发展，后介绍事件的结局。它实际上是以时间为线索来谋篇布局的，类似于记叙文的时间顺序写法。把具有因果关系、递进关系的内容按其逻辑顺序组合，也是纵式结构。如按成绩（变化、特点、效果）、原因（经验、作用、做法）、结论（意见、建议、启示）这样一个层层递进的事理发展方式安排结构。纵式结构的优点内容连贯，条理清晰，适合于事件单一、过程性强、内容集中的报告内容。

（2）平铺式。主要以问题为主线来安排，即把调查得到的情况、经验和问题，按实物的内在联系，分别归纳成几个问题、几条经验、几个原因来写，每个问题可加上小标题（每个问题里面往往包含若干个小问题），表现出事物的各个方面。这样能突出主要问题或基本经验，这是调查报告常用的结构方式，它的特点是逻辑性强，观点鲜明，中心突出，显示出事物之间的内在逻辑联系。一般用于内容丰富、背景广阔、综合性较强的调查报告。

(3)综合式。兼有上述两种结构的特点，互相穿插配合，组织安排材料。一般在叙述事实发展过程时采用纵式结构，在写收获认识和经验教训时采用横式结构。或以纵为主，纵中有横，从文章的全貌来看，是按照事物发展的脉络来写的，呈纵式结构的特点，但在叙述过程中或在叙述完事物发展的过程中，又分别对一个问题的几个方面或一个典型的几条基本经验分别加以阐述，又呈现出横式结构的特点。或以横为主，横中有纵，既考虑时间顺序，又考虑空间位置，每个方面往往冠以小标题，使重点更加突出。这种结构可以把材料和观点与时间有机地结合在一起，不论运用对比手法、分点归类还是顺序铺开，都适于结构安排，表意也较自如。适于范围较大、调查问题较多的报告。

无论用哪种结构形式，都要突出写作重点。有的报告重在写清实际情况，有的重在分析基本情况的原因或结果，有的重在决策建议，应根据具体写作目的和要求适当剪裁。调查报告在写作过程中，常用“据调查”、“调查显示”、“调查数据显示”、“调查结果表明”等作为引领语，阐述数据、事实或结论。

3)结语

结尾是全文的结束语，起归纳全文的作用。不同内容的调查报告，结尾的写法也不同，一般来说，有以下主要写法。①概括全文，明确主旨。概括全文的基本思想——将全文归结到一个思想的立足点上，深化调查报告的主题。对某些方面基本情况调查，推广某些成熟的典型经验，多采取这种写法结尾。②指出问题，启发思考。把问题指出来，引起有关方面的注意，或者启发人们对这一问题的思考。③针对问题，提出建议。在揭示有关问题之后，对解决问题提供一些可行的建议或深入研究的问题。

调查报告要有情况，有议论，有办法。调查报告的三个“有”，如何把它们统一起来？情况不能复杂，要做到以情动人，十分简练。问题部分要详细，要展开，要努力把它摆深摆透，因为调查是为了发现问题和解决问题。对策建议部分要简练，条文式的，就可以避免与问题重复。

3. 落款

为了对调查的内容负责，最后在正文的右下角写上作者的名称(如果是联合调查，亦应标明)和写作时间，如已写在标题下面(若在报刊上发表，署名写在标题之下居中位置)，此处可省略。有些调查报告有附件(附件是对正文报告的补充或更详尽的说明，包括数据汇总表及原始资料、背景材料和必要的工作技术报告)，应在结尾处标明附件名称及份数。

撰拟要求

1. 准确选题，密切联系实际

调查报告在国外被称为“中级学术论文”，它的使命在于反映客观事实，分析事物本质，掌握客观规律，解决社会问题。因此，调查选题要着眼于当前现实，选择实际工作中亟待解决的问题，找准突破口和切入点，切忌远离现实，不着边际。题目范围不宜太大，拟题必须具体适中，阐述对象集中而有分量，内涵发掘准确而有深度。

2. 深入调查，充分占有材料

调查报告是用事实说明道理的，而事实是客观存在的，这些事实对于调查者来说可能是知之甚少，或一无所有，只有经过深入细致的调查研究，才能有所了解、有所掌握，才能进行分析，形成观点，得出结论，才有写作的资本。搜集的材料既要有面上的，也要有点上的，既要有正面的，也要有反面的，既要有横向的，也要有纵向的。

3. 认真分析，把握事物本质

写作调查报告的目的是让人们认识事物的发展规律，因此必须对材料进行分析。因为调查时是兼收并蓄，材料难免菁芜并存，纷繁复杂。只有对材料经过“去粗取精，去伪存真，由此及彼，由表及里”的分析、判断、归纳、综合，才能分清现象与本质，真实与虚假，从而找出事物的内在联系和发展变化规律，把握本质，引出正确的结论。

4. 叙议结合，观点统帅材料

调查报告的观点是从大量材料中提炼出来的，为此，对材料要进行认真筛选，筛选那些能充分说明观点的材料——典型材料和数据材料——用以支撑观点，说明观点，使二者形成有机整体。在文字组织上，要采取叙议结合的办法，或先叙后议，或先议后叙，或夹叙夹议，做到叙事抓点带面，蕴含观点；分析有理有据，逻辑性强；观点准确鲜明，画龙点睛。

例文 6-6

城市生活触手可及

——苏州工业园区新农村发展调查报告

回望15年前的金鸡湖，围绕在渔歌水声中旧时光影依历历在目。娄葑镇的茭白、芡实清香满面，唯亭的阳澄湖大闸蟹唇齿余香，胜浦的水乡服饰也是韵味无穷……传统产业与悠久文化却掩饰不了在蓬勃市场经济大潮下的经济发展水平与物质生活水平的落差；传统农村、农业与现代工业社会发展之间的不平衡性让昔日园区所在地的很多农民依然徘徊在传统与现代的边缘地带。

1994年，中新合作苏州工业园区开发建设的一声号角，将园区的农村和农民彻底“唤醒”，园区社会主义新农村建设的热烈序曲也是自此拉开……

经济发展篇

【数据】

1994年，园区农村一乡四镇（娄葑乡、唯亭镇、胜浦镇、斜塘镇、跨塘镇）共实现地区生产总值11.3亿元，全口径财政收入0.39亿元，累计注册外资0.58亿美元、实际利用外资0.41亿美元。

2008年，园区农村三镇（娄葑、唯亭、胜浦，斜塘为娄葑所合并，跨塘为唯亭所合并）主要经济指标占全区比重40%左右。全年完成地区生产总值490亿元，是1994年的43倍；完成地方一般预算收入35.3亿元，是1994年的160倍；注册外资21.9亿美元、实际利用外资8.4亿美元，分别是1994年的38倍、20倍。

【解读】

15年来，园区坚持实施可持续发展战略，推进乡镇工业企业向工业区集中，优化工业布局，加强招商引资，全面提升工业集中区的新型工业化水平和土地集约利用水平，增强区域经济的竞争力，实现农村主要经济指标每年保持30%左右的增幅。园区不断加快民营经济发展，促进内资外资双向互动，在提升农村经济实力的同时，为更多失地农民等提供上岗就业、发展创业的机会。2008年，园区农村新增注册内资完成211亿元，其中民营企业注册资本101亿元，累计注册资本达397亿元，户均注册资金365万元，列全省首位。

园区各镇村（社区）级经济实力也是不断发展壮大，截至2008年底，村（社区）级集体资产达22.3亿元，村（社区）级总收入达22686万元，村（社区）均412万元。实现2000万元以上收入的村19个，实现1000万元以上收入的村19个。全区55个村（社区）全部完成了股份合作社改革，成立了5家富民公司、1家大闸蟹专业合作社。

基建环境篇

【数据】

1994年，园区农村居民饮用深井水的比例是25%，饮用城市自来水的2.7%，家用电话普及率和有线电视普及率分别为1.4%、1.9%；农村镇至村道路里程67公里，80%是道碴路。

2008年，农村居民100%饮用了园区水厂的自来水，家用电话和有线电视基本全面普及。园区农村道路宽敞，镇村道路132.8公里，区级主干道有101.7公里，均为水泥或沥青路，从任何一个地方自行车最长15分钟、汽车5分钟内均可到达城市的主要干道，村村都通公交车。

【解读】

自2007年起，园区在全市率先启动动迁小区燃气入户实事工程，经过连续两年的建设，到2008年11月底，累计完成燃气庭院管铺设80635户、实现挂表通气57795户，在苏州全市率先实现农民动迁安置小区使用洁净、安全、经济、便利的管道燃气。

在创造一流生活环境的同时，园区更注重乡镇环境的建设。15年来，园区以“三清”、“三绿”工程为抓手，不断加大环境综合整治的力度，推进农村生态环境保护。实现所有农村道路全面保洁，全部148条、208公里农村河道专人管理。累计新增农村绿化面积38700亩，先后建成了23个市级绿化示范村，农村陆地森林覆盖率达24.3%，整体环境友好自然，曾荣获“绿色苏州”建设一等奖和先进集体，斜塘河绿色水廊工程、莲池湖大型片林示范工程获优质工程奖等。2008年4月，沪宁高速公路园区段绿化提升工程已全线竣工，共新建、改造绿地1890亩，填土300万方，工程先后获得省“沪宁高速公路绿色通道建设先进单位奖”和市优秀工程奖、优质管护奖。同时，园区以环阳澄湖生态绿化为重点，着力推进大型片林建设，投入1.6亿元综合推进环阳澄湖湿地森林建设。目前已经建成阳澄半岛生态湿地310万平方米，投资7571万元。

去年，园区更是在全市率先完成阳澄湖围网整治工程，共拆除养殖水面近3万亩，对于允许保留的1万亩水面，由“唯唯亭亭”阳澄湖大闸蟹专业合作社统一经营，采取“合作社+农户+养殖基地”的管理模式，推进农业产业经营，进一步保护阳澄湖水源水质，实现湖区经济、社会、环境协调发展。

社会事业篇

【数据】

1994年，园区乡镇下辖132个行政村，总人口15.2万人，农业人口约占93%，农村居民人均纯收入仅为3025元。

2008年，园区96%以上的农民已成为城市型社区的居民，失地农民劳动力就业比例为95.2%，本地私营企业主超过9500名，参与农村“三大合作”组织的农户达5.3万户，占农户总数的100%。农民人均纯收入达到15202元，其中经营性和财产性收入占比超过42%，实现1994年以来年均增幅12%左右。目前，符合条件的被征地农民全部纳入城市社会保障体系。

自1994年6月，园区第一个动迁村娄葑乡团结村(现娄葑镇团结居委会)开始，15年来，先后动迁农户约5万户，建设安置房共计约1046万平方米，建成动迁小区88个。

【解读】

15年来，园区不断深化以“创业、就业、物业”等为主的富民举措，推进“三大合作”改革，增加农民收入。园区娄葑镇斜塘股份合作社是省内规模最大的股份合作社，合作社净资产3.55亿元，占总资产比率超过96%，主要是东景工业坊内的标准厂房等物业资产，资产收益率高，回报稳定。园区农民致富带头人张剑英，从创办一个小作坊，发展成为一家现代印刷企业，目前拥有标准厂房1.2万平方米，员工近百名，固定资产近1800万元，为多个世界500强企业提供配套服务。

园区农民抓住了“大开发、大动迁、大发展”的历史机遇，大力推进农村城市化步伐。近几年来，园区更是根据区镇“规划对接、建设对接、管理对接”和城乡一体化的要求，按照城市副中心定位，借鉴欧美卫星镇建设理念，完善新农村建设规划。先后有娄葑镇莲花三社区、唯亭镇东亭社区、胜浦镇园东社区等19个社区被命名为苏州市新农村建设示范村。

为实现园区新农村建设新的跨越，园区正在建设一批富有特色、在全市处于一流水平的农村社区，其中近期2个，2009年上半年建成，分别是唯亭镇阳澄人家社区、胜浦镇吴淞社区（金淞湾小区）。其中的阳澄人家突出苏式风格，形成自然生态特色。整个小区充分利用阳澄湖优势，以原生态为设计理念，将苏州园林的布局手法融合在社区景观系统之中，建筑采用黑白色调，既体现回归自然的苏州江南水乡特色，又突显现代苏州的典雅意境。

15年来，园区更是不断加大教育资源统筹力度，区、镇二级累计投入资金4亿元左右，完善农村基础教育条件，使得农村教育实现了跨越式发展。

农村医疗卫生形成高水平覆盖，目前拥有二级综合医院一家，一级综合医院三家，社区卫生服务机构42家，农村医疗服务网络已经覆盖全区农村。15年来，农村居民的健康水平有了新的提高，农民的健康水平和主要健康指标逐年提高，平均期望寿命接近80岁。

实训练习

(1)大学生业余生活丰富多彩，有的专心于阅读，有的爱好体育，有的迷恋网络，有的热衷于勤工助学，请你在课余设计好调查提纲，就“大学生的课余生活”这一话题开展调查。注意记录，并进行对比、归纳，最后拟写出调查报告。

(2)请从下列选题中选择(或自行拟定)一个题目，进行校园调查，并结合调查的实际情况写一篇调查报告。①大学生社团情况调查。②大学生心理素质调查。③大学生课外阅读情况调查。④大学生课堂表现调查。⑤大学生在校恋爱情况调查。⑥大学生勤工助学情况调查。⑦高校校园文化现状调查。

(3)请根据下述材料，写一份有关中学生上网问题的调查报告。

2013年寒假，××学院学生采用问卷的方式，对武汉市××区三所中学进行调查，共收回合格问卷301张。调查得到的有用数据如下：

上网学生中57.6%的人偶尔上网，40.6%的经常上网，大部分时间都泡在网上的只有1.8%。有59.2%的中学生网龄在半年到一年左右，而两三年网龄的人只有10%。

中学生上网多数是在周末或假期，81.2%的中学生上网的主要目的是为了获得更新的信息，23%的学生是为了结交更多的朋友，6%的人上网是为了玩游戏。

半数以上的中学生认为上网是大势所趋，30.5%的学生对网络表示满意，47.1%的人认为的中学生上网应适当指导。

(4)根据以下材料，写一篇调查报告。

××大学金融协会做了一项关于大学生“信用卡消费状况”方面的调查，他们采用自己编制的“大学生信用卡消费状况调查问卷”对××大学一至四年级学生共500人进行了问卷调查，其中男生315人，女生185人，收回有效问卷468份。下面是他们在调查中统计的数据：①被调查者平均月收入为508元，大约50%的学生收入在400～900元之间。大约90%的学生收入主要来源是父母支持。②大学生近50%的月收入用于饮食消费，学习、娱乐、时尚用品消费比例均在15%左右。③现金是大学生的主要付款方式，占总被选比例的93.5%。④仅有30.1%的被访者拥有信用卡，约有36.7%的持卡者拥有2000元以上的信用额度，24.5%信用额度为1000～2000元。⑤46.5%的大学生持卡者月平均消费低于300元，70.3%低于500元。⑥42%的大学生认为学校和学校周边的信用卡使用环境较为方便，但是最多使用信用卡的地点仍是校外商店(57.8%)和校外餐厅(18.8%)。⑦58%的被调查者认为有必要为在校大学生提供信用卡服务，45%的被调查者认为有必要申请自己的个人信用卡，申请的主要目的前三位为理财、应急和提前消费。⑧消费水平是大学生选用信用卡的首要影响因素，月消费水平越高，信用卡的申请与使用意愿越强；周边信用卡使用环境的便利性是其次的影响因素，环境越便利则大学生的申请与使用意识越强，其他因素与信用卡申请与使用意向相关度不明显。⑨具有信用卡申请意愿的人兼职比例高，使用银行卡支付的比例更高，现金支付比例更低，并且，习惯使用借记卡的学生更倾向于申请信用卡。

第六节 领导讲话

文体概述

党政机关及企事业单位实施领导职能，有多种方式和手段，如调查研究、现场办公、发布公文、直接指挥等等，但最普遍、最常用、最大量的还是召开会议。广义的讲话稿是人们在特定场合发表讲话的文稿；狭义的讲话稿即一般所说的领导讲话稿，是各级领导在各种会议上发表带有宣传、指示、总结性质讲话的文稿。

领导讲话不同于一般的演讲和发言，目的是贯彻上级的指示精神，实施本级的决定，对分管的工作提出指导性的意见。起草一个好的领导讲话稿，对于鼓舞士气、凝聚民心、解决问题、推进工作具有非常重要的作用和意义。

领导讲话稿一般具有三个特点。①权威性。讲话历来是政治家和各级领导宣传政见、安排部署工作的有效形式。领导讲话不同于一般的演讲和发言，目的是贯彻上级的指示精神，实施本级的决定，对分管的工作提出指导性意见。领导讲话具有一定的权威性和有效性。领导职务不同，讲话的权威效果也不同。②思想性。领导讲话一定要有理论色彩，要用自己的语言去思考，去总结，通过自己的思考和理解去分析问题，去说服人。这样才能打动听众，让人接受，并付诸行动。③鼓动性。讲话稿的目的在于宣传、教育、鼓动和争取群众，讲话人通过摆事实，阐明意见主张，使听众接受信服，达到鼓舞斗志、激发听众的目的。

按照讲话的内容和效应分，领导讲话分八个类型。①部署动员型，这是向本单位或下级布置、部署工作时使用的讲话稿；②总结推广型，通常是在阶段性工作总结、推广某种典型作法时所使用的讲话稿；③研究探讨型，这是在某些理论研讨会、新技术开发研讨会、思想政治工作研讨会等场合使用的讲话稿；④传达贯彻型，这是在传达贯彻上级文件和指示精神的会议上使用的讲话稿；⑤批评指导型，这是在批评某种错误倾向，总结失误和教训时使用的讲话稿；⑥表彰号召型，这是在表彰先进事迹会、经验交流会上使用的讲话稿；⑦社交礼仪型，主要用于兄弟单位之间、军政军民之间，以及与外国友人之间的交际、联谊、参观、访问、合作洽谈等场合的讲话稿（如欢迎词）；⑧典礼仪式型，这是在较隆重的大型会议及各种大型活动的开幕式、闭幕式时的讲话稿（如开幕词和闭幕词）。

行文格式

尽管不同场合、不同内容的领导讲话稿特点各异，也无固定不变的规格和范式，但在基本结构上可分为几大部分。

1. 标题、时间、称谓

1）标题

讲话稿的标题，领导在宣讲时一般都不念出来，但决不能因此而认为标题可有可无，讲话稿的标题不仅重要，而且十分讲究。标题有两种写法：一是单标题，由讲话人姓名、会议名称、文种组成，也可以省略讲话人姓名（放在标题之下居中的位置）；二是双标题，写法是将主要内容或中心思想概括为一句话作主题，再由讲话人姓名、会议名称、文种组成副标题。或由会议名称和文种组成副标题，然后将讲话人姓名再另起一行。至于哪些讲话用单标题，哪些讲话用双标题，没有明确的规定，主要是看起草讲话稿人的爱好和讲话领导的习惯。在一般情况下，如果一个会议有两位领导讲话，重要领导的讲话用单标题，次要领导讲话用双标题。讲话标题拟制的总原则是新颖鲜明、概括内容、提示主题。

2)时间

将当天的日期加括号置于标题下方中央。

3)称谓

称谓要礼貌、亲切、得体，根据会议的性质、与会者的身份，分别使用不同的称谓，给听众一种亲切的感受，控制听众的情绪。称谓可以分成两类：一类是泛称，如“同志们”(党的会议常用)、“各位代表”(代表大会常用)、“各位专家学者”(学术会议常用)，它适用于代表大会或同类型人员的重大集会；另一类是类称，即将与会者分成几类，分别称呼，如“主席团、诸位代表、来宾们”或“各位领导、各位同仁、各位朋友”等，它适用于听众成分复杂、场合隆重的集会，可以兼顾到各方面人士。对社会制度、政治见解和身份特殊的人士，一般不称同志，而称“女士们、先生们”(国际会议常用)。

2. 开场白

开场白一要观点鲜明，以肯定的语气表明观点或说明讲话的要点，以达到制造气氛、争取群众的目的；二要新颖独特，力求选用新颖的语言形式，如提问式、悬念式、引语式抓住听众；三要充满激情，以激发听众的热情，切忌空话、套话。

开场白大体有六种写法。①表明态度，点出题目。即对一个问题、一件事物或一次会议。亮明讲话者的态度，然后顺势把下面要讲的主要内容点出来。②起句立意，揭示主旨。即采用倒悬法，把讲话的主旨写于开端处。在传达精神、布置工作的会议上的讲话，较多采用这种引言。③分析实际，提出问题。即在开头处对当前面临的形势和工作中的实际问题进行概括的分析，进而说明讲话的原因、目的和背景。④做出评价，说明目的。一些纪念性、群众性的会议，领导同志讲话开始时，对所纪念的重要人物和重要事件做出评价，然后交代会议讲话的目的。⑤强调时空，概述场面。庆祝大会比较多地采用这种引言。⑥致以祝贺，表示慰问。一些纪念性的会议讲话、节日祝词及各种代表大会的祝贺讲话，开头一般是致以祝贺或慰问。上级领导出席下属某部门或系统会议时的讲话，也较多采用这种引言。

3. 主体

主体即讲话主题稿的具体展开。讲话稿的层次安排主要有以下几种方式。

(1)并列式结构，就是将几个方面的问题相互并置地排列起来，说完一个，再说一个(如布置经济工作的讲话，先谈农业，再谈工业，最后谈服务业)。在部署工作的会议或总结性的会议上讲话，这种写法比较常见。

(2)递进式结构，是由现象到本质、由表层到深层的层次安排方法，各层意思之间呈现逐层深入的关系(如先谈某项工作的重要性和必要性，再谈措施或办法，最后谈加强领导，狠抓落实)。在统一思想的会议上，较多采用这种讲话的方式。

此外还有交互式、总分式、对比式。交互式，是并列式和递进式的互补排列形式，有时把并列部分的共性问题抽出来，集中成为另外的层次。总分式，一种是先集中说，是为纲领性层次，然后提出具体方法、步骤；另一种是先分开说(过去工作回顾)，然后集中说(新的任务要求)。

对比式，就是将一个问题的两种不同看法、结果放在一起进行比较、对照阐述。

讲话稿的主体，因会议不同、讲话人的身份不同、内容侧重点不同、领导之间先后讲话的次序不同，其写法也会有较大差异。以上说的几种结构方式，只是就大体而言，具体操作起来还需要灵活处理。写讲话稿的正文，必须力求言之有理（有明确的中心），言之有物（有丰富的内容），言之有序（有清楚的条理），言之有文（有一定的文采）。这样，才能抓住听众，增强效果。

4. 结尾

讲话稿的结尾要对讲话的主要内容加以概括，作个小结，使整个讲话的主要精神在听众的印象中进一步加深。好的结尾，会使听众感到奋发昂扬，充满希望。常见的结尾方式有：①总结式，就是将讲话的主要内容加以概括，照应开头，首尾连贯；②展望式，就是给听众展示美好的前景，催人奋进；③决心式，就是表示今后进一步做好工作；④号召式，就是向听众提出要求和希望；⑤商讨式，就是指出设想，抛砖引玉，增强听众的参与感；⑥悬念式，就是讲话时故意留下余地，提出悬念，引而不发，使听众在思考中走出会场；⑦幽默式，就是用寥寥几句幽默话，使听众在轻松的心境中结束听讲；⑧坦诚式，讲几句简短的感谢话语，给听众留下坦诚、礼貌、有风度的良好印象。不论采取什么方式结尾，务必使讲话产生过耳不忘的效果。

撰拟要求

撰写高质量的领导讲话稿要从如下几个方面着手。

1. 主旨鲜明，材料具体

必须紧扣会议的议题，领会领导意图，考虑听众需要，做到抓住要点，突出重点，主旨鲜明，有的放矢。针对什么问题，表明什么观点，拥护什么方针，传达什么政策，批评什么错误，提出什么要求等，都要集中明确。说理要简捷明快，深入浅出；述事要真实准确，简洁典型。材料必须真实准确，绝不能凭空编造，事例、数据都要反复核实；材料还必须典型，只有典型的材料才能揭示事物的本质，具有广泛的代表性和强大的说服力；还要对材料进行提炼加工，堆砌事实、罗列现象不可能达到说服听众的目的。

2. 量体裁衣，写出特点

要本着为领导服务的原则，看人写稿，避免千人一腔，体现领导个性，写成领导想讲、愿讲的讲话稿。为此，一要考虑讲话人的职务，主管与副职，党委与行政领导讲话的语气与分寸均不尽相同。二要考虑讲话人的语言风格，有的长于分析说理，有的喜欢朴实简练，还有的习惯幽默风趣，起草讲话稿时，力求量身定做，尽可能符合讲话人的口味。三要考虑讲话人的文化素养，文化水平高的，比较注重文字修养，文化水平一般的，更习惯于生动口语，写讲话稿应照顾到这种不同的需要。

3. 心有听众，真挚诚恳

讲话不是单向性的，而是跟听众的相互交流。撰写时必须心中有听众，考虑听众的身份、层次、兴奋点、心理期待、接受能力等因素，预测听众可能出现的反应，力求与听众形成共鸣，使他们听得进，记得牢，能领会；讲话人要和听众站在平等的位置上，考虑与听众的感情交流，态度要明朗热情，诚恳严肃，在情况的陈述中饱含感情，在事理的阐发中倾注感情，竭力从感情上打动听众。要以理服人，不能以势压人，切忌以自我为中心打着官腔训人，或无原则地去评价某些事、某些人。

4. 讲究分寸,措辞得当

讲话稿的提法、分寸、措词、用语,要准确地反映客观实际,做到文如其事,恰如其分,不屈从附和,不任意上纲。从宏观上讲,提请讨论要平等亲近,介绍经验要客观平实,提出建议要坦率爽直。从微观上讲,要注意表述细节。一项工作只完成了一部分,就不能说"基本上完成";一项活动只有一部分人参加,就不能说"普遍参加"。引用数据、人名、地名、时间要准确,引文出处要准确。使用褒贬色彩强烈的用语要注意分寸,尽量少用"非常"、"很"、"最"、"绝对一流"、"绝无仅有"之类词语,不要把话说绝。意思相近的词语要认真推敲,恰当运用。

5. 语言通俗,表达生动

基本要求是"两通"、"一短"。"两通",即通俗、通顺。戒绝生僻怪异、晦涩难懂的词语,少用太过专业的名词术语,引用古语典故、使用专业术语要考虑听讲对象和环境合适与否,注意避用容易产生误解的同音字词,不过多地使用形容词和修饰语。尽量避免使用文言句子和倒装句,避免使用读起来拗口、听起来别扭的句子,避免使用枯燥无味的八股腔和阻断句意的口头禅。"一短",即少用结构复杂的长句,尤其是那种一口气读不完的长句。讲话稿最佳语言境界是通俗易懂但不口语化,富有文采但不文章化,既要有口语的自由、灵活、简短,又要有书面语的规范、缜密、严谨。要灵活运用数字串联法、借题发挥法、引经据典法、数字说明法等,提高语言的生动性和吸引力。

例文 6-7

大道至简,大爱无疆

敬畏因果,成就辉煌

——在海航集团 2014 年工作会议上的讲话

王健

《亮剑》里有一句话,一支军队要有自己的灵魂。毛泽东领导的人民解放军能够凭借小米加步枪打败国民党,建立新中国,就是因为有了毛泽东思想的指导,有自己的军魂。海航之所以取得今天的成绩,未来还要取得更大的成绩,同样要有我们的军魂。海航的理念,海航的抱负,海航的追求,就是海航的军魂。

一、海航发展理念的基础——大道至简

思想和理念是能够长盛不衰的,这个力量远远大于其他力量,取之不尽,用之不竭,代代相传。思想是创造一切物质的根本,如果没有思想,石头终究是石头,矿物质还是矿物质,所以海航能够取得今天这样的成绩,实际不是物质的胜利,而是思想、方法论的胜利,是战略、战术的胜利。格局决定成果,就像盖 100 米、200 米的大楼,首先得设计好图纸,没有图纸就不可能建造出这么高的大楼,而图纸、设计就是人的思想的体现。

很多朋友问我,海航的经营之道是什么,秘密是什么。陈峰主席说,你们看不懂海航。这句话给很多人造成了误解,因为陈峰主席比较诙谐,这句话只是一句笑话,但很多人听不懂这个笑话,大家可以仔细地思考一下,海航是真看不懂还是假看不懂。今天给大家解开这个秘密:其实海航很单纯。

陈峰主席几句话就能把海航的家底全讲出来了,海航在陈峰主席面前是没有秘密的,陈峰主席在大众面前也是没有秘密的。由于有了单纯的陈峰主席才有了单纯的海航,才有了海航取得成功的道路,这就是海航的秘密所在,也是海航的经营之道,这个道路就叫做"大道至简"。海航能够发展到今天的规模,就是由于陈峰主席的单纯、海航的简单。海航简单得像一杯水。大家看懂了陈峰主席就等于看懂了海航,在陈峰主席的身上没有秘密、没有保留,这与"海航人"的宗旨有很大关系,因为"海航人"具有一滴水的精神,任何大海都有酸、甜、苦、辣、咸五味,海航就是这五味,就是因为简单。

海航今天能够成功,与简简单单的思想和哲理有很大的关系。海航其实很简单,我们每天都有固定的工作流程,每天都在按工作方法工作,我们的工作程序一目了然。如果工作程序不能一目了然,差一个工作环节飞机就可能飞不起来。所以海航简单,我们的运作方式、模型也非常简单。至简的背后是至繁,简单的背后有无穷的力量和空间，所以海航的智慧才能创造出无穷的财富。

二、海航精神财富的核心——大爱无疆

陈峰主席经常前往各地演讲，讲海航的灵魂、海航的精神、海航的追求、海航的理想。他讲，海航的利是计天下之大利，海航的追求是祈求人类的和平、福祉和幸福。

为什么海航人能够在过去20年的发展中得到这么多人的支持，因为我们海航人的精神和海航人的理念已经灌输到整个海航的企业里去了。海航人的精神是对社会负责任的精神，我们不仅仅是在为我们自己做事，也不仅仅是在为海航做事，我们是在为800万海南人民做事，为人类做事。

海航崇尚的是大爱无疆，我们海航的事业，与民族、人民的利益紧密结合。海航创业二十周年，集团的单一最大股权、价值80亿元的股权捐赠给了慈航基金会，这只是第一期，后面还有。这个捐赠，是一个将深刻影响海航未来发展，改变中国商业文明的重大事件。我们海航，是一个公众的企业、社会的企业，我们所做的每一份努力，都是在为众生谋福祉，取之于社会，回归于社会。

佛法讲，普渡众生。我们的大爱无疆，既是我们海航对国家和民族、对社会大众、对每一个员工的爱，也是我们每个海航人，对家人的爱，对朋友的爱，对企业的爱。

现在的海航已经拥有四千亿资产，陈峰主席还在勤勤恳恳地工作，像这样的工作状态在中国的企业家里、在全世界的企业家里也是屈指可数的。为什么西方经济在衰退，因为西方人一到星期六就度假去了，去享受祖上的积累而不是去创造财富，这样的工作状态必然导致经济的衰退。海航能够取得今天的成绩，因为大家都爱海航，都努力地去工作、去奉献，天道酬勤。陈峰主席现在还在这么忘我地工作，这是他忘我的精神的体现，也是海航这支团队精神的体现。李先华、谭向东、陈文理等海航的一批创始人每天都不敢懈怠。海航现在已经进入良性健康发展时期，近5年创造的财富要比前15年创造的财富多4倍，没有海航整个团队的努力不可能有现在的成果。已经到了可以享受人世间快乐和财富的时候还要奉献，我觉得这就是一种境界，没有这种境界就不会有今天的海航，也不会有明天的海航。

海航20年发展最大的财富就是精神财富，海航未来能否成功就在于能不能将这笔精神财富传承下去，让年轻人继承这笔精神财富的伟大力量。这不仅仅是海航的力量，更是整个人类的力量。发扬和传承这笔精神财富，我们要在自身的思想体系和精神价值体系、道德体系里总结海航创业20年来所形成的优秀价值理念和企业文化，同时要把新的东西融会贯通；集团和各产业集团也要建立起社会责任管理体系，维系和传播海航的思想观、价值观，这对推动海航事业发展将起到决定性作用。

三、以敬畏之心，结善因、种善果

人老了就喜欢回顾历史，回顾历史是为了证明自己曾经强大过。年轻人从来不回顾历史，因为年轻人的未来有无限可能。我现在尽量回避讲历史，因为我想永远保持年轻。但是，忘记历史就意味着背叛。我们要认认真真地读懂历史，因为只有这样才能有感恩的心，才能有敬畏的心。我喜欢玩风帆，在玩风帆的时候我始终牢记一条，千万不能跟大海作对，当你跟大海作对的时候可能就离死不远了。不管风浪如何，都要顺应大海，这样才能在大海里乘风破浪地前进。只有体会到大海的脾气才能产生对大海的感谢和感恩，因为大海把你送到了目的地，送到了彼岸，所以你要感谢大海、感谢自然。只有体会到大海的力量，体会到人类力量的源泉来自于大海，来自于土地，来自于自然，你才能有这种感恩的心。否则，人类对大海的敬畏心、对大自然的敬畏心将会越来越少，就会出现对大自然的严重破坏。人类在大自然面前是渺小的，当有一天大自然发怒的时候，人类才会体验到大自然的力量是不可阻挡的。所以，我们要有敬畏之心，这种敬畏之心是我们对大自然的敬畏、对大海的敬畏。有了敬畏心，才能找到正确的发展方向和道路。

海航的秘密之一就是我们敬畏众生、敬畏因果，这也是我们核心的经营思想和理念。有了我们敬畏众生、为众生服务的心，才能在顶礼伟大的佛陀时顶礼众生，才能在顶礼众生时产生敬畏心，由敬畏心产生爱心，由爱心产生慈悲心，而这种慈悲心正是海航精神所在，它是支撑海航未来发展的无穷无尽的力量。只有经过敬畏心、爱心、慈悲心这三个阶段，才有海航的精神升华，才有我们对社会的责任。

凡事必有因果。20年前，海航的创业者们到海南来，种下了一个梦，我们叫作“蓝天梦”，这个“蓝天梦”就是我们的“因”，所以才有了20年来以航空为主体、多元发展相结合的海航集团，20年来取得的成就就是我们追寻理想的“果”。我们20年的发展，与党和国家的要求保持高度一致，这是我们“顺势而为”的“因”，我们抓住每一次的机遇，及时应对每一次经济调整，保持了我们的健康稳健发展，就是“果”。

20年后的今天，我们又种下了什么“因”，我们以什么样的思想和境界去迎接未来的20年，我们给后人又留下了些什么呢？今天我给大家讲，我们又播种下一棵善“因”，我们有“大愿之因”、“慈悲之因”，这个“因”是我们为天下众生的福祉而服务的“因”，能不能做到，我认为我们可以先发这个愿，要将海航打造为生态型的、符合自然发展规律的、生生不息的优秀企业。我们产业集团进入世界500强、我们的集团进入前100强、前10强，我认为都是在这个“因”的基础上发的愿。我们设计的格局，我们每个产业集团围绕这个格局设计人力资源、财务管理、支援保障体系，我相信苍天会成就海航的全体同仁，会成就海航这个伟大的事业。

善因可以结出善果，恶因会让人坠入深渊。人的欲望过于膨胀了，就是恶因。社会上种种负面现象，诚信降低、道德失序、人心浮躁、急功近利等，往往都是人的欲望得不到控制，或者人的过度的欲望变成了贪欲。希望我们“海航人”，都能敬畏因果，都能发善念、种善因、结善果。

四、群策群力，实现海航梦想

一个人、一个企业、一个民族、一个国家，都不能没有梦想。我们的梦想就是我们的精神，我们的梦想就是我们的未来，我们的梦想就是我们的共同境界，只有这样的思想才能创造出巨大、美丽的东西。海航希望创造出更多的财富，并致力于将这些财富回馈于整个社会，这就是我们的思想和理想，这就是我们的境界，这也是我们的梦想。

海航已经取得了今天的发展成就，未来海航的经营方向是追求人类大爱，缔造世界级优秀企业，为众生谋福祉，为社会创造价值，造福于人类幸福与世界和平，这也是海航的梦想和追求。正是因为这个海航梦，今天的海航人，已超越了国家、肤色、民族、信仰、文化、语言的界限，为了一个共同的梦想聚集在海航这个大家庭。

这个梦想是我们共同的愿景，需要全体海航人去努力实现。我们海航人，要清醒地认识到我们所承担的对家庭、对公司、对社会、对民族、对国家和对全人类的历史责任，从身边小事做起，从日常工作做起。高级管理干部要有大局观和全局意识，不搞本位主义、山头主义，坚持群策群力的经营方法，做好产业协同。各个产业集团，要珍惜我们这个时代的福报，充分利用中共十八届三中全会的政策红利，促使我们的企业再上一层楼，更好地践行我们的社会责任。制定政策的部门，要做好体制创新、制度创新，为“海航人”提供更加公平公正、不断成长、尽情发挥才华的人生舞台；要给大家设计股权激励制度，让大家在给社会创造财富的时候，也能够实现自身的价值，铸造优秀的企业文化和企业家精神，让我们的海航真正能够以成功的商业模式践行新的商业文明，成为受世人尊敬的世界级优秀企业。

实训练习

(1)××市地税系统县(市)局长培训班今天结束，市局党组吴××书记要在大会上讲话，他结合全市地税工作面临的形势和任务，提出几点意见：①在学习中把握正确的政治方向；②在调研中谋划科学的工作思路；③在实践中提高班子的领导合力；④在工作中发挥自身的表率作用。请代拟吴××书记讲话稿。

(2)××学院即将召开学代会，孙××受第×次学生代表会筹委会的委托，向到会的代表作筹备工作报告，拟讲三个方面的问题：①学代会组织筹备工作方案的拟订；②代表资格审查委员会的建立；③学代会会务各项基础筹备工作的完善。请代拟孙××同学讲话稿。

第七节　开幕词、闭幕词

一、开幕词

文体概述

开幕词是在重要会议或重大活动开始时，由会议或活动主持人或主要领导人所做的开宗明义的讲话。

开幕词具有三个特点。①宣布性，不论召开什么重要会议或开展什么重要活动，按照惯例，一般都要由主持人或主要领导人致开幕词，这是一个必不可少的程序，标志着会议或活动的正式开始。②简明性，开幕词要简洁明了、短小精悍，最忌长篇累牍、言不及义，多使用祈使句，表示祝贺和希望。③指导性，开幕词通常要阐明会议或活动的性质、宗旨、任务、要求和议程安排等，集中体现了大会或活动的指导思想，起着定调的作用，对引导会议或活动朝着既定的正确方向顺利进行，保证会议或活动的圆满成功，有着重要的意义。

开幕词按内容可以分为侧重性开幕词和一般性开幕词两种。侧重性开幕词往往对会议召开、活动开展的历史背景、重大意义或会议的中心议题等，做重点阐述，其他问题一带而过。一般性开幕词则只对会议或活动的目的、议程、基本精神、来宾等做简要概述。

行文格式

开幕词由首部、正文和结束语三部分组成，各部分的项目内容与写作要求如下。

1. 首部

首部包括标题、时间、称谓三项。

1)标题

标题通常有三种写法：一般由事由和文种构成（会议或活动全称加上开幕词），如“××市菊花花会开幕词”；有的标题由致词人、事由和文种构成，其形式是“×××同志在××××会上的开幕词”；有的采用复式标题，主标题揭示会议的宗旨、中心内容，副标题与前两种标题的构成形式相同，如“我们的文学应该站在世界的前列——中国作家协会第四次会员代表大会开幕词”；也有的只写文种“开幕词”。

2)时间

标题之下，用括号注明会议或活动开幕的年月日（若标题中无致词人姓名，则可将姓名署在日期下方正中）。

3)称谓

称谓一般写在标题下行顶格，根据会议或活动的性质及出席者的身份确定称谓，一般写作“同志们”、“朋友们”、“各位代表”、“先生们，女士们”、“运动员同志们”等。如有特邀嘉宾，可写作“尊敬的××先生，各位代表，朋友们”等。

2. 正文

1)开头部分

开头部分一般开门见山地宣布会议或活动开幕。也可以对会议或活动的规模及出席者的身份等做简要介绍（如“参加这次大会的代表有×××人，其中有来自……”），并对会议或活动的召开（举行）及对与会人员表示祝贺。需要说明的是，开头部分即使只有一句话，也要单独列为一个自然段，将其与主体部分分开。

2)主体部分

这是开幕词的核心部分。通常包括如下内容。

一是宣布会议（活动）开幕。交代会议或活动的筹备，以及出席会议或活动人员情况，或向大会（活动）介绍参加的领导同志和来宾，通报到会代表人数和团体名称，并向他们表示热烈的欢迎。

二是说明背景意义。通过对以往工作情况的概括总结和对当前形势的分析，说明会议（活动）是在什么形势下，为了解决什么问题和达到什么目的召开（举行）的，借以帮助出席人员理解会议的重要意义，提高认识，引起重视。

三是交代会议（活动）任务。阐明会议召开、活动举办的指导思想，说明会议（活动）的主要议程（进程）和安排，提出参与会议（活动）的具体要求。这是开幕词的重要部分，必须重点突出，以便使出席人员心中有数，做好思想准备，把握会议（活动）进程，开好此次会议（办好此次活动）。

3. 结束语

结束语是用来发出号召，传达希望。结束语要集中概括，热情满怀，简短有力，带有号召性、鼓动性和预祝性。写法上常以呼告语领起一段，用“预祝大会（活动）圆满成功”，以表示对会议的良好祝愿。

撰拟要求

1. 全面掌握情况

写作前一定要把握会议（活动）的主题精神，了解会议（活动）的全面情况，深入了解和熟悉与会议（活动）有关的文件材料，包括出席人数、会议（活动）的通盘安排和具体开法，听取会议（活动）主持人或有关领导人的意见和指示，按主持人或领导人的意图去写。

2. 紧扣中心议题

无论是阐明会议（活动）的背景、性质、意义和指导思想，还是提出会议（活动）的目的、任务、希望和具体要求，都必须紧密联系会议（活动）的中心议题（项目），都应有较强的针对性，不能离开议题（项目）任意发挥。

3. 篇幅简短精悍

开幕词的篇幅不宜过长，讲话时长控制在10～15分钟之内为宜，所以，一定要快速切入正题，恰当处理具体与概括的关系，郑重阐述会议（活动）的特点、意义、要求和希望，对于会议（活动）本身的情况如议程等，要概括说明，点到为止，切忌重复啰嗦。

4. 言辞明快热情

尽力做到口语化，语言通俗、简洁、明快，语气亲切、热情、友好；富有感情色彩，富于鼓舞力量，多选用充满热情、鼓舞人心的词语和表意肯定、坚定有力的句式，以期使听众受到感染和鼓舞，产生亲切感和兴奋感。

例文 6-8

2014年巴西世界杯开幕词

各支球队队员、门线技术员、裁判员、教练员、足球运动员们：

大家好！在这秋高气爽、硕果累累的金秋时节，在2014年6月12日这充满团结、奋进、友谊氛围的美好时刻，我们共同迎来了第20届世界杯足球盛会。在此，请允许我代表国际足联主席布拉特，向第20届世界杯足球盛会的召开表示热烈的祝贺！向南美洲国家巴西境内12座城市中的12座球场内为大会的召开精心准备、做出贡献的领导、管理员表示衷心的感谢！向本届世界杯足球体育盛会的裁判员、教练员、足球运动员表示崇高的敬意！

女士们、先生们！在国际足联上级领导的正确领导下，在世界杯全体员工的共同努力下，我们2014年巴西世界杯是第20届世界杯足球赛。比赛于2014年6月12日至7月13日在南美洲国家巴西境内12座城市中的12座球场内举行。这是继1950年巴西世界杯之后世界杯第二次在巴西举行，也是继1978年阿根廷世界杯之后世界杯第五次在南美洲举行。这些成绩的取得，是各支球队、各位教练员狠教落实的结果，也是我们各支球队勤学苦练的结果。

来自世界各国的朋友们！巴西世界杯共有32支球队参赛。除去东道主巴西自动获得参赛资格以外，其他31个国家需通过参加2011年6月开始的预选赛获得参赛资格。巴西世界杯期间，总共在巴西境内举办共计64场比赛角逐出冠军。同时，巴西世界杯是首届运用门线技术的世界杯。2014年世界杯将是最后一届由大洲轮办的世界杯，2018年世界杯举办国竞选将不再受轮办限制。随着人类历史的不断推进，随着社会进步和文明的发展，体育在人的发展中的地位和使命也在不断变化，体育的功能和价值也正不断地走向成熟和完善。我们的教育目标，是让人的身体素质与身心健康都得到更好的发展，无论是古罗马竞技场上勇士间的角斗，到现代奥运会赛场上健儿的竞争，体育从来都是人类社会的兴奋点，也是热血青年张扬个性、展示风采的舞台。

各支球队员、门线技术员、裁判员、教练员、足球运动员们，世界杯足球盛会也是一种体育运动。体育是力量的角逐；体育是智慧的较量；体育是美丽的展示。在紧张激烈的赛场上，我希望全体参与者要以巴西的世界杯体育健儿为榜样，以饱满的激情、昂扬的斗志、勇于拼搏的信念、团结向上的精神投入到第20届世界杯足球盛会中去。在世界杯足球盛会运动会上，赛出成绩，赛出水平，赛出新风尚！用我们的行动去追求更准、更快、更强！

最后，祝第20届世界杯全体运动员赛出好成绩！预祝世界杯圆满成功！

二、闭幕词

文体概述

闭幕词，是会议或活动的主要领导人代表会议或活动举办单位，在会议或活动闭幕时的讲话。其内容一般是概述会议或活动所完成的任务，对会议或活动的成果做出评价，对会议或活动的经验进行总结，对贯彻会议精神提出要求和希望。

闭幕词具有告示性、总结性、概括性和号召性等特点。①告示性。凡重要会议或重要活动，与开幕词相对应，一般都有闭幕词，这是一道必不可少的程序，标志着整个会议或活动的结束。②总结性。闭幕词是在会议和活动的闭幕式上使用的文种，要对会议（活动）内容、会议（活动）精神和进程进行简要的总结，并做出恰当评价，肯定会议（活动）的重要成果（如完成了哪些议题，做了哪几件事情），强调会议（活动）的主要意义和深远影响。激励有关人员宣传会议或活动的精神实质和贯彻落实有关的决议或倡议。③概括性。闭幕词应对会议（活动）进展情况、完成的议题、取得的成果、提出的会议（活动）精神及会议（活动）意义等进行高度的语言概括。因此，闭幕词的篇幅一般都短小精悍，语言简洁明快。④号召性。为激励参加会议（活动）的全体成员实现会议（活动）提出的各项任务而奋斗，增强与会（参加活动）人员贯彻会议精神的决心和信心，闭幕词的行文应充满热情，语言坚定有力，富有号召性和鼓动性。

行文格式

闭幕词由标题、称谓和正文三个部分组成。

1. 标题

闭幕词的标题形式、写法与开幕词的标题形式、写法相似，主要有两种写法：一种是用会议或活动名称加文种类别(闭幕词)的写法;另一种是先用概括性的词句做正标题,再用会议或活动名称加文种类别做副标题。标题下,要标明致词人(法定作者)姓名、日期。

2. 称谓

与开幕词称谓基本相同。

3. 正文

分开头、主体和结尾三个部分。

1)开头

开头部分,首先说明会议或活动已经完成预定任务,即将胜利闭幕,对会议或活动的圆满成功表示祝贺;然后概述会议或活动的进行情况,恰当地评价会议或活动的收获、意义及影响,使与会者对会议或活动有一个总体的概括性的认识。

2)主体

主体部分,概述会议或活动通过的主要事项、基本精神和取得的成绩,如通过的决议,获得的经验等等;论述会议成功的原因、意义及其作用;向与会人员提出贯彻会议或活动精神的意见和要求,指出今后工作的重点和方向等。这是闭幕词的核心部分,要从理论的高度上进行概括归纳,做到层次清楚,重点突出,言简意明,具有逻辑性和深刻性。

3)结尾

结尾部分,可对会议或活动有关的事项略加说明;向会议承办单位和为大会或活动圆满成功而辛勤服务的工作人员致谢;对与会(活动)代表、来宾提出衷心的希望,表示良好的祝愿;最后郑重宣布会议(活动)闭幕,使出席者在激动、振奋中离去。

撰拟要求

1. 提前充分准备

要了解会议或活动进程,掌握会议或活动的全面情况,搜集会议或活动的主要文字资料。从会议或活动开始就要做好写作准备,尽早构思,适时动笔,不必等到闭幕前夕撰写。

2. 注意前呼后应

要根据会议或活动实际情况,针对会议或活动的中心内容,作简明扼要的综述,不能游离主题泛加议论;评价要中肯恰当,并与开幕词前后呼应,不可与开幕词脱节或相违。

3. 适当补充发挥

对会议或活动中没有展开但已认识到的重要问题,可在闭幕词中适当予以强调,作出必要的补充。

4. 行文灌注热情

文章要简洁有力,篇幅简短,层次清晰,语言凝练。行文要热情洋溢,语言要简洁流畅,富有鼓动性和感染力,起到激发斗志,增强信念的作用。

例文 6-9

中国网络媒体论坛闭幕词

各位来宾、各位朋友:

下午好!为期两天的中国网络媒体论坛就要结束了。首先,请允许我代表本届论坛的承办单位人民网向中华全国新闻工作者协会、中国互联网协会、苏州市委、市政府、新华网、中国网、中国日报网站、国际在线网、央视国际网、中国广播网、千龙网、东穷网、中青网、北方网、南方网、中国江苏网、中国互联网信息中心等论坛主办单位。

向苏州工业园区、中国联通、苏州吴中区、苏州相城区等特别协办单位，为本次论坛的成功举办所给予的大力支持和付出的辛勤劳动表示衷心的感谢！

国务院新闻办公室、中华全国新闻工作者协会、中国互联网协会、国家信息化领导小组办公室、网络文明工程委员会等有关部门和江苏省、苏州市的负责同志，亲临论坛，发表了重要讲话，对网络媒体、对我们下一步的工作提出了新的、更高的要求，我们将认真领会讲话精神，把各项工作提高到一个新的水平。

在大家的共同努力下，本届论坛取得了圆满成功，是一次求真、务实的会议，是一届凝聚智慧、振奋精神的会议。本届论坛的成果必将对我国网络媒体的发展产生积极的影响，对我们的工作必将发挥积极的促进作用。

除此之外，网络媒体的监督作用也正在得到人们的认可，对新技术手段的运用也上了一个新的台阶。总之，过去的一年是网络媒体提升质量、扩大影响、加速发展的一年。

现在，人民网新一轮的改版工作正在紧锣密鼓地进行。通过这次改版，人民网的内容将更丰富，结构更趋合理.服务性和互动性将进一步加强，技术运用也将更加有效，将更好地发挥网络媒体的作用和适应网民的需求。

互联网有极其广阔的发展前景:中国的互联网新闻宣传工作任重而道远。我们赶上了一个巨大的发展机遇，也面临着严峻的挑战:有许多新的东西需要我们去学习，去探索，去应对。

让我们携起手来，脚踏实地，积极进取，开拓创新。我们坚信，中国网络媒体一定会迎来更大的发展，创造更加骄人的业绩。

再一次感谢诸位对本届论坛的支持！最后，祝各位身体健康，事业成功！

谢谢大家！

2013 年 12 月 20 日

实训练习

(1)2013 年 12 月 28 日，××学院人文系的“商务秘书事务所”在院领导及系领导的关心和支持下成立了。为此，人文系特地举办了隆重的成立大会。参加大会的人员有学院领导、老师和同学。文秘专业 2012 级全体同学为本次大会的顺利召开做了精心的组织、周密的安排和热情的服务。商务秘书事务所是人文系学生校内实训实习的机构，也是让该专业的学生为学员广大师生服务的平台。请根据上述材料为商务秘书事务所成立致开幕词。

(2)××学院 2014 年秋季大学生运动会即将开幕，届时××学院院长将为大会致开幕词，请拟写开幕词文稿。要求紧扣中心，并富有号召力和鼓动性。

(3)2014 年 9 月 28 日，××学院 2014 级新生为期两周的军训胜利结束，上午在学院田径运动场上举行了隆重军训闭幕仪式，学院院长××将致闭幕词，请代拟闭幕词文稿。

(4)2014 年 6 月 26 日，××学院 2014 届毕业生优秀服装设计作品汇报演出活动落下帷幕，请代拟学院院长在闭幕式上所作的闭幕词。

第七章 经贸文书写作

第一节 经济合同

文体概述

合同，是指两个以上当事人为共同达到一定目的，按照法律规定，就确认各自的权利和义务关系而达成的一种协议。根据《中华人民共和国合同法》的规定，合同是指平等民事主体的法人、其他经济组织、个体工商户、农村承包经营户相互之间，为实现一定的经济目的，明确相互权利义务关系而订立的文书。

合同的成立，至少具备三个条件：一是必须有双方当事人；二是必须属于民事权利义务关系；三是必须平等协商自愿达成的协议。平等互利性、经济目的性、法人主体性、格式固定性是合同的主要特点。

经济合同具有一切合同所共有的法律特征，同时又有五个特点。①法人主体性。经济合同是法人之间的协议，作为经济合同当事人的组织，则必须是法人。法人是有一定组织机构和独立的财产，能够用自己的名义进行经济活动，享有经济权利和承当经济义务，并依照法定程序成立的组织。②经济目的性。经济合同是法人之间为了实现一定经济目的而成立的协议，这是经济合同区别于其他合同的最重要的特点。③宏观约束性。经济合同是法人之间在国家宏观计划指导下订立的协议。经济合同受国家宏观计划的制约，经济合同的订立要符合国家宏观计划的要求。④平等互利性。经济合同是法人之间平等协商自愿达成的协议，经济合同各方，无论单位大小，无论是单位还是个人，都是平等的关系，应贯彻平等互利、协商一致、等价有偿的原则。⑤格式固定性。经济合同专业性很强，为了表达得准确得体，处理得及时迅速，在长期的写作实践中，逐渐形成了相对固定的格式与写作规范。

经济合同的种类较多，按书面形式划分可分为条款式、表格式、表格和条款结合式；按有效期划分可分为长期合同、中期合同、短期合同；按内容划分可分为买卖合同、加工承揽合同、建设工程承包合同、货物运输合同、供用电合同、仓储保管合同、财产租赁合同、借款合同、财产保险合同、科技协作合同、联营合同、行纪合同、居间合同等。

行文格式

一份经济合同，应该包括以下几个部分。

1. 约首部分

这部分由合同名称与合同当事人的名称组成。

1)合同名称

条文式和表格式合同，都必须按内容与性质在卷首标明合同的名称，例如，“借款合同”、

“蔬菜购销合同”、“××大学图书馆建筑承包合同”、“宏发公司、三亚港务局水路货物运输合同”等。如果是经常签订合同，为了便于登记和统计，应在标题右下方写明合同编号。

2)当事人名称

在标题左下方，分行并列写签订合同当事人名称和住所。当事人名称由身份简称、表述简称和法定全称构成。公民签订的合同，要写明其姓名或代理人；法人之间签订的合同，要写明单位的名称及代表人或代理人的姓名。要写全称，不能写简称，不能使用不规范的字或同音字，更不能写别人不明白的代称、代号。要特别注意单位名称及姓名的写法一定要和单位的注册名称或身份证上姓名的写法完全一致。为了正文说明方便，当事人可分别简称“甲方”、“乙方”，如有第三者参加，则简称“丙方”。不同的合同身份简称不尽相同：产品购销合同中，当事人可分别简称为“卖方”（或供方、出卖人）、“买方”（或需方、买受人）；建筑承包合同中，当事人可分别简称为“发包方”、“承包方”；财产租赁合同中，当事人可分别简称为“出租方”、“承租方”；仓储保管合同中，当事人可分别简称为“存货方”、“保管方”；货物运输合同中，当事人可分别简称为“委托方”、“承运方”；借款合同中，当事人可简称为“贷款方”、“借款方”等。

2. 正文部分

正文就是双方当事人议定的合同内容，这些内容反映了当事人双方的权利和义务。合同的正文部分由立约缘由、合同款项、附则和附件组成。

1)立约缘由

立约缘由是一篇文章的引言。交代签约的目的或依据，说明签约的原则，以引起下文。依据多指法律依据及实际情况，多数合同只要写出签订合同的目的即可。如“依据《中华人民共和国技术合同法》的规定，合同双方就××项目的技术服务，经协商一致，签订本合同。”（技术服务合同适用）“为了繁荣市场，保证商品供应，甲乙双方代表经过平等协商，订立如下合同，以资共同信守。”（产品购销合同适用）

2)合同款项

合同款项是双方当事人议定的内容，包括：标的，数量和质量，价款或酬金，履行的期限、地点和方式，违约责任，争议处理方法等主要条款。条款应明确具体，若有疏漏或差错，就要承担经济责任乃至刑事责任。由于合同种类不同，其主要款项也就有所不同。

(1)标的（指货物、货币、劳务、工程项目、智力成果等）。标的是合同当事人权利义务所共同指向的对象，为法律用语，指法律行为想要达到的目的。以货物为标的的经济合同最为常见，如购销合同的标的就是各种商品，供电合同的标的就是电，租赁合同的标的就是租赁物，借贷合同的标的就是货币，科技协作合同的标的就是某项科研成果等。以劳务作为标的的经济合同也较常见，如货物运输合同的标的，就是承运人将货物运达指定地点所提供的劳务。还有一些经济合同的标的是当事人必须提供的劳动成果，如建筑承包合同，它的标的就是承包人所承包的工程项目。如是农副产品，标的不能简单地写成“西瓜”、“火腿”、“盐蛋”等，而应准确完整地标明产地和品种。任何经济合同，标的必须明确；否则，当事人的权利和义务就不能落实，合同就无法执行。合同的标的必须合法，象牙、枪枝、弹药、毒品、珍稀动植物、迷信物品、淫秽物品、走私物品、没有注册商标的人用药品等，都不能作为合同的标的。

(2)数量和质量。合同标的的数量和质量是权衡合同标的的基本指标，数量是衡量标的的尺度，只有规定了具体的数量，才能确定权利义务的大小。以货物为标的的经济合同，其数量为一定的度、量、衡；以提供劳务、完成一定工作为标的的经济合同，其数量指一定的劳动量或工作量(成果)。数量要订得具体明确，不出现“大约”、“若干”、“左右”等字眼。计量单位一般要用国家统一标准，如长度用米(m)，重量用克(g)等，不能以“堆”、“袋”、“筐”等计量，也不能用“车”、“船”、“趟”等计量。有些产品要标明是净重还是毛重，要规定合理磅差、自然损耗、正负尾差的具体比例；需要随产品转移的易耗备品、配件和安装、修理工具的数量也应做出明确的规定。

质量是指标的的内在素质和外观质量的综合指标，质量往往通过品种、规格、型号、性能、成分、包装等体现出来。关于质量，一是要有法定标准，二是要做科学界定，三是要规定质检方法。产品质量的技术要求，包括物理(或机械)性能、化学性能、使用特性、耗能指标、工艺要求、卫生和安全要求等。质量规定要详细明确具体：凡有国家标准的，按国家标准执行；凡缺少国家法定统一标准的，按专业标准执行(须注明颁布时间及标准编号)；国家标准、行业标准、地方标准、企业标准都没有的，合同双方应共同协商一个标准，按商定的标准执行(须另附协议书或提交样品)。有些非标准产品，可采用按样品验收的办法，质量检验的方法有时也需要有所规定。

(3)价款或酬金。实物的价款或劳务的酬金，是需方取得对方产品、接受对方劳务所支付的代价。它是以货币数量来表示的，在以实物为标的的合同中，这种代价称为价款；在以劳务和劳动成果为标的的合同中，这种代价称为酬金。价金必须标明币种，并注明是否含税。合同要明确规定标的的单价、总金额(表格式合同以阿拉伯数字写单价，以大写汉字写总价，条款式合同则用汉字大写)、计算标准及结算方式、程序。产品的价格，国家有统一牌价的必须按规定办理；国家未统一规定的，当事人双方(或多方)可在政策法令许可的范围内协商议定。履行合同期间遇价格变动，除按国家统一调价的价格执行外，国家允许议价的应协商解决。

(4)履行的期限、地点和方式。经济合同的履行期限是双方履行的时间依据，至关重要。当今的一切经济活动都有很强的时间要求，经济合同更是讲究时间效益。履行期限宜实不宜虚，宜具体不宜笼统，最好确定具体日期，如不能定实际时间，应用“以前”、“以内”，而不可用“以后”、“明年”，也不可用“尽可能在”或“争取在”。

履行地点是指交货、提货、付款、服务和建设的地点。它可以是双方当事人的所在地，也可以是双方商定的其他地方，或者是标的物的所在地。若标的是交付建筑物，就在建筑地履行；若是交付货物，应该明确规定仓库的具体地址；若因自然灾害及其他非义务人的原因不能在约定的地点履行时，可以在距离约定地点最近处履行。为了避免因地点同名、同音出现错误，地点应该写明省、市、县名称。

履行方式是指合同当事人履行义务的具体方法。不同的合同标的，有不同的履行方式。常见的合同履行方式有三种，即货物交货方式、价款结算方式和任务完成方式。货物的交付方式应明确规定货物是一次交付还是分期交付，是需方自提还是供方送达。价款结算方式应明确规定是委托银行收款，还是支票转账(除法律或行政法规另有规定外，以货币履行义务时，必须用人民币计算和支付；除国家允许使用现金履行义务的以外，必须通过银行转账或者票据结算)；是一次性付款，还是分期付款；是货到付款，还是款到发货。任务完成方式则应明确规定是当事人自己履行，还是委托他人代为履行等。不管采用哪种履行方式，都需要合同双方当事人协商一致确定。

(5)违约责任。违约责任是指对履行合同应负的责任，是对不按合同规定履行义务的一种制裁措施，以维护当事人的合法权益和合同的严肃性，促使签约双方千方百计按合同要求履行自己的义务。除不可抗拒的意外事故外，违约一方应支付违约金(对违约一方实施的经济惩罚)或赔偿金(因一方违约而给对方造成经济损失所付的赔偿)。违约金和赔偿金的数额有法定标准的应按法律规定签订，没有法定标准的则由当事人双方协商约定。如属双方的过错，则应根据实际情况，由双方分别承担各自应负的违约责任。不论哪一种，都要明确而又具体地注明违约索赔的期限和金额。拟写违约责任要注意三点：一是对双方均要做限制；二是处罚标准要对等；三是注意处罚需延时递增。另外，此处可规定免责条件，但不得与现行法律相抵触。

(6)其他条款。除了上述内容外，《中华人民共和国经济合同法》规定："经济合同性质必须具备的条款，以及当事人一方要求必须规定的条款，也是经济合同的主要条款。"不同内容的经济合同，除通用条款外还有各自专用的条款，兹不一一列举。

(7)争议处理方法。争议处理方法是指合同当事人事先约定的，在履行合同中双方发生争议时解决的方法。当事人之间发生争议，可以通过协商或者调解的办法解决；当事人不愿协商、调解或者协商不成的，可以根据仲裁协议向仲裁机构申请仲裁；当事人没有订立仲裁协议或者仲裁协议无效的，可以向人民法院起诉，请求追究责任，索取赔偿。

3)附则

附则包括合同有效期限、合同的补充办法、合同正副本及份数、合同的保管单位或发往单位等内容。合同执行的起止日期，如"本合同有效期自××××年×月×日至××××年×月×日，过期作废"或"本合同自双方代表签字，加盖双方公章或合同专用章即生效，至××终止"。合同一般是双方当事人各执一份，起着凭证的作用。有的双方当事人的上级主管部门各执一份，有的还需签证机关一份，起着监督和保证作用。

4)附件

附件是合同附带的表格、图纸和式样等，它是履行合同的依据之一，如果双方在附件中没有约定，双方在合同履行过程中在质量方面产生纠纷就很难区分哪一方的责任。附件要加盖公章，标明编号附在合同后面。

3. 约尾部分

约尾一般由合同签订单位和签订日期组成。若是公民签订的合同，只需当事人本人或者代理人签名盖章；若是法人签订的合同，不仅要单位盖章，还要盖法人代表私章。盖公章或合同专用章，所签合同有效，否则为无效合同。如需签证机关审批，必须写明签证机关全称，并加盖公章。另外，约尾部分还应写明双方当事人的开户银行、账号、详细地址、邮政编码和电话号码。最后在合同全文右下方写上签订日期和地点(也可写在合同标题右下方)。

撰拟要求

1. 立约要合法

经济合同依法成立，立约者须具有法人资格，其所涉及的内容必须符合国家的有关法律、法规和有关职能部门或行业的管理规定。同时，合同的内容必须体现平等互利、协商一致、等价有偿、诚实信用的原则，任何一方不得把自己的意愿强加给对方。

2. 条款要齐全

要明确规定经济合同必须具备的重要条款，分条列项书写标的，数量和质量，价款或酬金，履行的期限、地点和方式，违约责任，还有根据法律规定的和经济合同性质要求必须具备的条款，以及当事人一方要求必须规定的条款。不能丢项落项，不能含糊不清。

3. 内容要具体

经济合同的实践性很强，这就决定了它的内容必须具体明确，不能空洞抽象，不能有半点疏漏。要明确规定各种产品的名称、规格、型号、材质及供应单位；同时还应规定如因以假代真、以劣充优、不合格等使一方受到损失时应如何赔偿。

4. 责任要明确

经济合同是法律文书，它的法律约束力突出表现在当事人的权利和义务上，因而合同对此必须做出明确的规定，否则有理而无凭据，会造成不良后果。不能在潜意识中认为"违约责任"这一条不过是虚拟而已。

5. 表达要严密

内容的表达，务必前后关联照应；条款的安排，做到不漏、不错、不省、不乱；所用概念、词语、标点符号均要恰当、正确、无懈可击。用语必须明确具体，不能使用含糊不清、模棱两可的语句；对某些关键词语要加修饰或限制，某些表示推测、估计、希望的模糊语言不宜使用；杜绝滥用、漏用标点符号的现象。

6. 签具要规范

签订合同的手续要完备，字迹要端正规范，文面要清洁醒目，除打印稿外，一律用毛笔或钢笔书写清楚，切忌用圆珠笔和铅笔书写；合同中的期限、金额、数量一般都要用大写，金额总数一定要大写；落款处的日期和正文中的日期一律要写全确切的年月日；标点符号也要准确到位。

7. 修改要协商

经济合同具有严肃性，不能随意涂改。合同内容如有错漏或特殊情况必须修改、补充或终止时，一定要在双方协商同意的基础上进行，签具修订或拆销合同的协议书，由双方加盖印章方为有效。合同的修改有时亦可用互换函件方式进行，而这些函件则作为合同的附件。

例文 7-1

茶叶购销合同

供方：××茶厂(以下简称甲方)

法人代表：马××

需方：××贸易公司(以下简称乙方)

法人代表：刘××

为了繁荣市场，保证茶叶供应，根据《中华人民共和国合同法》的规定，双方代表经平等协商，订立本合同。

一、标的及数量：甲方供给乙方一级云雾茶 5000 千克，一级滇红茶 3000 千克，特级茉莉花茶 2000 千克。

二、标的物金额：一级云雾茶 136 元/千克，一级滇红茶 96 元/千克，特级茉莉花茶 116 元/千克。总金额壹佰贰拾万元整。

三、交货期限、地点、方式：甲方自五月开始三个月分三批交货，由甲方负责包装并将货物运抵郑州车站，包装费及运费由乙方负责。

四、结算方式：乙方过秤验收后，一次性通过银行托收承付方式将全部货款及包装费、运费结清。

五、违约责任：乙方拒绝收货，应处以货款总额 5%的违约罚金；甲方交货量不足，应处以货款总额 5%的违约罚金。违约金或赔偿金应在甲乙双方商定的日期内或由有关部门确定责任后十天内偿付,否则按逾期付款处理。

六、合同变更:甲乙双方任何一方如要求变更或解除合同时,应及时通知对方,采用书面形式由双方达成协议。未达成协议前,原合同仍然有效。当事人一方接到另一方要求变更或解除合同的建议后,应在收到通知之日起十五天内做出答复,逾期不做答复的,即视为默认。

七、争议处理:执行本合同发生争议,由甲乙双方协商解决。协商不成,双方同意由郑州市仲裁委员会仲裁,按达成的书面仲裁协议执行,不再向人民法院起诉。

八、本合同一式三份,双方各执一份,鉴证机关一份。本合同自签订之日起生效,至双方义务履行完毕之日失效。

甲方:××茶厂(签章)	乙方:××贸易公司(签章)
法人代表:刘××(签章)	法人代表:马××(签章)
开户银行:××××银行××支行	开户银行:××××银行××支行
银行账号:×××××××××	银行账号:×××××××××
电话:×××××××××	电话:×××××××××
地址:××市××县××镇	地址:××市××街××号

鉴证意见:本合同符合有关法律规定,同意鉴证生效。

经办人:×××

鉴证机关:××市工商行政管理所(签章)

签订日期:××××年×月×日

签约地点:××贸易公司办公室

例文 7-2

建筑承包合同

发包方(甲方):××市印刷厂

地址:××市××街××号。邮编:××××××。电话:××××××

法定代表人:×××。职务:××××

承包方(乙方):天远建筑公司

地址:××市××街××号。邮编:××××××。电话:××××××

法定代表人:×××。职务:××××

依照《中华人民共和国合同法》和××市的有关规定,甲乙双方经商定,共同订立本合同,并严肃履行。

一、工程项目:××市印刷厂办公大楼壹座。

二、工程地点:××市印刷厂东部征用宅基地。

三、工程范围:本合同全部工程建筑安装面积共计××××m^2(具见办公楼平面设计图,各单项工程建筑安装面积详见工程项目一览表)。

四、工程质量:乙方必须严格按照施工图纸、说明文件和国家颁发的建筑工程规范、规格和标准进行施工,并接受甲方派驻代表的监督。

五、工程造价:全部工程预算造价为人民币壹佰柒拾万元(各单项工程造价详见工程项目一览表)。

六、工程期限:根据国家工期定额和使用需要,商定工程总工期为六个月,建造工程要求在 2009 年 5 月底前完成。

七、材料准备:建楼所需的各项材料,由乙方全权负责,所有材料如发生差价,由乙方负责。

八、安全生产:施工期间的人身安全由乙方自负。

九、"三废"处理:在建筑过程中,乙方负责治理"三废"。

十、工程价款支付与结算：订立合同后甲方按工程预算总额预付给乙方备料款30%，余款在大楼建成验收后一周内付清。

十一、违约责任：甲方如不能按期付款，每拖延一天应赔偿给乙方工程费千分之一的赔偿金；乙方如不能按期完工，每拖延一天，甲方可在工程费中扣除千分之一作为赔偿。

十二、争议解决方式：本合同发生纠纷时，当事人双方应及时协商，协商不成可向建筑物所在地的仲裁委员会申请仲裁，或直接向人民法院起诉。

十三、本合同一式四份，双方各执正本一份，其余副本由甲方报送市文化局和市建委。本合同自双方代表签字，加盖双方公章之日起生效，工程竣工验收符合要求，结清工程款后终止。

附件：1. 办公楼平面设计图

2. 工程项目一览表

甲方：××市印刷厂(印章)　　　　乙方：天远建筑公司(印章)

代理人：×××(印章)　　　　代理人：×××(印章)

法人住址：××市××街×号　　　　法人住址：××市××街×号

电话：××××××××××××　　　　电话：××××××××××××

签订日期：××××年×月×日

签约地点：××市印刷厂老办公楼办公室

例文7-3

房屋租赁合同

出租方：×××（以下简称甲方）　身份证号：××××××××××××××××××

承租方：×××（以下简称乙方）　身份证号：××××××××××××××××××

根据《中华人民共和国经济合同法》及有关规定，甲、乙双方经过友好协商，就房屋租赁事宜达成如下协议。

一、甲方将位于××市××街道××小区×号楼××号的房屋(二室一厅约70平方米)出租给乙方居住使用，室内现有设施(简单家具、空调机、热水器、电话等)暂归乙方使用，租赁期限自××××年×月×日至××××年×月×日，计×个月。

二、本房屋月租金为人民币500元，每半年乙方向甲方交纳一次，交纳时间为每半年前的前一个月内。

三、乙方租赁期间，水费、电费、取暖费、燃气费、电话费、物业费以及其他由乙方居住而产生的费用由乙方负担。租赁结束时，乙方须交清欠费。

四、乙方同意预交200元作为保证金，合同终止时，当作房租冲抵。

五、房屋租赁期内，任何一方要求终止合同，须提前三个月通知对方，并偿付对方总租金5%的违约金；如果甲方转让该房屋，乙方有优先购买权。

六、因租用该房屋所发生的除土地费、大修费以外的其他费用，由乙方承担。

七、在承租期间，未经甲方同意，乙方无权转租或转借该房屋；不得改变房屋结构及其用途，由于乙方人为原因造成该房屋及其配套设施损坏的，由乙方承担赔偿责任。

八、甲方保证该房屋无产权纠纷；乙方因经营需要，要求甲方提供房屋产权证明或其他有关证明材料的，甲方应予以协助。

九、就本合同发生纠纷，双方协商解决，协商不成，任何一方均有权向天津开发区人民法院提起诉讼，请求司法解决。

十、本合同连一式×份，甲、乙双方各执一份，自双方签字之日起生效。

甲方：×××(盖章)　　联系电话：×××××××××××××

乙方：×××(盖章)　　联系电话：×××××××××××××

签订时间：××××年×月×日

实训练习

(1)××市××服饰公司代表人刘××于2013年×月×日与××羽毛厂代表马××签订一份购销合同，双方议定：××公司购买××县羽毛厂生产的加工的白鹅标准毛(按部颁标准)共40吨，每吨18万元，要求2013年9、10、11三个月的每月下旬，分三批用火车运往××站。由羽毛厂代××公司办理托运，运费由购方负担。货到后，××公司于三天内，通过银行转账付款。如果延期交货或付款不及时，每延期一天，违约方应按总价值的万分之一计算罚金，付给对方。如质量不合议定标准，羽毛厂除赔偿损失外，还应付给购方供货总值千分之三的罚金。合同由××市工商行政管理局鉴证后生效。合同一式×份，双方各执一份外，分送银行、鉴证部门存查。请根据上述内容，写一份购销合同。

(2)××服装公司与××集团公司签订合同，由××服装公司为××集团公司生产1000套工作装。服装的式样和规格由××集团公司提供。每套服装600元，在合同签订之后10天内××集团公司支付不超过总货款20%的订金给××服装公司，剩下的货款在收到服装后的一星期内支付完毕。××服装公司于2014年10月27日将服装交付××集团公司。如果不能按期交货，则赔偿总货款10%的违约金；如果交付的衣服质量不合格，则由双方重新约定服装价格。请根据上述内容，写一份购销合同。

(3)××电力公司与××变压器公司经过协商，欲购买××××型号的变压器两台，每台价格××万元，要求对方两个月内将产品送到××市火车站，运费由对方负担，产品在一年内实行“三包”，收货时按装箱单验收，对方应负责免费安装；合同签订之日甲方付给对方××万元预付款，余款交货时一次付清。详细技术参数要求达成了一个技术协议作为合同补充。请依据上述情况拟写一份经济合同，未提及部分可适当扩充。

(4)赵小姐是一名下岗职工，与邻居李老师交谈中流露出想租房开办一所幼儿园的想法。正巧李老师有两套闲置住房，愿意租赁给赵小姐，经协商，拟签订一份五年期合同，月租2500元。请为赵小姐写一份租赁合同。

(5)根据下面的材料，写一份技术开发合同。

①位于美国加州Santa Clara的全美达公司将参与索尼的一些开发项目，全美达公司将在今年第二节度派出100名工程师专门为索尼开发有关项目，时间从3个月至1年。这些项目的总目标是为索尼电脑娱乐公司和索尼所制造的产品找到使用全美达设计的办法。②从2005年开始，索尼和全美达即开始合作应用全美达公司的Long Run2技术，目的是将其用于索尼的便携应用产品，开发创造90nm的Efficeon芯片。Long Run2是一种电源管理技术，功能是通过每秒数百次动态调整芯片主频和电压来改进半导体设备的节电效能。③全美达公司发言人透露合同的具体金额为一名工程师的月薪为1万美元。

第二节　协议书、意向书

一、协议书

文体概述

协议书是指在社会活动中，协作的双方或数方为了保障共同的和各自的合法权益，经双方或数方共同协商达成一致意见后所签订的一种契约性文书。

协议书使用范围广泛，在许多领域中都可以使用，常用于国与国之间的政治、军事、经济、文化、技术协作关系和外交方面，也常用于企事业单位的经济、文教、卫生、技术协作方面。订立协议书的目的是为了更好地从制度上以至法律上，把双方这种协议所承担的责任固定下来，以便更好地执行。

协议书有四个特点。①约束性。协议书必须符合国家的法律、法规和有关的政策规定，不能自行其是，任何事项，一经协商签订便具有较强的约束力。②灵活性。协议书的结构比较灵活，没有强求一致的固定格式。协议书的内容、要求等一般是粗线条的，不做细致规定。协议书的条款可以是一项或多项；篇幅可长可短；内容繁简自如；时效比较灵活，可变性较大。③广泛性。协议书的使用范围十分广泛，政治、军事、经济、文化、科技等领域都可以使用。凡是不宜使用合同形式的，都可以在当事人协商一致后，以协议书的形式签订。④条理性。协议书一般采用条款形式，清楚地、有条理地将当事人协商一致的意见写出来。

有人把合同称为协议书，或把协议书称为合同，严格地说，协议书与合同是有区别的。在实际使用中，协议书与合同既有共性——对双方（或数方）当事人具有共同制约性，又有差异性。

协议书与合同同属一大类的经济文书，都具有法律效力，联系也很密切。协议可以成为当事人订立某项合同愿望的草签意见，合同则是落实这意见的具体表现。但是协议和合同还是有区别的。①角度范围不同。合同较多地从微观角度（主要是经济关系方面），就某一具体事项签约；协议书往往较多地涉及宏观角度（政治、经济、军事、法律等），适应范围广泛（大至国家关系，小至个人往来、合作办事、解决纠纷）。②内容要求不同。合同是已经落实且能够照此履行的具体措施，内容比较具体，条款比协议书细，操作性比较强；协议书是纲要性的，条款原则性强，是当事人草签的初步意见，只对某些问题做出某些规定。③时效长短不同。合同的有效期限一般较固定，一经签订就产生法律效力，相关的经济活动结束则失效；协议书往往需要经过行政主管部门鉴证或公证机关公证后才能产生法律效力，有效期限长短变化比较大，有的相当短（如赔偿协议书在赔偿完毕后即结束其有效期），有的则是永久的（如换房、收养等协议）。另外，协议书可以作为已订合同的补充或修订。这种协议书，经双方签章并呈报原合同鉴证机关后，成为原合同的组成部分，与原合同具有同等的法律效力。

常用协议书有联营协议书、委托协议书、补充协议书、调解协议书、捐赠协议书等。

行文格式

协议书没有统一样式，内容的安排和条款的详略没有一定之规，一般都包括标题、立约单位、正文、结尾四部分。

1. 标题

协议书的标题多种多样，因人因事而有所不同。一般须写明协议双方及各方的名称、协议内容和双方之间的关系及文书类型，如"××大学与××大学联合办学协议书"；常见的协议书的标题一般由事由和文种组成，因为正文列有双方单位全称，所以标题中不出现单位名称，如"出国留学协议书"、"助学贷款协议书"、"××商品经销协议"、"财产分割协议"、"收养协议书"等。

2. 立约单位

须写明立协议人，当事人的称谓要规范，当事人是个人的，应写明其身份；若是机关、团体、企事业单位，应写明单位的全称及其法人姓名、职务。要注明简称"甲方"、"乙方"，下文中便以"甲方"、"乙方"代称签订协议的单位。

3. 正文

正文指协议书的条款内容，是协议书的核心部分，这是经双方当事人经过协商后确定下来的。正文分前言和主体两部分。

前言部分简要写明签订协议的依据、签订协议的目的、平等互利的过程、签订协议的内容。从前言到主体的转换，常使用程式化的语言，如“经自愿协商，现就有关事宜达成协议如下”。

主体部分分条列述协议的各项条款：①实现共同任务、标的（双方议定的事项）；②明晰双方负有的责任、应尽的义务和享有的权利；③实施的计划、步骤（共同做的事情，做到什么程度，互相替对方做些什么，达到什么要求，何时完成，所应得到的报酬）；④违反协议的处罚意见；⑤督促实施措施；⑥协议的期限。这一部分要就协议的有关事宜，做出明确的全面的叙述，特别要写清协议双方的权利和义务，其形式与合同相似，只是详略不同。

内容复杂的协议书，常常用“章”。用“章”的协议书，第一章往往用“总则”，“总则”第一层内容是协议双方名称；第二层内容是协议的依据，涉外的协议书要遵从国际法则，国内的协议书要写明所依据的是哪类法律、法规；第三层内容是概括写明协议的内容。第二章以下，写明经营各方，成立合资经营公司，经营目的、范围和规模，投资总额及注册资本，合营各方的责任等。“章”的下面还设有“条”，“条”的下面还设有“款”，非常细致具体。在国与国签订的协议书中，常常用“章”的形式，但在国内企事业之间订立的协议书里，用“章”的形式较少，常用“条”的形式。

4. 结尾

①须写明协议书一式几份（含送交主管部门存档的份数），归谁所持要注明。②立协议书当事人（代表人）、签证人要签名、盖章。③填写签订协议的日期。④附注事项要说清。⑤如有附件，要在正文中写明。

撰拟要求

协议书的内容广泛，使用频率很高。无论国内还是国外，都涉及各个单位、各个领域，因而协议书写作应注意以下问题。

1. 必须合法

协议书的内容必须合乎法律和现行的有关政策、规定，任何单位和个人都不能以协议为名进行违法活动。当事人双方所立协议书，必须是在平等互利的基础上进行的。不得采用欺诈、胁迫手段订立协议。

2. 内容明确

协议书一经签订，对双方都具有约束力，因此，签订协议时，条款内容应力求具体明确，如有关商品的数量、质量、包装条款都应分条详列，双方的权利、义务及责任都须一一写明，决不能有所疏漏。

3. 措词严密

注意语言的锤炼，既要简洁地讲清问题，又要做到准确精当，不能啰唆冗长，不能含混不清，如“按习惯包装”、“适合海运包装”等用语，表义含混，易产生歧义，不能使用。另外，数据要准确，禁用概数。

4. 协商修改

如发现签订的协议书有错漏或内容必须修改时，应经双方协商同意，不能单方擅自修改，必须签订新的协定协议书。

例文 7-4

合作经营协议书

甲方：北京碧水泉科技开发中心

乙方：×××××

甲方是一从事研发 LQ 污水再生利用设备系列产品、环保节水技术开发为主的高新技术企业，并获得政府认可的合法手续，资信完备，时机成熟，平台稳固。该工艺技术为职能部门，实属既有社会效益，又有经济效益。甲乙双方在平等、自愿的原则下，经过充分友好协商，就双方合作共同在×市、区县经营 LQ 污水再生利用设备，开发该地区污水处理市场一事，取得了一致意见，特签定本协议。

一、甲方经过长时间的研究，开发出污水再生利用系列产品，对此，乙方表示完全认同，无任何异议。

二、乙方自愿参与甲方研发的污水再生利用设备系列产品的生产、经营，并作为甲方下属的分支机构，甲方对此表示同意。

三、甲乙双方议定，在进入市场的初级阶段，由于乙方对市场运作缺乏经验，由甲方协助完成。

四、双方为了共同珍惜保护好该项知识产权和品牌形象，外阜设分支，乙方向甲方交纳风险抵押金人民币 10 万元整；北京区县设分支，乙方向甲方交纳风险抵押人民币 5 万元整。待协议期满后顺延六个月，通过媒体声明，确认对该品牌没有造成不良影响及损失，风险抵押金退还乙方。

五、为了把市场做得更加完美，依据乙方在当地注册名称在辖区内的区县设分支，从事该项高新技术工作，本着“有钱大家赚，有利大家享，风险大家担，保证合作伙伴的利益”的原则，与下属另立合作协议。

六、污水再生处理设备系列产品是甲方研发的利国利民的高科技产品，因此，双方议定合作经营期内，乙方应接受甲方的监督管理，共同经营好污水处理设备系列产品，合作期限五年。

七、乙方的奖励提成

1. 在正常报价的基础上成交，奖励对方按总价 20%（税前）提成。

2. 在正常报价的基础上上浮部分成交，上浮部分归乙方所有。

3. 正常报价 20%奖励提成中下浮部分，计算到乙方。

八、兑现方式项目合同签署后款到位，即付提供信息方应得报酬的 50%，第二批款到位后，将提供信息方 50%的余款付清。

九、合作经营期满，如双方均表示愿意继续合作经营污水处理设备系列产品，本合同可再延续三年。如其中一方不同意合作，本合同到期，双方合同终止，终止后，双方应按规定进行财务结算。

十、双方在合作经营合同期间，如遇未尽事宜，经友好协商取得一致意见后，可签订补充协议，协议具有同等的法律效力。

十一、在履行本协议时，如发生分歧，双方尽量协商解决，如协商不成，任何一方均有权依法解决。

十二、本协议一式两份，由双方签订盖章后生效，甲乙双方各执一份，具有同等法律效力。

甲方：（签字盖章）　　　　乙方：（签字盖章）

××××年×月×日　　　　××××年×月×日

二、意向书

文体概述

意向书是双方当事人就经济活动的某个问题，通过初步洽商，就各自的意愿达成一致认识表示合作意向的书面文件，是双方进行实质性谈判的依据，是签订协议（合同）的前奏。

意向书的主要作用是传达“意向”，提请对方注意或供参考，可以约束双方的行动，保证双方的利益；意向书能反映业务工作上的关系，能保证业务朝着健康有利的方向发展；意向书可为正式签订协议或合同打下基础。在经济活动中，一般情况是先签订意向书，达成意向后，由一方向上级部门请求批准，提出可行性研究报告，然后签署协议书，最后才正式签订合同。

意向书与合同有三点区别。①约定内容不同，意向书的内容是合同签订主体就双方合作的意愿表示，并不是双方民事权利义务关系；而合同的内容是合同签订主体之间的民事权利义务关系。②签订时间不同，意向书是双方就权利义务关系达成共识后即可签订，而合同是双方就权利义务关系达成一致协议后才签订。③法律责任不同，意向书的签订一般不会导致法律效力的产生，对签约当事人不具有很强的约束力；而合同一旦签订并生效后，合同中的权利义务的约定对当事人产生约束力，违反合同义务将要根据合同约定或者法律规定承担违约责任。

意向书和协议书也有两点区别。①性质作用不同。协议书具有约束力，具有法律效力，属契约性文书。意向书没有法律效力，属草约性质。②内容要求不同。协议书的内容较意向书具体，并且有违约责任一项。意向书内容较原则、粗略，具体意见和细节尚未考虑好。

意向书有三大特点。①协商性。意向书是双方初步协商的产物，写意向书多用商量的语气，不带任何强制性，有时还用假设、询问的语气。②灵活性。意向书不像协议、合同那样，一经签约不能随意更改，意向书比较灵活，在协商过程中，当事人各方均可按各自的意图和目的提出意见，在正式签订协议、合同前亦可随时变更或补充，最终达成协议。在同一份意向书中，可以提出多种方案让对方选择。③临时性。意向书是协商过程中各方基本观点的记录，一旦达成正式协议，便完成了意向书的使命。意向书不像协议、合同那样具有法律效力。若在意向书的基础上进一步协商签订的经济合同出现了纠纷，那么，签于经济合同之前的意向书就有一定的旁证作用。

意向书通常有三种形式。①单签式，这种意向书是主动提出合作意向的一方单独出具的意向书，一式两份并交予对方，由合作的另一方在副本上签字盖章，交付对方。这种意向书的磋商性较差，有效性较差。②联签式，这种意向书在形式上保持比较正规的协议形式，在书面上除将双方的意向表明外，还要出具双方的详细情况及代表人姓名，并一式两份，每份上有双方代表的签名。联签式意向书体现了双方的郑重与诚意。③换文式，这种意向书即以交换信件的形式表达合作的意向。

行文格式

无论采用哪种方式写作意向书，它的基本格式和内容与协议书的大体相同，仍然是回答“为什么”、“做什么”、“怎么做”的问题。

1. 标题

常用标题有三种形式：一是文种式标题，即写明“意向书”三字；二是简明式标题，由意向项目和文种构成，如“××原料合资生产意向书”；三是完全式标题，一般由合作双方名称、合作项目和文种三项组成，如“×××和×××合作经营××度假村意向书”。写标题时最好将合作的项目明确、具体地反映出来。签订意向书双方的名称一般要写明全称。为叙述方便，可分别确定为“甲方、乙方”；也可简称为“双方”。

2. 正文

这是意向书的主体和核心部分，基本由引言、主体、结尾三部分构成。

1）引言

引言要写明订立意向书的政策依据或指导思想（本着什么原则）以及双方当事人（写明合作各方单位的全称）在何时何地由何人就何事进行洽谈，总体目标是什么（兴建什么项目），然后用承上启下的惯用导语"兹宣告如下意向"，或"本着××原则，达成意向如下"，或"本着××原则，兴建××项目"引出主体。

2）主体

主体是意向书所要实现的总体目标的具体化，一般都以分项排列条款的形式来表述，分条归纳双方的意愿。各项条款之间的界限要清楚，内容要相对完整，既不要交叉叠叙，也不要过于琐碎，更不能有所疏漏。还要对实现意愿的条件、形势、可行性的看法以及意向目标和相应措施，进一步商谈的时间、内容、级别、任务等加以说明。如果是单签式，还应申述己方意图，征询对方的意见。

3）结尾

结尾应写明意向书的份数和报送单位。写明"未尽事宜，在签订正式合同或协议书时再予以补充"一语，以便留有余地。

3. 落款

落款包括在正文右下方写上签署意向书单位全称和代表姓名，并签名盖章，再在下方写明签订日期、抄印份数、报送单位等。

撰拟要求

1. 态度要严肃

不要以为意向书约束力差就可随意签订，必须忠实于洽谈会议记录，不能添上非会议记录的内容，不能随意编造。不要表现己方对关键问题的要求，以便在下一步洽谈时能进退自如，取得主动。

2. 行事要慎重

撰写意向书时对关键性问题不宜贸然做出实质性承诺，以免被动。凡己方要上级或其他部门才能解决的问题，不能写入意向书。

3. 注意原则性

坚持平等互利的原则，既不能一味迁就对方，也不能把自己的要求无原则地强加给对方。意向书不要写有违政策法规的内容，也不要承诺属于上级部门和其他部门才能解决的问题。

4. 宜粗不宜细

意向书只约定最基本原则和今后工作日程，宜粗不宜细，双方具体的权利和义务须经过深入谈判，然后在合同中加以规定。

5. 措辞要精准

思考要周密，内容要明确，条款要具体（参照合同或协议的条款排列），用词要准确（不使用模糊或有歧义的语言），特别不要随便使用肯定性的词句，尤其是关系到双方的权益问题，务必慎用肯定词句，但不能含混不清，模棱两可。

例文 7-5

温泉度假村开发意向书

甲方：××人民政府

乙方：××××集团有限公司

为了促进旅游经济发展、做大做强××旅游产业，××党委、政府积极对外招商引资，开发利用××天然地下温泉水资源，在镇区建设集保健、疗养、水上泛舟、柳下垂钓、别墅、会议、美食品尝为一体的休闲-旅游度假村，经甲、乙双方多次实地考察和友好协调后，就开发利用××天然地下温泉水资源事宜，达成如下建设开发意向。

一、甲方同意乙方在××村、北村即以××原温泉度假村为中心，兴建一占地约1000亩××温泉度假村，用地面积及年限以土地主管部门批准确认为准。

二、乙方以独资方式投资约2亿元，分四期开发，主要建设以温泉、保健疗养、旅游、度假、水上娱乐、弘扬发展××美食、文化和农家乐项目的相当于四星级酒店装饰标准的温泉度假村。

三、甲方应解决好项目建设地点内农田、山地及民房的征用拆迁工作，所需费用由乙方负责；同时协助乙方处理好立项、规划、环保、工商及土地报批等手续的办理工作。

四、乙方必须在意向书签订后的一年内完成项目的设计规划及立项审批工作，第一期的开发项目占地约300亩在立项后投资5000万元，否则甲方可另行安排其他投资者开发。

五、乙方享受中央、省、市、县及××镇制定的外商投资企业各种优惠政策。在乙方经营期内，甲方不得以任何借口向乙方收取温泉资源使用费。为了确保投资方的利益，做强做大××温泉旅游品牌，甲方不得再引进其他相关温泉开发项目。本开发项目与国道相贯通的道路拓宽，以及配套的水、电改造，由甲方负责实施并承担费用。

六、本意向书一式肆份，双方各执贰份，本意向书自签订之日起共同遵守，其他未尽事宜双方协商解决。

甲方：××人民政府(印章)　　　　乙方：××××集团有限公司(印章)

代表：×××(签名)　　　　代表：×××(签名)

签约日期：××××年×月×日

签约地点：×××××

实训练习

(1)××大学想要组织一次篮球比赛，拟请中国联通公司赞助此次活动，请同学们分组扮演学生会代表和联通公司代表，作为甲方和乙方，双方协议篮球比赛赞助事宜，并签订协议书。甲方负责为乙方宣传，乙方为甲方提供资金和场地，并详细讨论宣传形式、奖品规格、赞助金额以及违约责任等事项。

(2)广州××制衣厂与美国××公司于××××年×月×日签订了一份协议，美国××公司要求××制衣厂为其每年生产丝绸服装10万件，规格为真丝面料、不绣花的女装衬衣，上半年和下半年各交付一半成衣。为了确保产品质量，美国××公司愿意提供美国××研制的生产丝绸的专用设备和附属设备，款项由美国××公司无偿垫付，××制衣厂在两年内分期归还。××公司答应派出经验丰富的技术人员来××制衣厂进行技术辅导，其费用由美方担当。协作期定为五年。

(3)王××是大四毕业生，为了积累工作经验，前往××酒店实习。双方商定，王××在××酒店实习3个月，每个月休息2天，每天工作8个小时，实习期间遵守××酒店的一切规章制度；××酒店为王××安排服务生岗位，月薪1200元，包吃住，请为他们双方拟写一份实习协议书。

(4)当事人××企业有限公司(以下简称甲方)与××旅游事业管理局(以下简称乙方)为发展××游览区，双方表示共同意向：甲方愿以经营旅游事业的经验及财力，协助乙方发展崖城风景区，并促进旅游事业的发展；乙方愿竭诚合作，从各方面协助甲方推行工作；一旦双方达成正式协议，并经签字后，合作即可展开。本意向书一式两份，双方签署以后，各执一份为据。签订意向书时间为2014年9月5日。根据以上材料，拟写联签式意向书。

(5)上海浦东新区××厂(甲方)与香港××公司(乙方)的代表经过谈判协商，双方达成了在上海以合资经营模式兴建钟表机械加工厂的意向。合资企业名称是“上海××钟表机械厂”，地址设在甲方厂内，即上海浦东新区××路××号，并在上海、香港两地分别设立销售部、技术服务部。双方约定的投资总额为叁佰万元人民币，甲方出资壹佰贰拾万元人民币，占总额的40%，乙方出资壹佰捌拾万元人民币，占总额的60%。利润按双方投资的比例分成。合资企业的产品95%以上由乙方出口销售。甲方负责立项，组织生产及解决生产场地，乙方负责提供先进的设备、市场信息、产品样机图纸等。双方合资期限为拾年。有关产品的价格由甲、乙双方协商议定。签订意向书时间为2014年10月9日。根据以上材料，拟写联签式意向书。

第三节　招标书、投标书

招标，是指由招标人明确提出拟购买的商品或拟兴建的工程项目及相应事件和要求，邀请卖方或承包商前来投标直至最终形成伙伴关系的行为。投标则是指投标人(卖方或承包商)依据招标方的条件要求在指定时间与地点按照一定程序参与竞标的行为。招标、投标因其具有公开性、公平性、简明性的特点，成为市场经济中一种具有影响力的竞争方式，通常适用于工程建设项目和大宗商品交易。

一、招标书

文体概述

招标书是招标人利用投标者之间的竞争达到优选买主或承包方的目的，从而利用和吸收各地、甚至各国的优势于一家的商品交易行为所形成的书面文件。

招标文件涉及的内容甚多，包括招标邀请函、招标项目要求、投标人须知、投标文件格式要求、合同条件及格式、招标价格的要求及其计算方式等。

投标人须知，详细说明投标企业必须了解的具体事务性问题，如项目名称、用户名称、投标书数量、投标地址、截标日期、投标保证金的数额或其他形式的担保(投标保证金可以采用现金、支票、信用证、银行汇票，也可以是银行保函等。投标保证金的金额不宜太高，现实操作中一般不超过投标总价的2%，以免影响投标人的积极性。中标人确定后，对落标的投标人应及时将其投标保证金退还给他们)、投标有效期、评标的标准和方法(评标时只能采用招标文件中已列明的标准和方法，不得另定)、应当提供的有关资格和资信证明文件等。

合同条件(合同的一般条款及特殊条款)及格式，特殊合同条款是对一般条款中某些条款的具体化，并增加一般合同中未做规定的特殊要求。特殊合同条款包括履约方式，履约保证金的具体数额及交纳方式(一般来说，货物采购的履约保证金为合同价的5%～10%，工程保证金如果是提供担保书，其金额为合同价的30%～50%，如果是提供银行保函，其金额为合同价的10%)，验收和检测的具体程序，解决争端的具体规定等。

招标价格的要求及其计算方式。投标报价是招标人评标时衡量的重要因素，因此，招标人在招标文件中应事先提出报价的具体要求及计算方法。如在货物招标时，国外的货物一般应报到岸价或运费保险付至目的地的价格，国内的现货或制造或组装的货物，包括以前进口的货物报出厂价(出厂价或货架交货价)。如果要求招标人承担内陆运输、安装、调试或其他类似服务的话，比如供货与安装合同，还应要求投标人对这些服务另外提出报价。在工程招标时，一般应要求招标人报完成工程的各项单价和一揽子价格，该价格中应包括全部的关税和其他税。招标文件中应说明招标价格是固定不变的，或是采取调整价格。价格的调整方法及调整范围应在招标文件中明确说明。招标文件中还应列明投标价格的一种或几种货币。

狭义的招标书，是招标文件的一种，即是招标邀请书（或称招标启事），是将招标主要事项和要求公告于众，从而使众多的投标者前来投标的周知性文书。它有四个特点：①公开性，一般通过一定的媒体广泛传播，招标者将自己的标的物、招标意图、招标范围、招标条件、招标步骤等公布于众，投标者可参与公开竞争；②优选性，招标的动机是寻找和选择最理想的合作伙伴，尽可能最广泛地造成竞争局面，以获取最佳的经济效益；③保密性，标书的标底在公布之前不得泄密，否则对责任者要严肃处理，直至追究法律责任；④约束性，招标书是招标单位以法人的名义向投标单位提出的约言，一经发出就不能更改，如果违背约言就要承担法律责任，要赔偿由此给投标单位所造成的损失。

招标书有不同的种类，按招标的范围分类，可分为国际招标书和国内招标书。国际招标书要求两种版本，按国际惯例以英文版本为准。考虑到我国企业的外文水平，招标书中常常特别说明，当中英文版本产生差异时以中文为准。按性质和内容分类，可以分为工程建设招标书、大宗商品交易招标书、选聘企业经营者招标书、企业承包招标书、企业租赁招标书、劳务招标书、科研课题招标书、技术引进或转让招标书等。按时间划分有长期招标书和短期招标书。

行文格式

制作招标书是整个招标过程中最重要的一环。招标书的结构由标题、正文、签具三部分构成。

1. 标题

招标书的标题有完全式标题和省略式标题之分。完全式标题由招标单位名称、招标项目和文种构成，如“××股份有限公司××高新技术开发区高层住宅建筑工程承包招标书”；省略式标题由招标单位名称及文种构成，如“××工程设备公司招标书”，或由招标项目和文种构成，如“建筑安装工程招标书”。还有一种比较灵活的广告性标题，如“谁来承包这座华侨大厦”。如果是招标公司，应于标题下写出招标号，招标号一般由招标公司的英文缩写和编号两部分构成。

制作标题必须克服文种混乱现象，如有的用“通知”，有的用“通告”，有的用“广告”，有的用“公告”，按国家有关规定和写作习惯，通知等文体都有其特定的内涵和使用范围，不能随便乱用。招标的目的是向人们公布招标的项目和内容，促使人们产生投标欲望并前来投标，传播招标信息的文体只能是“招标书”或“招标启事”。

2. 正文

这是招标书的核心部分，其主要内容包括：招标目的、招标依据、招标项目（包括规格、型号和数量）、招标范围、招标方法、招标时间等，要让投标者全面了解招标单位所提供的各种有关信息。通常，正文由前言和主体组成。

1）前言

前言简要说明本次招标的目的和依据、招标项目名称、招标范围等内容。常常用介词“为了”“经过”表明目的和依据，要求对招标的项目开门见山，做简明扼要的表述。如“为了提高建设安装工程的建设速度，提高经济效益，经主管部门批准，决定对建筑安装工程的全部工程（单位工程、专业工程)进行公开招标”,“本工程经张家界市××区发展和改革局、张家界市××区建设局批准,具备招标条件,具体事项公告如下”。有的还要简单介绍单位基本情况,如地理位置、自然条件、固定资金、人员状况、经营情况等。

2)主体

主体的主要内容有项目概况、招标方式、招标范围、项目要求、招标程序、权利义务、签约原则、组织领导等。

(1)项目概况,包括招标单位名称、招标项目名称、内容(如货物类招标内容一般包括商品总购进、商品总销售、利润总额、费用水平等,建筑工程类招标内容一般包括工程内容、范围、工程量、工期、地质勘查单位和工程设计单位等)、性质、数量。

(2)招标方式,即说明是公开招标、邀请招标,还是议定招标。公开招标,是招标人在指定的报刊、电子网络或其他媒体上发布招标公告,吸引众多的投标人参加投标竞争,招标人从中择优选择中标单位的招标方式。邀请招标,也称选择性招标,由招标人根据供应商或承包商的资信和业绩,选择一定数目的法人或其他组织(不能少于三家),向其发出投标邀请书,邀请他们参加投标竞争。议定招标也称谈判招标或限制性招标,是对于一些技术复杂或工期紧迫的项目(工程)征得有关主管部门同意后,选择两家以上有兴趣投标的法人或其他组织发出招标邀请书,再通过谈判确定中标的招标方式。

(3)招标范围。这是指对招标对象的选择,或国际,或国内,或省内,或市内等。

(4)项目要求。这包括技术规格或技术要求等。如货物类招标的要求应包括商品的大小、轻重、体积、精密度、性能等;建筑工程类招标的要求应包括工程质量等级、技术要求、对工程材料和投标单位的特殊要求、工程验收标准等。工程项目还必须写综合说明书,以便投标者衡量承包是否合算,是否投标。技术规格或技术要求的确定,往往是招标具有竞争性,达到预期目的的技术制约因素。这部分要求的提出必须依据充分并切合实际,技术要求要根据可行性报告、技术经济分析确立,同时要做到合理适度,不能盲目提高标准,条款不应过于苛刻,更不允许将风险全部转嫁给中标方,但也不能为了扩大了竞争面,将技术规格要求制订得过低,这会给评标带来很大困难,评标的正确性很难体现。招标文件规定的技术规格应采用国际或国内公认、法定标准。国家对招标项目的技术规格有法定公认标准的,招标人在招标文件中规定技术规格时应予遵循、采用,不得另搞一套。

(5)招标程序。应把招标、设标、开标、定标的方法和步骤做必要的说明,有些程序应注明时间和地点(如投标起止日期、报名时间地点、报名材料、注意事项等)。招标文件应载明配套的评标因素或方法,尽量做到科学合理,这样会使招标更加公开,人为因素相对减少,会使潜在的投标人更感兴趣。招标文件成型后,最好组织有关专家审定、把关。这些都是保证招标是否公平、公正的关键环节。

(6)权利义务。招标方根据必要法规和程序进行审标、定标;投标方要严格按照招标书的要求投标,中标后不能改变中标内容。

(7)签约原则。这包括签订、变更、解除、终止合同的条件要求和法律程序以及时间等。

(8)组织领导。有的招标书要求写明招标领导机构和办事机构的情况以及联系人姓名。

(9)其他事项。一般是上述内容的未尽事宜,或投标方应注意的事项。

主体部分一般采用分条列项或表格式结构来写,分条列项,条理清楚,一目了然;表格式,项目齐全,简明扼要。有的在表述招标内容之前,还需要写上标书编号。

3. 签具

签署招标单位的名称(落款单位可以是招标单位的主管部门或承办部门)、地址、电话号码、传真号码、电子信箱、网址、邮政编码等。如果是两个单位以上联合招标,应将其各自的名称与联系方式分别写上。最后写上招标书发布日期。

由于招标项目或招标条件不同,招标书的写法不是固定不变的,但一般应具备上述三部分的内容及其结构形式。招标书还有附件,为了使正文简洁,而把繁复的专门内容作为附件列于文后或作为另发的文件,如项目的具体内容数量、工程一览表、设计勘察资料及有关的说明书等。

撰拟要求

1. 熟悉流程,摸清情况

招标书的撰写者必须具有精湛的专业知识、良好的职业素养和必备的法律法规知识。招标书写作之前,撰写者要了解和熟悉招标、投标活动的相关法规、程序和步骤,进行深入细致的需求调研、分析、研究,掌握本次招标项目的概况和内容、招标范围和形式、招标要求、招标地点和时限等重要信息,以便制订出既符合单位标准和需求,又具吸引力的招标书。招标项目门类繁多,只有多积累、多调查、多思索、多积累经验,才能深入浅出,编出一份合乎规范的招标文件来。

2. 合理合法,恪守原则

招标书的内容应符合国内法律法规、国际惯例、行业规范等。招标书的写作既要遵守国家对招标的有关规定,又要执行国家颁布的相应的技术规范及质量标准,还要恪守公正合理的原则(公正、平等、诚恳,所提技术要求、商务条件必须依据充分并切合实际),公平竞争的原则(不含任何歧视性条款,力避招标的倾向性),科学规范的原则(语言表达规范,意思简洁明了),维护政府、企业利益的原则(维护招标单位的商业秘密、国家利益和社会公众利益)。

3. 需求明确,杜绝拷贝

没有准确、详细需求的招标书,对于招标工作来说不但是浪费时间,而且很容易被对方钻空子。故此,招标书中务必要把需求写详细、写清楚,这样可以直接过滤掉一些不符合招标方要求的厂商。招标书不能是对模板的简单复制,简单地复制拷贝其他公司的招标书,根本不能体现企业的真实需求,很可能与本企业的真实需求大相径庭,这种抄袭的招标书对于招标工作不仅毫无指导意义,而且会给招投标工作带来危害。

4. 周全严谨,简洁清晰

招标书的各个项目内容要表述周全翔实,不得疏漏。有时一个细微疏漏,就可能造成被动局面。各种提法、概念、用语要规范。技术规格准确无误,避免含混不清,以致产生歧义。所用数据都要认真核实,不出差错。文字表达要尽可能准确简明,没有必要长篇大论,切忌罗列堆砌,如与招标无关或关系不密切的要尽可能删繁就简。

例文 7-6

天门市城市规划馆布展设计和施工一体化项目招标

所属地区:湖北。

招标方式:公开招标。

工程名称:天门市城市规划馆布展设计和施工一体化项目。

建设单位名称:天门市城乡规划局。

建设规模：3200平方米。

投资金额：2880万元。

建设地点：天门市陆羽大道。

企业资质等级：项目经理资质。

招标人：天门市城乡规划局。

报名截止时间：2014-8-5，17：30：59。

1. 招标条件

招标项目天门市城市规划馆布展设计和施工一体化项目已由天门市委市政府批准建设，建设资金来源全额拨款，项目已具备招标条件，现就该项目布展设计及施工进行公开招标，特邀请有兴趣的潜在投标人（以下简称申请人）提出资格预审申请。

2. 项目概况与招标范围

项目名称：天门市城市规划馆布展设计和施工一体化项目。

项目位置：天门市陆羽大道，布展面积约3200平方米。

资金来源：全额拨款，投资概算2880万元（含设计费）。

立项批文：天政办发〔2014〕16号。

质量标准：优良。

招标范围：天门市规划展示馆的整体策划设计和实施。工作内容为：创意策划、深化方案设计、展陈文案编制、施工图设计、设备采购、施工直至交付使用的一揽子工程。详见附录（天门市城市规划展示馆布展设计施工一体化项目设计任务书）。

3. 申请人资格要求

3.1 投标人必须同时具备：①中国展览馆协会展览工程企业一级资质；②建筑装饰专项工程设计甲级资质；③建筑装修装饰工程专业承包企业一级资质；④市外投标企业申请参与投标，详见天门市公共资源交易中心网站文件要求；⑤必须是在中华人民共和国区域内工商注册登记的独立法人，注册资金1000万元人民币（含）以上，具备合法有效的企业法人营业执照、资质证书、组织机构代码证、税务登记证、安全生产许可证（施工企业）；营业执照在年检有效期内，财务状况良好，近两年无违规违法行为；⑥2010年至今完成过3000个及以上的规划馆布展设计及施工一体实施项目，具备综合实施专业经验。

3.2 若投标人不同时具备上述①、②、③三项资质的，可以组成联合体投标；但联合体主办方需为中国展览馆协会展览工程一级资质，且必须符合上述第⑤、⑥款的条件。

3.3 主办申请人委派的项目负责人必须从事本专业工作5年以上，且2011年1月1日至今至少担任过1项类似城市规划布展设计施工一体化项目的项目负责人。

3.4 主办申请人及联合体成员委派的各专业负责人须具备展示设计或室内设计等行业的资格，须具有本专业（含相近专业）中级及以上技术职称从事本专业工作3年以上。

3.5 联合体申请人布展施工阶段项目负责人须具备二级及以上注册建造师资格证书，且持有安全生产考核合格证书B证；技术负责人具有建设工程专业中级或中级以上职称；拟承担本工程的五大员（施工员、造价员、材料员、安全员、质检员）必须具备合法有效的上岗证，安全员须具备安全生产考核合格证书C证。

3.6 企业近二年（2012年、2013年）营业额情况、企业财务、经营管理概况（包括经审计过的财务状况、资金平衡和负债情况）。

3.7 近三年（2011年1月1日至今）获得奖励、受到惩罚情况。

3.8 近三年（2011年1月1日至今）参与或涉及诉讼案件的资料。

4. 资格预审方法

本次资格预审采用有限数量制。

5. 定标方式

经评标委员会根据招标文件评审推荐前三名为中标候选人，由天门市城乡规划委员会确定中标单位。

6. 补偿方案

对取得资格预审合格通知书且参与投标的单位按照综合评分排名及定标结果进行方案补偿，除中标单位外，排名第一名和第二名补偿金额为人民币8万元，第三名和第四名补偿金额为人民币5万元，第五名、第六名补偿金额均为人民币3万元(含税收，税收由投标单位自行支付)。招标人给予投标人设计补偿后，该投标人应承诺所投标设计方案及成果的署名权归投标人和招标人共同所有，署名权以外的著作权等归招标人所有，招标人拥有对成果的使用权和处置权，并在投标文件中提交承诺书，否则作为无效投标处理。

7. 资格预审文件的获取

7.1 请申请人于2014年7月24日至2014年8月5日(法定公休日、法定节假日除外)，每日上午8:30时至11:30时，下午15:00时至17:30时报名，购买资格预审文件。

7.2 资格预审文件每套售价300元(售后不退)。本次招标不接受邮寄方式购买资格预审文件。

联系人：萧 敏

电话：010-5618××××

手机：1381051××××

邮箱：××××@××××.com

传真：010-5228××××

二、投标书

文体概述

投标书是投标人按照招标人要求具体向招标人提出订立合同的建议，是提供给招标人的备选方案。

投标书是投标者为了中标而按照招标书提出的项目、条件和要求，以求实现与招标者订立合同，而提供给招标者的承诺文书。投标书撰写的水平直接影响中标结果。

投标书有四个特点。①规范性。投标书的制作既要遵守国家对招标工作的有关规定和具体方法，又要执行国家公布的技术规范和质量标准，不能随心所欲，任意制作。②可行性。对投标书承诺的各项条件(包括项目标价、规格、数量、质量及进度要求)，承诺单位务必保证其可行，一旦中标，必须严格履行承诺，不可能反悔。③保密性。投标书一旦制成，应当严格保密，不可有丝毫泄露，否则，将会给竞争对手以可乘之机，给本单位造成不可估量的损失。④时限性。招投标活动一般都有严格的时间限定，必须在限期内将投标书递交招标单位，过期将视同自动放弃。同时，对投标进度项目也有严格的时间限定。

投标书按投标方人员组成情况分，可分为个人投标书、合伙投标书、集体投标书、全员投标书和企业投标书等。投标书按性质和内容分，可分为生产经营性投标书和技术投标书：生产经营性投标书有工程建设项目投标书、大宗商品交易投标书、选聘企业经营者投标书、企业租赁投标书、劳务投标书等；技术投标书包括科研课题投标书、重大关键基础投标书、技术引进或技术转让投标书。

投标文件通常可分为以下三类：一是商务标，是企业、人员、机械等相关资质等级要求；二是技术标，主要是以施工组织设计体现，即所投标的主要技术参数、规范；三是经济标，主要是预算报价部分，即结合自身和外界条件对整个工程的造价进行报价。经济标是整个投标的重中之重。报价单是投标文件中最主要的一个文件，因为价格是主要的竞争因素(并不是说价格报得最低就能中标，报价要有弹性和余地，根据配制增减，价格可上浮或下降10%左右)，所以报价尤其要慎重，只有比较准确地核算出所招标产品的实际费用，才能正确掌握所需报价的准确性。在这里要特别注意以下几个问题：①各种费用经核算后要考虑同行单位的可能情况，最后所确定的报价数目必须保密；②所有投标都以人民币报价，投标方如需用外汇购入的某些投标货物，均要折合成人民币计入总报价中，切记防止前后报价矛盾；③投标方应对招标的项目进行分项报价；④投标货物的总投标价（大写）元人民币（此项在正本文件的密封件中提供）；⑤保证遵守招标文件中的有关规定和收费标准；⑥保证忠实地执行买卖双方所签定的经济合同，并承担合同规定的责任义务；⑦愿意向对方提供与该项目有关的一切数据、情况和技术资料。制作投标文件时一定要紧扣招标文件的要求逐条逐款来做，特别是有些招标文件的评标办法已在招标文件中明示，一定要对评标办法进行仔细的研究并推算得分。

投标文件的撰写，实际上就是紧紧围绕招标文件提出的内容和要求，分别进行答标。投标文件是由各部分相关文件组成的，因此各章节就组成了一个鲜明而连贯的目录，一般包括投标书、开标大会唱标报告、投标设备数量价格表、企业法人营业执照影印件、投标企业资格报告、投标设备报告、投标设备偏差表、法人代表授权书、履约保证金保函等。

行文格式

投标书一般由标题、致送单位、正文和结尾四个部分组成。

1. 标题

投标书的标题要用简明扼要的语言，揭示出投标人、投标单位和标书名称。标题一般有五种写法：①完全性标题，由投标方、投标目标、事由、文种组成；②不完全性标题，由事由、投标目标、文种三部分组成，如“××地铁建筑工程投标书”；③简明性标题，由事由和文种二元素构成；④只有文种的标题，这也是一种比较常见的题目方式，一般只写上“投标申请书”、“招标答辩书”即可；⑤新闻式标题，分主题和副题两个部分，如“有实力，讲信誉——我的投标书”。

2. 致送单位

致送单位即投标书的致送对象，系指招标单位（或招标办公室）或评标机构，要写其全称或者规范化简称，以示郑重。致送单位在标题下顶格写。

3. 正文

投标书的正文内容一般包括前言和主体、结语、附件四个部分。

1）前言

这部分是投标书的导语，要用较为概括的语句，简要明确地交待出投标的目的或依据，表明投标的态度。写依据就是表明投标言而有据，如“根据已收到的贵公司招标编号为ARBUO-ZB001号的项目招标文件，遵照国家有关招标投标管理办法的规定，我行经研究上述工程招标文件的投标须知、合同条件、技术规范、项目期限和其他有关文件后，我方决定参加投标”，这就是根据。所谓表明态度，就是表明本单位参加该项目的投标活动，保证施工规定等。如“南海大厦招标办公室：在研究了你们安装工程的招标条件和勘察、设计、施工图纸，以及参观了建筑安装工地以后，经认真研究核算，我们公司愿意承担上述全部工程的施工任务”。有的投标书前言还要介绍投标单位的基本情况（投标单位名称、法人代表姓名，单位所有制性质及隶属关系，单位人员构成情况，固定资产、流动资金、开户行账号、设备及技术力量等。若为个体，则须说明个人的基本情况，如姓名、性别、民族、文化程度、政治面貌、隶属关系、简要经历、任职情况及资格证书等)以及对该投标项目的态度。在介绍基本情况的时候,必要情况下还要附上营业执照、资格证书的复印件。如招标方要求财产抵押,则须写明具体数额等情况。

2)主体

主体内容主要包括投标项目的具体内容和指标,实现指标、完成任务的措施等。

(1)投标项目的具体内容和指标(一般遵循的原则是:高于标底20%或20%以上者应作废标处理)。这部分是投标的核心,对不同类型的投标项目,所需要写明的指标是不同的。如投标承包企业,应该写明这样几项指标:生产指标、利润指标、税金指标、费用率、利润率、周转资金等经济指标。如投标建设工程,应该写清楚工程总报价及对价格组成的分析、计划开工和竣工日期、主要材料指标、施工组织和进度安排、保证达到的工程质量标准、投标单位技术力量与设备力量等。如果投标大宗货物,应写明保证按合同履行的责任义务等。

(2)实现指标、完成任务的措施。投标书的正文不仅要提出各项经济指标,而且要提出实现指标、完成任务的具体措施、保证和条件等。措施要注意写得明确、具体、完整,要有力、具体、切实可行。如承包商店,实现指标的主要措施应包括:领导班子的组建,经营管理机构的设置,各经营科室资产抵押责任承包管理,加强人员培训和资金管理、资金发放等。如承包工程,要具体提出完成该项目所要采取的措施,如专业技术、组织管理以及安全生产措施等。力求论证严密、层次清晰、文字简练。有的还要附上对本单位优势的分析,阐明投标单位的指导思想,经营方针等。保证和条件是指要载明保证完成的期限、组织保障、服务承诺等,要写得明确具体,以便令招标单位通盘考虑,认真权衡,予以采纳。这部分是投标书写作的重心,必须着力写好。要紧紧围绕招标文件的具体要求进行表述,充分展示出本企业的实力和竞争能力,从而取得竞标成功。在具体写法上,可以采取表格形式,也可采取分条列项的形式,将有关内容依次陈述清楚即可。要注意所用数据必须做到完整、准确,所提目标必须确凿可信,所提措施必须切实可行。

3)结语

结语以建议为主,有的投标书在正文中,还常常要对招标单位提出一些要求,如请求招标单位对施工预以配合,施工中如出现意外问题,双方应互相体谅,协商处理。结语的建议一般分若干条,具体写明。

4)附件

投标书一般都有附件,就建筑工程投标书而言,主要有两个部分:一是工程量清单或单位工程主要指标部分标价明细表;二是单位工程主要材料、设备标价明细表。一些重大工程还要附上投标保证书。如有必要,附上担保单位的担保书、有关图纸和表格等。

4. 结尾

投标书的结尾写在正文之下,要写出投标单位名称及法人代表名称或姓名,并加盖印章,还要写明联系人姓名、电话、电报挂号、传真、邮政编码、地址、投标日期等,以便招标者联系。

以上是文字式投标书的基本格式,许多投标书制有封面,封面上填写招标单位名称、招标工程名称、投标单位名称及负责人(或法人代表)签章,还需写出其职务。在封面的右下角写上送达标书时间。

表格式投标书,一般由招标者制发,投标者只需按要求填写即可。表格式投标书一般由封面、表头(由标题、投标单位负责人(法人代表)签章及制作标书时间等项目构成,标题只写文种)、正表(依照招标文件要求与规定填写相关事项)三部分组成,并形成较为固定的规范式样。

撰拟要求

1. 了解情况，知己知彼

投标者编制投标书是为了在竞争中获胜，达到中标的目的，因此在制作投标书之前，要全面了解情况。一是了解和掌握与招标项目有关的法律、法规、政策；二是了解和掌握招标项目的情况（即招标范围、规定、招标方式等），对招标项目做周密调查研究和精心计算，准确吃透招标单位的需求及思路，使本单位提出的投标书与招标书的内容合拍；三是要了解和掌握竞标者的情况，收集有关招标项目的市场情报信息，认真研究参与竞争对手的实力与营销策略，做到知己知彼，既合理核算成本，又使报价适中，具有竞争力。

2. 实事求是，量力而行

投标方必须在认真研究招标书的基础上，客观而细致地权衡自身的人员素质、技术水平、经济实力和相应的赔偿能力，做到量力而行，量体裁衣。对有利条件和不利因素的分析，对达标的行动方案的陈述，必须坚持从实际出发，实事求是的原则，切不可为中标而弄虚作假、夸大其词，毫无把握地许诺。如果不实事求是，则会给国家、招标单位和自身造成难以估量的损失。

3. 动作迅速，方案具体

由于投标报名或申请是有时间限制、过期不候的，因此，投标方一定要讲究时效，购得或领取招标书后，抓紧时间制作投标书，在规定期限内完稿之后，应尽快寄出或送交。否则，时过境迁，就会贻误良机，使中标的愿望落空。分析情况、提出方案和措施，都要紧紧围绕和针对标底及问题来阐述，每一项内容尤其是目标、造价、技术、设备、质量标准、安全措施、生产进度及服务承诺等，要写得明确具体、切实可行，如果流于空洞浮泛，则会影响中标。

4. 严谨周密，准确精要

要执行国家颁布的技术规范和质量标准，不能随心所欲，任意制作。计量单位必须使用国家统一的行业计量单位，不允许混合使用不同的度量制。对单价、合计数、总标价的计算应仔细核对，相关数额应前后一致。图标应简洁、明确、条理清楚，切忌模棱两可，引起不必要的争议。在语言表达上应力求准确、简要，涉及有关的技术指标、质量要求、服务承诺等更应如此。要避免诸如“尽可能”、“力争”、“××以后”等模糊度较大的词语出现，以免言不及义、事与愿违。单位名称和地址不可简写，时间应具体写“××××年×月×日”，文书密封、加盖公章（或负责人章）这些细节不可忽视。投标文件中的每一处空白都需填写，做到严谨周密，完备无遗，防止粗心大意，遗漏重要事项（如有空缺，被认为放弃意见）。切忌长篇大论，做到简明扼要。

例文 7-7

学生生活超市经营权投标书

项目名称：生活超市

招标人：重庆财经职业学院

投标人：县购物中心

法定代表人或其委托代理人：×××

投 标 函

致：重庆财经职业学院

1. 在研究了上述项目的招标文件和考察了实地现场后，我们愿意按每年租金人民币（大写）××万元（￥××××× 元）的投标报价，遵照招标文件的要求承担重庆财经职业学院超市在三年内的经营管理工作。

2.我们同意在从规定的投标截止之日起×天的投标文件有效期内严格遵守本投标书的各项承诺。在此期限届满之前,本投标书始终将对我方具有约束力,并随时接受中标。

3.在合同协议书正式签署生效之前,本投标书连同你单位的中标通知书将构成我们双方之间共同遵守的文件,对双方具有约束力。

4.我们理解,你单位不一定接受最低标价的投标或你单位接到的任何投标。同时也理解,你单位不负担我们的任何投标费用。

5.如果我们在本投标文件有效期内撤回投标文件,或在接到中标通知书后的×天内非招标人原因未能或拒绝签订合同协议书,或未能按要求交纳相应的履约风险金,你单位有权另选中标单位。

6.如果你单位接受我们的投标,我们将以投标书附录内写明金额和提交方式提交履约风险金。

7.如果你单位接受我们的投标,我们愿意按合同要求经营管理此超市,达到合同规定的各项要求。同意由你方进行考评并按考评结果实施奖惩措施。

投标人:×××(盖章)

法定代表人或委托代理人:×××(签字)

日期:××××年×月×日

中标承诺

致:重庆财经职业学院

若我公司有幸中标成为承包人,我公司承诺:保证足够的流动资金用于本超市,及时支付工人工资、货款等费用。并在收到招标人发出《准备开业令》七个日历日内,以及在超市开业之前按重庆市行政主管部门有关的规定提交员工工资担保。若未能及时支付工人(含民工)工资、货款等,发包人不负有任何责任。我方同意并接受由于未能及时支付工人(含民工)工资或货款等费用造成相关单位(人员)集体上访发包人或发包人的上级主管部门,或造成超市停止运营品种稀少等现象时承担以下违约责任:

(1)发生上访一次,承包人承担1万元整的违约金。

(2)造成停业品种稀少等正常运行运营情况的,承包人承担违约金;情节严重影响超市正常运营的,可终止合同。

投标人:×××(盖章)

法定代表人或委托代理人:×××(签字)

日 期:××××年×月×日

投标担保

致:重庆财经职业学院

根据招标文件的规定,我单位如有下列情况,招标人将有权没收上述投标保证金:

(1)如果我单位在投标有效期内,投标人撤回其投标文件。

(2)如果我单位在收到中标通知书后未按要求提交履约担保。

(3)如果我单位在收到中标通知书后7天内非招标人原因未能或拒绝与招标人签订合同协议书。

本担保在按投标须知规定的投标文件有效期或经延长的投标文件有效期后30天内保持有效。招标人延长投标文件有效期的决定,应通知我单位。

投标人:×××(盖章)

法定代表人或委托代理人:×××(签字)

日期:××××年×月×日

超市经营承诺书

重庆财经职业学院:

我公司在经营期间向贵校郑重做出以下承诺:

一、我公司所承包的商店的经营范围为:百货、文具、副食、饮料、烟酒、水果等(具体范围以工商部门登记为准),其余概不得经营,也不得向学生销售烟、酒、管制刀具、烟花爆竹等违禁物品。未经乙方书面同意,我公司不得擅自扩大经营范围。

二、我公司在承包期间,必须严格遵守学校的作息时间,在上课、上自习、午眠、晚就寝等时间段内不得滞留学生在店内买东西,平时也不得容留学生在店内闲聊、玩耍等。

三、我公司保证在乙方商店内销售商品的质量及售后服务,严格遵守《中华人民共和国食品卫生法》和学校关于卫生、安全方面的有关制度,严禁出售假、冒、伪、劣、过期、腐烂、变质、有毒物品。我公司严把进货关,坚持杜绝来路不明的各种货源进入学校商店。做到分工具体,责任明确,由专人负责进货,定点进货,并保证做好食品的销货台账,保证做到不合格或临期商品不进入学校商店,好卖好销的商品保证不断货,滞销商品保证做定期清理,保证学校商店商品的合理性和多样性,并且保证同种商品的售价不高于其他超市,满意率达70%。

四、我公司有义务搞好商店室内外卫生,不得有蚊、蝇、蜘蛛网等现象,确保卫生安全。

五、我公司将定期对商店工作人员进行思想教育和安全教育,不断提高他们的素质和能力。我公司工作人员都应熟练掌握消防安全常规常识,严格执行消防安全标准,确保不出问题。要做到人走灯灭,人走水停,注重节约,爱惜学校的一草一木,构建和谐社会。

六、我公司定期向乙方领导汇报工作情况,征求乙方领导的意见和建议。定期了解师生对我公司商店的意见和建议,设立意见箱,随时听取师生的意见,接受师生的监督,尽全力满足他们的合理化要求和合理化建议。

承诺人:×××

2012年12月4日

实训练习

(1)××市永昌建筑工程公司决定对采购1000吨(400号)水泥实行公开招标。到货时间为2014年6月21日,投标时间为2014年3月1日,投标地点在公司大楼二楼会议室。联系人:徐小姐。电话:88287189。

(2)经上级批准,××市轻工局准备新建轻工商品贸易中心大厦。建筑面积30000平方米,楼高20层,建筑地点在××区××路中段。要求由甲级设计单位并具有必要的设计条件和成功设计过类似项目的设计单位投标设计。有欲设计者请于2014年10月20日前到××市轻工业商品贸易大厦筹备处面洽。联系人:轻工招待所105房间××先生。联系电话:66642589。

(3)××学院对北校区学生公寓物业管理权进行公开招标,选定物业管理单位对北区学生公寓进行物业管理。管理范围包括:学生公寓(3~14层)28776 m^2;周边道路、运动场6704 m^2;绿化面积1171 m^2。招标内容按招标单位提供的《招标文件》。凡达到××市物业管理三级以上资质的物业管理公司或高校后勤服务公司(集团)均可参加投标。

(4)××学院总投资×××万元的教学用计算机项目,业经财政厅批准。根据国家有关规定,需委托××省机电设备招标局三处进行招标采购。招标文件编号为070601;需购买的教学用计算机台数是290台(详细规格指标、要求见招标文件);交货时间为2007年8月20日以前;发售招标文件时间为2007年7月23日到2007年7月28日,每天上午9:00—11:00、下午15:00—17:00(节假日除外);招标文件售价为××元(邮购须加邮寄费50元),售后不退;投标截止时间为2007年8月8日上午9:25,开标时间为2007年8月8日上午9:30;招标文件销售地点、投标及开标地点是××省机电设备标局。请为××学院计算机项目拟写招标书。

第四节 市场调查报告

文体概述

市场调查报告是运用科学的方法,有组织、有计划地对国内、国际商品交易市场营销的各种情报资料进行搜集、整理、分析、研究，做出恰当结论后写成的书面报告。

通过市场调查，了解市场的供求变化，了解消费者的各种消费需求，有助于企业从市场需求的实际出发，按经济规律管理经济，合理安排生产，保持供需平衡；防止盲目生产，避免资源浪费；有利产品竞争，发展对外贸易。市场调查报告是市场调查工作的最终成果，也是市场调研过程中最重要的一环，其撰写的好坏将直接影响到整个市场调查研究工作的成果质量。一份好的调查报告，能对企业的市场策划活动提供有效的导向作用，对于各部门管理者了解情况、分析问题、制订决策、编制计划以及控制、协调、监督等各方面都能起到积极的作用。如果调查报告写得拙劣不堪，再好的调查资料也会黯然失色，甚至可能导致市场活动的失败。

市场调查报告应具有针对性、新颖性、时效性、科学性等特点。针对性是调查报告的灵魂，它包括选题上的针对性和阅读对象的明确性两方面。目的明确、有的放矢、围绕主题展开论述，这样才能发挥市场调查应有的作用；阅读对象不同，其要求和所关心的问题的侧重点也不同。比如公司总经理主要关心的是调查的结论和建议部分，而不是大量的数字的分析；市场研究人员更关心的是调查所采用的方式、方法，数据的来源等方面的问题。新颖性是指调查报告应从全新的视角去发现问题，用全新的观点去看待问题，紧紧抓住市场活动的新动向、新问题等提出新观点、新建议。时效性是要求调查行动要快，应将从调查中获得的有价值的内容迅速、及时地报告出去，以供经营决策者抓住机会，在竞争中取胜。科学性是说市场调查报告不是单纯报告市场客观情况，还要通过对事实做分析研究，寻找市场发展变化规律。

市场调查报告的种类很多：①市场需求调查报告，主要内容包括产品销售对象的数量与构成，消费者家庭收入水平，实际购买力，潜在需求量及其购买意向，如消费者收入增加额度，需求层次变化情况，消费者对商品需求程度的变化，消费心理等；②市场供给调查报告，主要内容包括商品资源总量及构成，商品生产厂家有关情况，产品更新换代情况，不同商品市场生命周期的阶段，商品供给前景等；③商品销售渠道调查报告，主要内容包括渠道种类与各渠道销售商品的数量、潜力，商品流转环节、路线、仓储情况等；④商品价格调查报告，主要内容包括商品成本、税金、市场价格变动情况，消费者对价格变动情况的反映等；⑤市场竞争情况调查报告，主要内容包括竞争对手情况、竞争手段，以及竞争产品质量、性能和价格等。

行文格式

市场调查报告没有固定不变的格式，主要依据调查的目的、内容、结果以及主要用途来决定，其结构一般由题目、目录、摘要、正文、落款等几个部分组成。

1. 题目

题目包括市场调查标题、报告日期、委托方、调查方等。标题是画龙点睛之笔，好的标题，一名既立境界全出。市场调查报告的标题，要求与文章的内容融为一体，是文章内容的高度概括，用精练简洁的文字去表现文章的中心思想。市场调查的标题有四种形式。①公文式标题，直接写明调查的单位、内容和调查范围，如“关于哈尔滨家电市场的调查报告”，这种标题的特点是简明、客观。②文章式标题，直接揭示调查结论，如“出口商品包装不容忽视”，这种标题既表明了作者的态度，又揭示了主题，具有很强的吸引力。③提问式标题，即以提问的形式来点出调查报告的内容，指出调查的意义，如“房价为何居高不下”、“电动玩具为何如此热销”等。④正副标题，除正题（点明市场调查的项目、范围、内容和情况）之外，再加副题（说明市场调查的项目、地区和文种），如"'皇帝的女儿'也'愁嫁'——关于舟山鱼滞销情况调查"。无论采用什么样的标题，都要揭示市场调查报告的信息内容，做到用词准确，醒目简练。

2. 目录

提交调查报告时，如果涉及的内容很多，页数很多，为了便于读者阅读，把各项内容用目录或索引形式标记出来。这使读者对报告的整体框架有一个具体的了解。目录包括各章节的标题，包括题目、大标题、小标题、附件及各部分所在的页码等。具体内容如下：①调查设计与组织实施；②调查对象构成情况简介；③调查的主要统计结果简介；④综合分析；⑤数据资料汇总表；⑥附录。一般来说，目录的篇幅不宜超过一页。

3. 摘要

摘要是市场调查报告中的内容提要，由以下几个部分组成。①调查目的。即为什么要开展调研，为什么公司要在这方面花费时间和金钱，想要通过调研得到些什么？②调查对象和调查内容。如调查时间、地点、对象、范围、调查要点及要解答的问题等。③调查研究的方法。如问卷设计、数据处理是由谁完成的，问卷结构是什么样的，有效问卷有多少，抽样的基本情况，研究方法的选择等。写作时需要注意以下几个问题：一是摘要只给出最重要的内容，一般不要超过 2～3 页；二是每段要有个小标题或关键词，每段内容应当非常简练，不要超过三四句话；三是摘要应当能够引起读者的兴趣和好奇心去进一步阅读报告的其余部分。

4. 正文

正文是市场调查报告的主要部分，必须正确阐明全部有关论据，包括问题的提出到引起的结论、论证的全部过程、分析研究问题的方法等。正文包括前言、主体和结尾。

1）前言

前言要用简明扼要的文字写出调查报告撰写的依据，报告的研究目的或是主旨，调查的范围、时间、地点及所采用的调查方式、方法。前言的写法主要有这样几种。①开门见山，揭示主题，即文章开始就先交代调查的目的或动机，揭示主题。如"我公司受北京电视机厂的委托，对消费者进行一项有关电视机市场需求状况的调查，预测未来消费者对电视机的需求量和需求的种类，使北京市电视机厂能根据市场需求及时调整其产量及种类，确定今后的发展方向"。②结论先行，逐步论证，即先将调查的结论写出来，然后逐步论证。这种写法的特点是观点明确，使人一目了然，许多大型的调查报告均采用这种形式。如"我们通过对天府可乐在北京市的消费情况和购买意向的调查，认为它在北京不具有市场竞争力，原因主要从以下几方面阐述"。③交代情况，逐步分析，即先交代背景情况、调查数据，然后逐步分析，得出结论。如"本次关于非常可乐的消费情况的调查主要集中在北京、上海、重庆、天津，调查对象集中于中青年"。④提出问题，引入正题。用这种方式提出人们所关注的问题，引导读者进入正题。CCTV 的很多调查分析报告都是采用的这种形式。

2）主体

主体部分是报告的正文，这一部分的质量如何，直接关系到报告的整体水平。写作时主要考虑以下因素：一是表现主题的需要，什么写法能更好地表现主题，就采取什么写法；二是调查材料的状况，材料不同写法也不一样；三是谋篇布局。主体主要包括基本情况、结论或预测、建议和决策三个基本部分内容。

（1）基本情况，即对调查结果的描述与解释说明，如发展历史、市场布局、销售情况等。可以用文字、图表、数字加以说明。对情况的介绍要详尽而准确，为下一步做分析、下结论提供依据。引用历史情况，主要是为了总结过去的经验和教训，说明发展的延续性，以及对当前和未来的影响。重点应放在对当前情况的介绍，如实反映调查对象的现状现貌，包括下面四个方面内容。①消费者情况：消费者的数量、地区分布；消费者的职业、收入、年龄、性别等个别情况；消费者购买的动机、次数、数量、习惯、时间、地点等情况。②产品情况：主要消费者对商品质量、性能、价格、包装、交货期限、技术服务的评价、意见和要求；商品在市场上的占有率、覆盖率，在市场上的供求比例；厂牌商标的效果；消费者对商品的使用方法是否正确。③销售情况：影响销售的因素；现有销售能力；如何扩大销路、提高销售能力；现有销售渠道是否合理，如何减少中间环节；商品的销售成本与销售收入的比率；商品的仓储、运输成本、运输路线等情况；广告费用和宣传力度。④市场需求情况：市场潜在需求量；本企业在不同市场的占有率；竞争对象的经营情况、经营理念和发展战略；市场变化趋势。这些内容既要有典型事例，又要有典型数据。不仅内容要丰富，还要做到条理清晰，并科学合理地揭示出内在联系。以上四个方面，写作时不一定面面俱到，哪些方面要写，哪些方面不写，哪些方面详写，哪些略写，要因情势而异。写作时可以按自然顺序来写，也可以根据问题的性质用小标题或提要句的形式进行表述。

(2)结论或预测。该部分通过对资料的分析研究，对上述情况数据进行科学的分析(包括原因分析、利弊分析、预测分析)，找出原因及各方面因素的影响，透过现象看本质，得出针对调查目的的结论，或者预测市场未来的发展、变化趋势。论述可长可短，可将分析、推断过程写出来，也可只写结论不反映分析过程，针对性要强，逻辑性要强，预测力求准确，不能牵强附会。在行文时，为了使文章层次清晰，通常采用小标题的形式，将内容划分为若干小部分。

(3)建议和决策。经过对调查资料的分析研究，发现了市场的问题和预测了市场未来的变化趋势后，应为准备采取的市场对策提出建议或看法，供领导决策参考，这是市场调查的落脚点。写这部分要求有针对性地提出建议，要有科学根据，要切合企业和市场实际，在不损害国家利益和政策的前提下，强调企业的最大利益。建议可以分条写出，具体说明，也可以不做具体解释笼统写出。

主体部分三方面的内容并非截然分开。市场调查报告重点在调查，掌握市场的客观情况和变化规律，其他两方面的内容可渗透在调查的情况中。这部分写作重在归纳信息，主要是将搜集到的资料经过去伪存真、分析归类，以类与类之间的逻辑联系来形成主体部分的写作结构思路。结构方式有纵式、横式、综合式三种。

纵式结构是按照事物发展的先后顺序，一个层次、一个层次地说明主题，或者把具有因果关系、递进关系的内容按其逻辑顺序组合，这种结构的优点是事实有头有尾，过程清清楚楚，有助于读者了解问题的来龙去脉。采用这种结构时应该注意：一是应按照时间先后的自然顺序把事物发展的过程分为几个阶段，然后逐段说明情况，逐段分析；二是对于报告的重点部分，应通过典型实例予以分析，不能写成“流水账”。

横式结构即把调查的事实和形成的观点，按照性质或类别分成几个部分，并列分头叙述、归纳和分析，分别从不同角度论证报告的主体。采用这种结构，可使观点比较鲜明、突出，并有较强的说服力。但应该注意两点：一是各部分的独立是相对的，它们的目的是说明主题，为调查报告的主题服务；二是在安排材料及观点顺序时，应该注意到事物发展的时间性和逻辑性。

综合式结构结合了上述两种结构的优点，或以纵为主，纵中有横；或以横为主，横中有纵。

一般是叙述事件发展过程时采用纵式结构，陈述结论或意见措施时用横式结构。这种结构可以把材料和观点与时间有机地结合在一起，适于范围较大、调查问题较多的报告。

无论用哪种结构形式，都要突出写作重点。有的报告重在写清实际情况，有的重在分析基本情况的原因或结果，有的重在决策建议，应根据具体写作目的和要求适当剪裁。市场调查报告多数是专题调查报告，或反映市场环境，或反映市场需求，或反映市场供给，或反映市场营销情况。写作时都要真实地反映客观事实，但这不等于对事实的简单罗列，应该有所分析、提炼。要有情况、有分析、有建议，材料翔实，观点鲜明，层次清楚。分析是重点，既不要简单化，又不是面面俱到；应有详有略，抓住主题，深入分析。市场调查报告如果运用小标题，则各小标题要简洁、醒目、匀称，格调一致。

3）结尾

结尾的写法是多种多样的，从形式上看可分为三种情况：或没有结束语（较为简单的市场调查报告可以不专门写结尾）；或有较短的结束语；或有较长的结束语（较复杂的市场调查报告要写结尾，一般写有前言的市场调查报告也要有结尾，以与前言互相照应）。从内容上看，有以下几种写法：①综述全文，重申报告的观点，画龙点睛，深化主题；②总结经验，形成调查的基本结论；③提出问题，提出相应的建议或意见，以引起注意；④补充交代，补述其他部分无法交代的问题；⑤揭示意义，针对调查对象，由面到点，由此及彼，展望未来，指出调查问题的重要意义。不管采取哪种写法，都力求简洁，决不可画蛇添足，影响正文效果。提出问题，而不直接致力于解决问题，这是市场调查报告有别于市场预测报告和经济活动分析报告等的特点。

5. 落款

如果市场调查报告是为单位领导或领导部门而写，应于结尾后右下方位置署上调查部门名称、调查人员姓名以及调查报告完成日期（也可写在标题之下，用括号括上）。如果在报刊上发表，单位名称或作者姓名应署于标题之下、正文之前，结尾后不再写报告的完成日期。

6. 附件

附件是指调查报告中正文包含不了或没有提及，但与正文有关必须附加说明的部分。它是正文报告的补充或更详尽说明。其包括内容如下：①调查问卷；②技术细节说明，比如对一种统计工具的详细阐释；③其他必要的附录，比如调查所在地的地图等。

撰拟要求

1. 深入细致的市场调查

在市场经济中，参与市场经营的主体，其成败的关键就在于经营决策是否科学，而科学的决策又必须以科学的市场调查方法为基础。因此，要善于运用询问法、观察法、资料查阅法、实验法以及问卷调查等方法，适时捕捉瞬息万变的市场变化情况，以获取真实、可靠、典型、富有说服力的商情材料。多方面、多层次地掌握市场动态，这样才可能获得正确的结论。在此基础上，才可能写出具有科学性和针对性的市场调查报告。

2. 真实准确的数据材料

由于市场调查报告是对市场的供求关系、购销状况以及消费情况等所进行的调查行为的书面反映，因此它往往离不开各种各样的数据材料。这些数据材料是定性定量的依据，写作市场调查报告一定要从实际出发，客观如实地反映出市场的真实情况、营销中的问题，尽可能说明事实的来源、数字的出处，一是一，二是二，不浮夸，不偏倚，不歪曲事实，要用真实、可靠、典型的材料反映市场的本来面貌。

3. 充分有力的分析论证

撰写市场调查报告，必须以大量的事实材料作基础(包括动态的、静态的、表象的、本质的，历史的、现实的，等等)，但绝不可罗列堆砌，就事论事；也不可事无巨细，面面俱到。必须根据主旨的需要对材料进行严格的鉴别、筛选和归类(典型材料、综合材料、对比材料、排比材料、统计材料)，分清材料的主次轻重，按照一定的条理加以科学组织。分析要严格从资料事实出发，善于运用最典型的材料和统计数据来论证和说明主题，做到二者相互统一。

另外要注意，市场调查报告是写给决策领导看的，既要以理服人让人认同，又要给人一种阅读时的轻松感。要以叙述为主，议论要适当。语言表达要简练、朴实，可以引用一些群众语言或通俗的比喻，但不可创造新名词或别人看不懂的词汇。

例文 7-8

关于国产 VCD 生产、竞争的调查

我国目前生产 VCD 的企业已达到 400 家，年生产量由 1995 年的 60 万台猛增到 1997 年的 1000 万台，VCD 行业的高速发展进一步繁荣了我国的电子音响市场，也使许多企业在短期内取得了较好的经济效益。然而，由于许多人患上了投资"短视症"，死死盯住市场上一时热销的产品，不惜血本铺摊子，甚至许多不太景气的电视机生产厂家也纷纷转产 VCD，一哄而起，盲目上马，使 VCD 市场在极短的时间里进入了饱和状态。为此，许多有识之士疾呼国产 VCD 不能再盲目发展了。

一、现状

VCD 生产在我国时间很短，但其发展速度之快着实让人吃惊。当 1994 年万利达公司投入巨资率先批量生产 VCD 至今，在短短的三四年时间里，我国便一跃成为世界上生产量最大、品牌最多、购买力最强的 VCD 生产国和消费国。根据市场调查，VCD 作为家庭现代化消费的象征，很受人们的青睐，成为许多经济富裕的家庭投资消费的热点，在经济发达地区，有 20%左右的家庭已拥有 VCD，有 15%～20%的家庭正准备购买 VCD。

VCD 作为电子行业中的新产品，成为全国各地投资的热点，由于生产量的迅猛增长，供求关系的影响，使产品的产销矛盾突现出来，于是一场争夺市场的 VCD 商战便起硝烟。细心的消费者不难发现，无论是看电视、听广播，还是翻阅报刊杂志，耳闻目睹，无处不见 VCD 广告在唱主角，尤其是在中央电视台播出的《新闻联播》节目之后，在一分钟"黄金时段"广告中竟有 8 个品牌的 VCD 相继亮相，在屏幕上展开厮杀，拼命争夺消费者。

不少生产厂家除不惜重金进行广告宣传，在媒体上争夺消费者之外，还采取降价销售的惯用手段进行竞争。1995 年年底，国内市场 VCD 的平均价格为每台 2700 元至 3000 元，到 1996 年年底已降低到每台 1500 元左右，降幅近 50%，到 1997 年夏末，有些生产厂家为了压缩库存，加速资金回笼，不得不忍痛再削价，将 VCD 价格大战再一次推向高潮，不少 VCD 的价格仅为 1200 元，个别品牌的 VCD 价格直逼 1000 元。据有关人士分析，国产 VCD 的销售价已大大超过了极限，不少生产厂家已陷入了生产得越多亏得越惨的困境。因为一台真正 2.0 版的 VCD 按其成本和费用，每台价格应在 2000 元以上，如今每台已降至 1200 元，对厂家来说已无效益可言。但时至今日，这场自相残杀的悲剧仍无法避免，甚至还会继续残杀下去。

二、原因

国产 VCD 的局面如此严峻，缘于三四年前所患的"短视症"。1994 年，我国的 VCD 生产刚刚起步，市场需求量较大，一时便成了投资的热门产业，于是，不少地方不切实际地购买 VCD 生产线，不惜代价上项目铺摊子，在国内便产生了几乎隔几天便有一个 VCD 生产厂家诞生的速度效应。这种热门产品领域的"短视症"投资，貌似"众人拾柴火焰高"，在短期内便形成了较大的生产能力，但市场竞争的实力却十分脆弱，即使到目前，年产 VCD 在 10 万台的也仅仅只有十几家，多数企业仍然停留在年产 1 万台到几千台的作坊式生产水平上。由于这些企业规模较小，无力开发新产品，更谈不上创立自己的名牌，只有"窝里斗"的本事，而不具备参与国内和国际两个市场竞争的能力。

虽说我国的 VCD 生产量在全世界最大，但绝大多数企业根本不具备生产全部部件的能力，其主要部件——机芯 90％以上依赖国外进口，与其说是 VCD 生产厂，不如说是 VCD 组装车间，这种"组装企业"迟早会被市场淘汰。

三、建议

VCD 生产的警钟已经响起，百家竞争的态势已经形成，但价格竞争并不是规范的市场竞争，真正的竞争应是经营战略的竞争，应是产品质量和服务质量的竞争。要使 VCD 产销能够尽快步入健康的发展轨道，消除"短视症"带来的危害，必须采取积极有效的措施，扶优限劣，调整结构，提高质量，加强服务，真正实现 VCD 产销的良性循环，努力提高企业的经济效益和社会效益。

措施一：加强联合，增添活力。VCD 生产要摆脱"互相残杀"的局面，当务之急，必须要以市场为导向，对生产企业进行合理组合，推行大集团、大公司、大企业的发展战略，并积极引导中小企业为名牌产品和大企业提供精制的生产配件，逐步形成一批围绕主导产业、主导产品服务的"小而专、小而精、小而特"的明星企业，以高质量的名牌挤掉市场上的"杂牌"军、劣质货。同时，积极发展以 VCD 为主的先进产品，通过引进技术和先进的生产设备，迅速改变靠组装加工为主的生产格局，逐步走出一条发展我国电子工业的振兴之路。

措施二：扶优限劣，稳步发展。虽说我国的 VCD 生产和生产数量在世界上已居首位，但谁都清楚，说企业多，是因为摊子多、作坊式生产多；说生产量大，是因为组装的数量大，其实并不具备参与国际市场竞争的能力。因此，必须从实际出发，进行大力整顿，有计划、有重点地扶持一批规模企业，给那些作坊式企业一个"下马威"，以便集中资金、技术和设备，发展优势产品，真正使我国成为具有国际先进水平的 VCD 生产大国。

实训练习

(1)请利用周六、周日的时间，走上繁华的商业闹市区，对你喜欢的某一品牌做市场调查，写成调查报告。

(2)选择你熟悉的某种日用商品，对其在本地市场销售状况做市场调查，写出一篇小型市场调查报告。

(3)利用节假日时间，了解学院后街水果摊的经营情况，全面了解出售水果的品种、包装、价格及日销售量等，写一篇调查报告。

(4)用一个月的时间，调查和了解学校周边大大小小的成衣店的经营情况，写出一篇关于成衣市场的调查报告。

第五节　市场预测报告

文体概述

市场预测报告是以一定的经济理论为基础，以市场的历史和现状为出发点，运用经济预测手段，将预测对象、预测区域、预测结果用文字表述出来的书面报告。其作用主要有三点：①为经济管理决策提供科学依据，避免主观臆断和短期行为，减少生产和经营的盲目性；②为企业生产调节提供有力参考，明确滞销商品有否市场潜力，畅销商品何时达到饱和，从而修正生产计划，调整生产规模；③为商家开拓市场提供有益启示，明确自己和同业的产品在当地、国内和国外市场的地位、特点和作用，从而采取对策开拓市场。

市场调查与市场预测密切相关，前者为后者的基础与前提。二者的区别有两点。一是着重点不同。市场调查着重点在于了解历史和现状，为决策提供依据；市场预测着重点在于用科学方法来测算、推知未来发展趋势，并提出有针对性的措施或建议。二是对象不同。市场调查的对象是过去或现在已经形成的事实(调查报告以写现状为主)；而市场预测的对象是尚未形成的事实(预测报告以写未来为主)。

市场预测报告具有预见性、科学性和针对性。它是在深入分析市场既往历史和现状的基础上，对市场未来的发展趋势做出合理的预见性的判断，目的是将市场需求的不确定性极小化，使预测结果和未来的实际情况的偏差概率达到最小化。它以周密的调查研究为基础，充分搜集各种真实可靠的数据资料，运用科学的预测理论和预测方法，找出预测对象的客观运行规律，得出合乎实际的结论。它针对性很强，每一次市场调查和预测，只能针对某一具体的经济活动或某一产品的发展前景，选定的预测对象越明确，报告的现实指导意义就越大。

市场预测的内容包括市场需求预测、市场商品供应预测、消费结构预测、商品经济寿命周期预测、新技术发展趋势预测和企业经济效益预测等。

行文格式

1. 标题

标题要简明、醒目。一般有这样几种。①直叙式标题，通常由预测时限、区域、目标和文种四部分组成。如“2014—2019 年中国电脑主板行业市场预测”。②文章式标题，由预测对象、文种两个部分组成。如“武汉楼市走势预测”。③结论式标题，有的标题中没有“预测”二字，如“奔驰蜕变 年轻产品销售占比将进一步增大”。④主副标题，如“摩托车在迅速发展，道路环境亟待改善——1994 年国内摩托车市场供求预测”。不管采取哪种形式的标题，都必须标出预测对象，这是市场预测报告必备的内容。

2. 导言

导言主要用来揭示全篇的主旨，交代写作的目的和动机，概括介绍全文的主要内容，介绍预测的时间、地点、对象、方法、过程、意义、影响等。也可以将预测的结果先提到这个部分来写，以引起读者的注意。这一部分要求文字简短扼要，有的预测报告没有导言部分，直接进入分析研判。

3. 正文

市场预测报告的正文是市场预测报告的主体部分，一般包括现状、预测、建议三个部分。

1)现状部分

预测的特点就是根据过去和现在预测未来。市场现状是进行预测的基点，不说明现状，就无法进行预测分析，读者也无法了解市场行情的来龙去脉。所以，写市场预测报告，首先要从收集到的材料中选择有代表性的资料、数据来说明经济活动的历史和现状，为进行预测分析提供依据。在这个部分，应着重说明下列情况：①企业自身情况，主要是与企业自身竞争相关的情况，包括企业的组织管理能力、生产能力、应变能力等，这是预测的立足点；②产销情况，如某种产品的市场供求是否平衡，本地产品与外地产品在需求总量中所占的比例等；③消费者情况，消费者是市场的出发点和目的，必须研究消费者的不同需要和心理变化，以及消费者的支付能力，谁提前把握了消费者的情况，谁就掌握了制胜市场的有利因素；④竞争对手情况，与了解自己一样，了解对手；⑤大市场情况，自己企业的具体市场是整个地区乃至国内、国际市场的一部分，必然要受到大市场的影响，弄清这种影响，就更有把握预测具体市场的发展趋势。

2)预测部分

利用资料数据进行科学的定性分析和定量分析,从而预测经济活动的趋势和规律,是市场预测报告的重点所在。这个部分应该在调查研究或科学实验取得资料数据的基础上,对材料进行认真比较、综合,分析研究影响市场变化的各个因素,如人口的增长及构成的变化、人民生活的改善及消费习惯的变化、人均收入的变化、可替代产品的大批量生产等。最好能把各影响因素进行量化处理,建立数学模型,进行定量预测,再经过判断推理,从中找出发展变化的规律,在分析中要注意反映事物的本质,要注意典型性和准确性,不要以偏概全,防止某些个别现象掩盖事物的本质;否则,做出来的预测判断就难免出差错。之后,应该把预测的结果总结成简单明了的几条。分析有三类情况:第一类,原因分析,这是对问题的基本成因进行分析,如高档酒楼买卖渐稀,大众饭店日渐红火这一现象的分析,又如××商品滞销、××公司破产原因的分析;第二类,利弊分析,这是对事物在市场活动中所处地位、作用等进行利弊分析;第三类,预测分析,这是对事物的发展趋势和发展规律做出的分析,如对××市居民住宅需求意向的调查,通过居民家庭人口情况、住房现状、收入情况以及居民对储蓄的认识、对分期付款购房的想法等,对××市居民住房需求意向进行分析。

3)建议部分

为适应经济活动未来的发展变化,为领导决策提供有价值的、值得参考的建议,是写市场预测报告的目的。因此,这个部分必须根据预测分析的结果,提出切合实际的具体建议,体现预测的目标和要求。结论和建议不能写得抽象笼统,要注意可行性、具体性和突破性,以便企业或领导决策部门作为决策的依据和参考。

以上三部分内容紧密相连,环环相扣,具体怎么写可依据写作目的和实际需要灵活安排,有的把第一、第二部分合起来写;有的把第二、第三部分合起来写;有的可以没有前言;有的省去情况(或建议)部分,只写预测部分;有的先对调查数据资料及背景资料做客观的介绍,然后在分析部分阐述对情况的看法;有的首先提出问题,然后再分析问题,目的在于找出解决问题的办法;有的先肯定事物的一面,由肯定的一面引申出分析部分,又由分析到引出结论,循序渐进。总之,不应该机械地对待结构安排。

主体是预测报告的核心部分,其写作的成败决定着报告质量的高低和作用的大小。要求能运用资料数据,准确说明现状;分解资料数据,科学推断未来;依据分析预测,提供可行建议。

4. 结尾

结尾是归纳预测结论,主要起全文首尾呼应的作用。有的提出展望,以鼓舞人心;有的重申观点,以加深认识;有的点出问题,以引起重视。结尾应该简明扼要,干脆利落。

市场预测报告的整体结构方式有三种。①程序展示法,即依据预测的基本程序来安排,逐步展示预测的结果。其基本结构程序是:前言说明预测对象、目标的概况;正文交代预测的方法,建立预测模式,逐步分析展示预测结果;最后依据预测结果提出问题和建议。这种结构方式的特点是:文内各层次之间前后衔接富有逻辑性。②先总后分法,即前言部分交代预测结果,然后围绕预测对象的发展趋势,归纳出几个方面的问题,分别加以论证和说明。这种结构方式的特点是:预测结果鲜明突出。③先分后总法,即先分述原因,后分析预测结果。这种结构因预测对象、目标和范围不同,又有两种写法:一种是先对预测对象的若干项目或各个方面分别进行预测,然后交代总的结果;另一种是先用不同的预测方法进行预测,然后说明预测结果。

撰拟要求

1. 确定预测目标，明确预测内容

撰写报告时应该把握住一条主线——预测的目标，只有在预测前做好目标定向工作，才能列出可行的预测步骤和计划，保证预测工作的顺利进行，能够注意围绕目标取舍材料。确定预测目标，就是从决策与管理的需要出发，紧密联系实际需要与可能，确定预测所要解决的问题。例如，某种商品在某一地区一定时间内的需求量就是一个具体的预测对象，需求量的增减趋向及不同品种、规格、牌号等的需求量和需求满足程度等就是预测项目。在预测目标确定的前提下，应该围绕目标说明预测的内容。主要有：①市场销售状况预测；②商品供应状况预测；③商品库存状况预测。预测内容的选取以能够说明预测目标为限，不可太多，否则给人以庞杂之感。在各项内容的排列上应注意逻辑性。

2. 占有丰富资料，认真审核处理

掌握市场历史和现状的材料是写好预测报告的前提，市场预测材料包括与项目有关的各种历史资料、统计资料；政府的现行方针、政策及法令；当前社会经济和市场供求动态；用户和消费者的意见、要求；同行业有关部门、企业的有关情况和数据；本部门或本企业的经济活动现状等。查找资料途径：通过书目、索引、文摘查找；或通过复印、拍照、抄录、剪贴来搜集书刊资料；或通过座谈会、调查会、研讨会搜集；或通过网络查找有关信息。预测资料的处理分审核阶段、可靠性分析阶段和异常数据的处理阶段。对报告中涉及的资料和数据，应说明其来源和出处，以保证资料的严肃性和可信性，为预测市场发展趋势和提出措施建议提供真实的依据。

3. 运用科学方法，表达预测主题

预测方法是否得当，直接影响着预测结果的准确度和可靠性。要娴熟掌握和灵活运用定量预测和定性预测等科学的预测方法，当掌握资料不够完备，准确程度较低时，可采用定性预测法。如对新投资项目或新产品的发展进行预测时，由于缺少历史统计资料和经济信息，一般采用定性预测法，凭借掌握的情况和预测者的经验进行判断预测。当掌握的资料齐全，准确程度较高时，可采用定量预测法。如对老企业的生产经营发展情况可采用定量预测法，运用一定的数学模型进行定量分析研究。考虑到不定量的影响，在定量预测的基础上还需进行定性分析，经过调整再定案。

4. 使用简练语言，配合必要图表

预测结果体现在定性、定量、定时、概率四个方面。定性是指即将发生什么事件；定量是指这一事件活动水平有多大的数量变化的可能性；定时是指这一事件在什么时候发生；概率是指发生这一事件的可能性有多大。应用最简洁的语言、最少的文字来说明问题，以精当的专用预测名词、术语、数据、概括性词语反映客观现实，把预测结果清楚地表达出来。另外，要配合必要的图表。图表包括统计表和统计图，两者都具有简明、集中、直观、概括、醒目的特点。在市场预测报告中适当地采用图表，可有效增强市场预测报告的吸引力和说服力。

例文 7-9

2000 年全国轿车需求量预测

随着我国国民经济发展的持续向好，轿车和住房一样被分列为刺激消费扩大内需的重大商品，市场需求较之以前有所增加，但轿车市场依然面临很多困难，各大厂商竞争势必日益激烈。

一、概况

纵观 1999 年每个月的销售轨迹，出现 4 次起伏，销售不均，传统的销售旺季不旺，市场变化使人难以捉摸。1999年全年累计销售56万辆，实现年初确定的预测目标，增长10%，但期末库存压力依然很大，厂家的库存5万余辆，如果连同红旗、奥迪、捷达和桑塔纳总经销商的库存，则总库存近10万辆。

具体看来，现有车型结构存在矛盾，车型市场需求发展不平衡，上海通用别克和广州本田雅阁市场看好，一汽大众捷达和二汽神龙富康接近或基本达到调整后的销售目标，原先市场份额较大的上海桑塔纳和天津夏利，由于相对基数大，市场扩容较难。

二、分析预测

1999年下半年起国民经济发展出现了一些积极变化，预计在2000年将会持续，经济发展环境总体上趋好。扩大内需、增加农民收入、国企改革作为中心环节、继续执行积极的财政政策、积极增加进出口等，被作为2000年经济工作指导思想和总体要求的重要部分。1999年国务院有关部门，为规范汽车收费、减轻车主负担，把汽车与住房列为刺激消费扩大内需的重大商品，还将研究扩大汽车消费的有关措施。这些为2000年培育汽车市场提供了有利环境。

但面对WTO及世界经济贸易回升，汽车工业的压力也是较大的。2000年轿车市场面临的困难与矛盾依然相当突出。消费需求的扩张受到诸多不利因素的制约，居民收支预期不看好的态势尚未扭转；短缺经济时期把轿车作为奢侈品加以限制的某些政策和地方上设置的价外乱收费，至今仍无多大松动；现行的轿车消费政策正成为制约轿车市场活跃的一个重要"瓶颈"。

根据10年来国产车的销量，对历年数据用3次曲线进行拟合，进而预测2000年轿车市场需求为62万辆。

根据我们了解的信息，主要轿车品牌生产企业的预期目标，中高级轿车12.5万辆、中级轿车24万辆、普通级轿车14.6万辆、微型轿车18.5万辆，还有一些以轻客名义生产的两厢式小汽车也有上万辆之多。进口小汽车可能较1999年增加1.5万辆。加上1999年生产厂家也包括经销商的库存近10万辆，这样的市场资源的总供给不会低于80万辆。就我们所预测的需求而言，2000年依然是供过于求的买方市场年。

三、建议

尽快调整汽车消费政策，取消不合理收费及尽量减轻合理收费，推动轿车生产成本降低，达到规模经济，形成产销的合理衔接和良性循环，已是推动我国轿车产业及国民经济增长的切实需要。

××汽车销售总公司
1999年12月20日

实训练习

(1)为方便学生生活，学校拟在校外办一个小型实习超市。为使经营方向、规模、品种、方式等更切合实际，在做出决策前，请你进行市场调查与预测，并写出预测报告。

(2)休闲鞋是一种具备实用性与审美性两种功能缺一不可的鞋款。对于人们来说，穿着一双休闲鞋大多都是在旅游、购物、散步时期穿着的鞋款。请对休闲鞋市场进行调查，并写出预测报告。

(3)随着全国各高校陆续开学，大一新生们开始军训，统一的迷彩军训服，成为开学季各大高校一道必不可少的风景线。请做市场调查，提供军训服装市场预测报告。

(4)请对花草盆景行业的历史发展现状、供需现状、竞争格局、经济运行、下游行业发展、下游行业市场需求等做市场调查，并写出预测报告。

第六节　商务广告

文体概述

广告有广义的广告和狭义的广告之分。广义的广告，即广而告知的意思，是指各类信息通过各种形式的广泛传播。人们日常所说的广告，主要是指狭义的广告，即商务广告，是指广告宣传者以付款的方式，通过公共媒介，将其商品或劳务进行宣传，借以向消费者有计划地传播商务信息，影响人们对所宣传的商品或服务的态度，进而诱发其购买或使用的欲望，而使广告宣传者获得利益的行为。

商务广告是一种直接生动传递信息的手段，它能有效地唤起人们的兴趣，导致购买行动。有人把广告称为“无声的推销员”。一般说来，广告的功能有这样几个方面。①认识商品的功能——广告通过传递商品信息，就等于把商品“显露”在顾客前面。顾客能认识商品的性能、特点，以及商品的产地、价格、销售地点等。②诱发购物的功能——通过广告，使顾客与商品之间建立了密切熟悉的关系，博得顾客对商品的好感，克服或者改变了对商品的消极态度，产生购物欲望。③文化艺术的功能——有的广告本身就是一首诗、一幅画、一些警言妙语。实际上在做广告宣传时，使顾客得到艺术享受，起到美化环境、丰富人民生活的功能。④指导消费的功能——广告的影响力很大，尤其对消费流行的趋势来讲，有导向作用。它能指导消费者选择所需要的商品，合理消费社会物质财富。

国外把以上功能表述为埃德马原则，即吸引顾客注意（attention），使其产生兴趣（interest），激起购买欲望（desire），留下美好记忆（memory），导致购买行为（action）。人们通常以缩写字母“AIDMA”简称埃德马原则。

行文格式

一般的广告文稿结构中都有一些共同的成分，包括标题、正文、随文、口号等几个基本要素。这四个基本要素在广告文案中担负着不同的功能。标题的主要职能是导入广告主题，引起目标受众注意；正文的职能是运用恰当的表现形式，对广告主题进行详细阐述；口号的职能主要是通过相对稳定的简短文句对广告主题进行口号性宣传；随文的职能则是说明广告主身份及相关的附加信息。它们在广告文案中的位置各有不同，有着自身的特点和不同的写作要求。

1. 标题

标题是商务广告的灵魂，是广告主题或基本内容的集中体现。标题既能起到提示广告主题的作用，又能引起消费者的兴趣，还可以起到活泼和美化版面的作用，必须醒目、新颖，有吸引力。广告的标题一般可分为直接标题、间接标题和复合标题三种。

1）直接标题

直接标题即标题直接点明广告的主旨，其特征是言简意明，开门见山。直接标题有以下几种写法。①陈述式，用叙述事情的方式写标题，其又可分为名称式和描写式，名称式直接用厂名、货名或二者兼有作为标题，如“这辆新型的劳斯莱斯在时速达 60 英里时，最大的闹声来自电子钟”（劳斯莱斯轿车广告）；描写式如“像母亲的手一样柔软舒适的儿童鞋”（日本童鞋广告）。②报道式，采用新闻报道的写法，给人一种新鲜感，如“现在‘波多黎各’对新工业提供百分之百的免税”（波多黎各政府广告）。③提问式，从消费者的角度提出“为什么”或“怎么办”的问题，以引起顾客的思考，加深印象，如“人类失去联想，世界将会怎样”（联想电脑广告）。④祈使式，用要求或希望的语气，向消费者直接建议使用推荐的产品，如“眼睛是灵魂的窗户，为了保护您的灵魂，请给窗户安上玻璃吧”（美国眼镜广告）。⑤承诺式，向消费者做出承诺，表明产品或企业能给消费者什么样的好处，如“如因本锁被撬开而丢车，本公司包赔新车一辆”（美国U形保险汽车锁广告）。

2）间接标题

间接标题利用艺术手法来暗示或诱导消费者，引起消费者的兴趣与好奇心理，从而进一步注意广告的其他信息，如某电冰箱的广告标题“寒冷与宁静的联想”。广告的间接标题，或运用比喻，如“夏天的绿荫”（××防晒霜广告）；或采用对偶，如“天上彩虹，人间长虹”（长虹彩电广告）；或借用成语，如“一毛不拔”（××牙刷广告）；或套用歌名，如“冬天里的一把火”（××牌口红广告）。间接标题表达效果比较理想，但写作时要把握分寸，不要故弄玄虚，不要过于含蓄。

3）复合标题

复合标题是把直接标题和间接标题组合起来，做到既清楚明白，一目了然，又新颖别致，富于吸引力和诱惑力。其形式一般采用双行标题或多行标题。双行标题如“飞阳装饰——带你步入彩色新世界”（飞阳装饰公司广告）。三行标题分别由引题、正题和副题组成。如天府花生广告标题，“四川特产，口味一流”（引题），“天府花生”（正题），“越剥越开心”（副题）；又如某空调广告标题，“今年夏天最冷的热门新闻”（引题），“西泠冷气全面启动”（正题），“显示豪华气派，发动强力冷气，解放今年夏天”（副题）。复合标题要虚实搭配，相辅相成，要避免无意义的重复。

广告标题拟写要做到：突出商品最新信息，努力表现产品个性，字眼尽量引人入胜，句子长度简短适中，慎用否定性的词语。

2. 正文

正文是商务广告的标题的具体化，是商务广告的主体部分，要比标题详尽周密。正文部分要摆出强有力的证据来说明商品和服务的优越性，做到重点突出、简明扼要、通俗易懂、生动有趣。正文以采用叙述体写作较为普遍，一般分引言、中心段、结尾三个部分。有时，许多广告因为采取了诗歌体、曲艺体等形式，结构上很难按这三段来分。

1）引言

广告标题的说明和解释，扼要解说标题提出的问题，对标题反映的商品、劳务或事实、问题进行必要的说明和解释，为后文的展开做铺垫。字数不宜多，字体可适当加大，要以最快速度引入下文。

2）中心段

正文中带关键性、有说服力的事实说明，主要陈述商品的细节或企业的经营情况，用事实和数据来证明商品或企业的长处、特色，以此激发消费者的购买欲望。常见的表达方式有如下几种。

（1）陈述式，即用平直的语言简明扼要地介绍商品的情况，直截了当地说出产品的名称、规格、用途、效果、价格等，为消费者认识和鉴别商品提供必要的知识。如格力·睡梦宝空调广告正文：“格力睡梦宝，让十三亿中国人睡得好，精神好！静音设计低至23分贝，特有静音换气技术，三种舒适睡眠模式选择，国家2级节能标准，高效节能。”

（2）描写式，即以极其生动细腻的描绘刻画达到激发人们基本情感和欲望，让受众产生如见其人、如闻其声、如睹其物、如历其事、如临其境的感觉。如西门子8008广告正文：“时尚，总是紧跟女人的步伐,纯净的美像花朵般注定绽放,新鲜的美感不可阻挡,拥有的感觉只有自己知道,妩媚细致的表达,生命的活力,女人独享,唯有 MINNIE。"

(3)论述式,即用讲道理方式,为宣传商品优点,摆开辩论的姿态,用充分的论据和雄辩的逻辑,说服消费者选购广告中介绍的商品。如上海特效牙膏广告正文:"如果少了一颗牙,咬力就减少了三分之一;如果少了两颗牙,咬力就减少了二分之一;如果少了三颗牙,咬力就只剩下三分之一,那简直是全线崩溃。为保护您的牙齿,欢迎您使用上海特效牙膏。"

(4)证明式,即重点介绍本产品获奖情况,或权威的鉴定,或名人的赞扬等,以证明质量可靠,以实现对消费者的告知、诱导和说服的目的。如某轻工产品广告正文:"国优部优国家 A 级产品//首届北京国际博览会金奖//首届全国轻工博览会金奖//1990 年全国最畅销产品//国家二轻企业。"

(5)故事式,即采用叙事、对话或连环画的形式来描述,以故事情节揭示广告主题,传播广告产品的属性、功能和价值等,创造出一种轻松的信息传播与接受氛围。如野荞神酒"太母液"广告正文:"世传隋末乱世,李靖随母隐居大幕山。太母教人播野荞、学纺织,深得山民爱戴。太母仙逝之日,雷电交加,两山拢抱,合葬太母。满七之后,一眼清泉涌于山脚,如太母乳汁汩汩长流,是为'慈泉眼'。自此人们酿泉为酒,流传至今。野荞神太母液晶莹剔透,清香纯正,醇冽清柔,微甜爽口,为生日寿诞宴会不可多得的珍品。"

(6)抒情式,即采用散文或诗歌等形式来完成。这种形式凝练优美,能够表现出文学的韵味,给人耳目一新的感觉。如飞利浦真柔灯泡广告正文:"飞利浦真柔灯泡/子夜,灯一盏一盏熄了/浓密的夜色淹没了初歇的灯火/万物俱眠/怎舍得未归的//人/独自在黑夜赶路/且点上一盏灯/点上家的温暖与期待/让晚归的人儿/不觉孤独/飞利浦真柔灯泡/为晚归的人点上一盏温馨的灯。"

(7)幽默式,即借用幽默的笔法和俏皮的语言来表达广告主题,使受众以轻松活泼的心态接受广告信息。在马来西亚一处交通要道上有不少幽默式交通广告,如其中一则:"阁下,驾驶汽车时速不超过 30 英里,您可饱览本地的美丽景色;超过 80 英里,欢迎光顾本地设备最新的急救医院;超过 100 英里,那么请放心,柔佛州公墓已为您预备了一块挺好的墓地。"

3)结尾

结尾敦促人们采取购买行动,或祈使,或建议,或暗示性。广告结尾的文字应该简短、有力,不宜过长,其作用是再次强调本商品的独特的销售主张,种种独到之处,以敦促消费者采取行动。

正文拟写要注意:突出最具竞争优势的信息,尽量让消费者来现身说法,不用令人反感抵触的词语,提供有用的咨询或服务。

3. 随文

随文又称附文,是在广告中向受众说明广告主身份及相关的附加信息,起到附加说明和购买指南的作用。一般位于广告文案的尾部,写明企业标志、商标牌号、厂名、厂址、电话号码、电报挂号、日期、报价、销售单位等项目,必要时还可写上开户银行、银行账号以及购销方法,以便联系购买。随文有常规型、附言型和条签型等几种形式。常规型随文以列举的方式将商品标识、企业名称及其标准字体、联系方式等内容一一列出。给日常生活用品做广告，通常不列写随文。附言型随文通常是在告诉受众某种联系方式时，提出相关建议，鼓励受众采取购买行动。条签型随文是在广告文案尾部制作一张简单的条签，用虚线或表格标明。它通常是一张回邮单，也可以是消费者调查的表格，或是在征求企业名称、广告语之类的登记表。

4. 广告口号

广告口号又称广告标语或广告警句，是指表达企业理念或产品特征的、长期使用的宣传短句，反复性、精警化、口语化是其特点。如“与时空同在，似日月长辉”（瑞士雷达表广告口号）；“科技无限，创造无限”（春兰集团的广告口号）；“早一天使用，晚一天衰老”（抗皱霜广告口号）。广告口号一经采用，往往要使用很长一段时间，成为消费者区别不同企业和产品广告的标志。从某种意义上说，广告口号就是广告的商标。

广告口号与广告标题有三点区别。①广告标题具有概括广告内容和引导广告正文的作用；而广告口号则是使消费者建立一种观念，用于指引他们选购商品和劳务。②广告标题在广告中的位置比较固定，多在正文上方；而广告口号却可以单独使用，即使作为广告的组成部分，版面位置也十分灵活，不受任何限制。③广告标题是广告的有机组成部分，必须与正文、插图等关联使用，其形式可以是一句话、一个词，甚至一个字；而广告口号同广告中其他要素没有必然的依附关系，一般是完整的句子，能表达出明确的概念，如“好而不贵，真的实惠”；“有我白猫在，步履更轻快”。

拟定广告口号的原则：①简短易记，广告口号的目的是为了使人们形成长期牢固的概念，越简单越能帮助人们记忆；②突出牌名，商品的牌号和企业的名称，是商品的主要标志，将企业产品名称直接引入广告口号，能起到有效的识别作用和记忆作用；③紧扣利益，消费者购买商品的目的是要能给自己提供某种效用。

广告口号常见技法如下。①比较法，通过两种商品前后质量、性能或价格的对比，突出质量的优等或价格的实惠，从而取得消费者的信任，如美国丽明顿刮胡刀片广告语“从前每片刮 10 人，之后刮 13 人，如今可刮 200 人”。②承诺法，以许愿、保证的方式突出商品或劳务的优点，如奔驰牌汽车广告语“如果有人发现‘奔驰’牌汽车发生过故障，被迫抛锚，我们将赠送您 1 万美金”。③设问法，以询问的句式提出问题，于平平淡淡之中提醒人们注意区别新的产品、新的形象，如上海七重天联营公司广告语“人间天堂何处在？路人遥指七重天”。④描写法，用简练、优美、形象的语言客观地描绘商品的特色，达到绘声绘色的效果，如麦氏咖啡广告语“滴滴香浓，意犹未尽”。⑤叙述法，不加任何修饰，客观地陈述商品特点或企业宗旨，如奥丽斯化妆品广告语“早一天使用，多一份青春”。⑥双关法，多为成语的借用，别义双解，造成言在此而意在彼的效果，如旅游鞋广告语“千里之行，始于足下”。⑦幽默机智法，用富于机智幽默的语言，吸引人们的注意力，如法国某印刷厂广告语“除了钞票，承印一切”。⑧对偶成联法，以语言的对偶造成形式上相谐调的美感和意义上相得益彰的丰富感，如淮北口子酒广告语“隔壁千家醉，开坛十里香”。⑨巧用谐音法，利用发音上相同相近，在精短的广告口号中借用一些现成的、为人们所普遍熟悉的词语，来宣传企业、商品，琅琅上口，易于记忆，如山西汾酒广告语“天下大势，汾酒必喝，喝酒必汾”。

广告口号写作注意四点：朗朗上口，简单易记；新颖独特，个性鲜明；把握时空，区别对待；说服性大，号召力强。

撰拟要求

1. 要定位准确

①实体定位。一般可从产品的产地、原料、加工、用途、用法、特点、档次等许多方面来考虑，主要有产地定位、类别定位、特点定位、用途定位、使用时间定位、档次定位等。②消费者定位。要使消费者明确该产品是为谁生产的，卖给什么人，主要从消费对象和消费心理两个方面来考虑。③市场定位。消费市场的构成因素是人口和购买力，因此确定广告主题时还要考虑市场需求，即人口和购买力的因素。

2. 要内容真实

广告内容的真实性是广告的基石和生命，也是广告的一种道德规范。广告文稿内容的真实性要求所介绍的商品和劳务项目，要向企业和消费者提供经得住检验的证据，从而真正起到指导消费、促进经济发展的作用，有一定限度的艺术渲染和艺术夸张是允许的，但必须以现实为基础，绝不能脱离、歪曲甚至颠倒事实。人是有理智的，语言诚实最能获得消费者信任。

3. 要有创新性

创新性是广告成功的关键。广告文稿的创新性，关键在于广告的创意。广告创意是广告主题的创造性思维，是在广告主题定位后，如何表现广告主题的创造性的艺术构思，既包括"传播什么"的问题，又包括"怎样传播"的问题。广告文稿的创新性，不但表现在有上乘的创意，还表现在要有独特、新奇的表现手法，新颖的表现手法同样具有不可抗拒的魅力。广告的艺术形象越鲜明，越富有创造性，感染力就越强，宣传效果就越好。

4. 要有针对性

要考虑不同消费群体对广告的不同感知态度。向青年人做广告要有幽默感、时代感，要突出产品的独特性，文字要简洁，审美性要强；向中年人做广告重在理性，必须强调产品的"成熟性"及经济实用性，文字要质朴、详尽；向老年人做广告必须诚实谦和，以强调产品的质量和实惠方便为主，文字要通俗严肃；对妇女做广告则应浅显易懂，少用或不用图表，要强调适中的价格和实用的价值。总之，消费群体不同，广告写作就必须因人而异。

5. 要讲艺术性

只有精练的文字、清新的措辞，才符合信息时代快节奏的要求，才能在特定的时间内把广告信息输入消费者脑中。广告文稿往往采用各种艺术手法写作，或比喻塑造鲜明形象，或夸张突出商品特点，或排比增强感召气势，或巧设悬念引人注意，或一语双关引人回味，这样的广告文稿在传达商品信息的同时，也创造了美，具有一定的审美价值。

例文 7-10

观澜国际花园　收藏昆玉河醉美一段

观澜国际花园　京城首例融合型水景宅邸

一艘游轮从女儿的窗前驶过，在别人这是梦，在观澜国际是生活。

1. 上风上水之地　都市中宁静的生活港湾

从昆明湖顺流而下十里许至曙光码头，一段300米的河道长堤柳荫，为河之最美，天成一个上风上水的居住地——观澜国际花园。

观澜国际花园，居昆玉河左岸，远眺西山，北望43公顷森林公园和鲁艺公园，总建筑面积20万平米，5栋弧形板楼掩映于一片葱笼中，2.06%的低容积率，越多自然，生活越自然；地处三、四环之间，依托便捷的交通网，进，快速连接香格里拉商圈，中关村科技园核心区，金融界商圈；退，回归宁静的生活港湾，生活与工作尽在掌握中。观澜国际花园，恬静的都市生活港湾。

2. 月牙弧板　看得见河的房子

假如有一天，女儿告诉你：一艘轮船从她的窗前驶过，你不必讶异，生活在观澜国际花园，天天不一样的水景，晨雾茫茫，春江花月。

观澜国际花园，板楼外形呈圆润的弧度，形如月牙，五栋弧板相互错落排列，精妙设计形成一种奇妙的景观——可观昆玉河的月牙板楼。淡黄的月牙板楼，现代而简洁，如音符般跃动。昆玉河水汤汤，西山逶迤起伏，观景长桥连起点点美景，楼仿佛从流动的自然里长出来的一样，一切的一切和谐了。

3. 水木清华　生活天天新情趣

观澜国际花园，园林设计凝聚名家智慧，美国泛亚易道设计的"喷泉"主题园林，以会所为中心辐射出三处喷泉，组成丰富而别致的园林水景。蜿蜒的行道，与草坪、花圃、灌木、乔木形成丰富的园林景观，下沉式休闲广场、木栈桥、金属立柱灯、儿童嬉水滩……处处弥漫自然温情。这是一个有邻里交往的社区，这是一个温暖而舒适的生活社区。

北京天鸿宝业秉人文精神，打造地产品牌。积极倡导客户服务，努力奉献精品楼盘。

随文（略）

例文 7-11

丽江古城旅游宣传广告

梦中花园——丽江古城
兼山乡之容、水乡之貌
一座依顺自然的山水之城
一座亲和自然的田园之城
丽江古城
载纳西民族风情
深层历史文化
一个以人为本的世外桃源
一个天人合一的梦中家园
滇西北雪域大江中
在熙攘浮躁的当今世界，这座古城已成了
难得一闻的一曲远山清音，红尘牧歌

例文 7-12

美肌精平面广告的广告文案

广告语：名门闺秀 充满魅力的女人

标题：美肌的哲学

正文：

如果，你是一位追求魅力的女性，
那么，肌肤之美，将成就你的梦想。
名门闺秀美肌精，蕴涵神奇的大自然能量，
银杏、珍珠、灵芝、红景天……精华凝聚，
为肌肤注入鲜活能量源，每一滴，都蕴藏着肌肤的至爱。
肌肤细胞从此变得鲜活、充盈，富有青春生命力！

实训练习

(1)联系一家企业,详细了解这家企业产品的有关信息(包括产品名称、商标、特点、性能、价格、竞争优势、荣誉奖项、售后服务、消费者态度、市场需求等)以及企业的有关信息,制作一份简单明了、富有新意、特点突出的广告文案。

(2)根据所给的背景资料,写一则广播广告,完成广告文案写作部分,充分体现口头语言的特点,并适当运用音乐、音响效果,用文字描述音乐、音响的效果;广告标题、口号、正文、附文格式完整;正文字数不少于200字。背景资料:易初莲花是一大型超市,集各种生活日用品、食品、新鲜蔬果等各类商品,品种齐全,价格合理。现欲在某一中小型城市开一家中型连锁店。

(3)请为某数字电视的产品上市撰写广告文案。广告发布时间:2015年元旦。广告发布媒介:《××晚报》广告版。告版面:半版。要求:分析该产品类别、产品周期情况,并根据媒介运用、广告时间的要求,完成此广告文案写作部分,并用语言表述视觉效果配互。

(4)试为某品牌空调拟一平面广告文案:①广告定位:静音、新款、质优、价低。②广告文案诉求创意:深化"静音、新款、质优、价低"的主题理念,在文案创作上要有层次感,用感性语气进行诉求,把主题理念理性化、细微化。③版式设计:要求形象具备统一性,图案选择有新意,与诉求文字结合巧妙。

第七节 商品说明书

文体概述

商品说明书,也称为"产品说明书"或"使用说明书",是关于商品性能、规格、构造、用途、使用和保管、保养方法的一种文字,是一种使用频率极高的应用文。

商品说明书不同于广告。①目的不同。广告以推销产品为目的,突出商品的优点,以引起消费者购买的欲望并产生购买行为,简明扼要;而商品说明书主要以说明、介绍产品为目的,说明商品的特点、用法用量、适用范围、注意事项等,细致周到。②表现手法不同。广告讲究艺术性,注重感染力,强调创意新颖,表现手法多种多样;而商品说明书表现方式比较单一,一般以文字说明为主,辅以一定的图表说明。③语言风格不同。广告中常用"质量稳定可靠"、"国内首创"、"实行三包"、"欲购从速"、"勿失良机"等赞誉和敦促消费者购买的文字;产品说明书只是对产品的相关情况进行理性、客观、科学的说明和描述,客观实在,朴实无华。④发布形式不同。广告一般需要通过一定媒体来传播介绍商品;而商品说明书则一般由企业独立撰写印刷,随商品赠送,有时也作为产品宣传资料发放。

商品说明书科学准确、图示精准、条款清晰、通俗易懂、方法实用,对于生产者、经营者和消费者相当有用。①指导消费。解释说明是说明书的基本作用。现代产品、消费品包含了很强的科技成分,人们从购买到使用,直到维修保养和排除一般故障,几乎都要依靠说明书的帮助。②产品促销。好的说明书可以使用户产生购买欲望,为生产者和经营者打开商品的销路,特别是对新产品的推销,起着举足轻重的作用。③传播知识。说明书对某种知识和技术有传播作用,如介绍产品的工作原理、主要的技术参数、零件的组成等。

说明书具有实用性、条理性、准确性和通俗性四个特点。说明书旨在给人以知,教人以用,脱离了实用的目标,说明书就失去了存在的价值意义;说明书要从事物本身的规律性和人们对事物的认识规律两个方面去寻求最恰当的表达顺序；说明书所介绍的知识、产品情况必须符合客观实际，来不得半点虚假和欺骗；说明的语言一定要简明扼要、通俗易懂，一定要把被说明的事物说“明”。

商品说明书各种各样。一般来讲，按所要说明的事物来分，可以分为产品说明书、使用说明书、安装说明书等；从其形式繁简来看，可分为简单的商品说明书和复杂的商品说明书。

行文格式

安排商品说明书结构的原则有二：一是符合购买者认识、使用商品的合理顺序，应从挑选、购买到使用、保养、维修的顺序安排结构；二是符合说明商品本身固有的条理，有些商品包括诸多部分，安排说明结构时，应或从上到下，或从外到内，或从局部到整体，或从整体到局部。

1. 简单的商品说明书

这种说明书文字简洁，项目简单，只向用户简单扼要地介绍商品的情况。如食品、医药及一些民用商品等的说明书，一般都属于简单的商品说明书。这种说明书的结构，一般包括标题、正文、落款三部分。

1)标题

在第一行中间写上商品名称(如“健民咽喉片”“西湖绸伞”)或“××使用说明书”、“××说明”、“××介绍”。

2)正文

这是商品说明书的主体，一般包括产品设计目的、原料配方、技术要求、工艺造型、性能特点以及效率用途、注意事项、出厂价格、使用方法和保养维修等内容，以上项目可根据商品性质侧重说明某一项，有的项目也可以不写。产品如是工业机械、建筑材料、化工方面的，在说明书中对产品的名称、成分、性能、特点、用途和保养方法等做简要的说明；产品如是微型机器、精密仪表方面的，在说明书中，应对机器仪表的型号、技术规格和构造，可能发生的故障和检修方法以及包修包换范围等加以说明；产品如是家用电器，就应该着重说明其使用方法、操作过程和保养事项等；产品如是医药，在说明书中对它的成分(含量)、功能、主治、服用方法以及禁忌等应交代清楚；产品如是农药等，除了交代它的功能、特点、用法之外，还一定要说清楚应注意事项或可能产生的问题。

正文的写作，一般运用条款式、概述式、复合式和表格式。

(1)条款式。程序性内容说明一般采用条款式，即根据产品的主要情况，分条逐项地对其进行说明。一般说来，大多按照产品的产地、原料、性能、功用、作用方法、保养注意事项等条目来写。这种写法，所用的文字极少，也不成文。条款式结构，能使说明书的内容集中醒目，层次分明，条目清楚。运用条款式，应注意避免内容零乱、意思脱节的毛病。

(2)概述式。介绍性内容说明一般采用概述式，就是对商品进行概括的科学的介绍和说明。一般只需介绍产品的基本情况或主要情况，不要求巨细无遗，也可以选择不同的重点和侧面来写，力求简明扼要。概述式结构的优点是内容完整、意思连贯、文字简明，有一定的文采或趣味性。运用概述式，内容切忌冗长，陈述力戒杂乱。

(3)复合式。复合式是概述式和条款式的综合，既有概述式的总体说明，又有条款式的分项说明；既可先总后分，也可先分后总；有的还插入图标，图文并茂。复合式商品说明书，使用频率比较高。它的优点是常能把事物说得比较清楚、周密，既能给人一个总的印象，又能让人了解具体项目的内容。

(4)表格式。表格式就是按表格逐项填写要说明的内容，也可以表格为主，加上适当的文字说明。

3)落款

在正文的下面标明产品厂家名称、产品批号、生产批准部门、专利号、荣誉标志、保修条款、有效期限、厂址、电话等。有的说明书的单位名称已与标题写在一起，可以不再具名。

2. 复杂的商品说明书

有些产品说明书是向用户全面地介绍产品，这类说明书内容、结构比较复杂，装订成册，制作精美，图文并茂，多用于对科技含量较高的电子类产品和家电产品的说明。如电视机、冰箱、计算机、洗衣机等。复杂的商品说明书有封面、目录、前言、正文、封底等部分。

1)封面

一般有"说明书"字样和厂名，有的还印有商标、规格型号、商品标准名称和图样。许多商品说明书封面还配有商品彩照、彩图、分色表格，制成为一幅精美的广告。

2)目录

目录主要列出商品说明书的内容条目，方便用户翻检查询。

3)前言

前言的形式有的采用书信形式，而更多的是采用概述式的短文。前言一般用来概述商品说明书的目的，有的还介绍新商品的特点、性能、原理和使用范围，有的还指出保养、维修商品的重要性。不过，有的说明书不列这些部分。

4)正文

这是商品说明书的主要部分。根据实际需要对以下各项内容有选择地或侧重地进行说明：①构成原理(可附图说明)；②技术性能指标和主要技术参数，例如，温度范围、压力范围等；③使用方法，有的配合插图说明各部件名称，按操作程序一一列出操作要领，指出特别注意的事项；④保养与维修，配合图表，说明保养、排除一般故障和具体维修的方法；⑤商品成套明细，只有成套商品才列此项，主要说明成套商品的名称、附属配件及工具，附"用户意见"或"系列产品订货单"。

如果是食品、日用化妆品类产品，还必须注明生产日期和保质期，药品类产品除注明生产日期与有效期外，还必须对化学名称、结构式、性状、规格、适应症、用法与用量、配方、禁忌、储藏、包装、批准文号，以及可能产生的副作用等注意事项进行详细说明。

5)封底

为方便用户联系，一般封底上注明厂址、邮政编码，含国家地区代号的电话、传真号码、电报挂号、互联网网址及电子信箱等相关信息。

为使说明书增强感染力，在实事求是的前提下，可选用文学语言来描绘，这就要求作者具有一定的文学、文字修养。有时还应有丰富的感情，对所说明的事物十分熟悉和热爱。有的说明书为了给读者以真实感和便于读者接受理解，不仅用于文字说明，还插用图表和照片，图文并茂，以期达到最好的说明效果。

撰拟要求

1. 内容客观真实

写作前，对所写商品进行调查了解，要查阅各种有关资料，掌握足够的专门知识。撰写时，应坚持对用户高度负责的精神，必须实事求是、科学客观地介绍商品的优点和应该注意的事项，不夸大其优点，不隐瞒其缺陷，符合客观实际，表述层次分明。

2. 抓住特征说明

要突出两个内容：必须说明的和读者急切了解的。或抓住商品的用途、特点、用法进行说明，或针对用户可能产生的疑虑来确定说明的基本内容，从而写出每种商品与众不同的个性，把性质相近的商品区别开来。宜根据不同商品特征选择不同的说明方法（或定义说明，或分类说明，或分解说明，或比较说明，或举例说明，或引用说明，或数字说明，或图表说明）。

3. 语言简练通俗

一要准确无误，做到概念准确、程序准确、语言准确，多用清楚明白的短句，不用冗长复杂的长句，引用的数字必须翔实，使用的图表必须精准。二要通俗浅显，对商品的性能和特点、复杂的结构、繁琐的装配方法或操作技术做深入浅出的说明，避免使用或少用生僻字词和专业术语，切忌滥用文言词语和外文。

例文 7-12

碧螺春茶

碧螺春是我国十大名茶之一，产于江苏吴县洞庭东山和万顷碧波中的洞庭西山。洞庭东山在太湖之滨，洞庭西山是太湖中的小岛，这两个地方风光秀丽，相传已经有1300多年的采茶历史了。据《太湖备考》记载：东山碧螺峰石壁，有野茶数枝，山人朱正元加以采制，其香异常，便把这种茶叫做“吓煞人香”。清代王应奎著《柳南随笔》记载，公元1675年，康熙皇帝在江南一带巡游，到了太湖，巡抚以这种茶进呈。康熙皇帝以其名不雅，改名为“碧螺春”。其实，这只是一种传说。碧螺春的得名大概是由于它的形状蜷曲如螺，最初的采摘地在碧螺峰，采摘的时间又在春天。

碧螺春由采摘茶树嫩梢初展的一芽一叶制成。叶片长约1.5厘米。嫩叶背面密生茸毛。茸毛也叫白毫，白毫越多，说明茶叶越嫩，品质越好。碧螺春的品质特点是：色泽碧绿；外形紧细，蜷曲，白毫多；香气浓郁，滋味醇和，饮时爽口，饮后有回甜的感觉；泡出茶来，汤色碧绿清澈，叶底嫩绿明亮。碧螺春茶中含有咖啡碱、茶碱和多种维生素，有兴奋大脑和心脏的作用，以及润喉、提神、明目的功效。喝了之后，能使人精神振奋，消除疲劳。

制作碧螺春是一项辛苦细致的劳动，又是一项技术性很强的传统工艺。1斤碧螺干茶，要采摘55 000到60 000个嫩芽，经过精拣、杀青、揉捻、搓团等工序，采摘需及时、精细，做工也十分讲究。春天的早晨，在一个个茶园里，采茶姑娘神采飞扬，敏捷地从茶树上精采细摘一片片嫩叶，情景动人。入夜，山村里万家灯火，一片忙碌。焙茶手把拣好的鲜叶倒进滚烫的锅里，叉开手指，不停地翻拌，看看叶芽深绿了、变软了，就让锅里保持中等温度，开始揉捻，使叶芽水分蒸发，条条紧缩，蜷曲成螺形。此后一边降温，一边搓团，等到茶叶捏拢放开就能自行松散时，一锅优质碧螺春就制成了。

例文 7-13

健身球说明书

被誉为保定地区“三宝”之一的健身球，是闻名中外的传统产品：它起源于明朝，是保定地区手工艺人精心制作创造出来的。它秉承祖国传统工艺，运用现代新型材料，经数十道工艺始成，独具风格。它既是一种便携的保健器具，又是极具收藏及观赏价值的工艺品，融华夏文化于一体。名医有赞曰：“观其表，赏心目；听其音，开窍提神；练五指，活血舒筋。”健身球分为雌雄一对，雌球声音柔和缠绵，雄球声音清脆悦耳。

功能介绍：通过手指的运动，达到疏通经络、调和气血、舒筋健骨、清神活血、防止高血压及各种慢性疾病。久经锻炼还可以健脑增智、加强记忆、消除疲劳、提神消忧，大有延年益寿之功能，是老少皆宜的锻炼身体消除疾病的必备之宝。

使用方法：在锻炼时，将两球托于掌中，靠五指顺序屈伸使两球互绕盘旋，旋转方向有顺、逆之分，使手的全部关节都处于运动之中。随着手指的屈伸、展收，前臂肌肉都能有节奏地收缩和放松。初练时可选小型号，待熟练后，逐步选购较大型号。两手可交替锻炼，也可三、四个球同时旋转玩出几种花样。

保养方法：要防止潮湿，保持清洁干燥，避免猛烈撞击。长期不使用时可用涂蜡、涂油密封保存。

生产：河北定州市健身器材厂。

地址：定州市铁西。

实训练习

(1)请在下列题目中，选择一题写一篇产品说明书：①山地车、空调机、手机、数字电视机；②牙膏、洗发液、沐浴露；③湖北、武汉风味小吃。

(2)根据下面的材料，写一篇结构完整、正文为条款式的商品说明书。

广西玉林制药厂生产的十滴水每瓶 5 mL，有健胃、祛风的功能，可以治疗由于中暑引起的头晕、恶心、肚子疼、肠胃不舒服。这是因为它里面主要含有樟脑、大黄、小茴香等成分。一次喝半瓶到一瓶，小孩子要适量少喝一些，但怀孕的妇女不能喝。平时要在见不着光的容器里封严实，搁在阴凉的地方。这种药的批准文号是桂卫药准字(2002)027002 号。

(3)根据下面的材料，为四川名酒——文君酒写份说明书。

文君酒历史悠久，酒质具有窖香浓郁、柔绵醇净、甘甜爽口、香味协调、回味悠长的独特风格。采用传统生产工艺，老窖发酵，蒸馏陈酿出厂，酿造用水系西汉卓文君古井水脉佳泉。1985 年荣获中华人民共和国商业部“金爵奖”，1963 年被评为省名酒，1981 年、1984 年两届蝉联中华人民共和国商业部优质产品称号，1989 年荣获中国出口名特产品奖。

(4)将下面某厂家的“××牌电热褥”所附的产品说明书结构理顺，重新排列段落，并用规范的文字说明。

①“××牌电热褥”由武汉××××公司生产，联系电话：027-×××××××，地址：武汉市××区××路××号，欢迎订货！②“××牌电热褥”可以放在被子下面，铺平展开盖被以保温。睡前 30 分钟接通电源，温度逐渐升高，达到恒温时连续 12 小时。③不通电源时可折叠，但禁止揉搓以防损坏发热元件。④禁止折叠后接通电源，以防温度集中损坏棉织物。⑤起床后应切断电源，以免毯上垫物过厚烧毁棉织物。⑥电热褥放在被子下面铺平展开，用针线将四角及中心固定，以免滑动，皱折卷曲，损坏发热元件。

第八节 商务策划书

文体概述

策划是根据现有资源信息，判断事物变化的趋势，确定可能实现的目标和预算结果，再由此来设计、选择能产生最佳效果的资源配置与行动方式，进而形成决策计划的复杂思维过程。

将这一复杂思维过程用文字完整体呈现出来的文本就称策划书。策划与计划有着本质的区别。计划是所有机关、企事业单位、社会团体的一种日常事务活动，是常规性的工作流程；而策划却是只有在某种特定情况下才采取的措施，必须具有超常的创新性。计划一般是对具体事务的处理程序和细节安排，是具体的；而策划是只对具有方向性的问题进行描述，是一种原则性的指导。

明确性、逻辑性、创造性和可行性是策划书的四个特点。①明确性。一般说来，策划是以追求经济效益和社会效益相统一为目标的，或推广新的产品，或拓展新的市场，或改善品牌形象，只有目标明确，策划才能顺利进行，获得预期的效果。策划行为受策划目标的制约，要为实现策划目标而进行。②逻辑性。策划的目的在于解决企业营销中的问题，须按逻辑性思维的构思来编制策划书：提出问题（交代策划背景，分析市场现状，托出策划目的）—分析问题（具体阐述策划的内容）—解决问题（提出解决问题的对策）。③创造性。策划活动是一项创造性思维活动，创造性是策划的生命所系。创造性具体表现在策划定位的抉择、策划语言的艺术渲染、策划表现的独特形式、策划媒体的利用等方面，要求策划的"点子"（创意）新、内容新、表现手法也要新，给人以全新的感受。④可行性。编制的策划书是要用于指导营销活动，其指导性涉及营销活动中的每个人的工作及各环节关系的处理，因此其可操作性非常重要，不能操作或不易于操作的方案创意再好也无任何价值。策划方案必须经过可行性论证或试验，才可以付诸实施。

常见的商务策划书有营销策划书、广告策划书和活动策划书等。营销策划是对一定时期内企业营销行为的方针、目标、战略及实施方案的预先设计和规划。营销策划书则是关于设定企业营销活动及其行动方案的文字载体。从企业自身活动的角度、从企业活动与公众关系角度，营销策划书可以分出许多子类。广告策划书是对广告策略及其实施步骤的完整说明，包括对某一具体产品或品牌的背景、历史及其过去为此所做的广告的执行记录，同时，也是在未来广告活动期间对广告、促销活动及其公关宣传的建议方案。它是提供给广告主予以审核、认可的广告活动的策略性、指导性文件。活动策划书是公司或企业在短期内提高销售额，提高市场占有率的有效行为，如果是一份创意突出且具有良好的可执行性和可操作性的活动策划书，无论对于企业的知名度，还是对于品牌的美誉度，都将起到积极的提高作用。活动策划书根据内容不同，可以分为新闻活动策划书、社会赞助活动策划书、节日庆祝活动策划书、庆典活动策划书等。

行文格式

策划书一般由封面、目录、摘要、正文、附录几个部分组成。

1. 封面

策划书的封面由策划书的名称、被策划的客户、策划机构或策划人名称、策划书完成的日期构成。

策划书的名称要让人一目了然地明白策划的内容，它由策划对象、策划主题、策划种类等构成，如"××酒店开业庆典策划书"。也可在名称中加入策划开展的时间或地点，如"2014 年五一劳动节期间××商场促销活动方案""万科・城市之光一期项目包装及推广方案"。

策划人是指本策划书的制作者及其所属机构、部门和职务等。如果策划书是由一个策划团队制订的，应先写上策划团队的名称、所属机构，再写上团队负责人和团队成员的姓名。策划书的完成日期指整个策划书完成的时间。

2. 目录

一般说来，超过 10 页的策划书要制作目录，以便读者了解策划书的逻辑结构，也便于读者找到自己感兴趣的部分。

3. 摘要

摘要是对策划书主要内容的概述，其目的是使读者对策划书有一个大致的了解，知晓策划书中所开展的战略和策略。因此摘要的语言要简练准确，一般控制在200字左右，重点放在策划书中与众不同的创意点上。

4. 正文

正文是策划书的核心，是策划方案成功与否的关键，当然也是写作的重点。正文内容一般由策划背景、目标与任务、策划方案这几部分组成。不同类型的策划书，正文的项目及写法有所不同。

1)营销策划书

(1)前言。①交代背景，写明策划书的缘起。②点明宗旨，揭示策划书的主题。③简述目标，解说策划工作的必要性、可行性。文字不要太长，要尽量简明扼要。

(2)市场分析。总体分析当前的市场营销环境状况，这是制订营销策略的依据，具体包括以下内容。

宏观环境分析：主要是对影响产品的不可控制因素进行分析，包括人口环境、经济环境、技术环境、政治法律环境、社会文化环境、居民经济条件等，从中判断某种产品的命运。

市场现状分析：主要提供该产品目前营销状况的有关背景资料，包括市场、产品、竞争、分销状况的分析。①市场状况分析主要分析市场规模、增长潜力、市场销售总量、需求特征、消费者基本状况等，目的是预测目标市场的发展目标。②产品状况分析主要分析企业产品特性、产品定位、产品成本、销售价格、市场占有率、利润率等方面的数据。③竞争状况分析主要是针对现有及潜在竞争者的分析，包括对竞争者的市场规模、市场份额、市场地位、产品质量、产品定位、产品价格、营销战略及消费者对其认知态度等的分析，以了解竞争者的意图、行为，判断竞争者的变化趋势。④分销状况分析主要是针对行业市场和各竞争品牌在分销渠道上的现状进行分析，以找出更合理的销售网络。

(3)市场机会与问题分析。对企业的某种产品所面临的主要机会和风险、企业的优势和劣势及重要问题进行系统分析。①针对产品目前营销现状进行问题分析。一般营销中存在的具体问题表现为多方面：或企业知名度不高，形象不佳影响产品销售；或产品质量不过关，功能不全，被消费者冷落；或产品包装太差，提不起消费者的购买兴趣；或产品价格定位不当；或销售渠道不畅甚至渠道选择有误，使销售受阻；或促销方式不力，消费者不了解企业产品；或服务质量太差，令消费者不满；或售后保证缺乏，消费者购后顾虑多，如此种种都可以是营销中存在的问题。②针对产品特点优、劣势分析。从问题中找劣势予以克服，从优势中找机会，发掘其市场潜力。分析各目标市场或消费群特点进行市场细分，对不同的消费需求尽量予以满足，抓住主要消费群作为营销重点，找出与竞争对手的差距，把握和利用好市场机会。

(4)营销目标。营销目标是在前面目的任务的基础上，企业在一定时间内所要实现的具体目标，即营销策划方案执行期间的经济效益指标，包括市场占有率、总销售量和预计毛利等。

(5)营销战略。这是企业根据上述状况分析后制订的具体战略和战术，也称策略，常用策略有如下几种。①产品策略。通过前面产品市场机会与问题分析，提出合理的产品策略建议，形成有效的组合，以达到最佳效果。包括找准产品定位、改善质量功能、强化品牌建设、美化产品包装、提高服务质量等。②价格策略。这是以价格作为主要竞争手段的策略,或采用低价促销方式占领大规模市场,或采用高价限量销售方式塑造高端产品的地位。③销售渠道策略。此策略是依据现有的销售渠道状况整合资源,提供优惠政策或制订适当的奖励政策,调动中间商、代理商的积极性,积极开拓新的销售渠道,以扩大市场。④促销策略。此策略有长期的常规广告投放、不定期的促销活动以及与消费者沟通的公关活动等。

(6)行动方案。根据策划期内各时间段特点,推出各项具体行动方案,包括总体目标、阶段目标、项目负责人和部门、资金投入、操作步骤、工作程序等。要有行动进度表,对每一项项目实施完成的时间做出具体的规定。要有工作分配表,对项目涉及的有关人员的职权范围、工作内容、责权要求等做出计划。行动方案要细致、周密,操作性强又不乏灵活性。

(7)预算预测。市场策划书是为实施而做的,实施项目必然会发生费用支出,因此,策划书不能没有预算。这一部分记载整个营销方案推进过程中的费用投入,包括营销过程中的总费用、阶段费用、项目费用等,其原则是以较少投入获得最优效果。它通常以图表的形式列明预算的项目开支、分配和项目内的费用分配等。

(8)效果测试。这是策划方案的补充部分。在方案执行过程中可能出现与现实情况不相适应的地方,因此必须随时根据市场的反馈及时对方案进行调整或取舍。策划方案效果测试方法有意见与态度测试法、实地调查法等,较多地使用后者,具体的可采用单一变量测试和多种变量测试法。单一变量测试是一种分区比较法,即采用本策划的地区与未采用本策划的地区比较,多种变量测试只是增加测试的变量而已。

(9)结尾。这是策划书的"收口",主要有以下几种形式:或以行动方案结尾,或以经费预算结尾,或以前景展望结尾,或以效果评估结尾。

2)广告策划书

广告策划书一般包括以下几个方面的内容。

(1)情况分析。其主要包括四个方面的内容:公司及产品历史、产品分析、消费者分析和竞争者分析。与营销策划书不同的是,广告策划书对这几个方面的分析更注重广告方面。

公司及产品历史的分析:主要围绕本产品或品牌的背景、社会影响、过去的广告预算、广告主题、过去的媒体或消费形态、目前在广告或推广中所使用的创意主题、目前本品牌所面临的问题点和机会点等方面来进行。

产品分析:即对一切可能影响产品或劳务销售的要素进行概要分析。其主要要素有:产品特性;消费者对产品的态度;本品牌认知度和理解度、接受度等。

消费者分析的主要内容包括消费者的基本情况(如性别、年龄、收入、职业、教育、地理区域等)、消费者的态度情况(对本产品的知晓程度、喜爱程度、原因何在等)、消费者的行动状况(在何处使用本产品、使用频率、对同类产品尤其是竞争对手评价如何等)。

竞争对手分析指与竞争对手有关的广告分析,这是为广告主提供一个衡量的参照物。具体内容包括:竞争对手包装设计;品牌命名的长处和短处;竞争对手目前的广告运作针对何人,正在使用何种策略,产生何种影响;广告费用支出与分配情况;广告主题的变化等。

(2)广告预算,指此次广告活动中所需要的费用,包括广告制作费、媒体费用等。此部分要求详细列出每项开支的具体数额。

(3)广告建议事项。这一部分是广告策划书的核心,主要包括如下内容。①产品问题点、机会点:要用简明扼要的语言清晰地叙述存在的主要问题,它可能是一个产品问题,也可能是一个行销问题,但这些问题必须是在广告的影响范围之内。②广告目标:指此次广告策划所要达到的目的。③广告定位:说明此次广告策划中将采用的广告定位。④广告诉求对象:根据前面的消费者分析,指出此次广告活动的诉求对象,并说明选择这一目标市场的理由。⑤广告表现,指制作出来的广告创意作品的表现形式,如为文稿图案、广播脚本、电视脚本、广告主题词和美工表现、包装设计、插图、户外广告牌设计、广告特制品等。

3)活动策划书

活动策划书正文包括前言和主体两部分。

(1)前言:简要交代活动策划的社会背景、活动单位背景和意义;简单交代策划主题提出的依据,策划活动进行的方式和程序等;简单写出实施策划项目给单位带来的商业价值和社会效益;同时明确地写出策划的核心构想或画龙点睛之处。

(2)主体:主要包括策划项目内容、策划项目实施、策划预期效果等。

策划项目内容。专题活动项目策划包括确定活动的宗旨,取得有关部门、组织或人员的参与和支持,新闻媒体的支持与合作,活动的阶段,活动的组织、实施特点,事先的筹划和准备,活动前、活动中及活动后的相关工作。

策划项目实施。①资源需要:指开展活动时需要哪些物资或人力资源,也需要说明这些资源的来源和具体配置。②日期确定:活动日期,准备和宣传发动工作日期。③地点选择。④活动开展:指活动的流程和步骤,这一部分是活动策划书的重要部分,必须详细说明。⑤费用预算:指此次活动所需的费用,这部分最好以图表形式表现,要明确指出每笔经费的金额。⑥活动负责人及参与者:活动负责人包括活动总负责人及活动中每一步骤的负责人,以及参与此次活动所邀请的人员,要具体说明被邀请人的情况及应如何接待和安排。⑦注意事项:指开展活动时所需要注意的事项。

策划预期效果,包括社会效果和经济效益。

5. 附录

①供参考的文献与案例。②如有第二、第三备选方案,列出其概要。③其他与策划内容相关的事宜。

撰拟要求

1. 主题单一突出

要根据企业本身的实际问题和市场分析的情况,做出准确的判断,集中鲜明地提出最重要的、最值得推广的主题(单一主题)。只有把最想传达的信息最充分地传达给目标消费群体,才能引起受众群关注,才能让受众比较容易地记住商务策划书所要表达的信息。

2. 内容充实完备

商务策划是多种因素的综合运作,商务策划书必须要全面地反映企业策划的各个构成部分,并且以详实的材料支持策划报告中的论点。强大的说服力来自对策划内容的合理组织,包括对信息的洞察和科学应用,商务策划书要体现出逻辑必然性。

3. 说服有理有力

要直接说明利益点,如果是优惠促销,就应该直接告诉消费者优惠额数量;如果是产品说明，就应该突出最引人注目的卖点。只有这样，才能使目标消费者在接收到直接的利益信息之后引起购买冲动。

4. 技巧运用娴熟

商务策划书的写作技巧是在对策划内容的整体把握和对策划规律的深刻理解之上产生的。要写出一份优秀的策划案，不仅仅要有对材料的综合研究和总结能力，以及对策略的准确概括能力，还要求具备畅达的文字表述能力、严谨的逻辑论断能力和高超的组织结构能力。

例文 7-14

首届南京云锦国际论坛策划大纲

一、序言

南京云锦是我国优秀传统文化的杰出代表，是中国传统工艺美术的瑰宝，因其绚丽多姿，美如天上云霞而得名。云锦的历史源远悠长。南京生产的各种提花丝织锦缎在晚清之后被统称为“云锦”。南京云锦是中华民族传统文化的精华，是受省市政府以法律形式保护的珍贵艺术，目前，国家文化部已经向联合国教科文组织申报世界非物质类文化遗产代表作。相比起雨花石、咸水鸭等“老南京”，无论从历史文化的精彩久远，从产品的超群魅力、视觉震撼力，还是从赢利能力、市场前景的角度，云锦都是真正值得南京骄傲的地方特色物产，所以推广云锦是当代南京人责无旁贷的神圣使命。南京云锦震撼2003年CCTV春节联欢晚会，耀眼夺目，已经造就良好的开端，乘胜向前理所当然。

二、活动的目的、主题、理念及卖点

(1)目的。追求“让云锦倾倒国人，让云锦征服世界”的目的，满足当前目标的需要，即成功获选“世界非物质类文化遗产代表作”，借助中央电视台万众瞩目的春节联欢晚会之势，以“论坛”这种高规格的表现形式，邀请联合国教科文组织UNESCO的有关官员以及中外名人，实地领略南京云锦的悠远文化、无上品位和迷人魅力，并借此深刻感受南京这一汇聚传统菁华与现代时尚的城市印象，营造最广泛的对南京云锦的心理需求和消费需求。

(2)主题。首届南京云锦国际论坛。南京云锦国际论坛要比中国云锦论坛更为突出地方特色和产地保护原则。

(3)理念。让云锦倾倒国人，让云锦征服世界。

(4)卖点。借助中央电视台万众瞩目的春节联欢晚会之势，那由十多位中国当红主持人所展示的空前的精美绚丽，已经深刻在国人心中，同时也埋下进一步了解、认知、欣赏云锦的伏笔。借助《红楼梦》之势，《红楼梦》是中国古典小说艺术的丰碑，南京云锦则是中国古典丝织艺术的丰碑，今年是曹雪芹240周年诞辰，势必会有大规模高规格文化纪念活动，事半功倍。

三、活动环境选择

南京市，南京云锦的唯一产地。拥有悠久绚烂的历史文化，更是现代化的中国科技、教育中心城市。结合云锦的独特内涵和背景，力求活动的环境体现地方和传统特色。

组织论坛代表、嘉宾参观富于南京悠久文化积淀的精华亮点，将参观考察游览活动和八卦洲农家风情、东郊风景区包括红楼艺文苑、阳山碑材等相结合，力求与云锦文化的历史背景相协调。

四、活动时间安排

2003年四月底至五月初，气候宜人，适宜开展与服饰文化相关的展示、演艺活动，此时距“世界非物质类文化遗产代表作”考察评审时间接近，可使得有关人士印象深刻，效果性强。这一期间没有其他大型活动，避免影响活动的效果。

五、活动的参加对象

(1)国家领导人、分管文化或经济工作的国家领导人。

(2)联合国教科文组织官员。

(3)外国驻华使馆官员。

(4)具有较高国际影响的社会名流——根据对国际文化领域及上流社会影响力的标准,并结合本人对南京的友好程度,建议邀请巩俐、吴小莉这两位女性出任论坛特邀嘉宾。

(5)国内外著名的服装设计师、云锦研究专家、红学家。

(6)著名服装品牌企业的CEO、品牌总监。

(7)全国性重点传媒,香港、日本、欧洲、美国主要传媒机构的文化和商业记者。

六、筹备工作及活动安排

(1)筹备工作。提交—论证—完善—批准项目策划案,政府立项,形成文件,成立由分管市长挂帅的活动领导小组,制订活动的方针、原则,组建由文化、外事、经济、旅游、公安等主管部门的领导、专家学者、企业家和策划师等构成的活动筹备委员会,具体负责活动的具体筹备、组织和协调工作。落实活动预算,细化活动方案,筹集活动经费,联合相关的纺织、服装、文化、旅游等行业的著名企业和品牌,多途径融资,策划延伸活动效益,增加参与性、互动性,提高影响力和效益性。及时检查督促活动各项筹备、环境、设施、材料等工作的落实情况,确保质量、时间和效率。

(2)邀请工作。尽快落实与会宾客名单,邀请与会贵宾、嘉宾,其中前四类人士是整个活动的人气亮点和价值要素,关系重大,必须一一对应准确保证。

(3)宣传工作。作为树立南京城市形象、体现弘扬传统文化精华和创新精神的政府性活动,南京地区的新闻媒体应主动地、积极地、全面地宣传报道。作为前期铺垫,形成舆论基础和文化基础,在"南京云锦国际论坛"的新闻炒作启动之前,首先在江苏南京范围内联合传媒开展《首届云锦知识竞赛》活动,采取包括报刊刊登试题、网上参赛、电视转播决赛等方式,吸引广大民众关注和参与,进一步深刻认知,形成舆论热点和社会氛围,为联合国教科文组织的"世界非物质类文化遗产代表作"评审工作来宁考察奠定社会基础,使他们切实感受到南京人对"云锦确实是妇孺皆知的历史文化遗产"的社会信念。

(4)环境建设。除了整体环境气氛的渲染,在论坛及来宾代表参观、展示等活动的现场,其环境布置和装饰的风格等要统筹规划、协调一致,突出传统性、民族性、地方特色。

(5)主要活动。①云锦知识竞赛——云锦申报"世界非物质类文化遗产代表作"全国万人签名活动。②"云锦皇后"评选活动。③《红楼梦》与云锦系列知识讲座。④南京云锦国际论坛。⑤"2003云锦沙龙"或2003云锦Show酒会。⑥"云锦广场"揭幕典礼。⑦南京云锦一日游——实地参观考察。⑧首届云锦服饰时尚发布会。⑨发行云锦论坛纪念封。⑩成立"云锦族"高尚俱乐部。⑪"云锦之春"综艺晚会。

七、工作要求

(1)领导高度重视提高各阶层对云锦推广意义的共性认识。

(2)广泛发动群众,普及云锦知识,形成良好的社会舆论氛围,成为南京城市的新亮点、新卖点。

(3)发挥各自优势,文化、纺织、传媒、外事等部门各显神通,努力拓宽传播推广渠道,力求最佳影响和最大效益。

(4)加强分工协作,各部门分工明确,紧密合作,充分协调,强调南京市的整体利益。

八、活动的整体形象设计

包括"南京云锦"的商标注册,原产地保护,"南京云锦国际论坛"VIS系统,"南京云锦节"的VIS系统。整体形象设计必须和传媒宣传、环境布置紧密衔接,相得益彰。"云锦皇后"评选活动,仿效国际传统文化的典型"葡萄酒皇后"的运作模式,公开评选年度"云锦皇后",以美丽、高贵、典雅的女性形象传播和展示云锦文化和时尚。

九、环境渲染

着重表现云锦"天子服"的高雅尊贵特色,展现南京地方文化特色,突出传统手工艺术登峰造极的魅力,糅合《红楼梦》的传奇色彩,在主要活动的举办场所,古今相衬,营造出使人永久难以忘怀的环境氛围。

十、活动的主承办单位

主办单位:中华人民共和国文化部、南京市人民政府、中国中央电视台。

协办单位:国家旅游局、全国工商联、中国国际贸易促进会、中国国际商会、中国纺织行业商会、中国服装协会江苏省纺织工业局、香港贸易发展局、凤凰卫星电视台、南京大学、南京师范大学。

承办单位:南京云锦研究所、南京皇家极云锦服饰有限公司。

赞助单位:略。

十一、活动管理机构

成立由分管市长亲自挂帅的活动领导小组,以及由各相关部门领导、专家学者、企业家等共同组成的筹备委员会,对论坛及相关活动进行决策和管理。

筹委会下设五部一室:办公室——综合负责活动的综合管理、财务、人员、协调联络等工作。宣传部——负责活动的策划、宣传推广、电视转播等工作。外联部——负责活动贵宾、嘉宾及其他代表的邀请、联系、接待等工作。招商部——负责活动的市场招商、筹集经费等工作。活动部——负责各项活动的组织、实施等工作。保障部——负责活动的后勤保障以及安全保卫等工作。

总策划:汪萍、万钧、王树柏。制作总监:张连发。总指导:由全国性知名人士担任。

十二、安全措施及意外事件的防范

(1)VIP 宾客安全保卫工作。

(2)主要活动现场安全、秩序控制。

(3)设备安全交通及车辆管理。

(4)消防及交通安全。

(5)食品卫生医疗保障。

(6)保险计划。

(7)天气气象预报及备份方案。

(8)应急方案及人员分工。

十三、融资及资金运作

本活动的意义深远,经济效益可以明显预见。尤其对于参与活动的相关纺织、服装、旅游、包装等行业企业具有更加直接的市场机会和效益前景,所以应充分发掘其中的商业价值,寻求合作,融入资源与资金,巧妙策划合作及回报计划,多途径、多方式筹集活动经费,欢迎企业和民间资本参与。活动筹委会需制订合理可行的赞助回报方案,并严格兑现承诺。

十四、活动预算及效益评价

(1)预算构成,包括宣传费用、会务费用、招待费用、交通费用、筹备费用、人员费用、后勤保障费用、不可预见费用等,总预算约 800 万元。

(2)资金来源:财政拨款与市场化运作筹资相结合,但作为首期投资,政府应给予积极扶持。

(3)资金使用:严格活动经费的管理监督,活动筹委会设立专门账户,健全费用申请和报销审批制度,确保“来路清楚,使用合理,手续齐全”。

(4)效益评价:由于活动立足长远经济效益和社会效益,且是首届开发,缺乏运作经验和市场基础,所以不会产生直接的利润。

十五、预测活动效果评估及展望

(1)在本次论坛及相关活动成功后,延伸其影响,必将形成波波相连的“云锦热”,从而进一步促进形成南京、江苏乃至全国性的“云锦服饰”的高阶层消费时尚。创造南京产品的新的增长点,真正实现“文化搭台、经济唱戏”的目的。

(2)创建“云锦节”高品位时尚感、消费性强。既弘扬真正的民族传统文化精华,又体现传统与时尚、古都与现代精彩融合的创新,更创造超越一般产品和其他“××节”的直接经济效益。

十六、附件

(1)本次活动的主要批文(文化部、科技部、南京市政府及相关政府部门会签文件)。

(2)活动的出资单位的协议(含承办、联办、协办等企事业单位间的协议)。

(3)主要活动的平面图、进程表。

(4)各种文件文稿撰写审定(活动计划书、说明书、日程表、公告、邀请函、新闻通稿、发言稿等的中英文本)。

(5)活动 VIS 系统。

(6)宣传广告的设计审定、印刷小样样带、音带等。

(7)论坛主题:①传统云锦工艺的挖掘、保护、开发,云锦文化的溯源;②《红楼梦》与南京云锦;③现代科技与云锦传统工艺的结合,新技术新手段的运用,云锦服饰的时尚化;④南京云锦作为高档服饰、包装材料应用领域的研究与开发;⑤南京云锦的产业化进程,现代管理和营销理念的建立;⑥南京云锦市场化、国际化的课题。

实训练习

(1)东方轴承厂生产的汽车宽边轴承,强度高,比前代产品的使用性能更好,但没有制订相应的广告宣传策略,鲜为人知,销路不畅,企业濒临倒闭。请为该厂写一份营销策划书,以推销该厂产品。

(2)请为你的故乡的一种特色食品(如武汉麻烘糕、孝感麻糖、武穴酥糖、黄石港饼)做市场调查,写一份营销策划方案。

(3)××商城拟在今年国庆节期间举行十年店庆,以提升××商城人气,树立良好社会形象,请代××商城制订一份庆典活动策划书。

(4)撰写一份“月圆中秋 情满人间”的文艺晚会活动策划书。

第八章 诉讼文书写作

第一节 民事起诉状

文体概述

起诉状是诉讼当事人为维护自己的合法权益,依法向人民法院提出诉讼请求的文书,简称"诉状"。起诉状因当事人的身份和诉讼目的的不同,分为民事起诉状、刑事自诉状和行政起诉状三种。

民事起诉状,是民事案件中的原告,为维护自己的民事权益,就有关民事权利与义务的纠纷,向人民法院提起诉讼,要求依法处理而提交的法律文书。《民事诉讼法》第一百零八条明确规定了起诉的条件:①原告是与本案有直接利害关系的公民、法人和其他组织;②有明确的被告;③有具体的诉讼请求和事实、理由;④属于人民法院受理民事诉讼的范围和受诉人民法院管辖。

民事起诉状具有三个特点。①明显的自诉性,国家对民事案件采取"不告不理"的原则,只有当事人起诉,才有可能启动人民法院的审判程序。民事起诉状的自诉性表现为原告为维护己方的民事权益,就有关权利义务的争议向法院提出起诉,其目的是取得法院的依法裁判。②特定的范围性,民事起诉状的适用范围主要包括三类:第一类是以"家庭"为核心的案件,即离婚、抚养、赡养、扶养等案件;第二类是以"财产"为核心的案件,即物权、债权、损害赔偿、合同纠纷等案件;第三类是以"知识产权"为核心的案件,即著作权、专利权等案件。③显著的法定性。按照法律规定,只有具有起诉权的人才有资格提起诉讼。具有民事起诉权的人,是指民事权益受到侵犯或与他人发生纠纷的人。在客观上不存在纠纷,不属于法院受理的案件,法院正在审理或已经审理的案件等无权起诉。起诉状的具状人一旦向人民法院呈递了起诉状,诉讼程序即告成立。

行文格式

根据以上法律规定和《法院文书样式(试行)》,民事起诉状的格式没有太多争议,内容主要由三部分、八个方面组成,可简称为"三部八点"式的结构模式。

1. 首部

首部主要写明民事案件双方当事人的基本情况,必须有明确的请求对象。

1)标题

标题是起诉状的名称,要求写得明确具体,标题有一般式、具体式两款。如"民事起诉状"、"中科大洋诉陈晋苏、索贝公司不正当竞争起诉状"。

2)当事人

在原告和被告栏内,分别写明他们的基本情况:姓名(化名、别名)、性别、出生年月(按公历算，对被告的出生年月日确实不知的，可写其年龄）、民族、籍贯（一般写祖籍）、文化程度、工作单位、职业（职务）和住址。

如果原告无诉讼行为能力，一定要在原告之后列出法定代理人的基本情况及与原告的关系，理顺当事人之间的内部关系。如民事原告为法人或其他组织，则先写原告名称、所在地址，次一行写法定代表人姓名、职务和电话；如原告是企业法人或其他组织，还要接着写明企业性质、工商登记核准号，经营范围和方式，开户银行、账号。如果委托代为诉讼，代理人是律师时，要写明律师的姓名和其所在的律师事务所；若代理人是非律师时，要写明委托代理人的基本情况，包括姓名、性别、年龄、职业、住址和与被告的关系等。

被告是多人的，应根据其在案件中的地位、作用的主次依次排列；被告为法人或其他组织、行政机关，应写明其名称、所在地址和电话。民事诉讼中的被告，是原告对立的一方，被诉侵犯他人民事权益而被法院通知到庭应诉的当事人。正确选择被告，是民事诉讼程序的基础，否则就可能导致不予受理或者被驳回起诉。

2. 正文

正文包括诉讼请求、事实和理由、证据和证据来源。

1）请求事项

写明请求法院依法解决原告要求的有关民事权益争议的具体事项，如要求损害赔偿、履行合同、产权归还以及要求与被告离婚、给付赡养费、继承遗产等。

写作请求事项时应注意三点：一是请求目的应具体明确，如请求赔偿损失、请求履行合同等，切忌笼统模糊，用“要求人民法院保护我（厂）的合法权益”一句话来概括。如果原告人要求被告人用货币赔偿经济损失，还要具体写明要求赔偿的数额，以便于人民法院预收诉讼费用。如离婚案件的请求事项应写明准予同被告离婚；婚生子女归谁抚养，抚养费由谁负担；财产如何分割；其他请求事项等。二是请求应切实可行，合情合理。提出请求事项要以事实为依据，以法律为准绳，从实际出发，合情合理，于法有据。如遗产继承案，被告对被继承人所尽的赡养少，原告尽的义务多，要求继承的份额适当多一些是可以考虑的。但若提出由原告继承全部遗产的要求，那就既不合情理，又违法了有关法律规定。请求赔偿损失应考虑自己的经济收入和对方的负担能力，切忌请求过当。三是文字要概括简练。有些起诉状的请求事项写得拖泥带水，如请求与被告离婚，却加上原因的解释、理由的说明等，这样势必与下面的“事实与理由”重复。

2）事实和理由

着重写明能够用来证明自己诉讼请求合理性、合法性的证据和法律，包括情况介绍、列举证据和阐明道理三项内容。既然请求事项是起诉的目的和要求，那么事实和理由部分，既可说是起诉的事实和理由，也可说是请求事项的事实和理由。事实和理由是诉状的主体部分，要精心写好。

叙述诉讼的事实，要讲清时、地、人、事、因、果诸要素。要围绕诉讼目的，全面反映案件的客观真实情况，写明原告同被告的关系，冲突或争端的背景、起因、时间、地点、主要情节及大致经过，冲突或争端的焦点与实质。要写清被告给原告所带来的严重后果及其应负的责任。

叙写案件事实主要应当注意以下几个问题。①叙述事实要客观、准确。②叙述事实必须要素完整。③如果原告在纠纷中有一定的过错，应负一定责任，亦应实事求是地写明，以便法院能全面了解事实真相，做出正确的判决。④叙述事实必须层次分明、详略得当。同时就诉讼的事实提供人证（写清姓名、职业、住址）、言证（证人证言是指证人将其知道的情况向法院所做出的陈述、刑事案件的证人证言，包括证人向公安机关和检察机关的陈述）、物证（就是对案件事实有证明作用的物品和痕迹，它以其外部形状、性质、存在情形等证明案情）、书证（是指对案件事实有证明意义的书面文件，如户口簿、身份证；民事案件中的遗嘱、合同；刑事案件中的文字依据）。证据还有视听资料、鉴定结论和勘验检查笔录。列举证据，可以根据它所证明的事实，分类排列，以显示证据的相互印证作用。在列举时，可先举直接证据（即能够单独直接证明案件主要事实的），后举间接证据（即不能单独地、直接地证明案件主要事实的）。如果没有直接证据只有间接证据的，则要求间接证据具备一定的数量；同时，要求若干间接证据之间必须相互联系，环环紧扣，不能有任何矛盾现象存在。确凿无误的证据是人民法院审判案件的主要依据，它直接关系到诉讼是否成立和诉讼进程是否顺利。列举言证、物证、书证要说明其来源和可靠程度。在提供原件原物有困难时，要说明可以提交的复制品、照片、副本和节录本的情况。民事诉状摆事实时常用的叙述方法有两种：一种是以时间为序，以中心问题为重点的叙述法；另一种是将诸多事实分别归类的叙述法。前者以写案情的全过程为主，多用于纠纷较复杂的诉状，如离婚案、赡养案等诉状；后者以具体归结案情的焦点为主，多用于纷争比较单一的诉状，如财产继承、劳务报酬纠纷等。

讲清诉讼的理由，就是依据法律、法规、政策等，对案件事实进行分析论证，从而说明被告行为的违法性，原告诉讼行为的合理性。可按三个层次展开：第一层，对被告的犯罪或侵权事实进行概括归纳，使案情与分析衔接起来；第二层，依据有关实体法律、法规，联系上述事实，指明被告行为的违法性质；第三层，提出或再次强调诉讼请求，并援引民事诉讼法的适用条款作为提起诉讼的法律依据。

3）结束语

结束语主要是提出明确而具体的请求目的。例如，要求对方赔偿损失、履行合同、归还产权、给付赡养费或抚养费、继承遗产等。不论属哪种情况，都必须写得明确具体，切忌笼统抽象。

3. 尾部

尾部主要依次写明受诉人民法院全称、起诉人名称、起诉时间以及附项内容。①致送机关。主体写完以后，另起一行前空两格写“此致”，再另起一行顶格写“××人民法院”，或“为此，特向贵院起诉，请依法判决”。为最大限度的节省诉讼成本、缩短诉讼时间、争取对自己最有利的判决，在选择受诉人民法院时应该细加权衡斟酌。例如，产品侵权赔偿案件，被告所在地、侵权行为实施地、侵权结果发生地的法院都有管辖权，选择哪一个法院对原告最有利，就需要综合考虑。②签名盖章。具状人原告在右下方签名盖章。③书状时间。在具状人下写年月日至末格。④附项。写明：本诉状副本×份（按被告人数确定份数），物证×件，书证×件，其他材料××份。

撰拟要求

一份好的诉状，应该做到以事动人，以理服人，以情感人，具有不可辩驳的力量。写作起诉状时必须注意以下几个问题。

1. 陈述事实客观真实,突出重点

要尊重客观事实,如实反映案件的本来面目(包括原因、过程、双方出现矛盾、争议焦点和效果等),做到不歪曲捏造,不夸大渲染。叙事既要体现过程的完整性,又要有针对性,不能事无巨细,必须突出争议焦点。

2. 请求事项明确具体,合理可行

诉讼请求是起诉当事人请求法院解决而要达到的预期目的,起诉请求必须具体明确,如有几项要求,应标明次序,逐项写明,不要笼统含糊。如要求经济损失赔偿,应写明要求赔偿的币种及数额,以便法院预收诉讼费用。请求要合情合理合法,既不能坐视合法权益被侵害,也不能狮子开口漫天要价。

3. 理由阐述有力,援引法律准确

要抓住纠纷中的关键事实、要害情节、争执焦点进行详细叙述;出具证人、证言、证据(书证、物证等)要确凿实在;援引法律法规政策条文要具体准确,引用原文必须一字不漏。

4. 语言准确严谨,语气庄重严肃

表意要准确严谨,不能产生歧义,要恰当运用规范的法律语言。思路要清晰,说理要中肯,语气要庄重、简朴、严肃、平和,切忌强词夺理,使用辱骂恐吓语句。

例文 8-1

民事起诉状

原告:张××

单位:×××××××××

地址:×××××××××　　电话:×××××××××

被告:云南京鹏房地产开发有限公司。

地址:昆明市锦苑花园 11 幢 3 单元 201 号。电话:0871-×××××××××

法定代表人:雷××。

诉讼请求:

1. 判令被告履行合同复原房屋结构。

2. 判令被告按合同条款第九条赔偿违约金。

3. 判令被告承担本案诉讼费。

事实和理由:

2006 年 2 月,原告看见被告开发的"假日湾"售楼广告及宣传资料,在听取其售楼部人员宣讲介绍,并参考其售楼沙盘及户型结构模型后,原告精挑细选其"假日湾"一楼 A1 户型商品房一套,并于 2006 年 3 月 2 日与被告签订"商品房购销合同"(合同编号:××)。所有宣传资料、户型结构模型及购房合同附件一(该商品房屋分户平面图)均明确表明:原告所购房屋拥有"入户花园"结构。

2007 年 7 月 31 日即商品房交付期限日,因工人讨薪罢工等因素致延期交房,期间原告发现一楼 A1 户型"入户花园"无采光设施及入户门前有通风口阻道,遂向售楼部人员反映、询问,答复为"正式交房时自会整改",但等到正式交房时问题依旧。经原告等业主多次与售楼部交涉,方将入户门前阻道通风口予以改造,但"入户花园"采光问题始终得不到解决。至今原告等业主多人、多次与售楼部、开发商等多方交涉,要求被告出面同广大业主协商解决"入户花园"采光问题,或更换采光结构防盗门,但被告至今不面对业主,以他们已交某发展商建设等种种理由推卸责任。2007 年 12 月原告向云南省消费者协会投诉,因被告不配合而未果,云南省消费者协会建议原告寻求法律途径解决。

原告认为:被告作为开发商,擅自改动"假日湾"商品房一楼 A1 户型结构,将售房时宣传的美好的"入户花园"及购房合同上标明的"入户花园"变成植物都不能成活的无窗无光黑屋一间，厨房窗户因此不能采光而成为摆设，让业主入户即"享受"储物间！严重侵害了原告的权益。且被告在侵权发生后不积极主动地面对业主协商解决问题，而是寻找种种理由推卸责任，使原告如期迁住新居的愿望至今不得实现。

根据《中华人民共和国民法通则》第106条及第111条、《中华人民共和国合同法》第107条、《中华人民共和国消费者权益保护法》第5条、《商品房销售管理办法》第二十四条、《商品房买卖合同司法解释》第三条等相关法律法规，原告请求法院依法裁决，以实现诉讼请求。

此致

昆明市官渡区人民法院

起诉人：张××

2008年4月20日

附：1. 合同副本1份。

2. 本诉状副本1份。

3. 其他证明文件1份。

实训练习

(1)请根据下列案情材料，代李某写一份起诉状。

2001年5月，家住某市的赵某把自己继承来的三间房屋租给李某居住，因为二人平时关系甚好，所以赵某每月只收300元租金，经口头协商，租金暂定两年。2002年4月，赵某因儿子生病住院，向好友林某借了3000元。6月，赵某还给林某2000元。10月赵某的妻子得病，又向林某借款6000元。这样，赵某一共欠林某7000元。2003年2月，赵某感到借债过多，就与妻子商议把出租的三间房屋以10万元价款卖给林某，妻子同意了。林某亦表示同意，并将房款93000元(扣除赵某所借的7000元)交给了赵某。付款后，二人到房管部门办理了过户手续。事后，赵某找到李某，说明卖房之事，李某不同意将房屋卖给别人，并表示如果赵某确实要卖房，自己愿意以10万元价格购买所租的三间房。林某要李某腾屋，李某不同意，准备起诉到人民法院保护自己的合法权益。

(2)根据下列案情材料，代写一份起诉状。

2008年3月15日，××市东方家园建材有限公司(公司所在地：××市黄河路66号；法定代表人：朱德发)与××市银厦建筑工程有限公司(公司所在地：××市山屏街23号；法定代表人：吴义清)签订了一份《钢材购销合同》。合同中约定：东方家园建材有限公司向银厦建筑工程公司销售价值356000元的各种钢材，2008年3月25日由银厦建筑工程有限公司到东方家园建材有限公司提货，运费由其负担；银厦建筑工程公司分两次付款，首次付250000元，余款在2008年5月30日前付清，逾期按月息1%支付逾期付款利息。结果，银厦建筑工程公司按约定提走了货，并支付了第一笔款，但是余款106000元一直拖而不付，多次催缴无效后，××市东方家园建材有限公司把银厦建筑工程公司告上了法庭，要求对方支付余款以及逾期付款利息。请代××市东方家园建材有限公司拟写起诉状。

第二节　民事上诉状

文体概述

上诉状也分为民事上诉状、刑事上诉状和行政上诉状三类。民事上诉状，是民事案件当事人或者其法定代理人不服一审人民法院的民事判决、裁定，在上诉期间内要求上级人民法院进行审理、撤销、变更原裁判所提出的书面请求。

上诉状只能由具有法定身份的人提出才具有法律效力。根据我国《民事诉讼法》规定，民事案件的原告和被告，包括民事诉讼中只有一个原告和一个被告的双方当事人，原告或被告有二个以上共同诉讼人和有独立请求权的第三人都可提出上诉，无行为能力的当事人，可由法定代理人提起上诉。上诉状必须在法定上诉期限内写出并提交上级人民法院才具有法律效力。在民事诉讼中，不服法院一审判决的，上诉期限为15日；不服法院一审裁定的，上诉期限为10日。当事人有上诉权，体现了人民法院慎重处理案件的精神；使用上诉状，有利于保护当事人合法权益。

上诉状的主要特点为上诉性，当事人书写上诉状提起上诉，可引起第二审程序的发生，使第二审人民法院对上诉案件再一次进行审理，能达到纠正一审法院错误，维护当事人合法权益，保障法律的正确实施的目的。上诉状与起诉状有如下区别。①诉讼原因不同。起诉状是针对被告侵犯原告的合法权益的行为，向人民法院提起诉讼；上诉状则是针对原审人民法院尚未发生法律效力的判决或裁定，向原审人民法院的上一级人民法院提起的诉讼。②诉讼作用不同。提交起诉状引起第一审程序的发生，做出的判决、裁定可上诉；提交上诉状，引起第二审程序的发生，做出的判决、裁定是终审的，不可以再上诉。③处理程序不同。起诉状由受理人民法院进行审理，依法做出判决、裁定；上诉状必须由上诉人民法院进行二次审理，依法做出终审判决、裁定。④具体写法不同。首先，起诉状必须写清事实，而上诉状一般无需列举事实，只需指出原判决中的不当之处，并概述不服原判的理由；其次，起诉状是针对被告的，写法上多用叙述和说明；上诉状是针对原判的，重在据理力争，讲求事理分析，常用夹叙夹议的手法进行辩驳，并要求议论恰当，请求中肯，语气平和恳切。

行文格式

1. 首部

1)标题

标题应当标明“民事上诉状”或“经济纠纷上诉状”，前面不加限制性词语。

2)当事人

上诉人、被上诉人和第三人的自然情况。

上诉人和被上诉人是公民的，应先列写上诉人(原审被告或原审原告或第三人)的姓名、性别、年龄、民族、籍贯、职业和住址。上诉人如有法定代理人或委托代理人的，接下来另起一行写法定(或委托)代理人的姓名、性别、年龄、民族、籍贯、职业和住址，以及与上诉人的关系。代理人是律师的，只列写姓名、职务。如果既有法定代理人，同时又有委托代理人的，先列写法定代理人，再列写委托代理人。

列写上诉人后，再列写被上诉人(原审原告或原审被告)，并说明其与上诉人之间的关系。被上诉人不止一人的，要依次列写他们的基本情况。被上诉人在一审如果是由其法定代理人参与诉讼的，应该在被上诉人的下一行列写出其法定代理人的基本情况。列写完被上诉人之后，如有第三人的，紧接着列写第三人的情况。上诉人和被上诉人是企事业单位、机关、团体(法人)的，应先列写上诉人，写明机关单位的全称及其所在地。在单位名称和所在地后面，另起一行列写这个单位的法定代表人的姓名和职务。如果法定代表人不能亲自进行诉讼，而委托本单位有关业务人员或律师进行诉讼的，要在列写完法定代表人之后，另起一行列写出委托代人及其姓名、职务。委托代理人有两人的,依次排列。

写当事人的基本情况还需注意两点:一是在上诉人和被上诉人之后要注明在原审中的地位,并用括号括住。如“上诉人(原审原告人或原审被告人):张××,男。××岁……”,“被上诉人(原审被告人或原审原告人):鲁××,男。××岁……”二是民事案件和刑事自诉案件中的原告和被告,自诉人和被告人,谁提出上诉,另一方就是被上诉人。

2. 正文

1)案由

这是上诉状点题立论之笔,要准确简要地写明上诉的具体理由。首先要写明原审人民法院的名称、判决书的编号和不服原判的事由。一般用下列程式语句:“上诉人因××一案,不服××人民法院××××年×月×日××字第××号的民事(或刑事)判决(或裁定),现提出上诉。上诉的请求和理由如下。”由此引出上诉的理由和请求。

2)上诉的请求和理由

这是上诉状的中心内容,因为上诉状重点是讲清上诉的理由,也就是说,要针对原审判决、裁定中的不当之处提出不服的理由。这部分的写作要考虑三个方面。

第一,认定事实方面的错误。各种性质的案件有各种不同内容的事实,当某一案件的原审裁判在认定事实上或者不实、或者不清、或者不准、或者不当、或者认定的事实全部错误时,上诉人就可以根据具体情况,有针对性地反驳一审法院的错误认定,陈述正确的事实,举出有关的证据,全部或部分地否定原审裁决认定的事实,摆明其中的道理,提出上诉理由。不论何种案件,只要是认定事实上有错误,都可以根据其错误认定提出上诉理由。但所摆的事实,应当客观全面、符合实际,所讲的道理应当透彻明确、合情合理。

第二,适用法律方面的错误。上诉人对原审裁判在适用法律上认为不当时,应当找出适用法律不当的关键所在。或者因为认定事实上有误而不适当地引用了法律;或者因为错误地理解了法律条文而不适当地引用了法律等。应该在上诉状中明确指出错误援引法律的具体条款,说明其错误引用法律条款的原因,同时应说明正确适用法律的依据,以便第二审人民法院全面正确地审查。

第三,运用诉讼程序的错误。如果原审法院在审理案件和最后裁决中,存在违反诉讼程序的错误,包括是否应当回避,证人是否到庭,是否应指定辩护人,审判方式是否公开,审判组织是否合法等,也应根据有关法律规定,指出其错误。在阐明了上诉理由的基础上提出具体的诉讼请求。如请求二审撤销、变更原裁决,或请求重新审理等。

案件的具体情况不同,写法也应有所变化,有的突出案件的关键性情节,集中说明理由;有的根据案情,针对原审法院的裁判逐条阐明不服原判的理由;有的先把原判决书(或裁定书)中不妥或错误的原话引出来,或把原裁决不妥或错误之处概括成一段话,然后有针对性地陈述理由,予以反驳;有的以讲述理由为主,结合着指明原审裁决的不当之处。阐述上诉理由,必须切实做到以下几点:上诉理由必须具有鲜明的针对性;上诉理由必须据实依法说理反驳;上诉理由要注意恰如其分,力戒言过其实,无限上纲。这一部分的结尾处,一般应概括前文,写明“综上所述,原审法院……(裁判的主要错误),为此提起上诉,请求你院……(撤销或变更裁判,或重新审理)”。

3. 尾部

上诉状的结尾包括三项内容。①呈文或呈转对象。上诉状写好后,可以直接递交二审法院，也可以通过原审法院转交上一级人民法院。如果是前者，就写“此致××人民法院”。如果是后者，就写“××人民法院(原审法院)转送××人民法院(二审法院)”。②上诉人签名盖章。如系律师代书，则应写明“××律师事务所×××律师代书”。③具状日期。④附项。顺序依次列出：上诉状副本×份，书证×件，物证×件。如有证人，还要写出证人的姓名和地址等。

上诉状的写作，主要有两种方法：①说明法，上诉请求的内容要概括地、准确地、有针对性地说明一审判决何处不当，请求第二审人民法院撤销、变更原审的判决或裁定，或者要求重新审理。文字上，要明确、具体，不含糊其辞、模棱两可；②反驳法，针对一审判决所认定的事实逐一进行驳斥，从中突出上诉人的观点。要求针对性强，说理性强，逻辑性强。

撰拟要求

1. 介绍案由要准确无误

上诉状在介绍原审案件的案由时(可引述、可归纳、可概括)要符合原意，既不能夸大，也不能缩小，更不能为了说明自己无罪或罪轻而编造案情，这是写好上诉状的最基本要求。还需注意语句简洁，语意明确，语言使用不准确会直接影响到案由介绍的准确性。上诉状的语言必须含义单一，切忌出现似是而非、含混不清或容易产生歧义的语句，同时要尽量不用或少用形容词，更不宜夸张渲染。

2. 提出请求要明确具体

在申明上诉理由后直接提出上诉请求，请求要明确具体。在刑事判决中是判错了请求撤销原判，还是判重了请求减轻，或者在民事裁定中判得不合理、不公正请求纠正、重判，有什么请求提什么请求，要明确具体而又简明扼要地写清楚，不能转弯抹角、含糊其词。

3. 陈述理由要有针对性

已判案件所以需要申诉，是因为法院的判决(或裁定)在事实认定、法律运用以及法律程序等方面出现错误或不当，被告人心里不服。上诉状在申诉不服原判的理由时，必须针对原判中的错误和不当之处，提出有力的反证，逐句予以有理有据的辩驳，提出否定的充分理由，从而论证自己无罪或罪轻。写上诉状不能像写一般议论文那样反复论说、随意发挥，上诉状对原判词的辩驳是短兵相接，对哪一点不服就直接驳哪一点，不容东扯西拉，要求每句话都有很强的针对性。

4. 运用法律要正确恰当

上诉不能仅凭冤屈感觉和主观愿望，一份写得好的上诉书除了依据事实外，还必须正确运用法律。原判是对是错，是轻是重，需要用法律去衡量。无论原判在认定事实、运用法律上，还是法律程序上的错误，都需要运用法律的有关规定去批驳。事实是重要的，但不会正确地运用法律论证，难以写好上诉状。要正确运用法律，要首先懂得法律，要想写好上诉状，必须学习法律专业知识。

5. 使用语体要准确得体

诉状常用的表现手法是记叙、议论和说明。说明适用于诉状的首部、尾部和附项，事实部分常用记叙，而议论则适用于诉状的理由部分。从语体要求看，诉状具有特殊的语言风格，它要求具有高度的准确性，实事求是地反映案件的真实情况；同时要求采用消极修辞的方法，排斥积极修辞的方法。要做到语言平实，风格质朴，以理服人，切不可因一审判决对自己不利而感情用事，出口伤人。

例文 8-2

民事上诉状

上诉人：××市运输站站长王××(原审被告人)。

被上诉人：史××，男，28岁，汉族，本市第一中学教师。住所地：本市×路××号(原审原告人)

上诉人因车祸一案，不服××市××区人民法院××××年×月×日×字×号民事判决，特提起上诉。现将上诉理由和请求陈述如下：原审判决认定：史××之子史×，8岁，因爬乘市运输站4吨解放牌汽车，司机姜××明明知晓，却不停车予以制止，而是照开快车，致使史×摔断肋骨，判令被告人赔偿史×全部医疗费用。

上诉人认为上述认定与事实真相不符。

一、史×在×日×时×分确曾爬乘被告人4吨解放牌汽车。司机姜××发现后，曾停车劝其不要爬车，史×当场下车。后当车子开动时，史×又偷偷地在后车厢铁杆上吊爬汽车。司机姜××发现后准备刹车，严令其不要吊爬汽车。不料史×害怕受斥，急从车上跳下，摔在地上。此时正逢一男青年骑自行车急驰而过，来不及刹车，撞在史×身上，致使其肋骨折断。而该青年因害怕追究事故责任，骑车飞快逃逸。此事有现场目击者居民施××老太太可证明。出事时，施××老太太曾喊过："脚踏车撞人了！脚踏车撞人了！"

二、根据市××人民医院检查证明，史×的肋骨折断，是外物严重撞击所致，而非开快车从车上摔到地上所致。

三、为顾惜原告人遭此不幸，在史×住院期间，被告人一方司机姜××曾携带伍拾元的营养品去医院慰问。被告人也派员至医院捐助人民币贰佰元，帮助原告人减轻医药费负担。但原告经将此认定为被告人做贼心虚，投诉××市××区人民法院，控告被告，请求法院判令被告人赔偿全部医药费。上诉人认为原告的请求和原审法院判决是无理的。

基于上述事实和理由，恳请××市中级人民法院深入调查，弄清事实真相，做出公正而合理的判决。

此致

××市××区人民法院转致

××市中级人民法院

上诉人：××市运输站法定代表人
王××(盖章)
2010年××月×日

附：人证施××，女，55岁，居民，住本市××路×号

实训练习

(1)根据下列案情材料，按格式拟写一份民事上诉状。

原告李真阳诉被告贾玲离婚一案，经审理，××市××区人民法院于2007年5月10日以(2007)×民字第××号民事判决处理。判决结果有三项：①准予原告李真阳与被告贾玲离婚；②婚生子李×(12岁)由原告李真阳抚养；③各人的衣物归各人所有，共有的财产均分，另附财产分割清单(略)。被告对判决结果第一、三项无异议，对第二项不服，于是，向××市中级人民法院提出上诉，要求依法变更第二项，改判婚生子李×由上诉人抚养。

上诉人指出，原判决认为，"鉴于原告收入丰厚，有足够的能力培养孩子成人，因此本院认为孩子归原告抚养有利于下一代健康成长"，于是就将孩子判归原告抚养。上诉人认为上述判决理由不能成立，其理由是：第一，上诉人一直照顾孩子的生活与学习，孩子与上诉人结下了深厚的母子情谊；而被上诉人近十年来担任公司副总，经常出差或开会，有时甚至几个月都不回家，对孩子的生活、学习从来不闻不问，与孩子没有什么感情。因此，上诉人认为孩子由被上诉人抚养，不利于孩子的成长，而由上诉人抚养则有益于孩子的身心健康，有利

于培养孩子成才。第二,上诉人经济收入也不低,完全有能力培养孩子成人。关键不在于谁有钱,而在于由谁抚养更有利于孩子健康成长。

(2)根据下面提供的材料,写出民事上诉的理由部分。

一天下午,某机关幼儿园甲班组织孩子玩滑梯。这时从墙外走过一个小学低年级的学生,他无目的地向院内扔了一块石头,恰好击中亮亮的头部。当时老师不在现场,扔石头的小朋友跑了,而亮亮头部受了重伤,后经医院抢救脱险。亮亮的家长认为,孩子被砸伤与幼儿园老师失职有关,幼儿园应负赔偿责任。一审法院判决亮亮的家长胜诉。幼儿园不服,提起上诉,理由大致有三:第一,直接责任者是那个肇事的小学生,应该设法找他,让他的家长承担责任;第二,从园外飞来石头属意外事件,是无法预见的,以前从来没有发生过从园外飞进石头的事;第三,作为一个大班的幼儿园老师,同时需要照顾几十个孩子。当时有一个孩子肚子痛,老师带她去医务室,而且立刻就回到孩子们身边,离开时间只有几分钟,而且是因公,算不上失职。

第三节 民事申诉状

文体概述

申诉状根据案件性质的不同,可以分为民事申诉状、行政申诉状与刑事申诉状。民事申诉状,是指民事诉讼当事人及其法定代理人,对人民法院已发生法律效力的判决、裁定认为确有错误,而向人民法院提交的,请求对该案重新审理的法律文书。申诉状的主要有两个作用:一是能够维护当事人的合法权益;二是有利于人民法院全面公正地审理案件。

申诉状与上诉状有六个方面的区别。①诉讼主体不同。有权提起申诉的人范围较广;而上诉者只限于当事人及其法定代理人,范围较窄。②诉讼客体不同。申诉状的既包括已经发生法律效力的一审判决和裁定,还可包括正在执行和已经执行完毕的判决和裁定;而上诉状只限于尚未发生法律效力的一审判决或裁定。③诉讼时限不同。申诉不受时间限制,发现错误随时提出(免予起诉和不起诉决定除外);而上诉有期限的限制,只准在规定时间内,过期失效。④诉讼条件不同。申诉是有条件的,只有符合判决、裁定已经生效和认定判决裁定有错误的才准申诉;而上诉是无条件的,不论理由正确与否,凡上诉一律都得受理。⑤送达对象不同。申诉状可送达人民检察院、原审人民法院或上级人民法院;而上诉状送达二审人民法院(即一审人民法院的上一级人民法院)。⑥审理程序与处理方法不同。人民法院在收到申诉书后即行复查,认为申诉无理的用驳回申诉通知书的方式予以驳回,认为申诉有理或原判决、裁定有错误的,由院长提交审判委员会讨论决定,申诉一经立案受理,申诉状便成为诉讼文书,由受理法院存卷保存,申诉时,判决、裁定不能停止执行,只有当申诉成功、人民法院依法改判后才能根据改判撤销或更换判决、裁定;上诉则不同,原来是一审的,对做的判决、裁定,当事人都可以在上诉期内上诉,原来是二审的,因而做的判决、裁定书已经发生法律效力的终审判决、裁定,当事人不得上诉。

申诉状只是能引起审判监督程序发生的重要参考材料,而不是必然引起审判监督程序发生的规范性法律文书。申诉状能否引起审判监督程序发生,使原判得以复查纠正,要取决于原判是否有错误,其决定权在依法有权提起审判监督程序的机关。申诉状一般由原审人民法院审查处理,申诉人如仍不服原审人民法院的裁决,可向上一级人民法院申诉。

行文格式

申诉状的格式、内容以及写法与上诉状的基本相同。申诉状由标题、申诉人基本情况、被申诉人基本情况、申诉请求及其理由、申诉时间等五个要素组成。

1. 首部

1)标题

根据申诉案件种类标明是什么申诉状,如“不服刑事判决、裁定申诉状”、“不服民事判决、裁定申诉状”、“不服免予起诉决定申诉状”、“不服不起诉决定申诉状”等。

2)申诉人和被申诉人基本情况

除将个人的自然情况(姓名、性别、年龄、民族、籍贯、职业、文化程度、住址)逐一写明外,还要根据申诉案件种类分别写明基本情况。如果是刑事案件申诉人正在服刑的,要写明现在何处服刑;如果是被告人的辩护人、亲属或其他公民申诉的,则要写明申诉人的姓名、职业、与被告人的关系,并写明被告人的基本情况;民事案件的当事人申诉的,应将对方当事人的个人情况逐项写清楚。

2. 正文

1)案由

即不服判决或裁定的事实,写明申诉人因何案不服何处人民法院或人民检察院何时何字何号的判决、裁定或决定。如“申诉人×××因×××一案,不服××人民法院××××年×月×日(年度)××字第××号判决(或裁定),现提出申诉,申诉理由和请求如下”。如果是经过二审的,其具体表述是:“申诉人×××因××××一案,××××人民法院于××月××日(年度)××字第××号判决。经上诉后××××人民法院于××××年×月×日(年度)××字第××号终审判决,维持原判。申诉人认为两审判决都是错误的(或其他理由),仍然不服,特提出申诉(或申请再审),理由如下”。

2)申诉的事实和理由

要分析原生效法律文书在认定事实、适用法律及诉讼程序上的错误,并提出新的事实和根据,应用正确的法律来阐述自己申诉请求的合理性、合法性。申诉申辩一般是针对原审判决或裁定在认定事实、适用法律、处理决定等几方面分列几点逐一申辩;也可集中申辩一两个问题而不涉及其他,但必须与申诉或申请再审请求一致。

(1)摆清事实。申诉状中所列事实必须全面、客观、准确。主要事实的情节要全,对原裁判有影响的次要事实也应列明,使受理法院对案情的事实有全面的了解。如果原判决、裁定不是依据全面实施裁判的,经过对照也可以帮助有权提起审判监督程序的机关和工作人员提起审判监督程序。申诉的事实确属客观实际,不能对案件事实进行歪曲篡改,不能对客观事实取其有利,避其不利,更不能编造。原判决、裁定认定恰当之处,应承认其恰当而不应反驳,原判决、裁定所认定的事实确实不当,应当用事实加以澄清;如果原判决、裁定所认定的事实失实,经过对照,也容易比较出来。所申诉的事实,在内容和文字上应准确无误。如原判决、裁定有不准确之处,也易对照,看出问题。

(2)列出证据。为了说明申诉事实是真实的,申诉人应将与请求目的相符的人证、物证、书证以及其他证据列示出来,具体说明,以增强诉状的说服力,以利于受理机关正确地查明案件的真实情况和正确地认定案件性质。

(3)分析法律的适用情况。在申诉状中,对法律的适用情况可做两方面说明:一是原判决、裁定如果所适用的法律不当,应在申诉状中阐明正确适用的法律,援引法律条文要全面具体;二是原判决、裁定如果严重违反诉讼程序,申诉人应在申诉状中,具体说明正确执行诉讼程序的做法和法律规定。

申诉理由可以采用两种方法。一是证明法。证明的目的是辨别是非,使真相大白,在申诉状中,所使用的证明有实践证明和逻辑证明。所谓实践证明,即摆出在实践中存在的,能说明原判决、裁定不正确的新的事实,并列出新的证据,以证明申诉有据。所谓逻辑证明,即在使用正确的事实和使用适当法律的前提下,通过正确的论证,运用逻辑推理,证明申诉有理。使用证明方法,要注意正确地、鲜明地建立论点,突出地运用人证、物证、书证,并加以正确的论证,切忌使用虚假的证据。二是反驳法。就是反驳原判决、裁定论题的虚假性。这是申诉状中最常用、最有效的方法。具体写法是,抓住原审判决、裁定中认定事实的错误或适用法律的不当,在反驳时,应注意做到有理有据,论证推理要合乎逻辑。这两种办法,根据案情和诉讼请求可以并用,也可侧重一种。不论采取何种方法,都应做到观点鲜明,关键突出,论据充分,论证有力。注意申诉理由和申诉要求要有必然的联系。

3)申诉的诉讼请求

申诉人需根据提出申诉的事实和理由,表明不服已发生法律效力的原审判决、裁定的一部分或全部内容,而提出具体的申诉或再审的请求。如要求撤销、变更原判决、裁定、决定,要求查处、复查或再审,以纠正原判不当之处或错误之处。通常写法是:“综上所述,原审法院判决确有错误,特向你院提出申请,请求再审,依法改判。”

3. 尾部

申诉状的结尾写明申诉状所递交的人民法院(或人民检察院)、具状人姓名(或盖章),具状日期。如系律师代书,还应在申诉人姓名之后写明“代书人:××律师事务所律师×××”。

附项主要写明案卷名称及份数;申诉人如为在押犯,写明现在的羁押处所;旁证材料及其他书证、物证材料的情况,有证人的列出证人姓名、住址。

撰拟要求

1. 提出申诉抓住时机

提出再审的条件之一是:调解违反自愿原则,调解协议内容违法(解除婚姻关系的判决不得申请再审)。申诉虽然不受时间限制,但要考虑提出申诉所依据的法律文书是否已经生效,尚未生效的法律文书属于不确定裁判,当事人不服,可以上诉,但不得申诉。民事法律文书生效已两年以上的,当事人即丧失了申请再审的权利,律师不宜代书。法人申诉时,除填写申诉书外,还应填写“法人代表资格证明书”;申诉人委托代理人的,还应填写“授权委托书”。

2. 陈述事实真实准确

这是指写明判决、裁定判认定的事实。写明事实应该概括集中突出主题,既不要损害、改变原意,也不要原文全部照抄。如经几次裁判,应以最后一次认定的事实为根据。应特别注意将申诉的事实与原判决、裁定对事实的认定和处理加以一一对照,叙写清楚。申诉的主要事实情节务必完整准确,符合客观实际,切忌弄虚作假。在叙述事实时,尤其要注意使用新的事实和证据。如果事实没有出入,在申诉书中不写亦可。

3. 列示证据全面具体

申诉状由于是针对已经发生法律效力的判决和裁定而写的,凡在判决或裁定之后所发现的与案件事实有关的人证、物证、事证、书证等一一明确列示出来,作为申诉辩驳的理由,以利于法院再审查时查明证实案件的真实情况,及时做出正确的结论。

4. 依法论证符合逻辑

陈述理由要采取证明与反驳的方法予以论证,一方面要有正确鲜明、说服力强的论证,另一方面要紧紧抓住原判决、裁定中关键性错误进行反驳。引用有关法律条文要完整、确切,防止粗枝大叶或牵强附会。推理要合乎逻辑,行文要组织有序,围绕自己的观点,把事实和道理严密地组织起来,有主有次,有先有后地说明问题,不要颠三倒四、主次不分。

例文 8-3

民事申诉状

申诉人(一审被告):王×,男,1956 年 8 月 9 日出生,汉族,××省××市人,家住××市××区××路××号,系宏大公司员工。

被诉人(一审原告):××市合力有限公司

法定代表人:×××,职务:董事长

因不服××市中级人民法院(2006)×民一中字第××号《民事判决书》判决,提出申诉。

诉讼请求:

(一)撤销原终审判决,发回原审法院重新审理。

(二)本案的全部诉讼费用由被申诉人承担。

事实与理由:

一、被诉人的一审原告主体资格不符合法律规定

本案的权利与义务发生在案外人××市××厂与王×之间。在合同之诉中,原告的主体资格是指能够依法就涉讼合同主张权利的人。在本案中,××合力有限公司无权就涉讼的合同主张权利。因为涉讼《商品房买卖合同》的出卖人是××市××厂,买受人是王×。能够就《商品房买卖合同》向人民法院主张权利的只有作为合同当事人的××市××厂以及王×,××市合力有限公司无权就《商品房买卖合同》主张权利。

二、一、二审法院适用法律错误

一、二审法院(以下称两审法院)在判决书中都是依据《城市房地产开发经营管理条例》第 33 条规定判令上诉人支付余下购房款及其利息以及诉讼费用属适用法律错误。《城市房地产开发经营管理条例》第 33 条的适用对象是房地产开发企业,两审法院在没有审查××市胜利厂和被诉人企业属性的情况下主观地认定它们是房地产开发企业不能不说是适用法律不当。

三、本案的付款条件并不成立,两法院的审判决缺乏事实上的依据

在两审判决所依据的《欠条》中明确地记载着:"收到房产证后付清余款。"时至今日,申诉人没有收到任何意义上的房屋权属证书,被诉人凭什么要求申诉人付款?两审法院凭什么判令申诉人承担"民事责任"?被诉人的要求可以理解,两审法院的判决令人费解!"收到房产证后付清余款",是对《商品房买卖合同》购房余款付款条件的变更,付清余款是有条件的:房屋出卖人必须先向房屋买受人交付房产证,房屋买受人在收到房产证后才能向房屋出卖人支付余款。这是一个附条件的民事法律行为。

四、二审法院改判的证据没有经过法庭质证

二审法院的改判表现在:判令申诉人向××市开元公司履行义务。理由是××市合力有限公司已变更为××市开元公司。但是,这一改判的证据在哪里申诉人却无从知晓。该证据没有在法庭上出示,也就是说没有经过质证;该证据是怎样出现在人民法院的申诉人也无从知晓,是被诉人提交给法院的或是法院依职权取

得的？可见，这一改判是一个枉法裁判！理由是：首先，该证据没有在法庭上出示意味着该证据依法不能作为人民法院判决的依据。其次，如果是被诉人提交给法院的不能视为新证据，因已经超过了举证期，亦不能作为二审法院的改判依据。最后，如果是二审法院依职权获取的，而该证据是被诉人随时可以提交的，二审法院依职权获取它则属滥用职权，也不能成为其改判的依据。需要指出的是，该证据对于申诉人而言则属新证据，而这一证据运用的必然结果是：被诉人的诉讼主体资格不符合法律规定，驳回被诉人的起诉！

综上所述：被诉人的诉讼主体资格不符合法律规定，本案的付款条件不成立，被诉人的诉请以及两审法院的判决缺乏事实上的依据。为此，申诉人恳请××省高级人民法院法院依法予以改判，在维护法律严肃性的同时维护上诉人的合法权益。

此致

××省高级人民法院

申诉人：王×

2006 年 11 月 18 日

附：1. 本申请书副本一份。

2. 书证三份。

实训练习

(1)阅读下面这份申诉状，指出错误地方并修改。

民事申诉状

申诉人：张××(被申诉人的继母)，女，52 岁，汉族，××市××区服装厂女工。案由：我因“李××继承房屋产权”案不服××人民法院(2003)×字第×号民事判决，现申诉如下：

一、我和李××婚姻关系存续期间所卖的两间房屋是我自己的血汗钱，当时拖欠的钱，也是我本人偿还的。

二、买房子时，我的故夫，被申诉人的父亲李××向我表示，他不愿买这两间房子。

三、一、二审法院只是认定事实，援引法律条文，不顾我提供的事实，一古脑下盘，对这样的裁决我不能信服。

根据以上理由，请高级人民法院重新依法判决，保护公民合法财产。

此致

××市人民法院

申诉人：张××(盖章)

2003 年×月×日

(2)请根据下述案情写一份申诉状。

申诉人的私房被错误私改，申诉人一家受到极大伤害，全家 7 口人只有一人有户口，子女入学、就业都无着落，全家仅靠申诉人摆地摊维持生计。本案是由县人民政府直接作出行政决定，人民法院又拒绝受理。人民法院在(××)面行上字第××号行政裁定书中驳回上诉。其理由是最高人民法院同城乡建设环境保护部于 19××年×月×日发布的法(研)发(××)××号文件《关于复查历史案件中处理私人房产有关事项的通知》。改“通知”中指出了“私房因社会主义改造遗留问题——应移送当地落实私房政策部门办理”。

第四节　答　辩　状

文体概述

答辩状是与起诉状、上诉状相对应的文书。答辩状有两种，一种是一审程序上的被告人针对原告人的起诉状提出的答辩状；另一种是二审程序上的被上诉人对上诉人的上诉状提出的答辩状。按规定，人民法院在收到原告人或上诉人的起诉状或上诉状后，将其副本送达被告人或被上诉人，以便被告人或被上诉人对起诉状或上诉状进行答复和辩驳（被告在收到人民法院转来的原告的起诉状副本后，属赡养费、扶养费、抚育费和劳动报酬的案件，被告应在收到后15 日内提出答辩状。当事人不提出答辩状的，不影响 10 日内提出答辩状，其他案件被告应在15 日提出答辩状。被上诉人收到上诉状副本，应当在 15 日内提出人民法院的审理）。在诉讼活动中，被告或被上诉人通过答辩状反驳原告或上诉人的诉讼请求，阐述自己的正当要求或做法，这不仅有利于保护被告或被上诉人的合法权益，而且有利于人民法院全面客观地查清案件事实，正确地适用法律。

答辩状的主要特点是答辩性，主要是被告人或被上诉人，针对起诉状或上诉状所列的指控及事实与理由提出证据，进行具体的答复，即用真实的事实反驳虚构的事实，以正确的事理驳斥错误的事理，以正确适用的法律条文校正引用不当的法律条文，进行有理有据的驳斥及针锋相对的自我辩护，证明答辩方有理，以使对方败诉。提交答辩状作为一种应诉法律行为，按法律程序进行，它是诉讼当事人诉讼权利平等的具体体现。被告人或被上诉讼人通过答辩状，依法行使辩护权，从事实上、法律上、程序上、实体上反驳原告人或上诉人的诉讼请求，明确地提出自己的主张和理由，使人民法院兼听双方当事人的陈述，了解双方当事人情况，准确评断是非，适用法律，正确行使审判权，维护当事人的合法权益。

答辩状与上诉状、申诉状同样以反驳为主要方法，通过证明对方的状书或判决书、裁决书里陈述的事实与主张的失实和谬误来证实自己的主张和请求的合理、合法、正确。但它们针对的具体对象不同。答辩状针对的分别是案件当事人中的起诉人、上诉人、申诉人诉状里的谬误，而上诉状针对的是一审法院判决书中的谬误，申诉状针对的是二审法院判决书中的谬误。

行文格式

答辩状的结构、书写格式与申诉状、上诉状的类似，其中有的部分的内容和写法与申诉状、上诉状相同。它由以下几个部分组成。

1. 首部

首部包括标题、当事人基本情况。标题由答辩状性质和文种两部分组成，写明“××答辩状”，如“民事答辩状”。至于一审还是二审以及被起诉还是被上诉的问题，由于答辩状是对应于对方先行的起诉状或上诉状而写作的，这个问题既可以写明，也可以不写明。答辩人基本情况（内容和写法与申诉状、上诉状相同），写法是：答辩人：“×××”，再依次写出其他情况（有委托代理人者，写明其姓名、所在单位和职务）。

2. 正文

1）案由

写明答辩起由。第一审案件答辩人是被告人，答辩案由的具体行文为：“为×××诉×××诈骗一案，现答辩如下”或“因××一案，根据起诉状所列事实、理由和请求，现答辩如下”；上诉人案件答辩状的答辩人是被上诉人，答辩状的具体行文为：“为被答辩人不服××人民法院(2007)经字第 8 号刑事判决，提起上诉一案，现答辩如下”或“××××年×月×日接到上诉人××的上诉状副本，现提出答辩如下”。

2)答辩理由和答辩意见

答辩理由是答辩状的主体部分。答辩人在这一部分,要根据事实和法律阐明自己对案件的主张和理由,或反驳对方的诉讼请求,或反驳对方的部分诉讼请求而承认另一部分诉讼请求,主要是证明对方发生和进行起诉的条件不具备或条件不足。答辩状主要是从事实、法律和情理三个方面来进行反驳。

所谓用事实反驳,就是我们通常所讲的用事实来说话。如果对方所指控的事实和实际情况不符,或部分有出入(或大部分虚假,小部分真实,或小部分虚假,大部分真实),或全部虚假,那么,就以真实的事实进行反驳,并举出各种证据加以说明。用事实反驳时,要着重列举反面的证据来证明原告诉状中所叙述的事实不能成立,并且要求证据确凿充分,不能凭空否认原告诉状中所叙述的事。这里所说的反面证据,一种是直接与原告所提的证据相对抗的证据;另一种是足以否定原告所述事实的证据。

所谓用法律反驳,就是在以事实为根据的前提下,用法律这一准绳——适合本案法律的有关条文——来判事论理,阐明自己观点的正确性。如果事实没有出入,而原告对实体法(是指规定具体权利义务内容或者法律保护的具体情况的法律,如民法、合同法、婚姻法、公司法等)条文理解错误,以致提出不合法要求的,要据理反驳。在程序方面,如果原告起诉违反民事诉讼法规定,没有具备引起诉讼发生和进行的条件,则可就适用程序法(程序法是规定以保证权利和职权得以实现或行使,义务和责任得以履行的有关程序为主要内容的法律,如行政诉讼法、行政程序法、民事诉讼法、刑事诉讼法、立法程序法等)方面进行反驳。

所谓用情理反驳,就是以人之常情、人之常理进行答辩。这是因为有些案件情况特殊,不可能用某种法律或某一法规的规定来解决,只能用情理来判断是非。用情理反驳,是在摆出事实、分析现状的前提下讲明情理,情理要讲得具体、充分、深刻。只有这样,才能以情感人,以理服人,答辩才具有说服力,否则,答辩的论点就不能成立,当然答辩也就不能取胜。如果有反诉内容,则应在反驳原告所述事实、理由和要求的同时,着重指出不是被告(或被上诉人)侵犯了原告(或上诉人)的合法权益,相反是原告侵犯了被告的合法权益,然后提出具体的反诉要求。答辩人除了上述种种反驳诉讼请求的方法外,还有一种情况不能忽视,即根据情况也可能需要承认对方的诉讼请求,但这种情况不多,因为如果完全承认对方的诉讼请求就没有必要提起答辩状了,即使有这种情况,也是往往附有条件的,那就需要证明提出条件的理由。答辩理由在写法上以分条书写、逐项驳斥为宜。每项先叙明事实真相,提出充分证据,再引用法律条文阐明理由,反驳原告或上诉人。

一审答辩状和二审答辩状的写作目的和方法略有不同。一审答辩状的写作目的是对原告的起诉进行反驳。答辩理由应该根据不同的案情采取不同的写作方法:起诉事实不实的,可以重点采用叙述的方法叙述真实情况;起诉超过法定诉讼有效期限的,可以重点分析原告的起诉超过诉讼有效期限间,已经丧失实体诉权的理由;原告资格不合格的,则重点分析原告的资格问题。写答辩理由时,对原告起诉状中真实的材料、正确的理由、合理合法的请求,应予以概括肯定,不能强词夺理,进行诡辩。二审答辩状的写作目的是要求二审法院维持一审裁判,驳回上诉。写作方法主要采用反驳,即根据一审法院查明案件事实和审理情况,对上诉理由逐条驳斥,证明一审裁判的正确性。

答辩意见应在充分阐明答辩理由的基础上,就所答辩的问题,提出自己的主张。答辩意见应该包括以下内容：第一，根据正确的事实，说明自己行为的合理性；第二，根据有关法律文件，说明答辩理由的正确性；第三，揭示对方当事人行为的谬误性，并请求人民法院依法合理地裁决或提出反诉请求。民事答辩状要明确写出自己的具体请求，不要简单笼统地写“请求法院酌情予以处理”这样不明确的话。结尾可写“据上所答，请驳回原告的起诉”，或写“请详查事实，予以公正审理”，等等。

正文的写作，应当注意到有的放矢，紧紧抓住原告人提出的事实、理由和诉讼请求进行答辩，切忌主次不分。同时，还应注意驳斥要合情、合理、合法，要尊重客观事实，如实、客观、全面地答辩原告人的诉讼请求，不可强词夺理，无理狡辩。

3. 尾部

写明答辩状提交何处人民法院、答辩人姓名（签名盖章）、具状日期。附项应注明证物、书证的名称和件数。

答辩状的写作，要很好地运用反驳的方法和立论的方法。①反驳的运用，其目的是使对方败诉。运用反驳方法的步骤：一是先抓住对方在诉状、上诉状中所陈述的错误事实，或所引用法律上的错误，作为反驳的论点；二是由被上诉人列举出事实与证据，作为反驳诉讼请求的论据；三是运用逻辑推理论证。运用反驳方法时，要尊重事实，抓住关键，尖锐犀利。②立论方法的运用，其目的是提出自己的主张。其步骤是：首先，从整个事实中经过归纳，提炼出答辩人的观点。其次，提出法律根据，举出客观证据，列出事实凭据作为立论的论据。最后，经分析论证，得出结论。对运用立论方法的要求：第一，简明扼要，不横生枝蔓；第二，要有针对性；第三，逐条论证。

撰拟要求

1. 分明是非，实事求是

被告和被上诉作为案件的当事人，往往是一方对，一方错；也可能是双方各有道理，各有过错，不一定原告都有理，被告都无理。写答辩状必须要分明是非，实事求是，对案件中争执的事实要如实、客观、全面地答复和辩驳；对被告的诉讼请求也要本着尊重客观实际的精神，是合理合法的就予以承认，根本不能成立的便据理驳斥；部分有理的就承认部分请求，而驳斥不合理部分。绝不能仅为胜诉而否认或歪曲事实，不能胡搅蛮缠，扯皮拉筋；不能主观臆断，牵强附会；也不能避重就轻，回避要害。

2. 有的放矢，切中要害

答辩状在答复和辩驳问题时不能笼统说，而必须是有的放矢，针对原告或上诉人在起诉状、上诉状中提出的事实、理由和诉讼请求进行答复和辩解，如果被指控的问题只一项，就只答辩一项，如果有多项，就分问题逐个地给与答辩。切忌东扯西拉，答非所问。同时，要分清主次，根据双方在案件争执中的焦点，抓住影响诉讼胜败的关键性问题，找出对方起诉状或上诉状的破绽和矛盾，用事实和证据集中反驳，阐明理由。切忌纠缠枝节，不分巨细。

3. 运用法律，据理辩驳

写答辩状要想驳倒对方，阐明理由要以事实为基础，引用法律要以事实为前提（引用法律条文不能出错，常见的错误是引用法律名称表述不准确，如将《中华人民共和国刑事诉讼法》简称为“刑诉法”；具体条款引用不准确，款项书写不准确，如将第×条第×款写成了第×条第×

项等)，答辩无根据、无法理，也就没有说服力，也就不能辩胜。答辩本身是个澄清事实、辨明是非的过程，在此过程中，不仅要指出对方诉状中与事实不符的地方，而且更重要的是，在澄清事实的基础上运用具体的法律规定来证明自己行为的合法，揭示对方在法律行为上的谬误，从而使答辩理由趋于明确。

4. 直截了当，尖锐恳切

无论是澄清事实、列示证据，还是阐明理由、提出主张和看法，都应简明扼要，明快犀利，一语破的。但是，尖锐不等于尖酸刻薄，应用语恳切。决不能把侮辱谩骂性的词语写进答辩状中，这是极不严肃、极不文明的表现，必须加以杜绝。

例文 8-4

民事答辩状

答辩人：王××，女，42岁，汉族，现住址：××市××小区×号×楼。

因与原告交通事故人身损害赔偿纠纷一案，现依法提出如下答辩意见：

一、原告所述与事实不符

原告在其诉状中阐述，在发生交通事故以后，是先在253医院住院8天以后又到医学院二附院住的院，是错误的。根据253医院病历第8页的记载，原告是2007年7月3日住入，7月9日出院的，原告在253医院住院时间是6天，而不是8天。另外原告第二次在医学院第二附属医院住院，是在未经医疗机构同意，没有转院证明的情况下擅自转院进行的治疗，因此原告的阐述根本不符合本案客观事实。

二、原告请求的赔偿项目及计算方法有误，答辩人不予认可

1. 原告对医疗费的计算，在本案中原告受伤后第一次接受治疗的医院是解放军253医院，第二次到医学院第二附属医院接受治疗，没有转院证明属于擅自转院治疗，并且在治疗过程当中存在有大量不符合临床技术规范的不针对性治疗及用药现象，因此产生出的巨额不合理费用，答辩人不能够接受，对于原告擅自转院接受治疗所产生的医疗费，答辩人不予赔偿。

2. 原告对住院伙食补助费、营养费、误工费、陪护费、交通费等的计算，因没有事实依据，且原告接受的是住院治疗，因此数额计算有误，答辩人不予认可，原告应当依据本案事实重新进行计算。

3. 对财产损失费计算不合理，在本案中原告未作财损价值鉴定，扣减折旧费，直接按财产全损进行主张，对此答辩人有异议，不予认可，原告应当对所损财产进行财损价值鉴定，重新进行计算。

三、本案中答辩人车辆也有毁损，应当与原告进行经济损失折抵

2007年7月3日答辩人与原告发生交通事故时，答辩人车辆亦有损坏，并且事后原告向法院申请了诉前财产保全，答辩人车辆被法院查封，扣押近一年之久，由于长时间停放，车辆自然损耗严重，已近报废，且这近一年来原告保全答辩人车辆，给答辩人造成车辆保管费等巨额经济损失，因此原告应当与答辩人进行损失折抵。

此致

××市××区人民法院

答辩人：王××

××××年×月×日

实训练习

(1)根据下列材料写答辩状。

三元电子元件厂与东胜公司签订了加工承揽合同，双方约定：由三元电子元件厂为东胜公司加工装配吸尘器的电子元件，材料由东胜公司来提供，在规定的期限内三元电子元件厂交货。但是，东胜公司的原材料晚

于合同规定的时间提供，且不是一次性提供，而是陆续送到。再加上三元电子元件厂的实际情况是，厂子规模小，必须充分发挥加工电子元件设备机器的利用率，只好在东胜公司的原材料断货后接其他单位的活。而其他单位的订货上机后，又不能中间停顿，待完成部分成品后，方能再上东胜公司的加工产品。因此，三元电子元件厂交货的时间迟于合同规定的时间两周。现在东胜公司就三元电子元件厂交付延迟提起诉讼，要求追究其违约责任。三元电子元件厂现欲提交答辩状，请代为拟写答辩状。

(2)根据下述材料，代张××拟写一份起诉状，并针对起诉状，代电子工业局写一份答辩状。

2005年5月，大地实业公司与市电子工业局签订合同，租赁电子工业局两件临街的办公用房做营业部铺面，租赁期限为3年。次年4月，该营业部因经营不当，关门整顿，其负责人张××外出联系新业务。5月，电子工业局决定收回房子自用，几次去人，去函，要求大地实业公司终止合同，均因张××不在而未果。6月上旬，电子工业局最后一次书面通知大地实业公司，声明单方面终止合同，收回房子，并自己动手把大地实业公司营业部的留存物品搬至他处代为保存。6月下旬，张××外出归来，得知此情，几次找电子工业局商谈，要求继续租赁，未得到同意，遂向法院提起诉讼。

参考文献

[1] 岳海翔.最新公务文书写作[M].北京:中国言实出版社,2004.
[2] 李道荣.现代经济应用文写作[M].武汉:湖北人民出版社,2004.
[3] 麦斯特企业管理研究中心.公司应用写作现用现查[M].北京:中国和平出版社,2004.
[4] 王军云.应用文写作技巧与范例[M].北京:中国华侨出版社,2005.
[5] 胡欣.写作学基础[M].武汉:武汉大学出版社,2005.
[6] 张建.应用写作[M].北京:高等教育出版社,2005.
[7] 裴瑞玲.应用文写作[M].北京:机械工业出版社,2006.
[8] 李春,李峰.实用应用文写作教程[M].西安:西北工业大学出版社,2008.
[9] 俞大翔,黄昌勇.模式写作[M].上海:上海教育出版社,2009.
[10] 庄小虎.应用写作[M].北京:化学工业出版社,2009.
[11] 袁忠智.当代文秘写作[M].重庆:西南师范大学出版社,2009.
[12] 任遂虎,王百玲.大学写作训练[M].北京:中国人民大学出版社,2009.
[13] 郭雪峰.应用文实训教程[M].北京:交通大学出版社,2010.
[14] 李广明.应用文写作范文大全[M].北京:当代世界出版社,2010.
[15] 邹家梅.新编应用写作[M].广州:暨南大学出版社,2010.
[16] 邱丽梅.应用文写作实训教程[M].大连:东北财经大学出版社,2010.
[17] 李光.应用文写作实用教程[M].北京:科学出版社,2010.
[18] 丁仕元,罗靖,王达.现代应用写作新编[M].长沙:湖南人民出版社,2010.
[19] 金燕,付景芳.应用写作项目实训教程[M].北京:高等教育出版社,2010.
[20] 郑尚泽,段茂升,黎明.新编实用文写作[M].天津:天津大学出版社,2010.
[21] 关彤.大学生口才训练[M].北京:北京大学出版社,2011.
[22] 戴盛才.中文应用写作教程[M].上海:复旦大学出版社,2011.
[23] 苗运才.大学实用写作训练[M].北京:中国石化出版社,2011.
[24] 牛殿庆,潘莉.公文与日常应用文写作训练[M].北京:机械工业出版社,2011.
[25] 曾昭乐.现代实用写作[M].广州:中山大学出版社,2011.
[26] 陈子典,胡钦育.应用文写作[M].北京:北京师范大学出版社,2011.
[27] 陈华平.现代公文写作与处理教程[M].2版.武汉:华中科技大学出版社,2011.
[28] 张军.现代应用文写作教程[M].武汉:武汉大学出版社,2011.
[29] 周冠生,林宗源.应用文写作一课一练[M].北京:中国轻工业出版社,2011.
[30] 吴俊.大学写作[M].上海:华东师范大学出版社,2010.

编后小记

提到实用文体写作，人们会想起“照葫芦画瓢”这句古话，仿佛它是一件很容易的事情。

其实，让学生能照“葫芦”画得像个“瓢”并不那么简单。要达此目的，教者务必解决好三个问题：给学生多少“葫芦”？给学生怎样的“葫芦”？怎样才能让学生画得像“瓢”？这些问题不能等到教学时才去考虑，而必须在编选教材时得到尽可能圆满的解决。教本乃教学之本，理想的教本是理想的教学质量的先决前提。正是基于这种考虑，本教材编选时以实用、实在、实效为原则，不贪大求全，不空谈理论，不照搬教条；在“葫芦”品种选择上严格控制，只介绍学生在校时经常打交道、离校后可能打交道的60余种；在“葫芦”样本挑选上审慎把关，既注重典型性和规范性，又注重精悍性和可读性，尽量提供模样周正、值得仿效的上品“葫芦”；在“画瓢”授法上扎实周详，力求具有商品使用说明书般的效用，以期学生读之悟出门道，下笔莫不像“瓢”。实用文体内容的真实性、结构的程式性和语言的直白性，决定了此类教材编写体例、表达序次和讲述风格的大同小异，我们未能也无须花样翻新，只是在处理上述三个问题上略尽绵薄之力，功过得失如何，敬祈方家赐教。

本书凝聚了数十同类编著的真知灼见，搜集了网络传媒的诸多佳作，编写初衷即是融众美于一体，合成实用写作的“宝葫芦”，让习作者能照“葫芦”画出一个个漂亮的“瓢”。但愿我们力未虚掷，良愿成真！

张鹏振

2015年7月10日于武汉